Steigerwald

mit Haßbergen und Frankenhöhe

Lisa Aigner

GPX-Daten zum Download

www.kompass.de/gpx

Kostenloser Download der GPX-Daten der im Wanderführer enthaltenen Wandertouren.

AUTORIN

Lisa Aigner, geboren in München, ist in und mit der Natur aufgewachsen. Mit den Bergen vor der Haustüre war sie schon früh auf Schusters Rappen unterwegs. Während des Studiums der Ethnologie und Wirtschaftsgeographie hat sie dann die Leidenschaft für lange Wanderungen für sich entdeckt – sowohl in kleineren als auch größeren Gebirgen. Als freiberufliche Autorin für den KOMPASS Verlag entdeckt sie für ihre Projekte immer neue Gegenden, auf die sie ohne ihre Arbeit nie gestoßen wäre.

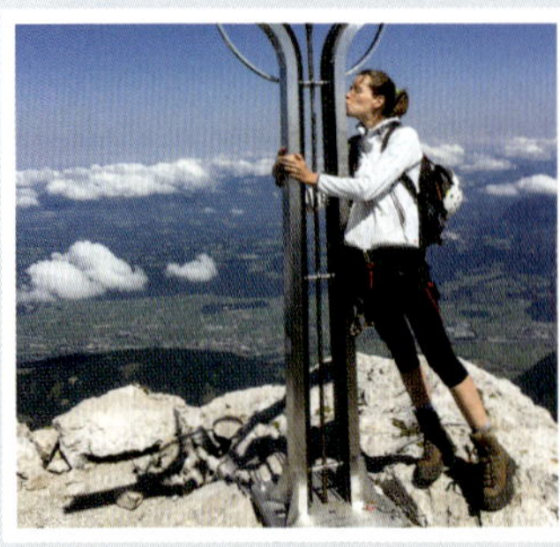

VORWORT

Vielseitig, spannend und voller Höhepunkte – so lässt sich der Naturpark Steigerwald mit Haßbergen und Frankenhöhe gut umschreiben. Er besticht durch landschaftliche, kulinarische und kulturelle Vielfalt und ist ein herrliches

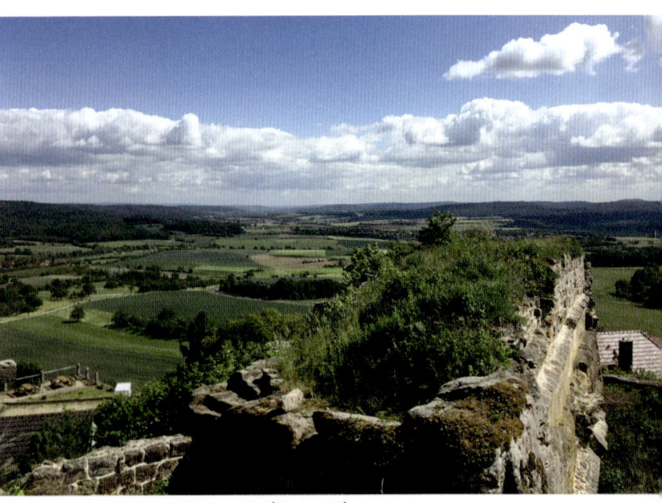

Blick von der Ruine Altenstein (Tour 08).

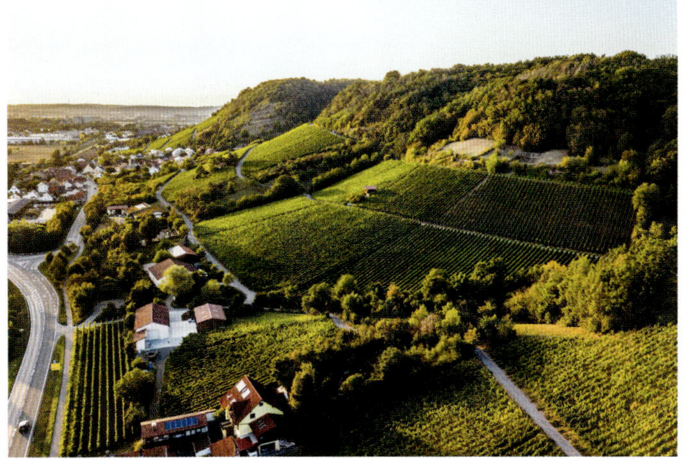

Weinberg Ziegelanger (Tour 15).

Terrain zum Wandern – aber auch zum Radfahren. Enge Täler, durch die sich verwunschene Bäche ziehen, verfallene Burgruinen und herrschaftliche Schlösser, historische Stadtkerne mit alten Fachwerkhäuschen, die einen in eine andere Zeit zurückversetzen – dies und vieles mehr prägen das Bild dieser Landschaft. So kann man gezielt sehenswerte Orte in der Natur besuchen: Das Projekt „Naturschauplätze" des Naturparks Steigerwald e.V. beispielsweise macht naturschutzfachlich und kulturlandschaftlich interessante Plätze kenntlich und informiert Besucher mittels Beschilderungen und Infotafeln. Aber genauso schön ist es, sich einfach treiben zu lassen und unter einem Apfel- oder Birnbaum auf einer der vielen Streuobstwiesen niederzulassen und zu verweilen. In der Region der drei Naturparke gibt es noch eine Vielzahl an Gasthöfen, Wirtschaften und auch ein paar kleine Brauereien, die mit bodenständiger und fränkischer Küche den Gaumen verwöhnen. Aber auch oder gerade als Weinbaugebiet haben sich die Regionen einen Namen gemacht: Die großen und kleinen Weinberge haben mich auf meinen Touren ganz besonders fasziniert – und die vielen kleinen Weinkellereien mit teilweise urigen anhängenden Wirtschaften, in denen man sich nach einer schönen Wanderung Wein und Brotzeit schmecken lassen kann. So bieten Steigerwald, Haßberge und Frankenhöhe für jeden Geschmack – im wahrsten Sinne des Wortes – etwas. Das macht die Regionen für viele Touristen wohl auch so attraktiv. Umso besonnener sollte jeder Besucher mit der Natur umgehen. Die Wege nicht verlassen, keine Blumen rupfen, im Wald nicht herumschreien, seinen Müll wieder mitnehmen – einfach ein wenig achtsam mit seiner Umwelt umgehen, das sollte für jeden Besucher selbstverständlich sein. Dann werden wir auch noch weiterhin Freude an den selten gewordenen Tier- und Pflanzenarten haben, die in den vielen kleinen Naturschutzgebieten innerhalb der Region einen Rückzugsort gefunden haben.

INHALT UND TOURENÜBERSICHT

AUFTAKT

HASSBERGE

ANHANG

 km	 h	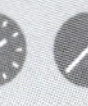 hm	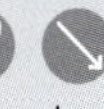 hm	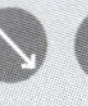	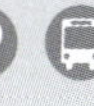	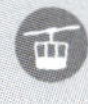			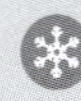		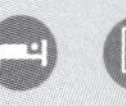	Karte
18,8	5:00	270	270	✓			✓	✓			✓	
20	5:30	365	365	✓			✓	✓	✓	✓	✓	
6,2	2:00	140	140	✓				✓	✓			
23,9	6:20	512	512	✓			✓	✓	✓	✓	✓	
21,7	5:40	375	375	✓								
11,7	3:40	140	140	✓					✓	✓		
12,3	3:40	290	290	✓			✓	✓	✓			
11,8	3:30	255	255	✓			✓	✓		✓		165
10	3:00	150	150	✓						✓		165
17,6	4:50	395	395	✓			✓	✓			✓	165
17,2	5:10	400	400	✓			✓	✓	✓		✓	165
8,6	2:40	200	200	✓				✓				
10	3:15	234	234	✓			✓	✓			✓	
11,8	3:30	235	235	✓	✓		✓	✓	✓	✓	✓	167
7,8	2:00	150	150	✓	✓		✓	✓	✓			167
22	5:55	457	457	✓	✓			✓	✓	✓	✓	165
12,8	3:30	240	240	✓	(✓)		✓				✓	165
11,9	3:20	260	260	✓			✓		✓	✓	✓	167

INHALT UND TOURENÜBERSICHT

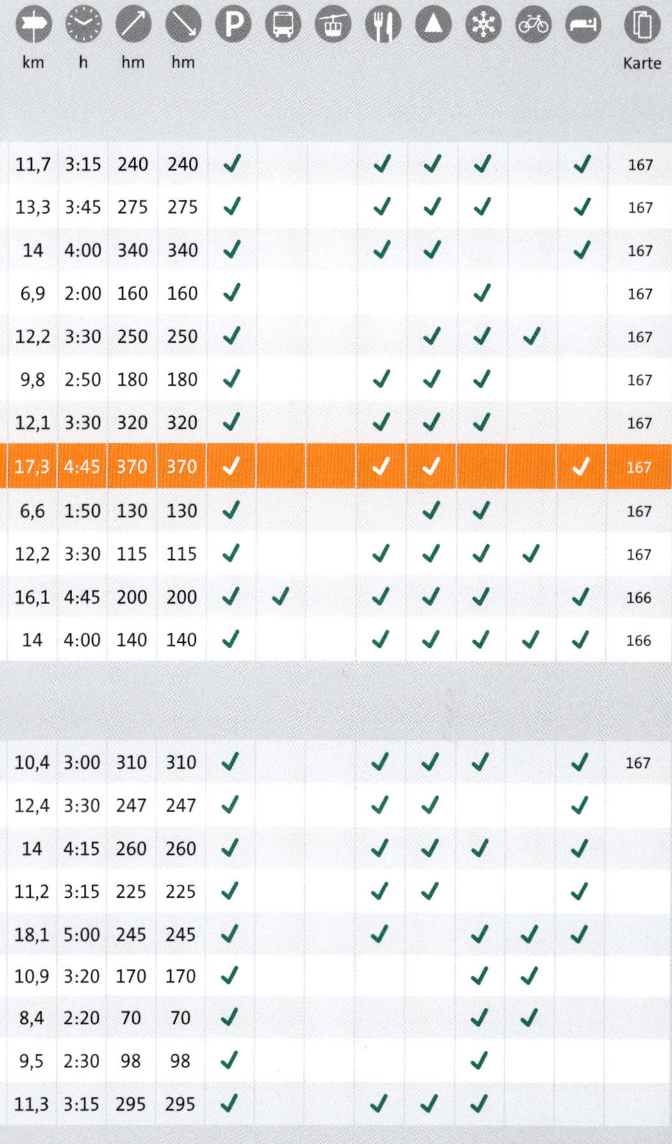

km	h	hm	hm	P	Bus	Seilbahn	Einkehr	Hütte	Winter	Rad	Übernachtung	Karte
11,7	3:15	240	240	✓			✓	✓	✓		✓	167
13,3	3:45	275	275	✓			✓	✓	✓		✓	167
14	4:00	340	340	✓			✓	✓			✓	167
6,9	2:00	160	160	✓					✓			167
12,2	3:30	250	250	✓				✓	✓	✓		167
9,8	2:50	180	180	✓			✓	✓	✓			167
12,1	3:30	320	320	✓			✓	✓	✓			167
17,3	4:45	370	370	✓			✓	✓			✓	167
6,6	1:50	130	130	✓				✓	✓			167
12,2	3:30	115	115	✓			✓	✓	✓	✓		167
16,1	4:45	200	200	✓	✓		✓	✓	✓		✓	166
14	4:00	140	140	✓			✓	✓	✓	✓	✓	166
10,4	3:00	310	310	✓			✓	✓	✓		✓	167
12,4	3:30	247	247	✓			✓	✓			✓	
14	4:15	260	260	✓			✓	✓	✓		✓	
11,2	3:15	225	225	✓			✓	✓			✓	
18,1	5:00	245	245	✓			✓		✓	✓	✓	
10,9	3:20	170	170	✓					✓	✓		
8,4	2:20	70	70	✓					✓	✓		
9,5	2:30	98	98	✓					✓			
11,3	3:15	295	295	✓			✓	✓	✓			

INHALT UND TOURENÜBERSICHT

FRANKENHÖHE

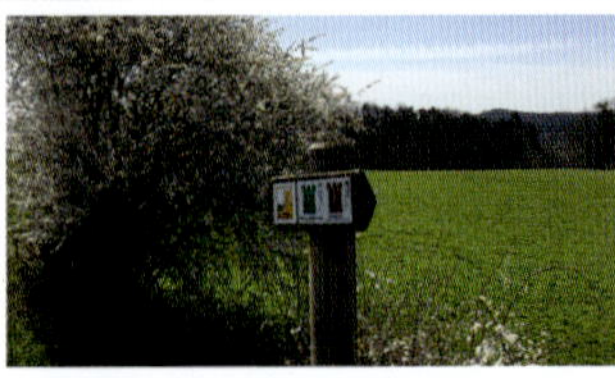

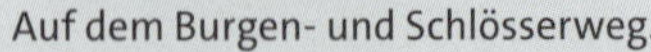

Auf dem Burgen- und Schlösserweg.

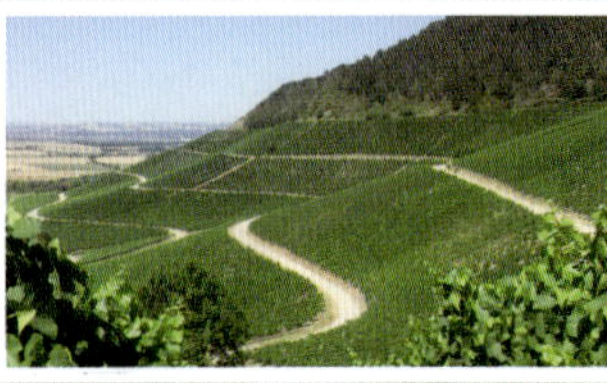

Weinberge am Schwanberg.

km	h	hm	hm									Karte
8,6	2:40	195	195	✓			✓	✓	✓			
17,8	5:10	285	285	✓			✓	✓	✓			
11,7	3:20	135	135	✓			✓		✓			
11,1	3:15	170	170	✓				✓		✓		
15,7	4:30	220	220	✓			✓	✓	✓	✓	✓	
18,1	5:05	217	210	✓	✓		✓	✓	✓		✓	
9,8	2:45	160	160	✓	(✓)							163
12,4	3:40	200	200	✓	(✓)		✓					163

km	h	hm	hm									Karte
6,9	2:00	60	60	✓	(✓)		(✓)		✓		(✓)	164
6,9	2:00	120	120	✓						✓		164
11,1	3:20	170	170	✓			✓					164
14,9	4:10	280	280	✓			✓	✓	✓		✓	164
11,1	3:20	165	165	✓			✓		✓	✓		772
12,9	3:30	140	140	✓	✓		✓				✓	772
13,5	3:40	175	175	✓	✓		✓				✓	772
15,3	4:15	225	225	✓			✓	✓	✓		✓	164

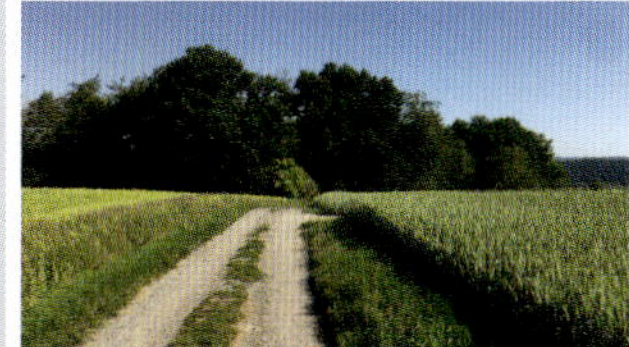

Feldweg bei Weisbrunn.

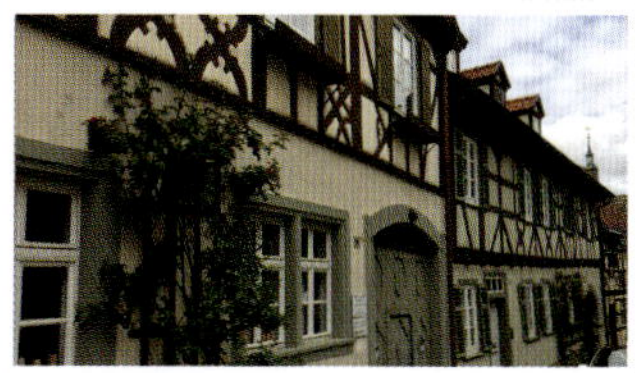

Hist. Fachwerk in Königsberg.

GEBIETSÜBERSICHTSKARTE

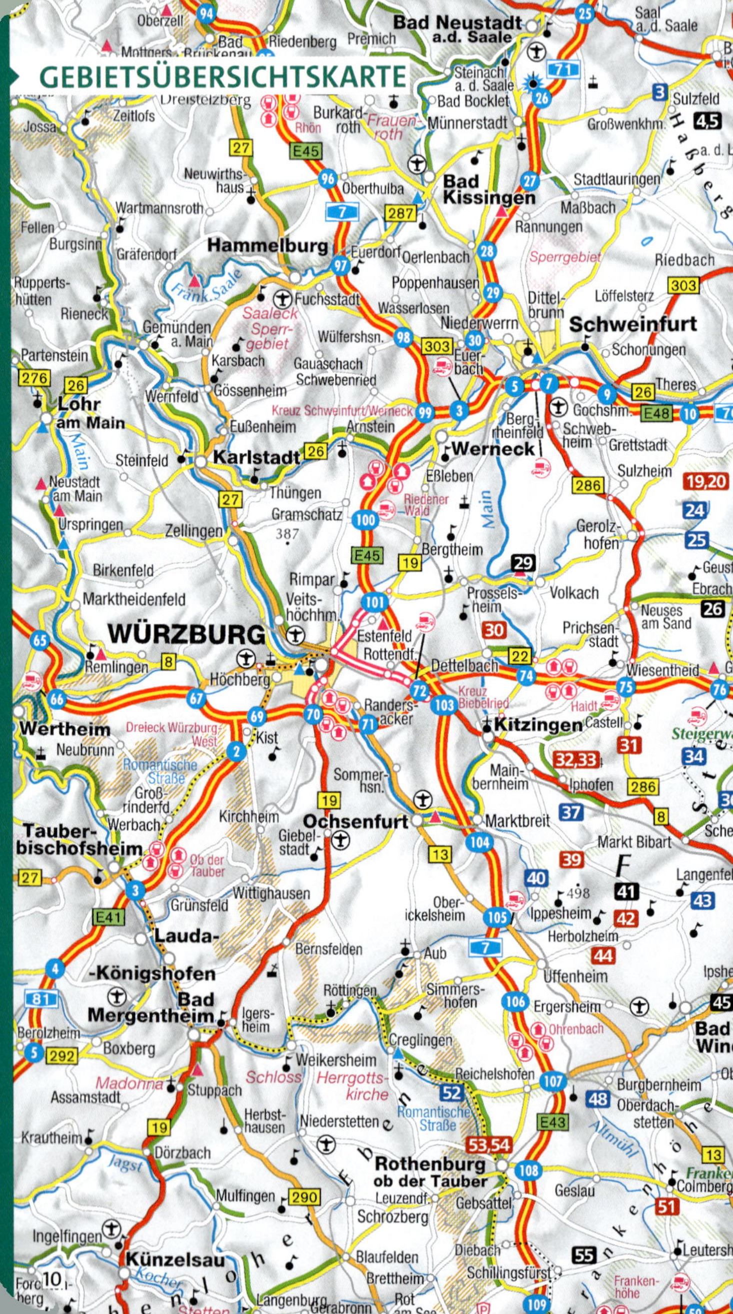

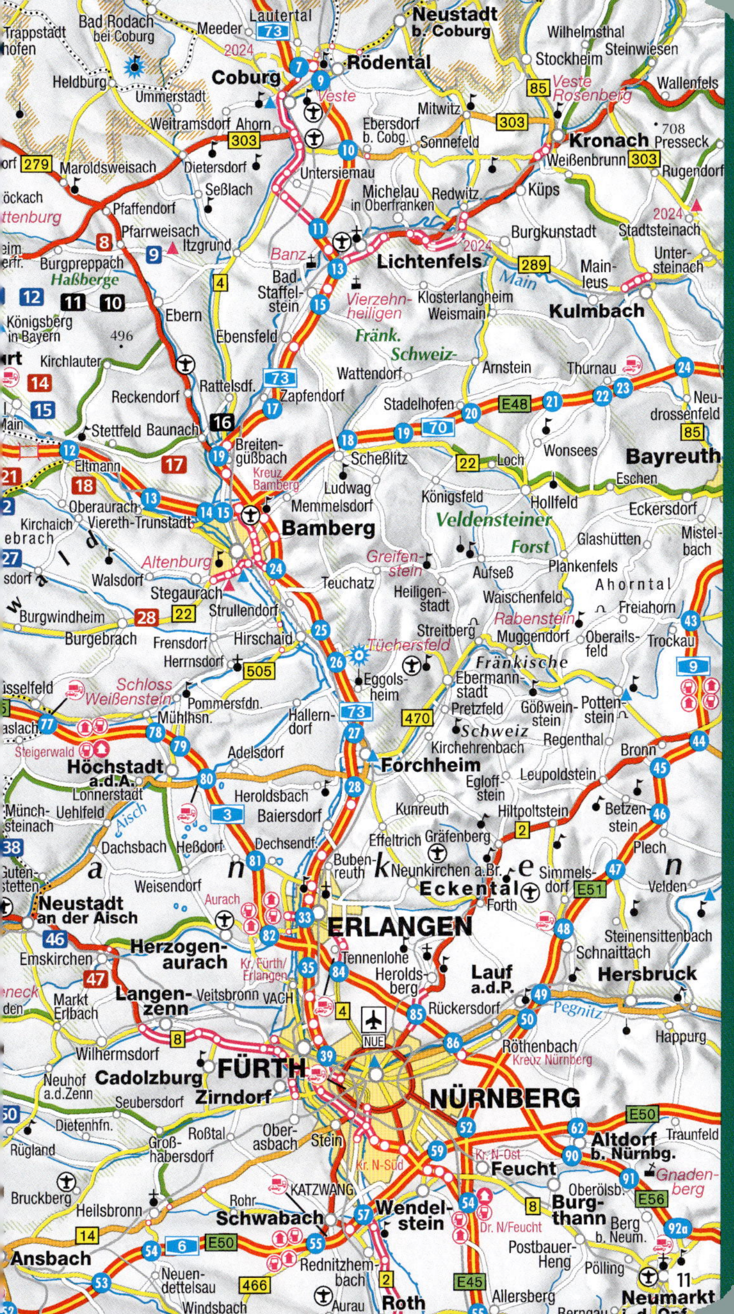

Trappstadt
Bad Rodach bei Coburg
Meeder
Lautertal
73
Neustadt b. Coburg
Wilhelmsthal
Steinwiesen
2024
Rödental
Stockheim
Heldburg
Coburg
Veste
85
Veste Rosenberg
Wallenfels
Ummerstadt
Mitwitz
303
708
Weitramsdorf
Ahorn
Ebersdorf b. Cobg.
Sonnefeld
Kronach
Presseck
279
Maroldsweisach
Dietersdorf
10
Weißenbrunn
303
Untersiemau
Rugendorf
Seßlach
Michelau in Oberfranken
Redwitz
Küps
Pfaffendorf
2024
Pfarrweisach
8
Itzgrund
Banz
11
Lichtenfels
Burgkunstadt
Stadtsteinach
9
Burgpreppach
Haßberge
13
289
Main
Mainleus
Untersteinach
12
11
10
4
Bad Staffelstein
15
Vierzehnheiligen
Klosterlangheim
Weismain
Kulmbach
Königsberg in Bayern
Ebern
496
Ebensfeld
Fränk. Schweiz-
Kirchlauter
Wattendorf
Arnstein
Thurnau
24
14
73
Reckendorf
Rattelsdf.
Zapfendorf
23
22
Neudrossenfeld
15
17
Stadelhofen
20
E48
21
Stettfeld
Baunach
16
70
85
12
Breitengüßbach
18
19
Wonsees
Bayreuth
Eltmann
17
19
Scheßlitz
22
Loch
18
Kreuz Bamberg
Ludwag
Eschen
13
Memmelsdorf
Königsfeld
Hollfeld
Oberaurach
14
15
Veldensteiner
Eckersdorf
Kirchaich
Viereth-Trunstadt
Bamberg
Forst
Glashütten
Mistelbach
Ebrach
Altenburg
Greifenstein
Plankenfels
Walsdorf
24
Aufseß
Ahorntal
Teuchatz
Heiligenstadt
Stegaurach
Waischenfeld
Strullendorf
Freiahorn
Burgwindheim
28
22
Rabenstein
43
Burgebrach
Frensdorf
Hirschaid
25
Streitberg
Muggendorf
Oberailsfeld
Trockau
Tüchersfeld
Herrnsdorf
26
505
Fränkische
9
Schloss Weißenstein
Eggolsheim
Ebermannstadt
Pottenstein
Pommersfdn.
73
470
Pretzfeld
Gößweinstein
77
Mühlhsn.
Hallerndorf
27
Schweiz
Steigerwald
78
79
Adelsdorf
Kirchehrenbach
Regenthal
Bronn
44
Höchstadt a.d.A.
Forchheim
Leupoldstein
45
Lonnerstadt
80
Heroldsbach
28
Egloffstein
Aisch
3
Baiersdorf
Kunreuth
Hiltpoltstein
Betzenstein
46
Münchsteinach
Uehlfeld
2
Dechsendf.
Effeltrich
Gräfenberg
Plech
38
Dachsbach
Heßdorf
81
Bubenreuth
Neunkirchen a.Br.
Simmelsdorf
47
Weisendorf
Eckental
Velden
Forth
E51
Neustadt an der Aisch
Aurach
33
ERLANGEN
48
46
82
Steinensittenbach
Herzogenaurach
Schnaittach
Emskirchen
Tennenlohe
Lauf a.d.P.
Hersbruck
35
84
Heroldsberg
47
Kr. Fürth/ Erlangen
49
Markt Erlbach
Langenzenn
Veitsbronn
VACH
4
85
Rückersdorf
50
Pegnitz
Happurg
8
NUE
86
Röthenbach
Wilhermsdorf
39
Kreuz Nürnberg
Neuhof a.d.Zenn
Cadolzburg
FÜRTH
Zirndorf
NÜRNBERG
Seubersdorf
E50
Dietenhfn.
52
62
Altdorf b. Nürnbg.
Traunfeld
Roßtal
Oberasbach
Stein
Rügland
Großhabersdorf
59
Kr. N-Ost
90
Kr. N-Süd
Feucht
91
Gnadenberg
Bruckberg
KATZWANG
Oberölsbach
Heilsbronn
Rohr
Wendelstein
54
8
Burgthann
E56
Schwabach
57
Berg b. Neum.
Dr. N/Feucht
92a
14
55
Ansbach
54
6
E50
Postbauer-Heng
Rednitzhembach
Pölling
53
Neuendettelsau
466
2
E45
Windsbach
Aurau
Roth
Allersberg
Neumarkt i.d.Opf.

STEIGERWALD UND NATURPARK STEIGERWALD

Das bis 498 m hohe Mittelgebirge Steigerwald befindet sich im fränkischen Teil Bayerns. Es ist Kerngebiet des fränkischen Keuperberglandes, das sich im Norden mit den Haßbergen, im Süden mit der Frankenhöhe fortsetzt. Diese Keuperbergländer sind wiederum zusammen mit den Haßbergen und der Frankenhöhe ein Bestandteil des fränkischen Schichtstufenlandes, dessen flächenmäßig größter Teil von den Ablagerungen aus der Zeit des Keupers, vor ungefähr 225 bis 205 Millionen Jahren, gebildet wurde. Die natürlichen Grenzen des Naturparks bildet der Main im Norden und im Westen. Nordöstlich begrenzt die Regnitz, südöstlich die Aisch den Steigerwald. Schwerer, nährstoffreicher Gipskeuper und teilweise auch Lössböden machen die Gegend in einigen Regionen sehr fruchtbar und bieten somit ideale Voraussetzungen für die bekannten Weinbaugebiete. Gerade westlich des Steigerwaldes und der Mainschleife bei Volkach, zwischen Würzburg und Schweinfurt, erstreckt sich das sogenannte Fränkische Weinland. Das Steigerwaldvorland hingegen wird landwirtschaftlich intensiver genutzt. Durch sein abwechslungsreiches Relief sind der Steigerwaldtrauf und sein Vorland kleinteilig im Wechsel zwischen Obstanbau und Acker- und Grünflächen untergliedert. Im Südosten finden sich dagegen immer mehr Fischteiche, in denen der typische, fränkische Karpfen herangezogen wird.

Der Naturpark Steigerwald wurde 1988 gegründet und umfasst eine Fläche von ca. 129.000 ha. Seine Aufgabe ist der Schutz einer artenreichen Pflanzen- und Tierwelt und die Bewahrung dieser Vielfalt und des Landschaftsbildes und integriert die Nutzung der vom Menschen ge-

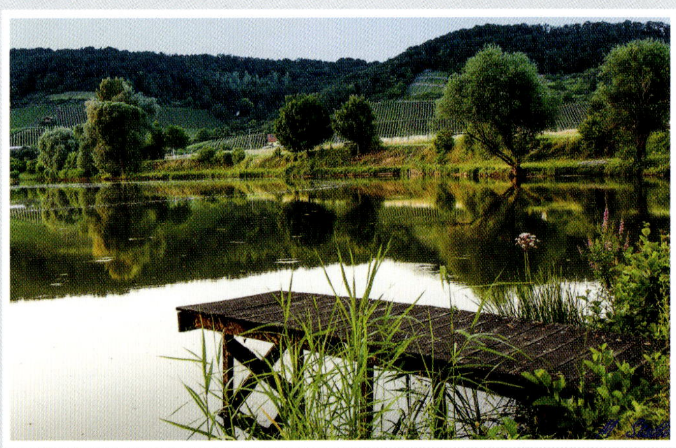

Angelsee Ziegelanger (Tour 15).

prägten Kulturlandschaften. Das großräumige Schutzgebiet enthält mehrere kleine Landschafts- und Naturschutzgebiete, von denen auch ein paar in diversen Touren in diesem Büchlein beschrieben werden. Der Naturpark zeichnet sich zudem durch eines der wertvollsten, deutschen Laubwaldgebiete aus und ist nach dem Spessart das zweitgrößte Laubwaldgebiet mit einem Anteil von gut 70 % Buchenwald. Am Steigerwaldtrauf befinden sich häufig Eichen- und Hainbuchenwälder sowie wärmeliebende Steppenheidewälder. An der östlichen Abdachung finden sich auch lichte Kiefernwälder. Hier konnte sich eine große Vielfalt an Flora und Fauna bilden, die in den kleinen Naturwaldreservaten und Schutzgebieten mit hohem Totholzanteil einen Rückzugsort und idealen Lebensraum gefunden haben. Ein großer Streitpunkt ist seit über zehn Jahren die Frage, ob der Naturpark Steigerwald oder zumindest Teile davon in einen Nationalpark überführt werden sollten. Er wäre dann der dritte Nationalpark in Bayern neben dem Bayerischen Wald und dem Berchtesgadener Land.

HASSBERGE

Der Naturpark Haßberge hat eine Ausdehnung von 804 km² und bildet die nördlichsten Ausläufer des Fränkischen Keuperlandes und die direkte Fortsetzung des Steigerwaldes. Erosionen bildeten Schichten mit Sandstein heraus und schufen somit den Haßbergtrauf, die Landstufe, die die westliche Grenze der Haßberge bildet. Durch die unterschiedlichen Abtragungen des Vorlandes verändert sich der Charakter des Traufes merklich von Norden nach Süden: so steigen die Höhen vom niederer gelegenen Vorland auf über 370 m am Stufenrand an. Der Westsporn des Großen Haßberges, der Große Breitberg, steigt auf 497 m an. Im Osten des Naturparks liegt das Itz-Baunach Hügelland. Es wird durch mehrere Täler zerschnitten, durch die sich Weisach, Preppach, Baunach und Lauter ihren Lauf gegraben haben. Auch hier ist das Landschaftsbild kleinteilig und verzahnt. Auf Grund der fränkischen Real-Erbteilung gibt es kleine, dafür aber sehr vielfältige Grundstücke. So finden sich viele Lebens- und Rückzugsräume wie Hecken, magere Flachland-Mähwiesen, Streuobstwiesen, Steinbrüche, Weideland und natürlich auch Weinberge. Unter den Waldgebieten sind besonders die Laubmischwälder des Bundorfer Forstes hervorzuheben. Von Buchen dominiert besticht er durch seine Größe und ist somit ein wichtiger Rückzugsraum für Wildkatze und Rotwild. Am Haßbergtrauf sind trockene Hangwälder mit Kiefern oder wertvollen Eichen häufiger, in den Tälern findet man feuchtere Wälder mit Erlen und natürlichen Fichtenvorkommen.

Doch auch kulturell haben die Haßberge einiges zu bieten: Sie gelten auch als das Land der Burgen und Schlösser, besonders schön zu erkunden über den Burgen-und Schlösserwanderweg. Eingestreut und großflächig in der Landschaft verteilt sind die vielen kleinen Haufendörfer. Häufig durch Fachwerkbauweise geprägt, bieten sie den Besuchern mit Museen, Ausstellungen, Parks, Seen und Gärten ein abwechslungsreiches Programm.

DAS GEBIET

FRANKENHÖHE

Der Naturpark Frankenhöhe ist eher dünn besiedelt und als solcher auch weniger bekannt als die Haßberge oder gar der Steigerwald. Seine Grenzen sind jedoch relativ klar definiert: Der 1.100 km² große Naturpark erstreckt sich südlich, östlich und nordöstlich der Stadt Rothenburg ob der Tauber. Dabei reicht er im Norden bis zum Abbruch der Windsheimer Bucht und das Aischtal, im Süden bis Feuchtwangen und im Westen bis zum Taubertal. Hier ist die Grenze jedoch fließender, vom lieblichen Taubertal hinein bis in die Hohenloher Ebene. Das sonnenverwöhnte Gebiet bietet eine große landschaftliche Vielfalt mit Mischwäldern, Fließgewässern, Trockenbiotopen und Weinbau. Die bewaldeten Bergrücken können Höhen von 500 Metern erreichen. Der Bogen der Frankenhöhe um das obere Altmühltal ist auch Teil der Europäischen Hauptwasserscheide. Hier lässt sich das Gebiet wunderbar auf dem Europäischen Wasserscheideweg erkunden. Höher gelegene Teile der Region werden als Ackerland genutzt, die Hänge des Rangau und der Frankenhöhe dienen als Streuobstwiesen und teilweise auch zum Weinanbau. Fast dreiviertel der Fläche des Naturparks ist als Landschaftsschutzgebiet ausgewiesen, das wiederum zahlreiche Naturschutzgebiete beheimatet, wie die Schafhutungen um den Kirnberg oder das Schandtaubertal.

HUTEWÄLDER

Eine kleine Besonderheit sind die selten gewordenen Hutewälder: Die Eichen- und Buchenwälder werden als alte Kulturlandschaft nachhaltig mit Viehhaltung bewirtschaftet, wie beispielsweise mit Huteschweinen. Noch vor gut 200 Jahren waren die Bauern für alltägliche Bedürfnisse auf den Wald angewiesen. Wollten sie die Schweine mästen, wurden die Tiere in den Wald getrieben. Neben den stärkeren Eicheln und Bucheckern fanden sie auch Früchte der Elsbeere und Wildbirne sowie Wurzeln. Ihren Eiweißbedarf deckten sie mit Insektenlarven und Pilzen. Die Kartoffel als Mastfutter wurde noch kaum angebaut. Seit einigen Jahren gibt es auf der Frankenhöhe und im Steigerwald wieder Projekte zur Haltung des Eichelschweins. Freilaufende Wildschweine sollen hochwertige Fleischlieferanten abgeben. Alle paar Jahre kommt es zur Eichelmast, bei dem es im Herbst zu einem Überangebot von Eicheln kommt. Bei zwei Tonnen Eicheln pro Fläche eines Fußballplatzes können acht Schweine gemästet werden. Die Bäume in den Hutewäldern stehen weit auseinander und haben sehr große Kronen. Es gibt also genügend Platz und Licht, um ausreichend Früchte auszubilden. Zusätzlich wurden sie dann zu bestimmten Zeiten mit Schafen, Rindern, Ziegen und Schweinen beweidet.

WEINBAUGEBIET

Das fränkische Weinland ist heute das sechstgrößte Weinbaugebiet Deutschlands. Im Maindreieck eingerahmt vom Main liegen Spessart, Rhön, Steigerwald und das Liebliche Taubertal. Die fruchtbare Region gerade um den Steigerwald und das

Taubertal herum hat weltberühmte Weine hervorgebracht. Sie wachsen an den Hängen markanter Bergrücken wie dem Bullenheimer Berg oder dem Schwanberg. Darunter schmiegen sich malerische Winzerdörfer wie Neuses am Berg, Castell oder Iphofen. Gerade an den Westhängen und auf dem Keuperboden gedeihen ganz besonders gute Tropfen, die in den vielen Heckenwirtschaften in den kleinen Fachwerkdörfern angeboten und verkostet werden. Abgefüllt wird der Wein im Bocksbeutel, der bekannten und typischen Flaschenform. Der Silvaner ist die wichtigste Rebsorte und gilt als typischer Frankenwein. Die Sorte ist widerstandsfähig gegen die strengen Winter in Franken. Zwei weitere, traditionelle Rebsorten sind der Kerner und die Scheurebe, die gut auf dem trockenen, kalkhaltigen Boden gedeihen.

ORTE

ZEIL AM MAIN

Das Städtchen Zeil am Main liegt im unterfränkischen Landkreis Haßberge und hat – neben der herrlichen Umgebung des Naturparks – auch kulturell einiges zu bieten. Der Ort kann auf eine lange Geschichte zurückblicken: 1018 erstmals urkundlich erwähnt, war er zu Gründungszeiten wohl nur eine Ansammlung von Höfen. Im Laufe der Zeit entwickelte sich eine kleine Stadt, in der das Handwerk der Steinhauer auch heute noch eine Rolle spielt. Die Werke aus Zeiler Sandstein sind noch vielerorts zu bewundern. Malerische Fachwerkhäuser reihen sich um den Marktplatz, der unter den Zeilern einfach nur „Gute Stube" genannt wird. Die alte Stadtmauer, enge Gässchen und malerische Winkel entführen den Besucher in eine

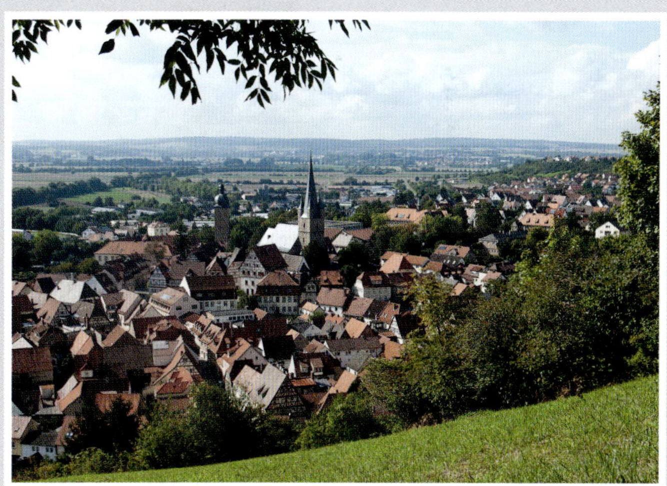

Blick vom Schützenberg auf Zeil am Main (Tour 14).

andere Zeit. Eine sehr düstere Epoche veranschaulicht das Hexendokumentationszentrum, das das komplexe Thema der Hexenverbrennung im 17. Jahrhundert aufarbeitet. Eine weitaus erfreulichere Figur aus der Geschichte ist der Abt Alberich Degen. Der Sohn der Stadt brachte die Silvanerrebe nach Franken. Mit dem 1995 eröffneten Abt- und Degensteig wurde ihm in den Weinbergen um Zeil am Main herum ein Denkmal gesetzt. Er wurde auch Namensgeber für das „Abt-Degen-Weintal". In nächster Nähe hat das Örtchen auch einiges an Sehenswürdigkeiten zu bieten: Mit dem Zeiler Käppele gibt es einen vielbesuchten Wallfahrtsort; die Ruine Schmachtenberg entführt in die Zeit der Raubritter und Edelleute, und der Ziegelanger am Fuße der Weinberge lädt zu ausgedehnten Spaziergängen durch Stadtteil und Weinhängen ein. Zudem bietet die Stadt wechselnd Veranstaltungen an, wie Kirchweihfest, Orgelkonzerte oder geführte Stadt-, Rad- und Wandertouren.

Infos und Kontakt:
Stadt Zeil am Main
Marktplatz 8
D-97475 Zeil am Main
Tel. +49 9524 949-0
info@zeil-am-main.de
www.zeil-am-main.de

VOLKACH UND ASTHEIM

Die kleine, historische Stadt Volkach liegt an der Mainschleife im unterfränkischen Landkreis Kitzingen. Sie ist ein bedeutender Wein- und Tourismusort im Fränkischen Weinland. Das Städtchen ist von den vielen kleineren Ortschaften, die um die Stadt herum angesiedelt sind, geprägt. Sie treten teilweise ganz unterschiedlich auf. Volkach selbst wartet mit einer über 1100-jährigen Geschichte auf. Funde

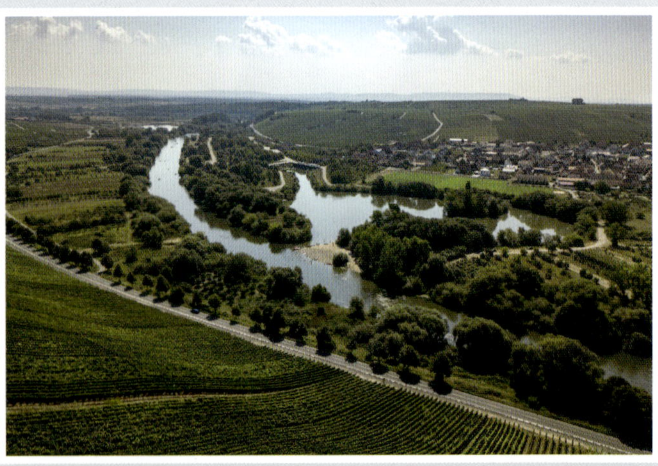

Volkacher Mainschleife (Tour 29).

wie Gräber und Reste von Siedlungen belegen eine sehr frühe Besiedlung der fruchtbaren Region. Kulturlandschaftlich entwickelte sie sich jedoch erst später: Im 8. Jahrhundert begann der erste Weinbau. Dann durchlebte sie eine bewegte Geschichte: Durch mehrere Teilungen während sie sich im Besitz des Klosters Fulda befand, wurde das Gebiet im Laufe der Jahrhunderte immer wieder zersplittert. Mitte des 13. Jahrhunderts ging die Region dann auf die Grafen von Castell über. 1258 wurde Volkach schließlich das Stadtrecht verliehen. Heute lockt der Ort mit einer malerischen Altstadt mit Rathaus, Stadtbrunnen und der Stadtpfarrkirche St. Bartholomäus. In Volkach gibt es viele historische Gebäude, die man nicht verpassen sollte, wie die Lateinschule aus dem frühen 17. Jahrhundert oder den Echterhof. Doch auch die umliegenden Dörfer und nahen Stadtteile wie Astheim sollte man nicht verpassen: Die erste urkundliche Erwähnung Astheims liegt im Jahre 906 n. Chr. Seitdem ist der Ort von Fischerei, Obst- und Weinanbau geprägt. Besonders schön und interessant ist hier die Kartause Astheim. Das ehemalige Kartäuserkloster aus dem 15. Jahrhundert beheimatet heute ein Museum. Mit über 600 Kunstwerken wird die Geschichte der christlichen Bildverehrung und des religiösen Bildgebrauchs hier veranschaulicht.

Infos und Kontakt:
Touristinformation Volkacher Mainschleife
Rathaus
D-97332 Volkach
Tel. +49 9381 40112 oder 40116
tourismus@volkach.de
www.volkach.de

SCHILLINGSFÜRST

Das beschauliche Städtchen Schillingsfürst liegt mitten im Naturpark Frankenhöhe und durchlebte in seiner über 1000-jährigen Geschichte viele Höhen und Tiefen. „Xillingesfirst“ bezeichnet den Berg oberhalb von Frankenheim und tauchte als Begriff bereits im Jahre 1000 in der „Burgbernheimer Wildbannurkunde“ auf. Das schmucke Städtchen – das erst am 4. November 1959 die Stadtrechte verliehen bekam, hat für Besucher viel zu bieten. Weithin sichtbar bildet das Barockschloss der Fürsten zu Hohenlohe-Schillingsfürst das Wahrzeichen der Stadt. Museum und Parkanlagen erzählen von den Glanzzeiten der ehemaligen, fürstlichen Residenz. Ein ganz besonderes Kleinod ist das Brunnenhaus Museum: Hier gibt es die einzigartige Ochsentretanlage Deutschlands. Das hölzerne Pumpwerk wurde früher von Ochsen angetrieben und gibt einen interessanten Einblick in die Technikgeschichte der damaligen Zeit. Zudem wird das Leben und Arbeiten von damals veranschaulicht ebenso wie das Handwerkerturm, das auf vier Geschossen des alten Turmes präsentiert wird. Der 1902 erbaute Wasserturm lässt ebenso die Stadtgeschichte erfahrbar machen. Noch bis in die 70er-Jahre genutzt, kann man heute in seinem Inneren Bilder des französischen Künstlers Michel Leroux bewundern.

Infos und Kontakt:
Stadt Schillingsfürst
Anton-Roth-Weg 9
D-91583 Schillingsfürst
Tel. +49 868 9339700
stadt@schillingsfuerst.de
www.schillingsfuerst.de

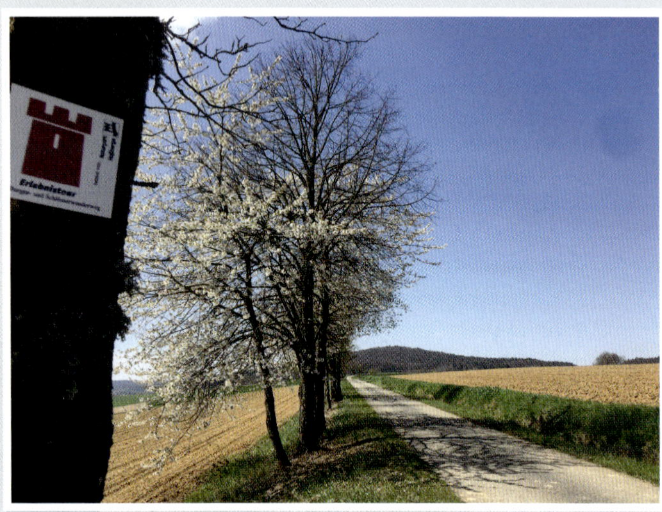

Auf dem Burgen- und Schlösserwanderweg (Tour 10).

QUALITÄTS- UND WEITWANDERWEGE IM STEIGERWALD, HASSBERGEN UND FRANKENHÖHE

• **Burgen- und Schlösserwanderweg**: Der bereits zum 2. Mal als „Qualitätsweg Wanderbares Deutschland" ausgezeichnete Weitwanderweg bildet ein großes Oval von etwa 190 Kilometern und beginnt im Norden in Königsberg in Bayern. Die Südroute beginnt in Zeil am Main, zudem gibt es eine Ost-West-Verbindung von rund 25 km von der Fachwerkstadt Ebern in das verträumte Städtchen Königsberg in Bayern. Auf seinem Weg befinden sich ca. 20 vorgeschichtliche Fliehburgen und Wallanlagen, 15 Burgen und 26 Schlösser.
www.hassberge-tourismus.de/wandern/burgen-und-schloesserwanderweg

• Der **Friedrich-Rückert-Wanderweg** führt von Schweinfurt durch die Haßberge nach Coburg. Auf den Spuren des fränkischen Dichters führt er auf einer Länge von ca. 143 km an Wirk- und Lebensstätten seines Namensgebers vorbei.
www.hassberge-tourismus.de/wandern/friedrich-rueckert-wanderweg

• Der **Keltenerlebnisweg** führt über die Gleichberge und Haßberge durch den Steigerwald bis zum Aischgrund. Wie der Name bereits vermuten lässt, gibt es auf der 254 km langen Strecke archäologische Zeugnisse, Museen und landschaftliche Schönheiten zu entdecken.
www.kelten-erlebnisweg.de

• Der relativ kurze, 57 km lange **Rennweg** ist das kleine Pendant zum Rennsteig. Diese uralte Verkehrsver-

Achtung!

Aktuell überarbeitet der Naturpark Steigerwald e.V. das gesamte Wanderwegenetz im Steigerwald. Das Projekt erstreckt sich über den Zeitraum 2020–2023. So kann es vor Ort teilweise zu Unstimmigkeiten bei der Bezeichnung einzelner Wegstrecken zwischen Wanderführer und tatsächlicher Markierung geben. Von der Aktualisierung sind auch die Naturpark- und Wanderinformationstafeln an den Ausgangspunkten betroffen, sodass diese teilweise noch nicht den aktuellen Stand des Wegenetzes vor Ort abbilden.

bindung verläuft von Nordwest nach Südost, beginnend in Sulzfeld. Im östlicheren Teil wird die Route dabei als Hochstraße oder Hohe Straße bezeichnet.
www.hassberge-tourismus.de
Stichwort: Rennweg

• Der recht bekannte **Steigerwald-Panoramaweg** wurde viermal in Folge als Qualitätswanderweg ausgezeichnet. Der 165 km lange Wanderweg beginnt in Bad Windsheim und endet auf dem Michaelsberg oberhalb von Bamberg. Abwechslungsreich führt er durch einsame Wälder, malerische Dörfer, Burgen, Ruinen, durch die herrliche Mittelgebirgslandschaft des Steigerwaldes.
www.steigerwaldtourismus.com/wandern/steigerwald-panoramaweg/

• Der Steigerwald-Abschnitt des **Main-Donau-Weges** führt von Eltmann nach Neustadt an der Aisch. Er ist 65 km lang und wird durch ein blaues MD auf weißem Grund gekennzeichnet.
https://de.wikipedia.org/wiki/Main-Donau-Weg

• Der **Fränkische Marienweg** führt durch Unterfranken, Oberfranken und Mittelfranken. Der fast 2000 km lange Fernwanderweg berührt dabei 87 Wallfahrtsorte. In seiner Ostschleife durchstreift er mit der Route 3 den Steigerwald und die Haßberge über Haßfurt nach Ipthausen bei Bad Königshofen in einer Länge von 238 km.
www.fraenkischer-marienweg.de

• Der **Mainwanderweg** hat eine Gesamtlänge von 490 km und führt durch landschaftlich reizvolle Wandergebiete wie das Fichtelgebirge, die Fränkische Schweiz, die Haßberge und den Steigerwald.
www.frankenwald-tourismus.de
Stichwort: Mainwanderweg

• Der **Qualitätsweg Europäische Wasserscheide** (EUWSW) entführt den Wanderer in die sanfte Mittelgebirgslandschaft des Naturparks Frankenhöhe. Der 97 km lange Weg verläuft über die Höhen der Frankenhöhe immer entlang der europäischen Wasserscheide.
www.wasserscheideweg.de

ALLGEMEINE TOURENHINWEISE

SCHWIERIGKEITSGRADE

Der Steigerwald mit Haßbergen und Frankenhöhe ist ein typisches Mittelgebirge mit einer charakteristischen Berg- und Hügellandschaft. Ein häufiges Auf und Ab ist daher bei den allermeisten Touren keine Seltenheit. Die Höhenprofile erleichtern jedoch die Einschätzung für den Wanderer, ob er dieser oder jener Tour auch gewachsen ist. Manch kleinere An- und Abstiege sind aber auch aus dem Höhenprofil nicht ersichtlich, der Höhenunterschied ist aber ein guter Richtwert, um den Wanderer zu informieren, was ihn erwartet. Die allermeisten Wege, die in diesem Wanderführer beschrieben sind, sind ausgeschildert. Es gibt jedoch – wenn auch sehr selten – auf manchen Touren kurze Teilabschnitte, die nicht markiert sind. In der Beschreibung wird jedoch darauf hingewiesen. Das Büchlein richtet sich vornehmlich an Familien mit Kindern. Die Touren sind daher oft ohne größere Klettereien oder technischen Schwierigkeiten zu bewältigen. Sie sind jedoch von ganz unterschiedlichen Längen, wobei hier die Eltern am Besten wissen sollten, welche Wegstrecken sie ihren Sprösslingen zumuten können. Das Alter spielt dabei sicherlich eine Rolle, so kann man sich für Wanderungen mit kleineren Kindern getrost an den blauen Touren orientieren. Die Wege selbst sind zum Großteil gut begehbar; jedoch sollte man bei aller Einfachheit auch hier bedenken, dass man in einem Gebirge unterwegs ist und nicht am Strand. Ordentliches Schuhwerk ist also eine Selbstverständlichkeit. Im Charakter einer jeden Tour wird nochmals auf die Schwierigkeit und Begehbarkeit des einzelnen Weges hingewiesen. Die Richtungsangaben verstehen sich im Sinne der Gehrichtung. Fast alle Wanderungen sind Rundwanderungen.

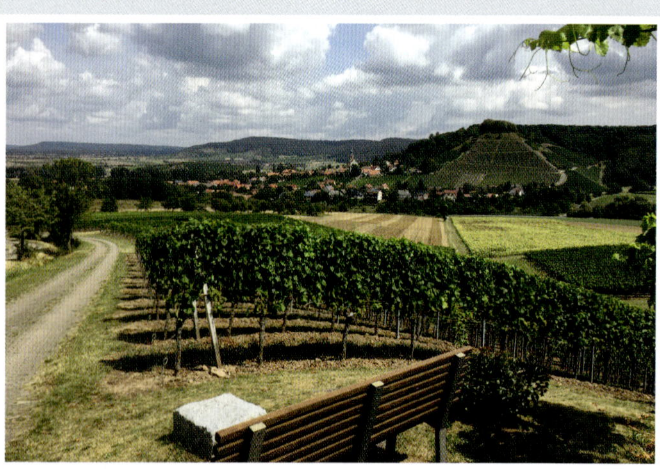

Silvaner Anbau bei Castell (Tour 31).

■ LEICHT

Diese Touren sind gut markiert und führen zum Großteil auf breiten, gut erkennbaren und bequemen Wegen mit nur mäßigen Steigungen. Die Gehzeit hält sich unter drei Stunden, es sind nicht mehr als 12 km zu bewältigen.

■ MITTELSCHWER

Auch diese Wege sind zumeist gut zu gehen, manchmal braucht man auf Grund fehlender Markierungen ein wenig Orientierungssinn. Hier kann es auch mal länger und steiler bergauf oder bergab gehen. Schmale, wurzelige Pfade machen die Touren schwieriger. Die Länge schwankt hier zwischen 10 und 16 km und kann eine Gehzeit von bis zu 5 Stunden erreichen.

■ SCHWER

Diese Touren zeichnen sich vornehmlich durch lange Strecken aus, oft ab 16 km. Dementsprechend verlängern sich die Gehzeiten. Sollte die Strecke doch mal kürzer sein, dann besticht die Tour durch steile An- und Abstiege oder enthält Wegabschnitte, die auf Grund ihrer Beschaffenheit die Tour als eine schwarze Tour auszeichnen.

ZEITANGABEN

Die Zeitangaben sind Richtwerte, die sehr stark variieren können. Sie orientieren sich an einem durchschnittlichen Wanderer, Pausen sind berücksichtigt. Die Zeitangaben sind also KEINE REINE GEHZEIT! Generell und gerade auch mit Kindern sollte immer mehr Zeit eingeplant werden – besonders bei schönem Wetter, da es bei nahezu allen beschriebenen Touren wunderschöne Plätze gibt, an denen sich auch mal ein längeres Verweilen lohnt. Am Besten ist es, die eigene Kondition bzw. die Kondition der Gruppe vorher abzuschätzen und sich dann lieber ein bisschen mehr Zeit zu nehmen, bevor man sich am Ende hetzen muss.

WANDERZEIT UND AUSRÜSTUNG

Die schönste Jahreszeit zum Wandern – nicht nur im Steigerwald – ist von Frühsommer bis Spätherbst. Mitte Mai, wenn der Frühling bereits alles erblühen lässt, hat ebenso seine Reize wie Mitte Oktober, wenn der Herbst die Umgebung in goldene Farben taucht. Viele Wege kann man aber auch im Winter gehen, wenn es allerdings noch nicht allzu viel geschneit hat. Bei unsicheren Wetterverhältnissen ist es immer angebracht, auch wenn die Sonne noch so schön vom Himmel lacht, Regenausrüstung einzupacken. Denn auch in den Mittelgebirgen kann einen schnell einmal ein Schauer überraschen. Ein Rucksack mit Getränken ist auch nie verkehrt – auf einigen Touren gibt es keine Einkehrmöglichkeit. Zudem laden oft Sitzgelegenheiten am Wald- oder Wiesenrand zu einer schönen Pause ein.

BESCHAFFENHEIT DER WEGE UND ORIENTIERUNGSHILFEN

Wie bereits erwähnt, kann man den Großteil der Wege gut begehen. Was jedoch unbedingt immer dabei sein sollte, ist eine Wanderkarte des Gebietes. Die Wege sind zwar sehr gut beschreiben und meistens auch gut ausgeschildert, doch im Laufe der Zeit ist es immer möglich, dass sich ein Weg ändert oder aufgegeben wird. Die meisten Gemeinden haben solche kleinen Wanderkärtchen von ihrem Gebiet für eine geringe Gebühr oder sogar kostenlos vorrätig. Trotz guter Ausschilderung kann mal durch Wind und Sturm oder Holzarbeiten ein Wegschild verschwinden. Da hilft dann der kurze Blick auf die Karte, um sichergehen zu können, dass man sich noch auf dem rechten Weg befindet. Alternativ machen natürlich auch in bestimmten Situationen GPS-Geräte das Wanderleben leichter. Mit entsprechenden digitalen Karten kann man sich die Tracks vor der Tour aufs Handy laden. Sollte man mal wirklich nicht weiterwissen, ist somit ein Verlaufen ausgeschlossen.

ANREISE UND ÖFFENTLICHER NAHVERKEHR

Eine Anreise mit dem Auto gewährt im Naturpark Steigerwald sowie in den Haßbergen definitiv eine größere Flexibilität, da viele der Ausgangsorte nicht mit den öffentlichen Verkehrsmitteln erreicht werden können. Vom Süden erreichen wir den Naturpark Steigerwald mit Haßbergen und Frankenhöhe bequem über die A9 oder die A7. Vom Norden her führt die A7 oder die A71 bis an die Grenzen der Haßberge. Seit einiger Zeit gibt es verschiedene Expresslinien, die uns in die Naturparke bringen: Der Burgenwinkel-Express führt von Haßfurt durch verschiedene Fachwerkdörfer und an Burgen, Burgruinen und Schlössern vorbei bis zum Endhaltepunkt Ebern. Der Bier- und Wein-Express bringt die Besucher durchs Abt-Degen-Weintal bis in den nördlichen Steigerwald. Hier kann man auf den Steigerwald-Express nach Bamberg umsteigen.

Weitere Infos unter:
www.vgn.de
info@vgn.de
Service Hotline: +49 911 27075-99

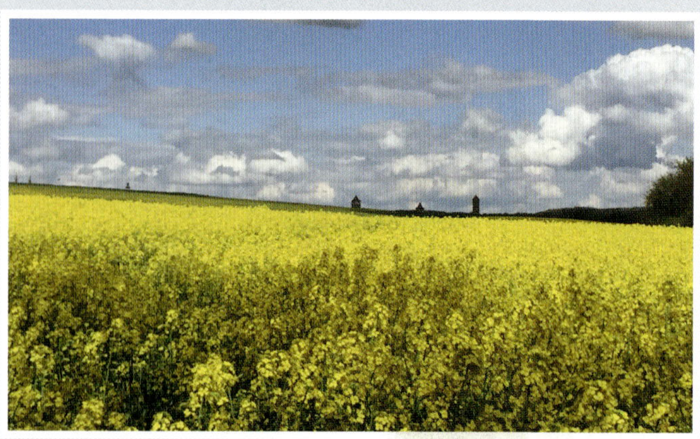

Herrliche Rapsblüte bei Rothenburg ob der Tauber (Tour 54).

MEINE LIEBLINGSTOUR

Der Steigerwald mit Haßbergen und Frankenhöhe hat sowohl kulturell als auch von seinen Naturschauplätzen ungemein viel zu bieten. Daher fiel die Wahl auf eine Lieblingstour nicht leicht. Allein Ebrach und seine umliegenden Wälder sind schon einen Besuch wert. Zwei weitere Highlights erwarten den Wanderer mit dem idyllischen Dörfchen Handthal, das an vielen Ecken zu einer Weinverkostung einlädt, und schließlich Ruine Stollburg, von der aus man einen tollen Blick auf die umliegenden Weinberge genießen kann. Y Von Ebrach nach Handthal, Tour 26, Seite 112

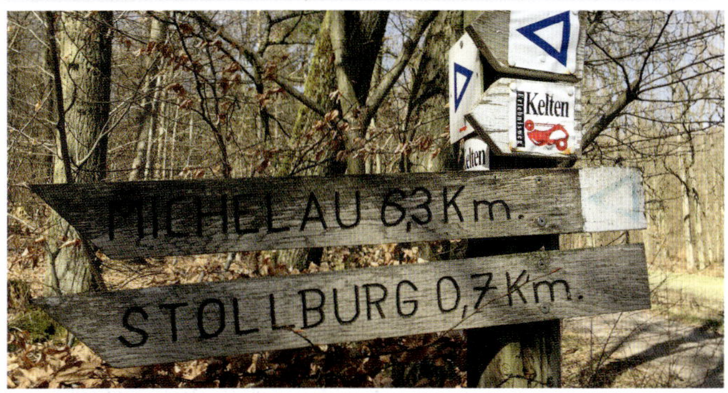

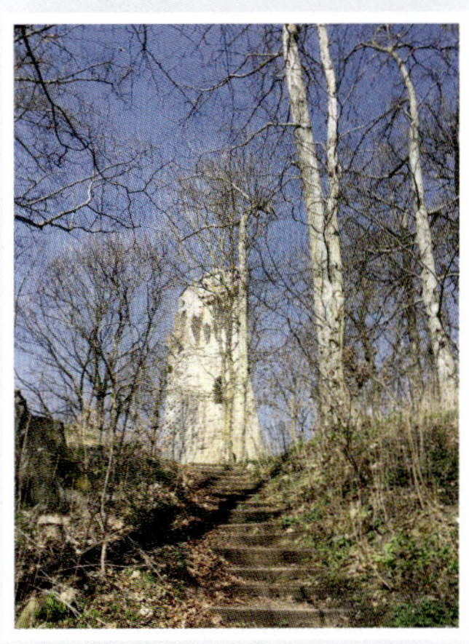

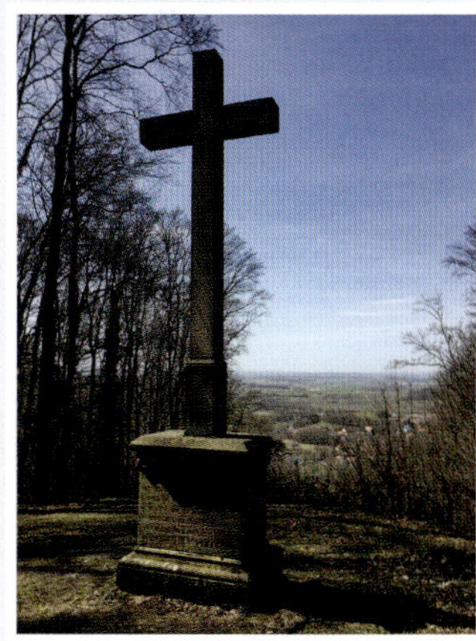

MEINE HIGHLIGHTS

1

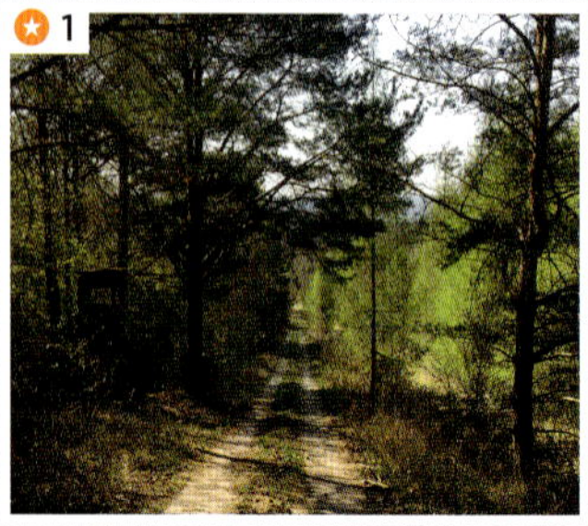

2

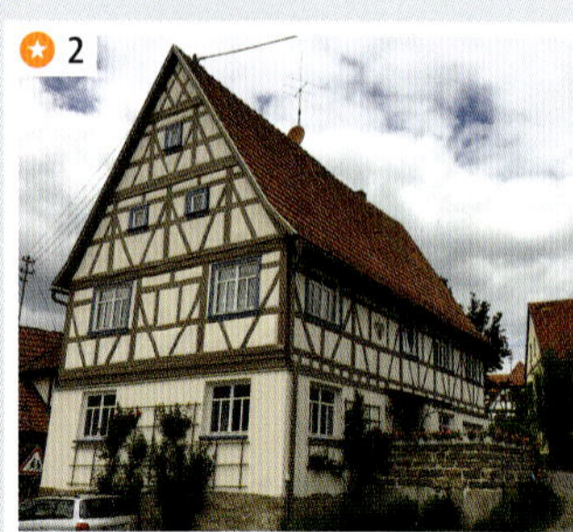

1: Von Trappstadt zur St. Ursula Kapelle
Einen Ausflug in die Vergangenheit bietet uns die Rundwanderung um Trappstadt herum: An der ehemaligen Grenze zur DDR wandern wir heute entlang einer grünen Grenze und können damit Natur und Geschichte verbinden. In Trappstadt und Alsleben erwarten uns die sehenswerten Baudenkmäler wie das Trappstädter Torhaus und Wasserschloss und die Pfarrkirche St. Burkhard in Alsleben. Ein weiteres Kleinod ist die St. Ursula Kapelle mit ihrem Naturfriedhof. Y Tour 02, Seite 30

2: Vom Dornbusch nach Königsberg
Das idyllische Städtchen Königsberg in Bayern erkunden wir auf dieser schönen Rundwanderung. Der Ort gilt mit seiner historischen Altstadt als Perle der Haßberge und zählt zu den besterhaltenen Fachwerkstädten Frankens. Das malerische Künstlerdorf Unfinden wartet mit Wein- und Heckenwirtschaften auf, und die kleinen Weinberge um das Huthäuschen herum sowie die Trockenhänge im Naturschutzgebiet Urwiese sind ein weiteres Zuckerl auf dieser Runde. Y Tour 13, Seite 72

3: Über den Böhlgrund auf die Knetzberge
Das Naturwaldreservat Böhlgrund und die Knetzberge bieten Natur und vor allem Waldgenuss pur: Der lange, entspannte Weg durch das sonnendurchflutete Tal entlang des Stöckigsbachs führt durch ein Schutzgebiet, das zu den größten Bayerns gehört. Mit etwas Glück kann man Fledermäusen, Spechten, Feuersalamandern oder sogar einem Eisvogel begegnen. Der Rückweg führt über die Knetzberge, die schon von den Kelten besiedelt wurden. Das Bergplateau wurde vor über 3000 Jahren als Fluchtburg und Wallanlage genutzt. Y Tour 20, Seite 95

4: Zum Casteller Schlossberg
Die Runde über den Casteller Schlossberg lässt uns die Weingegend auf wunderbare Weise erwandern. Nicht nur im Städtchen Castell gibt es dabei einiges zu entdecken wie das Schloss oder die Museumsscheune. Die einstige Burganlage bzw. deren Überreste sind genauso sehenswert.

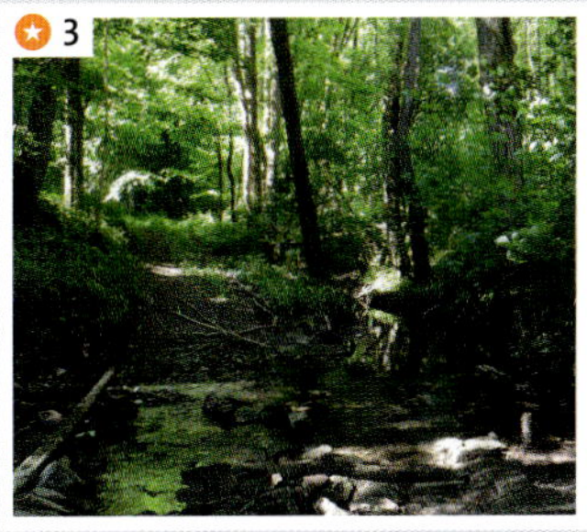

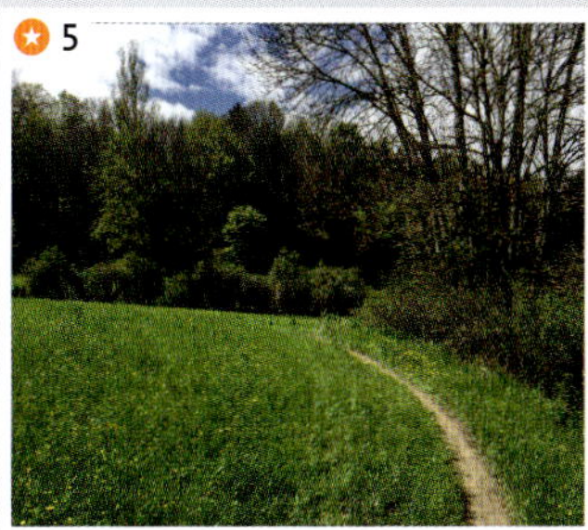

Gegenüber findet sich noch die ehrwürdige Gerichtslinde, unter der noch bis ins 15. Jahrhundert Gerichtsverhandlungen der Grafschaft Castell stattfanden.
Y Tour 31, Seite 130

5: Von Rothenburg ins Steinbachtal

Diese Runde erwartet uns mit einem spannenden Naturschutzgebiet: Der Große und Kleine Lindleinsee bieten auf wechselfeuchten Wiesen eine artenreiche Vegetation. Dementsprechend vielfältig ist auch die Flora, die hier Unterschlupf und Nahrung gleichermaßen im Überfluss findet. Das idyllische Steinbachtal führt uns lange am Fluss entlang durch unberührte, herrliche Natur. Rothenburg ob der Tauber als Ziel- und Startpunkt lässt dann kulturell und kulinarisch keine Wünsche offen. Y Tour 53, Seite 208

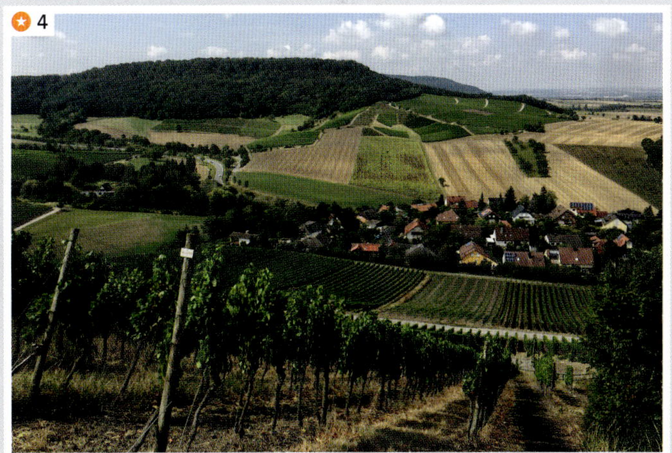

VON HERBSTADT NACH BAD KÖNIGSHOFEN IM GRABFELD

Große Runde um ein traditionsreiches Kurbad mit vielerlei Aussicht

  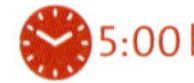 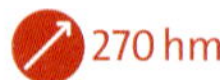 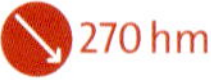

18,8 km | 5:00 h | 270 hm | 270 hm

START | Sportplatz in Herbstadt, 302 m. Anfahrt: Parkplätze am Sportplatz in der Straße „Eller" in Herbstadt.
[GPS: UTM Zone 32 x: 606.915 m y: 5.576.194 m]
CHARAKTER | Fordernde, sehr lange Wanderung. Der Anstieg auf den Lahnberg ist sehr steil und kann rutschig werden, ebenso wie der etwas kürzere Anstieg zum Berghäuschen.

Die große Runde bietet verschiedene kulturelle und naturbezogene Höhepunkte. Von gleich drei Aussichtspunkten aus können wir den Blick auf die Haßberge, Grabfeld und die Gleichberge genießen. Der Lahnberg zwischen Herbstadt und Eyershausen stellt dabei die höchste Erhebung dar, gefolgt vom Aussichtspunkt Berghäusl bei Ipthausen und der Dörfleinshöhe, von der aus man einen schönen Blick auf Bad Königshofen genießen kann. Die denkmalgeschützte Stadtpfarrkirche Mariä Himmelfahrt und die Wallfahrtskirche Mariä Geburt in Ipthausen sind unbedingt einen Besuch wert.

▶ Wir beginnen unsere Wanderung am **Sportplatz in Herbstadt** 01. Unmarkiert folgen wir zunächst dem Teerweg am Sport-

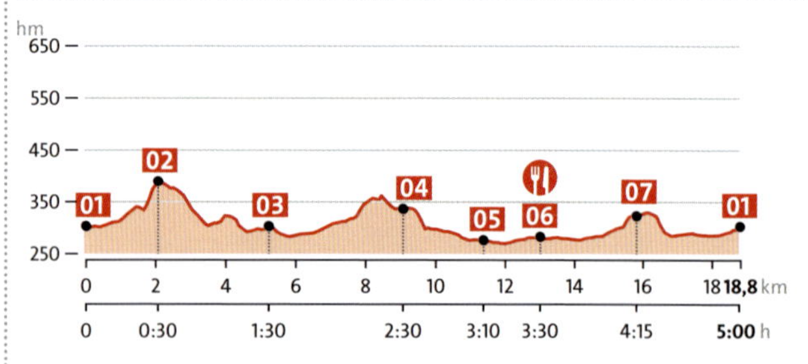

01 Sportplatz in Herbstadt, 302 m; 02 Lahnberg, 395 m; 03 Kirche Eyershausen, 300 m; 04 Berghäuschen, 346 m; 05 Wallfahrtskirche Ipthausen, 275 m; 06 Bad Königshofen, 281 m; 07 Dörfleinshöhe, 324 m

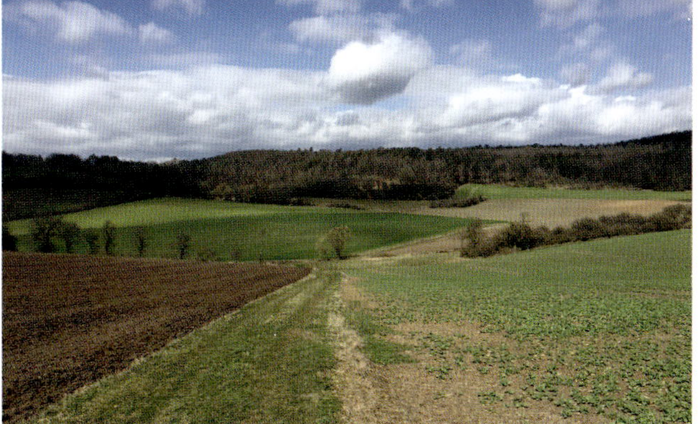
Felder und Wiesen bei Eyershausen.

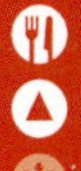

platz vorbei, dann hinab und an der Kreuzung rechts in das „Schmiedstor“ aus Herbstadt hinaus. Kurz danach führen uns nun E3 und E6 nach rechts auf einem Teerweg Richtung Lahnberg.
Nach einer guten viertel Stunde führt uns nun das gepunktete Kreuz links auf einem Feldweg hinauf zum **Lahnberg** **02**, der mit einer herrlichen Aussicht wartet.
Wir folgen dem Feldweg weiter, durch sehr lichten Laubwald, bis zu einer schmalen Straße. Diese biegen wir nach rechts ein und folgen ihr nun stetig hinab. Nach guten 20 Minuten führt uns unser Wegzeichen nach links auf einen Feldweg. Nach dreihundert Metern wenden wir uns nach rechts, einen Feld- und Wiesenweg hinauf. An den Holzstapeln geht es geradeaus weiter, nun wieder hinab. Am asphaltierten Sträßlein nach rechts, noch immer abwärts. An der Hauptstraße biegen wir rechts ein, direkt am Ortsrand dann wieder rechts in den „Seeweg“. Nach wenigen Minuten biegen wir links ab auf „Gewend“. Schließlich erreichen wir wieder die Hauptstraße und die **Kirche von Eyershausen** **03**, bei der sich ein kurzer Besuch lohnt!
An der Hauptstraße wenden wir uns nach rechts, kurz vor Ortsausgang biegen wir links ein auf den „Wiesenweg“. Wir folgen dem gepunkteten Kreuz kurz steil hinab, unten halten wir uns links. Ein asphaltierter Weg führt nun geradeaus, bald über eine Brücke, nach der wir uns links halten, nun unmarkiert! Der breite Teerweg führt uns an der nächsten Kreuzung nach rechts. Jetzt folgen wir geradeaus einem forstwirtschaftlichen Weg, bis uns nach guten 10 Minuten ein Schild nach links auf einen Feldweg führt. Wir folgen diesem Weg immer rechts haltend nun eine gute viertel Stunde, bald leicht hinauf. Ein Schild „Aussichtspunkt Berghäuschen/Ipthausen/Bad Königshofen“ führt uns schließlich nach rechts auf einen Waldweg. Wir folgen ihm durch den lichten Wald, nach einer viertel Stunde halten wir uns an der Gabelung links. Wir folgen dem Weg eine weitere viertel Stunde, bis er uns hinauf zum **Berghäuschen** **04** führt. Nach einer kurzen Rast steigen wir wieder hinab und halten uns am Waldweg links. Nun folgen wir der Markierung Dorfrunde, an der nächsten Gabelung halten wir

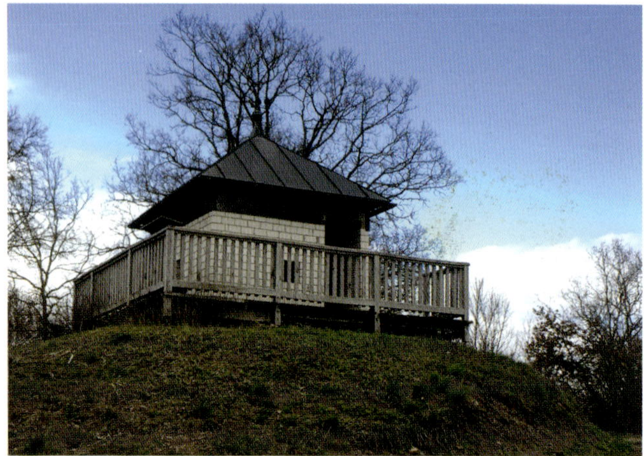

Berghäuschen.

uns rechts. Nach ca. einer viertel Stunde führt er uns am Blankenberghof vorbei, wo er in einen Teerweg mündet. Wir folgen diesem weiter bis nach Ipthausen. An der Vorfahrtsstraße biegen wir rechts in „Merklach" ein. Leider sind die Markierungen in diesem Bereich nur sehr spärlich angebracht, auch wechseln sie ständig. Geradeaus weiter geht es bis zur „Bürgermeister-Eschenbach-Allee", und schließlich nach links zur **Wallfahrtskirche Ipthausen** 05. An der Kirche vorbei führt unser Weg nach links auf einen Teerweg, nach 10 Minuten dann rechts über eine Brücke. Beim Pavillon links Richtung Marktplatz, nun folgen wir dem Marienweg. Über den Marktplatz von **Bad Königshofen** 06 geht es hinüber, in die „Juliusstraße" hinein. An der denkmalgeschützten Stadtpfarrkirche Mariä Himmelfahrt vorbei, am Juliusspital rechts in eine kleine Gasse. Dann links in die „Kellereistraße". Der Marienweg führt uns schnell auf einen Fußgängerweg. An der evangelisch-lutherischen Kirche rechts nun weiter auf dem Fußgängerweg. Ab hier folgen wir nun dem „Kleinen Stadtrundweg" erst

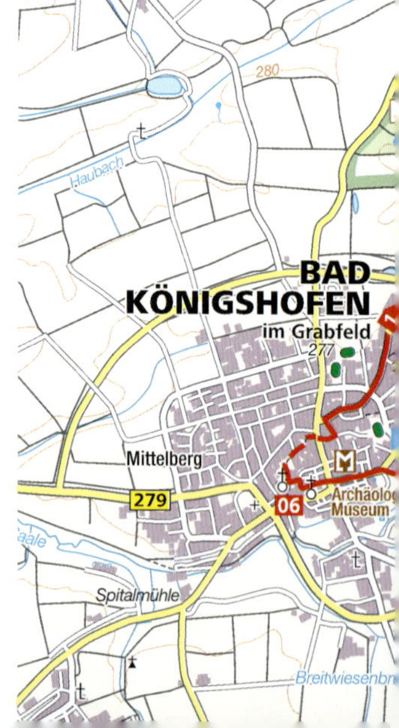

bis zur Straße, diese schräg nach links überqueren und auf dem Fußgängerweg noch kurz weiter, dann links vor bis zur „Dr.-Ernst-Weber-Straße“. Dieser folgen wir nach rechts, nun immer entlang, aus Bad Königshofen hinaus. Über den Kreisverkehr geradeaus hinüber, dann eine gute viertel Stunde auf dem Fuß- und Radweg geradeaus bis uns ein paar Trepplein nach links hinauf führen zur **Dörfleinshöhe** 07. Von hier aus führt uns nun der Keltenweg über einen Pfad durch lichten Wald. Nach einer guten viertel Stunde verlassen wir den Wald wieder; über einen Wiesenweg geht es hinab, an der folgenden Gabelung biegen wir rechts auf einen Feldweg ein. Dieser mündet in einem asphaltierten Weg, der uns nach einer viertel Stunde wieder links auf einen Feldweg schickt. An der darauffolgenden T-Kreuzung biegen wir rechts ab, die nächste wieder rechts. Ein geteertes Sträßlein führt uns nun zurück nach Herbstadt. An der Hauptstraße rechts, nach 150 Metern wieder links hinauf zum **Sportplatz in Herbstadt** 01.

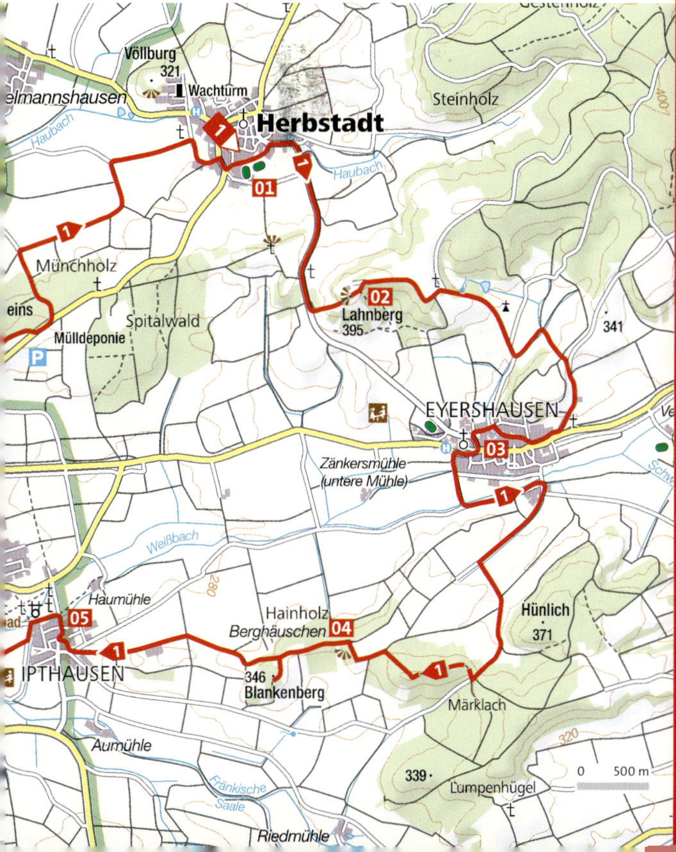

VON TRAPPSTADT ZUR ST. URSULA KAPELLE

Auf den Spuren der Vergangenheit entlang des grünen Bandes

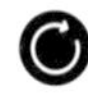 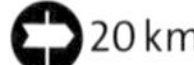 20 km 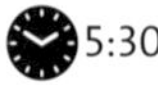 5:30 h  365 hm  365 hm

START | Parkplatz in Trappstadt, 309 m. Anfahrt: Der Parkplatz befindet sich an der Ecke Kirchweg/Torhausstraße in Trappstadt. [GPS: UTM Zone 32 x: 611.842 m y: 5.575.465 m]
CHARAKTER | Auf Grund ihrer Länge muss man bei dieser Wanderung schon ein wenig Ausdauer mitbringen. Dazu beinhaltet sie einige längere Anstiege. Der Grenzgängerweg zu Beginn sollte mit Bedacht begangen werden, da man in den großen Löchern der Betonplatten leicht umknickt. Besser in der Mitte auf dem Wiesenstreifen laufen.

Die Wanderung führt uns im ersten Teil entlang der ehemaligen Grenze zwischen der BRD und der DDR. Der Weg beschreitet – teilweise schon durch Thüringen – den Kolonnenweg der ehemaligen Grenztruppen. Neben den Resten alter Grenzanlagen finden sich viele Informationstafeln, die über Vergangenes berichten. Um das Grenzland herum ist ein herrliches Naturschutzgebiet entstanden mit dem Spanshügel als tollen Aussichtspunkt. Der zweite Abschnitt

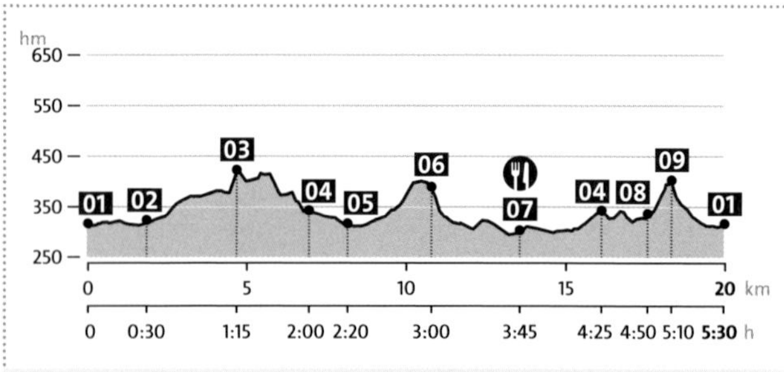

01 Parkplatz in Trappstadt, 309 m; **02** Abzweig Infotafel „Grenzgänger", 318 m; **03** Spanshügel, 444 m; **04** Abzweig Alsleben, 344 m; **05** Fränkische Saalequelle, 314 m; **06** St. Ursula Kapelle, 395 m; **07** Alsleben, 307 m; **08** Infotafel NSG Altenburg, 321 m; **09** Aussichtspunkt NSG Altenburg, 377 m

bringt uns – vorbei an der Saalequelle – zur Wallfahrtskapelle St. Ursula und über Alsleben zurück an den Grenzgängerweg. In Alsleben lohnt ein kurzer Abstecher zur katholischen Kirche St. Kilian: Sie besitzt sehr schöne Haupt- und Seitenaltäre und eine Seuffert Orgel. Das letzte Viertel des Weges führt uns schließlich wieder durch das Naturschutzgebiet Altenburg mit seinen typischen Magerrasen.

▶ Wir starten unsere lange und sehr schöne Wanderung am **Parkplatz in Trappstadt 01**. Zunächst folgen wir der Torhausstraße Richtung Breitensee aus dem Ort heraus. Nach ein paar Minuten biegen wir an der Fatima-Kapelle nach rechts auf einen geteerten Weg ein. Nach wenigen hundert Metern endet er und geht in einen Feldweg über, entlang der ST2282. Schließlich erreichen wir rechter Hand eine **Infotafel 02**. Hier beginnt der Einstieg zum Grenzgängerweg. Nun laufen wir gute 20 Minuten den Weg mit den großen Steinblöcken hinauf, bis wir an eine Gabelung gelangen. Weiter geht es geradeaus auf den Betonplatten ins Naturschutzgebiet. An der nächsten großen Kreuzung mit dem Rastplatz wandern wir weiter geradeaus. Nach etwa 400 Metern zeigt in einer Linkskurve ein Pfad geradeaus steil hinauf ab auf den

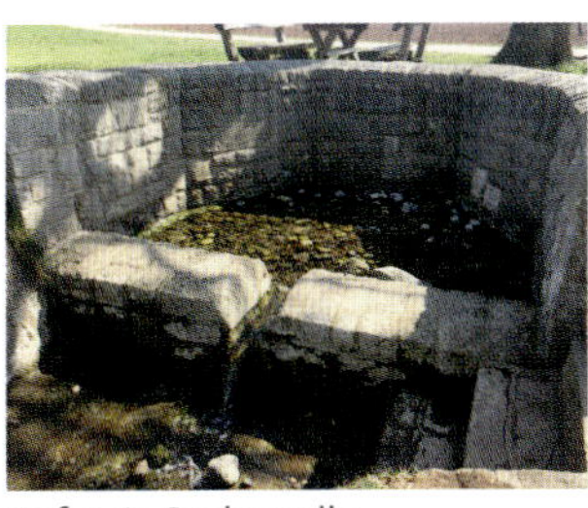

Gefasste Saalequelle.

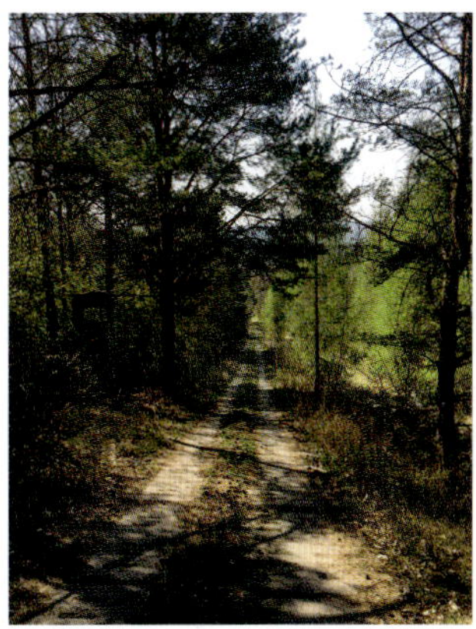

Grenzgängerweg im Naturschutzgebiet.

Spanshügel 03. Wem es hier zu steil wird, der kann den Aussichtspunkt auch umgehen, indem er dem ursprünglichen Weg nach links folgt, die nächste rechts und dann nochmals rechts abbiegt. Vom Spanshügel wieder abgestiegen wandern wir weiter auf dem Grenzweg. Er führt uns in An- und Abstiegen nach fast einer halben Stunde an einen Abzweig – Vorsicht, dass wir ihn nicht verpassen, denn der Pfad geht nun nach rechts ist schmal. Der schmale und wurzelige Erdpfad bringt uns nach 10 Minuten an eine Teergabel: Wir nehmen den **Abzweig** nach links Richtung **Alsleben 04**. Die darauffolgende Gabelung verlassen wir ebenfalls nach links Richtung Saalequelle. Unser Wanderschild lässt uns an der nächsten T-Kreuzung rechts abbiegen, um nach ca. 250 Metern wieder links herum zu laufen. Schon stehen wir an der gefassten **Quelle der Fränkischen Saale 05**. Über eine halbe Stunde folgen wir nun dem Hauptweg, erst auf einem asphaltierten Weg, der dann in einen

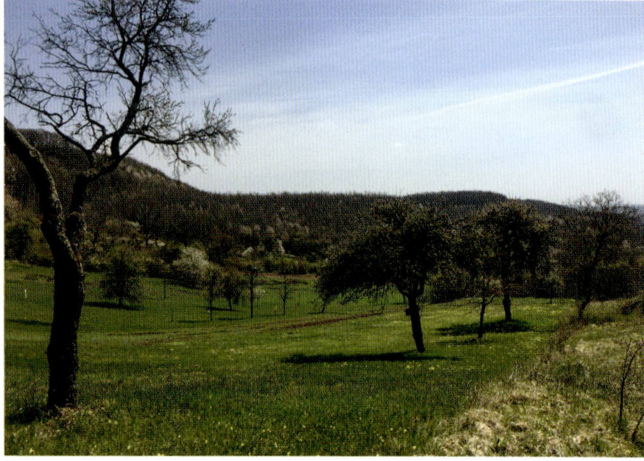
Naturschutzgebiet Altenburg.

Schotterweg übergeht, langsam aufwärts. Gegen Ende führt er uns um eine Rechtskurve. Beim Parkplatz wenden wir uns nach rechts und laufen am Waldfriedhof vorbei zur **St. Ursula Kapelle 06**. Ein Teerweg führt uns nun hinab auf dem blauen X. An der Kreuzung weiter geradeaus, leicht abwärts. An der darauffolgenden Gabelung kurz nach dem Steinkreuz und der Rastbank halten wir uns rechts. Nur dreihundert Meter später biegen wir links ab und wandern einige Minuten auf dem asphaltierten Weg entlang, bis uns das blaue X

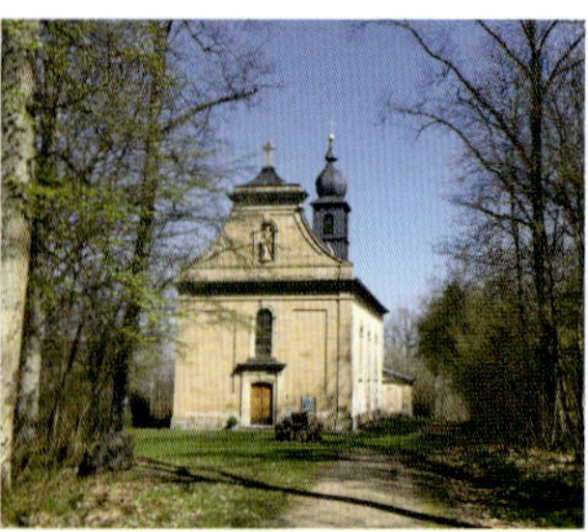
St. Ursula Kapelle.

nach rechts über einen Wiesenweg hinauf schickt. Dem Teerweg folgen wir dann wieder nach links, bis zur Hauptstraße von **Alsleben 07**. Ein kleiner Umweg zur Kirche in Alsleben lohnt sich hier. Ansonsten biegen wir rechts ab und folgen kurz darauf „Am Oberen Tor" wieder rechts. Gemeinsam mit dem Radweg laufen wir gute 40 Minuten auf asphaltiertem Weg entlang, immer links haltend, zurück zu unserem **Abzweig Alsleben 04**. Nun wenden wir uns nach links, nach ca. 300 Metern führt uns die Markierung des Grenzgängerwanderweges nach rechts auf einen Feld- und Wiesenweg. Am Teerweg angekommen, macht der Weg einen scharfen Rechtsknick. Nach ca. 200 Metern, an der Böschung, führt er uns links auf einen Wiesenweg hinauf, dann wieder hinab. Links nun, wenige Meter zum Teerweg, dann nochmals scharf rechts. Schon begrüßt uns auch eine **Infotafel des Naturschutzgebietes Altenberg 08**. Der Teerweg führt uns nun, mal mehr, mal weniger steil hinauf. Nach einer viertel Stunde erreichen wir einen tollen **Aussichtspunkt des Naturschutzgebietes Altenberg 09**. Dann führt der Teerweg allmählich hinab, an dem Haus nach 5 Minuten halten wir uns links. Ein paar Minuten später führt uns die Markierung nach rechts, gleich darauf am Infoschild halten wir uns links auf einen Schotterweg. Er bringt uns schließlich über die Schlossgasse zurück in die Torhausstraße. Hier nach rechts und in wenigen Schritten zum **Parkplatz in Trappstadt 01** zurück.

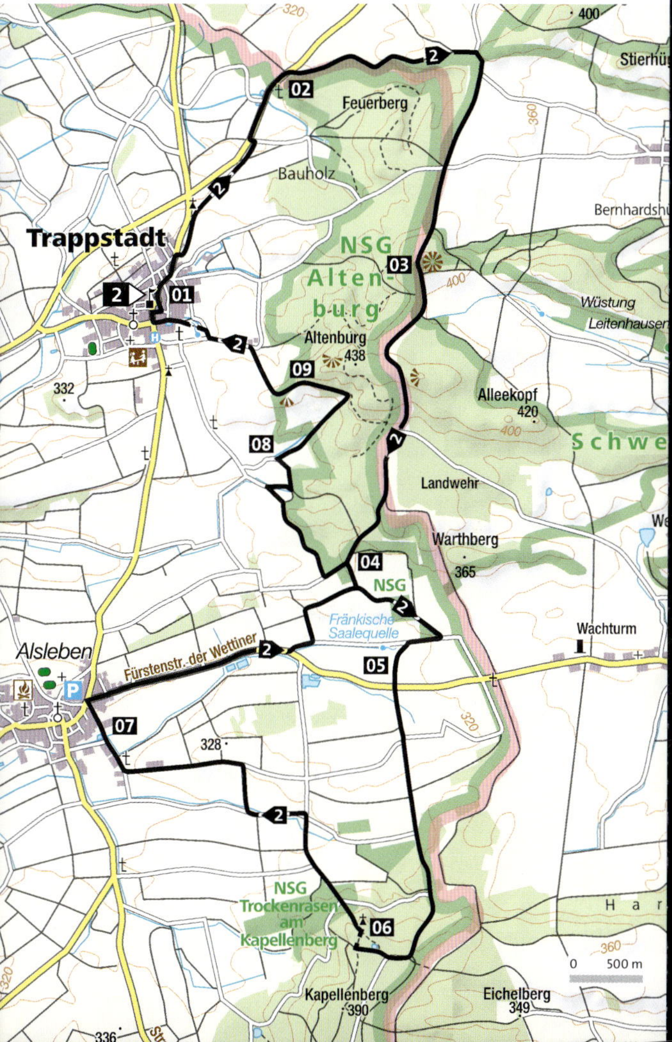

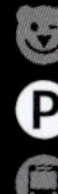
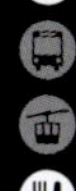
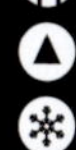
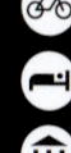

3

VON SULZFELD NACH KLEINBARDORF

Kulturelle Höhepunkte auf kleiner Runde

 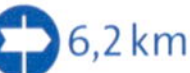 6,2 km  2:00 h  140 hm 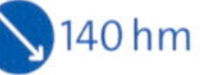 140 hm

START | Dorfplatz in Sulzfeld, 311 m. Anfahrt: Parkmöglichkeiten gibt es am Dorfplatz gegenüber des Gemeindehauses in Sulzfeld. [GPS: UTM Zone 32 x: 600.095 m y: 5.568.688 m]
CHARAKTER | Die kurze Wanderung führt auf abwechslungsreichen Wegen mit geringem Höhenunterschied. Bei der Kürze der Tour ein bisschen Zeit zum Anschauen einplanen! Hinweis: Südlich von Sulzfeld gibt es einen Badesee.

Erstes Ziel der kleinen Runde ist das Wasserschloss Kleinbardorf. Das gut erhaltene Schlösschen im Renaissancestil wurde wohl im 14. Jahrhundert erbaut. 1965 ging es in Privatbesitz über und wurde umfassend renoviert. Um das Schloss herum ist ein interessanter Skulpturengarten angelegt mit modernen Werken u. a. von Nando Kallweit. Die katholische Kirche St. Ägidius gehört zu den Baudenkmälern des Ortes, der älteste Teil der Kirche sind die unteren Geschosse des Kirchtums von um 1600 herum. Der Weiterweg führt uns schließlich über den Judenhügel und den Judenfriedhof. Der Judenhügel, früher Wartberg genannt, war Standort einer weiträumigen keltischen Fliehburg. Der Friedhof wurde Ende des 16. Jahrhunderts angelegt, nachdem Christoph von Biba sein Einverständnis für eine jüdische Begräbnisstätte gab. Er ist mit 4400 Gräbern einer der größten Judenfriedhöfe in Bayern. Die ältesten erhaltenen Grabsteine stammen aus dem 17. Jahrhundert. Schließlich statten wir noch dem Annabild einen Besuch ab: Die kleine Kapelle stammt aus dem Jahre 1745.

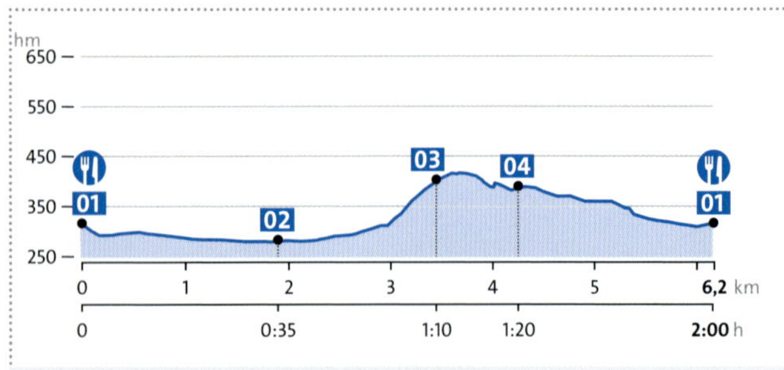

01 Dorfplatz in Sulzfeld, 311 m; 02 Wasserschloss Kleinbardorf, 283 m; 03 Judenfriedhof, 412 m; 04 Annabild, 391 m

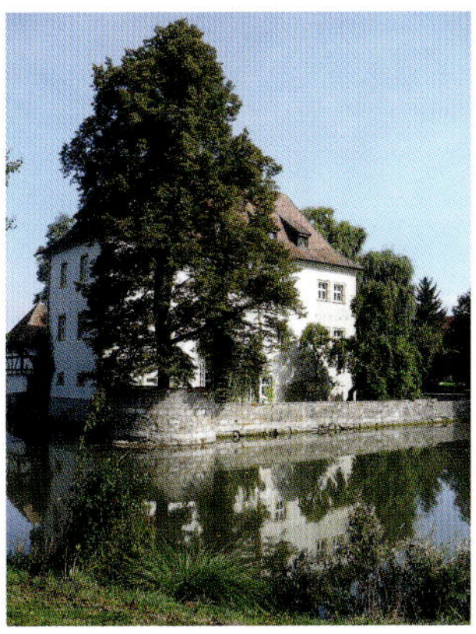

Wasserschloss Kleinbardorf.

Wir beginnen unsere Wanderung am **Dorfplatz in Sulzfeld 01**. Zunächst folgen wir auf der ST2280 nach rechts bis zum Bodenweg, in den wir links einbiegen. Wir laufen geradeaus, bald über einen Feldweg, bis wir am Sportplatz rechts einbiegen. Nun wandern wir gemeinsam mit dem Radweg über den Bach, dann gleich rechts gewandt weiter. Wir folgen nun eine gute viertel Stunde dem Weg geradeaus, anfangs begleitet uns zu unserer Rechten noch der Schmuckenbach. Dann geht es auf unbefestigtem Weg nach rechts über die Wiese, dabei überqueren wir die Barget. Nach insgesamt zweihundert Metern biegen wir an den Bäumen links ab und laufen vor bis zum **Wasserschloss Kleinbardorf 02**. Am Teerweg folgen wir nun der Straße „Am Wasserschloss" um die Linkskurve bis zur Hauptstraße. Wir biegen rechts ab und folgen bald der Oberen Hauptstraße an St. Ägidius vorbei bis zur Straße „Judenhügel". Hier nach rechts nun der Straße folgend bald in den Wald hinauf. Nun begleitet uns auch der Keltenerlebnisweg, der uns an den **Judenfriedhof 03** führt. In einer langen Rechtskurve gelangen wir schließlich nach ca. 400 Metern auf diesem Weg zum **Annabild 04**. Der Schotterweg führt uns nun vom Kamm hinab. Nach ca. 20 Minuten erreichen wir den Ortsrand von Sulzfeld. Wir laufen über das „Obere Tor" in die „Raiffeisenstraße" und erreichen in wenigen Minuten unseren Ausgangspunkt, den **Dorfplatz in Sulzfeld 01**.

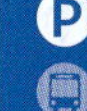
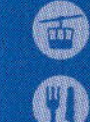

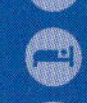

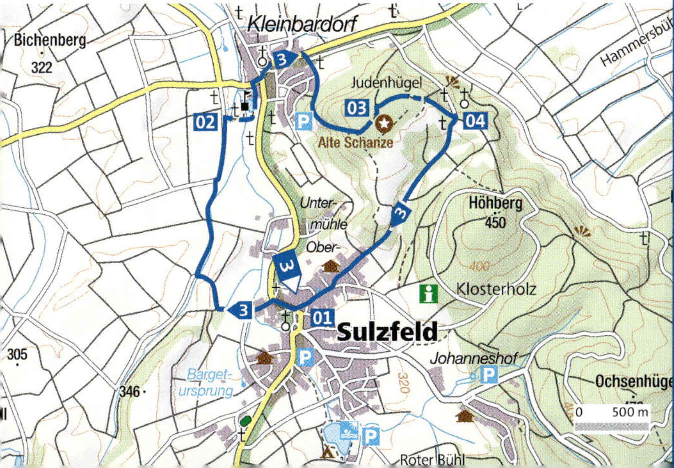

ÜBER NASSACH NACH BIRNFELD

Zur Nassachquelle und in die Toskana der Haßberge

 23,9 km  6:20 h  512 hm  512 hm

START | Parkplatz beim Märchenwald am Sambachshof, 425 m. [GPS: UTM Zone 32 x: 604.185 m y: 5.566.857 m]
CHARAKTER | Auf Grund ihrer Länge muss man bei dieser Wanderung schon ein wenig Ausdauer mitbringen. Dazu beinhaltet sie einige längere Anstiege. Der Grenzgängerweg zu Beginn sollte mit Bedacht begangen werden, da man in den großen Löchern der Betonplatten leicht umknickt. Besser in der Mitte auf dem Wiesenstreifen laufen.

Die lange Wanderung führt uns vom Sambachshof im Bundorfer Forst erst einmal an ein paar besonderen Stationen des Forstes vorüber: Zu Beginn streifen wir ein Wildgehege, in dem sich prächtiges Rotwild tummelt. Am Schwarzen See ebenso wie dem danach folgenden Naturschutzgebiet Nesselgrund finden sich viele seltene Tier- und Pflanzenarten. Dann wandern wir ein Weilchen auf dem Friedrich-Rückert-Wanderweg: Der Sprachgelehrte galt als DER fränkische Dichter und Begründer der deutschen Orientalistik. Nach einem weiteren Abschnitt durch den herrlichen Bundorfer Forst gelangen wir in das hübsche Dörfchen Nassach und besuchen die Quelle der Nassach mit einladendem Rastplatz und Kneippbecken. Im idyllischen Örtchen Birnfeld erwartet uns

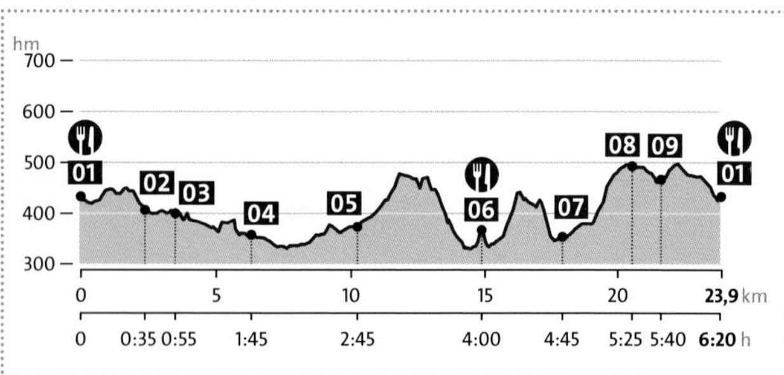

01 Parkplatz Märchenwald, 425 m; **02** Schwarzer See, 415 m; **03** Naturschutzgebiet Nesselgrund, 400 m; **04** Rastplatz Kirchrangen, 352 m; **05** Höllsee, 374 m; **06** Nassachquelle, 348 m; **07** Birnfeld, 350 m; **08** Kreuzung Rennweg, 490 m; **09** Molkebrunnen, 457 m

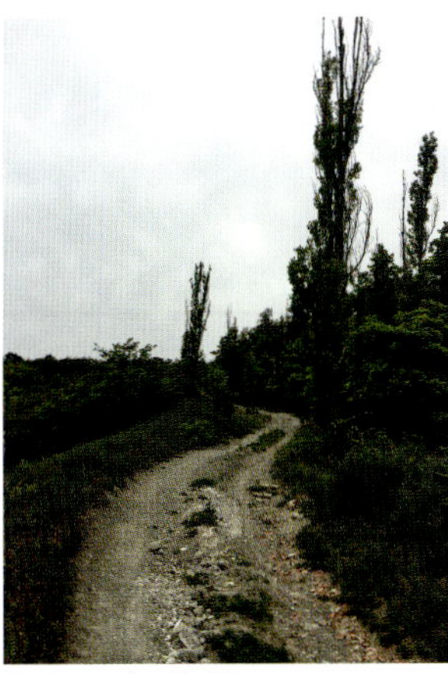

Toskana der Haßberge.

altes Fachwerk und eine gut 300 Jahre alte Gerichtslinde. Auch das letzte Wegstück tauchen wir wieder in die tiefen Wälder des Bundorfer Forstes ein – noch einmal an einem der vielen Gewässer des Waldes, dem Bauachsee, vorbei, erreichen wir wieder den Sambachshof.

▶ Wir starten am **Parkplatz Märchenwald** **01** und wenden uns an der Straße nach links. Nach ca. 100 Metern, auf Höhe des Sambachshofs, verlassen wir die Straße nach links auf einem Schotterweg. Kurz noch parallel zur Straße folgen wir dem blauen Dreieck Richtung Aub und Schwarzer See. Nur 200 Meter später biegen wir links ab, weiter Richtung Aub. Der Waldweg führt bald an einem Wildgehege vorbei und verschmälert sich dann allmählich und wird auch etwas ungängig. Doch nach wenigen Minuten verbreitert er sich wieder und mündet an einen breiten, befestigten Waldweg, dem wir nach rechts hinauf folgen. Nach fast einer viertel Stunde erreichen wir eine Kreuzung, der wir nach rechts auf dem roten Turm folgen Richtung Nesselgrund. Nach weiteren 5 Minuten führt uns ein Abstecher rechter Hand zum **Schwarzen See** **02**. Zurück am Weg folgen wir weiter unserem Zeichen und gelangen nach ca. 10 Minuten an den Beginn des **Naturschutzgebietes Nesselgrund** **03**. Eine viertel Stunde führt uns der Weg am Naturschutzgebiet entlang, dann gelangen wir an eine Kreuzung: Wir folgen dem Weg nach links auf dem Friedrich-Rückert-Wanderweg und dem Hirschen. Eine viertel Stunde später halten wir uns an der Gabelung links, weiter auf unseren Wegzeichen. Gute 20 Minuten geht es nun auf und ab, bis rechts ein schmaler Weg abzweigt. Er führt uns – vorbei am **Rastplatz Kirchrangen** **04** – zur HAS38. Wir wenden uns nach rechts und wandern an der Straße entlang. Schon nach ca. 250 Meter biegen wir wieder links ab, dann gleich rechts weiter am Waldrand entlang. Schon nach wenigen Minuten wenden wir uns nach links in den Wald auf dem Friedrich-Rückert-Wanderweg Richtung Bundorf. Der Weg führt uns nun durch den Wald, an den folgenden beiden Gabeln halten wir uns links. Beim Waldaustritt folgen wir auf einem Wiesenweg vor bis zum Teerweglein. Hier biegen wir links ab. Nach ca. 100 Metern geht es dann unmarkiert nach rechts, über ein Brücklein. Nach ca. 10 Minuten erreichen wir eine Kreuzung: Wir wenden uns nach links auf einen Feldweg leicht abwärts. Der Weg führt uns gleich darauf um eine Rechtskurve, dann sofort in eine Linkskurve. Wir bleiben nun stetig auf diesem Weg, der uns in einem An- und Abstieg bis an einen asphaltierten Weg führt. Ihm folgen wir nun zusammen mit dem Fahrradweg nach rechts. Der Weg führt in den Wald. An der zweiten Gabelung folgen wir jetzt der Markierung BUN1 nach links. 10 Minuten später stehen wir am **Höllsee 05**. Ab hier folgen wir weiter geradeaus auf dem Hirschen. Nach ca. eineinhalb Kilometern gelangen wir an eine große Kreuzung.

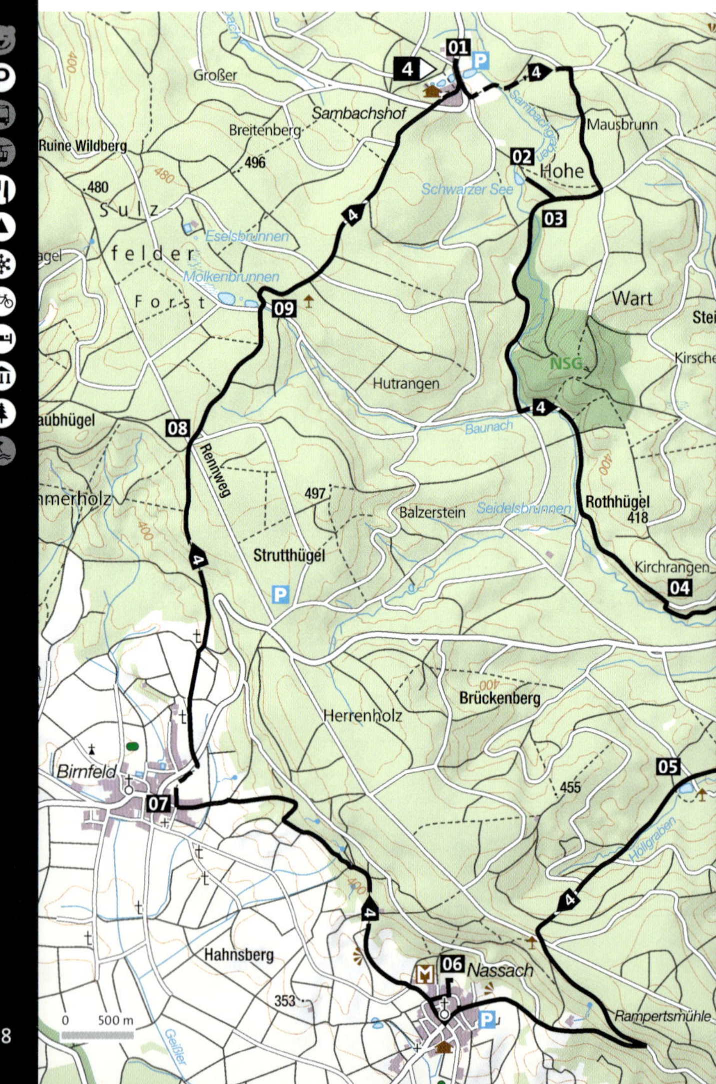

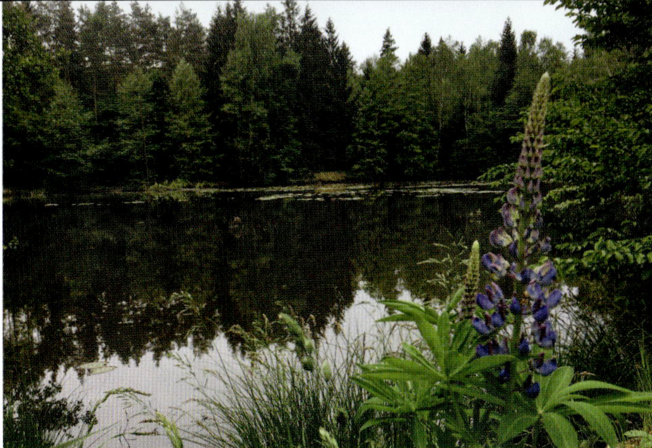

Höllsee.

Wir nehmen den Weg schräg geradeaus über die Kreuzung hinüber, weiter auf dem Fuchs, direkt an der Rasthütte vorbei Richtung Nassach. An der nächsten Gabelung biegen wir rechts ab, nun weiter hinab nach Nassach. Auf dem Abwärtsweg kommen wir direkt an einem schönen Aussichtspunkt vorbei. Wir gelangen an den Ortsrand von Nassach. Die Haßbergstraße und der grüne Turm führen uns geradeaus. Nach wenigen Minuten biegen wir rechts in die Torstraße ein, folgen dem Wegschild Richtung Nassachquelle.

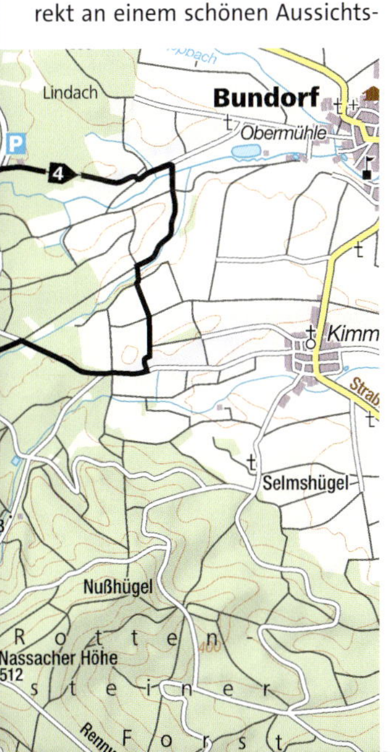

Bevor wir durch das Tor schreiten, folgen wir der Beschilderung „Nassachquelle“ nach rechts, erst über die Braugasse, dann links über einen Wiesenpfad, dann Schotterweg in wenigen Minuten zur **Quelle der Nassach 06**; hier lädt

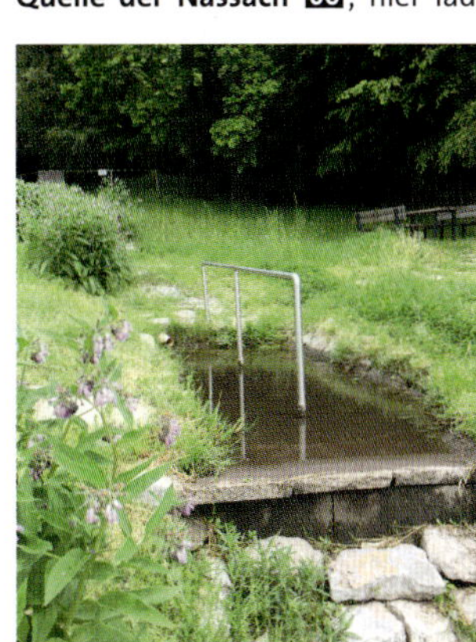

Nassachquelle mit Kneippbecken.

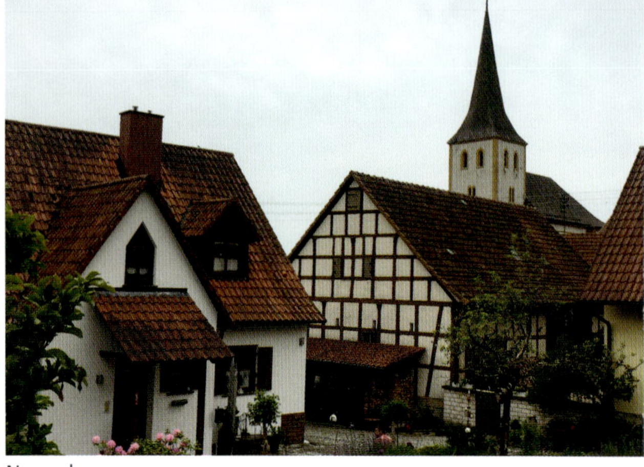

Nassach.

ein Kneippbecken und Rastplatz zu einer kleinen Pause ein.
Zurück am Torweg wenden wir uns nach rechts, erst auf einem Flurweg, dann folgen wir wieder dem roten und grünen Turm auf einem steinigen Wiesenweg aufwärts, durch die „Toskana der Haßberge“. An der T-Kreuzung biegen wir rechts in den Wald ab, dann gleich wieder links, weiter Richtung Birnfeld. Der Pfad führt uns nun gute 20 Minuten geradeaus, dann rechts leicht hinauf. Wir folgen ihm, bis wir auf einen breiten Waldweg treffen: Hier geht es nach links, er führt uns aus dem Wald hinaus, hinab nach **Birnfeld** **07**. Nach den ersten Häusern von Birnfeld biegen wir jedoch schon wieder rechts hinauf ab auf einen Schotterweg und weiter auf dem grünen Turm und dem Keltenweg. Sie führen uns an die Haßbergstraße (SW32). Wir überqueren sie und folgen weiter unseren Wanderzeichen auf einem asphaltierten Weg – ein Steinmarterl an der Ecke und bald darauf ein großes Holzkreuz erinnern uns, dass wir uns auf dem Marienweg befinden. Der Weg geht in einen Wiesenweg über und führt an eine Wiesenkreuzung mit einem Steinmarterl. Wir folgen weiter geradeaus auf dem grünen Turm Richtung Ruine Wildberg. Der Weg geht in einen Pfad über und führt nun eine halbe Stunde durch den Wald. Achtung! Zu seinem Ende hin führt er uns nach rechts, in wenigen Metern auf einen breiten Schotterweg. Diesen biegen wir nun nach links ein, weiter auf dem grünen Turm. Ein paar Meter später stehen wir an einer **Kreuzung** mit dem **Rennweg** **08**: Wir folgen nun dem Radweg schräg nach rechts. Er bringt uns in einer viertel Stunde an die Baunachseen und an den **Molkebrunnen** **09**. Geradeaus am Kopfende des Weihers vorbei, nach dem Weiher links. Der Hauptweg führt uns um eine Rechtskurve. Fast eine halbe Stunde wandern wir jetzt auf diesem Weg entlang, bis wir die NES43 erreichen. Wir überqueren sie geradeaus, hinüber zum Sambachshof und von dort aus in wenigen Minuten zurück zum **Parkplatz Märchenwald** **01**.

DURCH DEN BUNDORFER FORST ZUR RUINE WILDBERG

Lange Waldwanderung durch den Bundorfer Forst

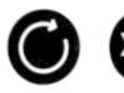  21,7 km  5:40 h  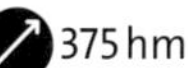 375 hm 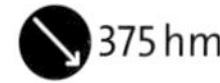 375 hm

START | Parkplatz beim Märchenwald am Sambachshof, 425 m. [GPS: UTM Zone 32 x: 604.185 m y: 5.566.857 m]
CHARAKTER | Der Weg verläuft größtenteils auf schönen, breiten Forstwegen. Kaum steile Anstiege, gut markiert. Das letzte Stück bewegt sich über einen schmalen, aber schönen und gut markierten Pfad.

Der Bundorfer Forst liegt mit seinem über 18 km² großen Waldgebiet mitten im Naturpark Haßberge. Große Teile des Forstes sind Fauna-Flora-Habitat Gebiet Bundorfer Wald und Quellbäche der Baunach sowie Vogelschutzgebiet. Seit einigen Jahren fühlt sich auch wieder die Wildkatze hier heimisch, die im Bundorfer Forst mit seinen Deckungsmöglichkeiten, Wasservorkommen und seiner Strukturvielfalt einen idealen Lebensraum gefunden hat. Südlich des Sambachshofs passieren wir das Naturschutzgebiet Nesselgrund: Das Gebiet ist seit 1985 zum Schutzzweck ausgewiesen, um die Nasswiesenkomplexe und Erlensumpfwälder zu erhalten. Eine kleine Besonderheit ist die Sibirische Schwertlilie, die hier in großer Anzahl vorkommt.

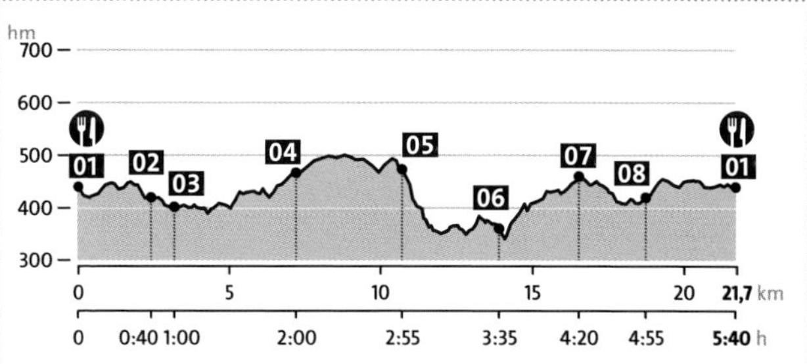

01 Parkplatz Märchenwald, 425 m; **02** Schwarzer See, 415 m; **03** Naturschutzgebiet Nesselgrund, 400 m; **04** Parkplatz Strutthügel, 461 m; **05** Ruine Wildberg, 476 m; **06** Ferienhaussiedlung, 380 m; **07** Rastplatz Ochsenhügel, 456 m; **08** Holzwegschild, 419 m

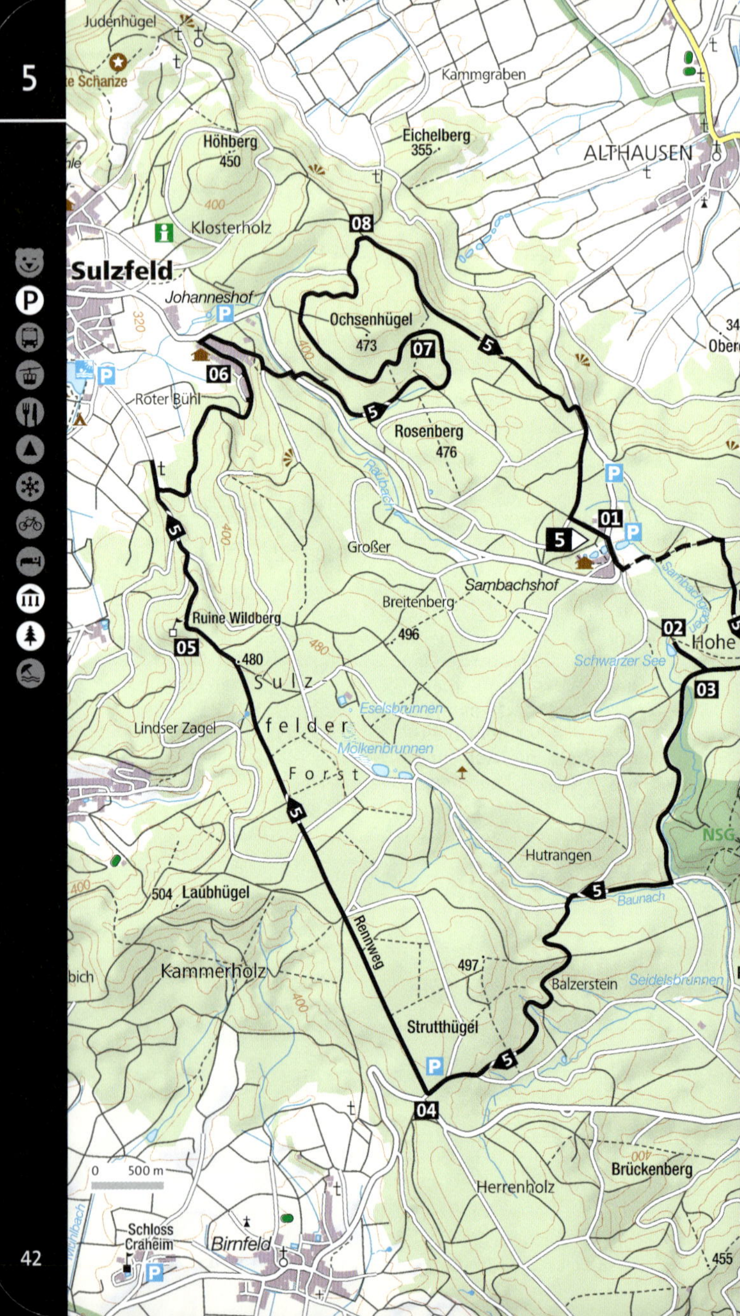

Judenhügel
Scharze
Kammgraben
Höhberg
450
Eichelberg
355
ALTHAUSEN
400
Klosterholz
08
Sulzfeld
Johanneshof
Ochsenhügel
473
07
320
06
Roter Bühl
Rosenberg
476
Raubach
01
Großer
Sambachshof
Breitenberg
496
Ruine Wildberg
05
480
02
Hohe
Schwarzer See
03
Sulz
felder
Forst
Eselsbrunnen
Molkenbrunnen
Lindser Zagel
NSG
Hutrangen
Baunach
504
Laubhügel
Rennweg
Kammerholz
497
Balzerstein
Seidelsbrunnen
Strutthügel
04
0
500 m
Brückenberg
Herrenholz
Schloss Craheim
Birnfeld
455

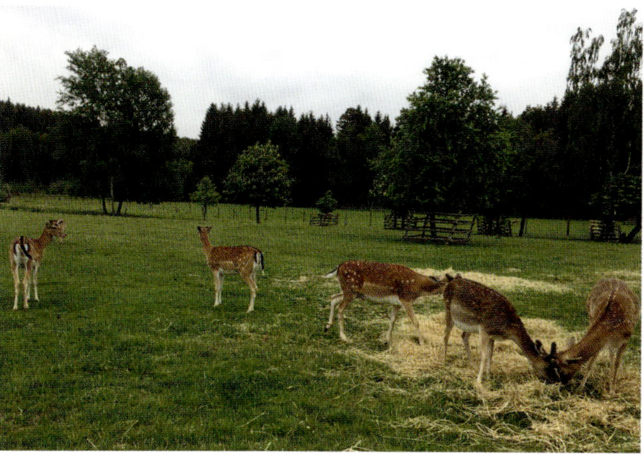

Dammwildgehege beim Sambachshof.

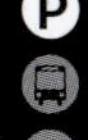
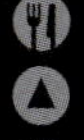

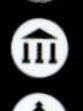

▶ Wir starten am **Parkplatz Märchenwald 01** und wenden uns an der Straße nach links. Nach ca. 100 Metern, auf Höhe des Sambachshofs, verlassen wir die Straße nach links auf einem Schotterweg. Kurz noch parallel zur Straße folgen wir dem blauen Dreieck Richtung Aub und Schwarzer See. Nur 200 Meter später biegen wir links ab, weiter Richtung Aub. Der Waldweg führt bald an einem Wildgehege vorbei und verschmälert sich dann allmählich und wird auch etwas ungängig. Doch nach wenigen Minuten verbreitert er sich wieder und mündet an einen breiten, befestigten Waldweg, dem wir nach rechts hinauf folgen. Nach fast einer viertel Stunde erreichen wir eine Kreuzung, der wir nach rechts auf dem roten Turm folgen Richtung Nesselgrund. Nach weiteren 5 Minuten führt uns ein Abstecher rechter Hand zum **Schwarzen See 02**. Zurück am Weg folgen wir weiter unserem Zeichen und gelangen nach ca. 10 Minuten an den Beginn des **Naturschutzgebietes Nesselgrund 03**.

Eine viertel Stunde führt uns der Weg am Naturschutzgebiet entlang, dann gelangen wir an eine Kreuzung: Wir folgen ihr nach rechts für gute 10 Minuten auf dem Friedrich-Rückert-Weg an der Baunach entlang. Dann folgen wir unserem Zeichen nach links, das uns nun stetig auf dem Hauptweg eine gute halbe Stunde lang durch den Wald führt. Am **Parkplatz Strutthügel 04**, kurz vor der NES49, wenden wir uns nach rechts. Wir befinden uns nun auf dem Rennweg, dem wir geradeaus folgen. Gute vierzig Minuten wandern wir nun schnurgerade dahin, dann verschmälert sich der Weg allmählich. Dann führt uns ein schmaler Pfad teils steil hinab zur **Ruine Wildberg 05**. Nach einem Besuch der Ruine folgen wir weiter unserem Weg auf dem Pfad bis zu einer T-Kreuzung: Hier biegen wir rechts ab, gleich an der nächsten Kreuzung halten wir uns links, weiter hinab Richtung Sulzfeld. Am Steinmarterl mit Rast-

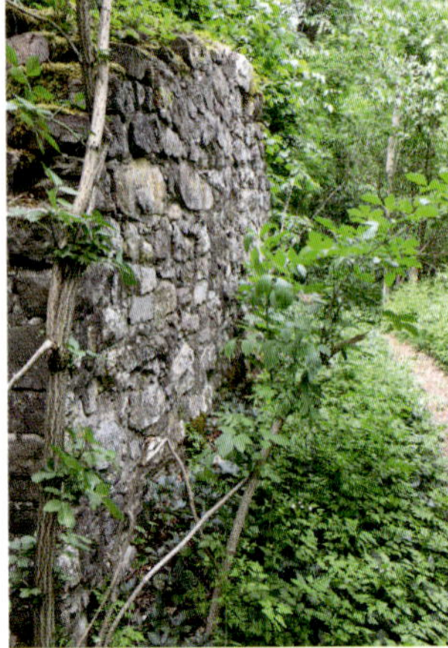
Mauerreste der Ruine Wildberg.

platz biegen wir scharf rechts ein und wandern nun auf dem Gutsherrenpfad und dem Biergartenwanderweg. Am Ende des kurzen steilen Anstieges erreichen wir eine T-Kreuzung, an der wir links abbiegen. Der Biergartenwanderweg geleitet uns an eine Teerstraße. Geradeaus weiter wandern wir nun auf dem Amselweg durch die **Ferienhaussiedlung 06**. Kurz vor der Vorfahrtsstraße biegen wir rechts ein in den Finkenweg, nun auf dem grünen und roten Turm. Der Finkenweg führt uns im Anstieg an einen Schotterweg, dem wir zusammen mit den Türmen folgen. Kurz hinter der Rechtskurve biegt nach links ein Weg steil in den Wald hinab ab – unser Zeichen ist nun der Dachs.

Die darauffolgende ST34 überqueren wir schräg nach rechts und folgen einem unmarkierten Schotterweg bergauf. Nach ca. 25 Minuten gelangen wir an den **Rastplatz Ochsenhügel 07**, der mit einem Tisch und Bänklein zu einer kurzen Pause einlädt. Weiter geht der Weg, nochmal fast eine halbe Stunde auf dem Schotterweg durch den Wald. Dann, nach der Linkskurve, weist uns auf der rechten Seite ein Schild Richtung Eisernes Kreuz in den Wald hinauf. Wir folgen nun dem schmalen Pfad, sonst unmarkierten Pfad, gute 5 Minuten hinauf.

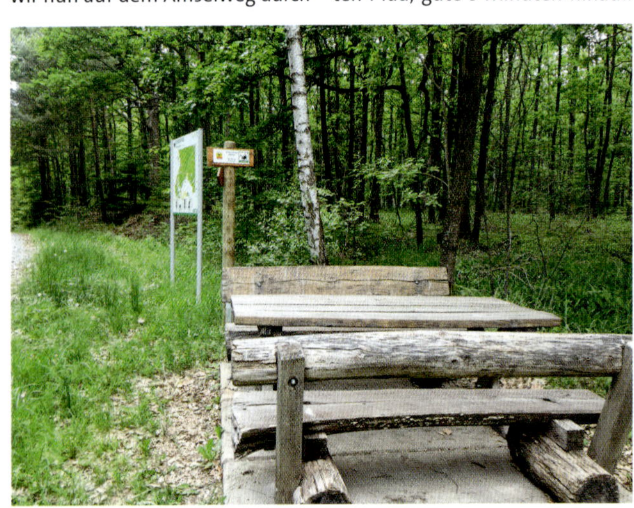
Rastplatz Ochsenhügel.

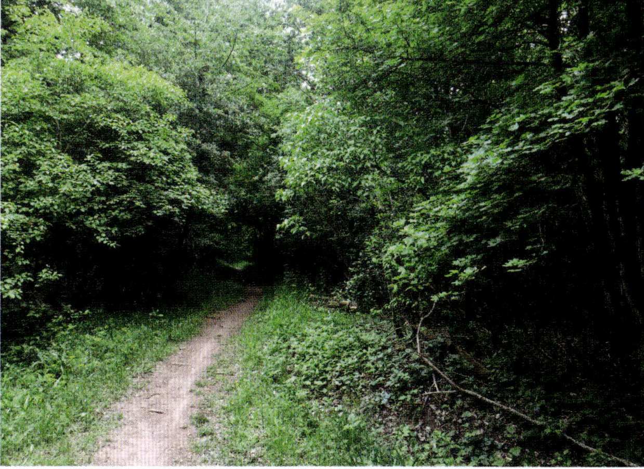

Waldpfad zurück zum Sambachshof.

An der Pfadgabelung sehen wir nun auch ein **Holzwegschild 08**: Es schickt uns nach rechts Richtung Sambachshof, nun wieder auf dem grünen Turm und dem blauen, offenen Dreieck. Wir folgen den Zeichen nun stetig auf dem schmalen Pfad, eine gute halbe Stunde lang durch schönen, lichten Laubwald. Wir verlassen den Pfad nicht, bis wir an einen Schotterweg gelangen. Hier geradeaus weiter, an ein paar Weihern vorbei. An der Kreuzung nach den Weihern biegen wir links ein, weiter auf dem blauen, offenen Dreieck. Der Weg führt uns nun an den Buden des Märchenwaldes vorbei zurück zum **Parkplatz Märchenwald 01**.

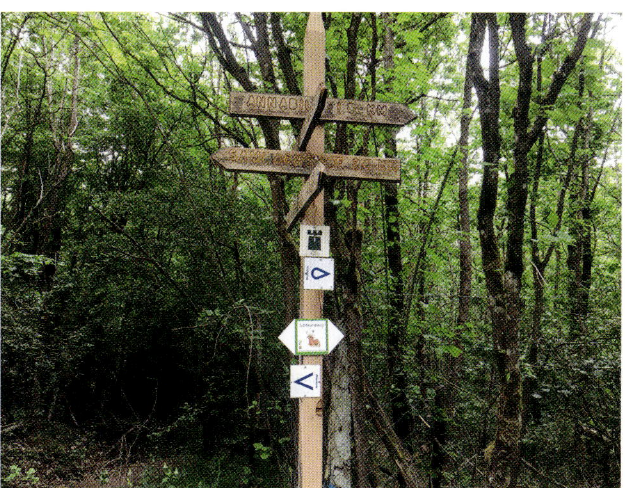

Wegschild beim Ochsenhügel.

VOM REUTSEE NACH BRENNHAUSEN

Durch schattige Wälder zu einem Wasserschloss

 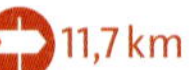 11,7 km  3:40 h  140 hm  140 hm

START | Parkplatz Reutsee, 330 m. Anfahrt: Parkplatz im Heckenweg in Sulzdorf an der Lederhecke.
[GPS: UTM Zone 32 x: 610.536 m y: 5.566.703 m]
CHARAKTER | Die Wege nach Brennhausen und um den Reutsee herum sind gut markiert und angenehm zu laufen. Zwischendurch gibt es kleine Abschnitte mit unbefestigten Wegen, die jedoch keine Probleme darstellen.

Der Reutsee war früher ein beliebtes Ziel für Badegäste und Sonnenanbeter. Im Jahr 2000 wurde er jedoch als Flora-Fauna-Habitat ausgewiesen, also als außergewöhnliches und schützenswertes Biotop. Seither ist das Baden hier verboten. Der See dient Anglern zum Rückzug und Erholung und im Winter wird er oft zum Schlittschuhlaufen oder Ähnlichem aufgesucht. Für einen erholsamen Spaziergang rundherum steht er jedoch zu jeder Jahreszeit zur Verfügung. Das aus dem 13. Jahrhundert stammende Wasserschloss Brennhausen ist in Privatbesitz, kann jedoch von außen auf einem offiziellen Wanderweg umrundet werden. Man munkelt, Brennhausen sei einst ein Kloster gewesen: Der Sage nach treten des Nachts zu bestimmter Stunde Nonnen aus den Mauern hervor und wandeln durch immer die gleichen Räume des Schlosses, bis sie schließlich wieder im Gemäuer verschwinden.

▶ Wir starten unsere Wanderung am **Parkplatz Reutsee** 01. Der Heckenweg führt uns vor

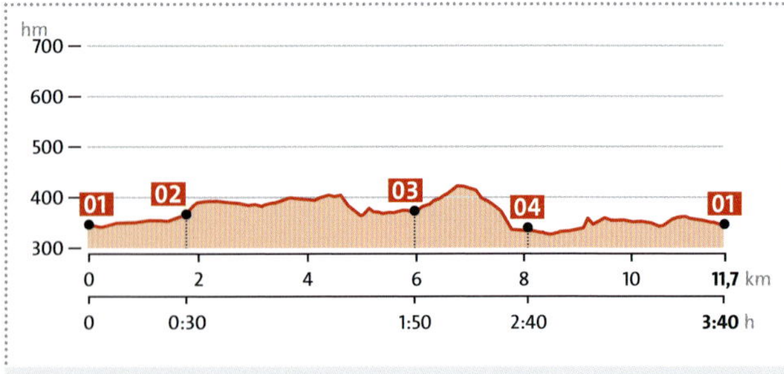

01 Parkplatz Reutsee, 330 m; 02 Abzweigung Aub, 353 m; 03 Landschaftssee Aub, 330 m; 04 Wasserschloss Brennhausen, 330 m

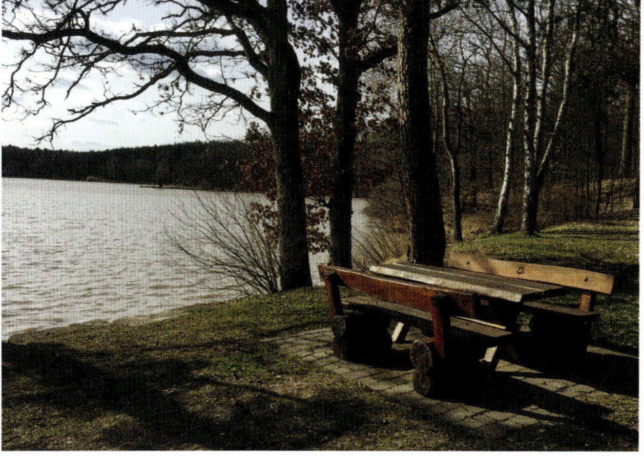

Rastplatz am Reutsee.

bis an die Straße „Zum Reutsee". Wir folgen ihr nach links, bis zur T-Kreuzung, und biegen hier rechts auf den asphaltierten Weg ein. Der rote Turm weist uns den Weg Richtung „Brennhausen". Wir folgen dem Weg nun eineinhalb Kilometer. Kurz nach der großen Kreuzung weist der rote Turm an der **Abzweigung nach Aub** 02 nach links auf einen Wald- und Wiesenweg Richtung „Denkmal von Bibra". Nach über 10 Minuten queren wir einen Schotterweg und wandern auf dem Waldweg weiter geradeaus. Nach fast ei-

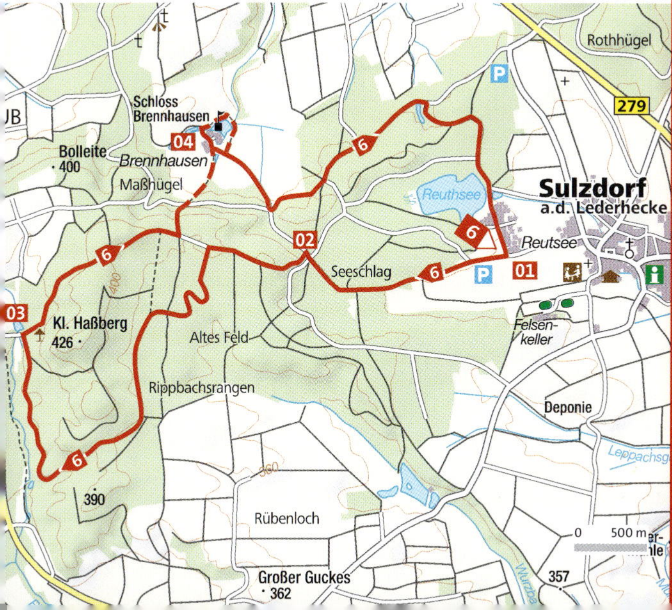

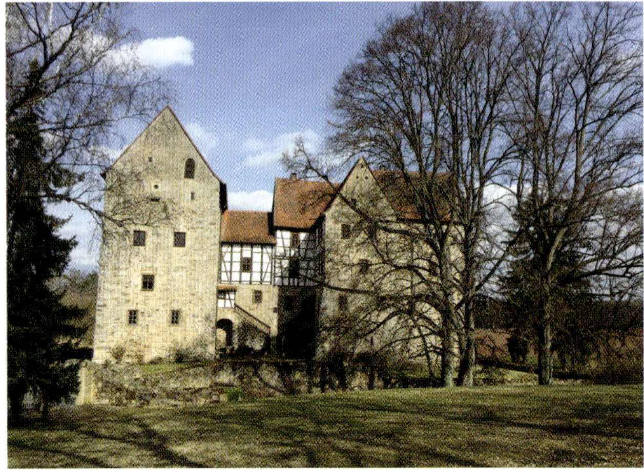

Wasserschloss Brennhausen.

ner viertel Stunde erreichen wir erneut einen Schotterweg, dem wir nun nach links zusammen mit dem Laubfrosch folgen. Stets nun auf diesem Weg wandernd, erreichen wir nach einer knappen halben Stunde den **Landschaftssee Aub** 03. Unser Weg führt uns nun rechts haltend sanft wieder bergauf. Nach fast eineinhalb Kilometern weist uns ein Wegschild nach links Richtung „Denkmal von Bibra" und Schloss Brennhausen, weiter auf dem roten Turm. Ein steiler Waldweg führt uns hinab, wir überqueren einen weiteren

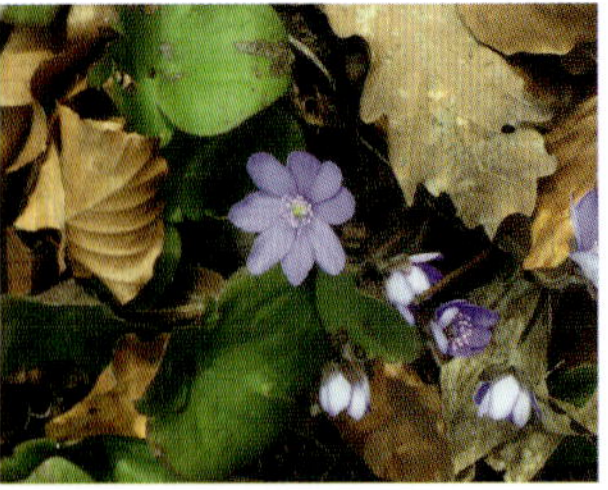

Die ersten Leberblümchen im Frühjahr.

Waldweg und laufen nur noch wenige Schritte geradeaus, da stehen wir schon am gemauerten Denkmal. Nach dem Denkmal halten wir uns rechts, auf einem breiten Wiesenweg zwischen Wald und Feld hinab zum **Wasserschloss Brennhausen** 04. Ein Wanderweg führt uns leicht links haltend einmal um das Schloss und den zugehörigen See herum. Wieder auf dem asphaltierten Weg, folgen wir nun dem roten und dem grünen Turm nach links Richtung Reutsee. Nach ein paar hundert Metern, noch vor Eintritt in den Wald, biegen wir links auf einen Wiesenweg ab. Er wird bald zum Pfad, der uns in den Wald führt. An der T-Kreuzung halten wir uns links. Wir wandern den Weg zusammen mit dem roten Turm nun stets rechts haltend entlang, bis wir schließlich nach ca. einer halben Stunde den Reutsee erreichen. An seinen einladenden Rastbänken noch vorbei in wenigen Minuten zurück zum **Parkplatz Reutsee** 01.

ÜBER DIE SCHWEDENSCHANZE NACH BETTENBURG

Auf des Dichters Spuren

 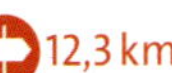 12,3 km  3:40 h  290 hm 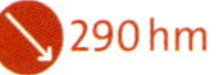 290 hm

START | Wanderparkplatz „Sieben Wege“, 457 m. Anfahrt: Von der ST2275 von Eichelsdorf Richtung Stöckach biegt man ca. 300 m nach Eichelsdorf links ab und fährt die schmale Straße aufwärts bis zum Parkplatz. [GPS: UTM Zone 32 x: 608.293 m y: 5.559.316 m]
CHARAKTER | Die Wege sind zumeist breit. Der Abstieg von der Schwedenschanze ist jedoch steil und schmal, Vorsicht, bei Nässe wird es hier extrem rutschig. Ebenso brauch man gutes Schuhwerk im Anstieg zum Burgstall Rottenstein.

Die Schwedenschanze, unser erster Anlaufpunkt, bietet von Mtte April bis Mitte Oktober einen herrlichen Rundumblick über den Steigerwald und von der Rhön bis nach Thüringen. Nach einer längeren Waldwanderung tauchen wir ein in die Welt der Lyriker und Dichter der Romantik; der Landschaftsgarten Bettenburg liegt nicht weit vom Renaissanceschloss Bettenburg entfernt. Er wurde 1789 von Freiherr Christian Truchsess von Wetzhausen in Auftrag gegeben. Im Park befinden sich Denkmäler und kleine Bauwerke, die über einen Rundweg erkundet werden können. Dem

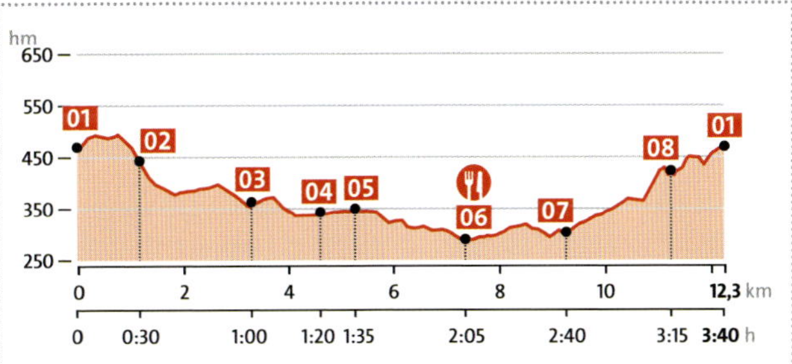

01 Wanderparkplatz „Sieben Wege“, 457 m; 02 Abzweig Rennweg, 385 m; 03 Kreuzung Friedrich-Rückert-Weg, 360 m; 04 Landschaftsgarten Bettenburg, 323 m; 05 Dichterhäuschen, 349 m; 06 Eichelsdorf, 294 m; 07 Brücklein, 293 m; 08 Burgstall Rottenstein, 408 m

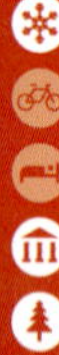

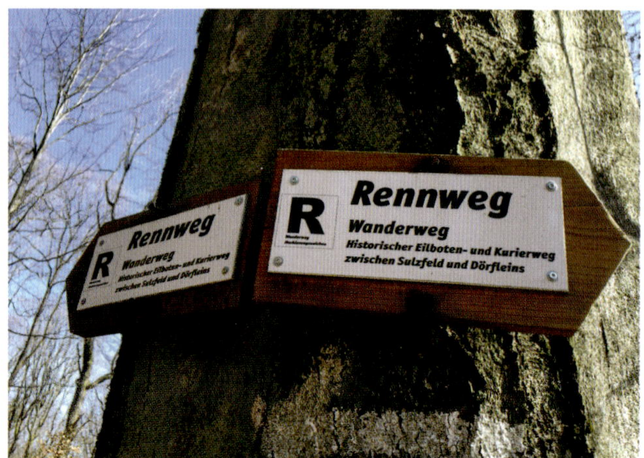

Kurz gehen wir auf dem Rennweg.

Dichtertum zugetan, versammelte der Freiherr Anfang des 19. Jahrhunderts die „Bettenburger Tafelrunde" um sich, einen Dichterkreis, dem auch Persönlichkeiten wie Friedrich Rückert oder Jean

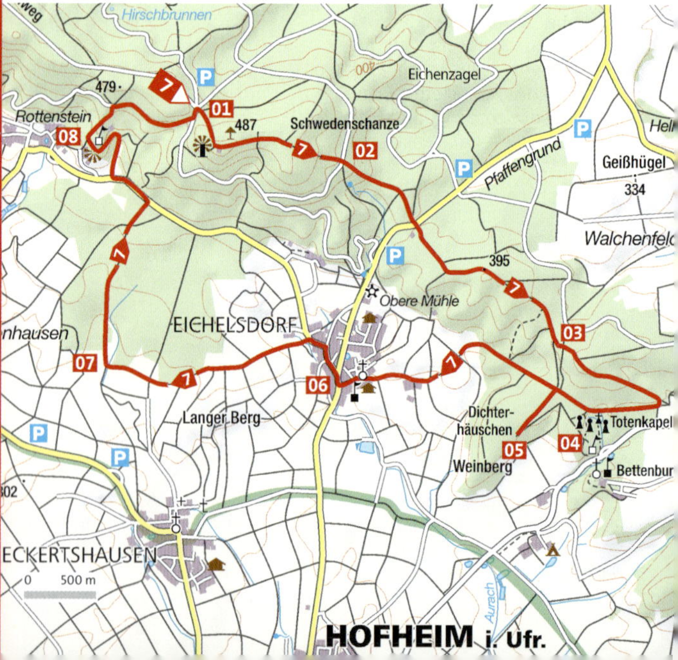

Paul angehörten. Kurz vor unserem Ausgangspunkt statten wir der Burg Rotenstein noch einen kurzen Besuch ab. Sie wurde wohl um 1100 herum erbaut. Im Mai 1525 wurde sie vollständig zerstört und nicht wieder aufgebaut. Ihre Steine wurden – wie damals üblich – gänzlich abgetragen und zum Bau umliegender Gebäude verwendet.

▶ Wir beginnen unsere Runde am **Wanderparkplatz „Sieben Wege"** **01**. Zunächst wenden wir uns dem Weg Richtung Schwedenschanze zu. Der rote und grüne Turm bringen uns in wenigen Minuten hinauf zum Aussichtsturm. An der Schwedenschanze halten wir uns links und wandern auf schmälerem Weg in den Wald hinein. Bald führt er steil hinab, wir kreuzen einmal einen breiten Waldweg, dann geht es weiter hinunter. Nach ca. 50 Metern verlassen uns die beiden Türme nach rechts, wir folgen weiter geradeaus, doch auch nur noch etwa 40 Meter. Dann treffen wir auf die **Abzweigung** mit dem **Rennweg** **02**. Wir folgen ihm nach rechts, weiter hinab auf einem bei Nässe extrem rutschigen, matschigen und schmalen Weg. Die folgende Straße überqueren wir geradeaus, dann weiter hinauf auf dem Rennweg Richtung Landschaftsgarten. Nun geht es auf schmalem Weg immer geradeaus, gute 20 Minuten lang, bis wir eine Gabelung erreichen, an der wir auf den **Friedrich-Rückert-Wanderweg** **03** treffen. Auch hier laufen wir weiter geradeaus, teils steil auf und ab, bis an den Waldrand. Wir biegen nach rechts auf den breiten Waldweg ein. Er führt uns nach 500 Metern an den Eingang zum **Landschaftsgarten Bettenburg** **04**. Eine interessante Runde durch

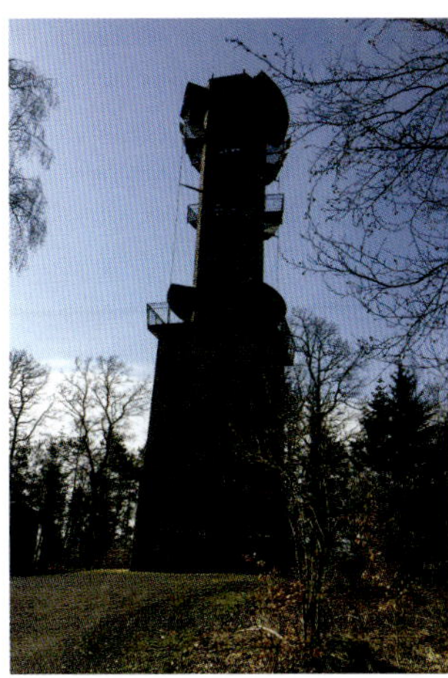
Schwedenschanze

den Park bietet sich hier an. Dann wandern wir weiter auf unserem Weg, Friedrich Rückert folgend. Einige Minuten später statten wir, nach rechts laufend, dem **Dichterhäuschen** **05** einen Besuch ab. Es liegt idyllisch am Wegrand und war ein inspirierender Rückzugsort für die damaligen Dichter und Denker. Zurück auf unserem Weg wandern wir weiter geradeaus, nun hinter dem grünen Turm und dem Keltenerlebnisweg her. Sie bringen uns nach 10 Minuten links abbiegend aus dem Wald heraus. Über eine Wiese laufen wir in einem großen Linksbogen zum Feldweg. Hier wandern wir geradeaus Richtung Schloss Eichelsdorf, bald an einem Hof vorbei und die Schlossstraße hinab und nach **Eichelsdorf** **06** hinein.

An der Hauptstraße biegen wir rechts ein, dann halten wir uns gleich schräg links in die Rottensteiner Straße. Sie führt hinauf, nach wenigen Minuten links auf einen schmalen Teerweg. Ab hier folgen wir dem Reh. Nun stetig

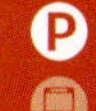
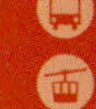
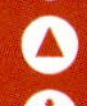

rechts haltend führt der Weg bald am Waldrand entlang. Schließlich geht er in einen Wiesenweg über. Wir überqueren einmal einen Feldweg, dann führt der Wiesenweg weiter und wird allmählich zu einem schmalen Wiesenband zwischen Wald und Feld. So erreichen wir nach ein paar Minuten ein **Brücklein** 07. Rasch hinüber, dann biegen wir rechts ab und laufen wieder auf einem Wiesenweg hinter dem Reh her, Richtung „Dicke Eiche" und Schwedenschanze. Kurz darauf geht es in den Wald hinein. Wir folgen dem Weg eine viertel Stunde bis zur Straße: Wir überqueren sie, ein kleines Stück hinauf, dann wenden wir uns nach links und wandern wenige Minuten auf einem Pfad parallel zur Straße, bis wir an einer Gabelung nach links zur Straße geführt werden. Wir folgen ihr nochmals ein paar Minuten, dann führt uns der rote Turm nach rechts über einen Wiesenweg Richtung Burg Rottenstein. Bald durch den Wald, dann über eine Hohlgasse erreichen wir nach 10 Minuten den **Burgstall Rottenstein** 08. Kurz danach, am breiten Waldweg, biegen wir rechts ab und folgen dem roten Turm in einer viertel Stunde zurück zum **Wanderparkplatz „Sieben Wege"** 01.

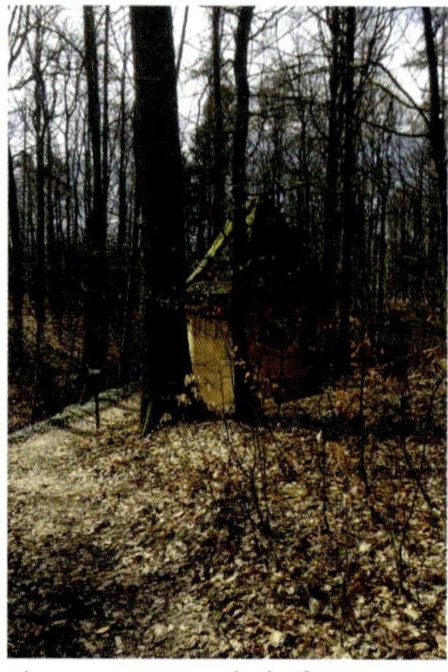
Eingang zum Landschaftsgarten Bettenburg.

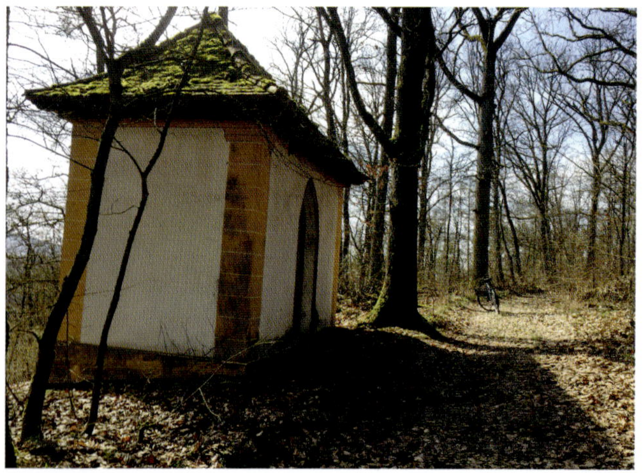
Das Dichterhäuschen.

VON PFARRWEISACH ZUR RUINE ALTENSTEIN

8

Abwechslungsreiche Wanderung zu einem Schloss, einer Burgruine und einem Naturdenkmal

  11,8 km 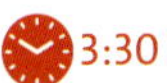 3:30 h 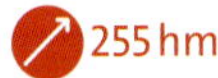 255 hm 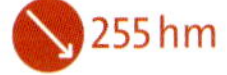 255 hm 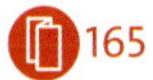 165

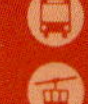

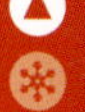

START | Parkplatz in Pfarrweisach, 288 m. Anfahrt: Parkplatz in der Lohrer Straße/Ecke Am Steinernen Heid in Pfarrweisach. [GPS: UTM Zone 32 x: 624.090 m y: 5.556.319 m]
CHARAKTER | Ein wenig Kondition für häufiges Auf und Nieder, auf Teerwegen, Waldwegen und auch schmalen Waldpfaden.

Das Highlight dieser Tour ist die Burgruine Altenstein, die hoch über dem Weisachtal thront. Ursprünglich war sie der Stammsitz der Herren Stein zu Altenstein. 1255 erstmals urkundlich erwähnt, bietet die Burg heute noch einen beeindruckenden Blick über die Hassberge. Sie ist eine typische Ganerbenburg: Die Burg befand sich im Besitz von mehreren Familienzweigen und wurde auch von diesen gemeinschaftlich bewohnt. Durch Erbteilung, Verkäufe, Heirat oder Verpfändung wurden die Besitzverhältnisse geteilt. 1296 gab es bereits acht Familien, die an dieser sogenannten Ganerbenschaft beteiligt waren.

▶ Wir beginnen unsere Wanderung am **Parkplatz in Pfarrweisach** 01 „Am Steinernen Heid". Wir folgen vorerst dem Fasan

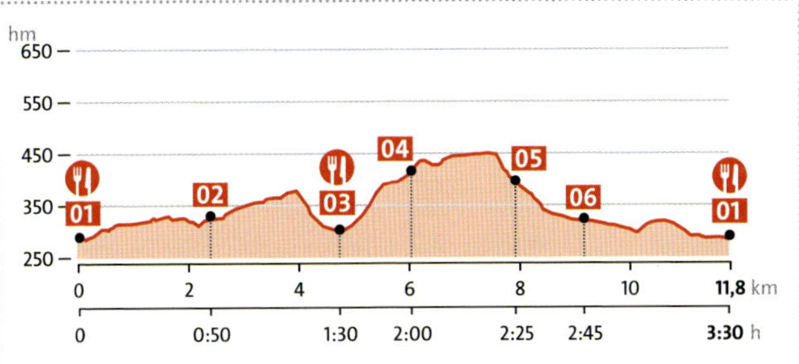

01 Parkplatz in Pfarrweisach, 288 m; 02 Weiher, 312 m; 03 Schloss Pfaffendorf, 297 m; 04 Burgruine Altenstein, 439 m; 05 Gesteinsgruppe Geißstein, 419 m; 06 Rabelsdorf, 314 m

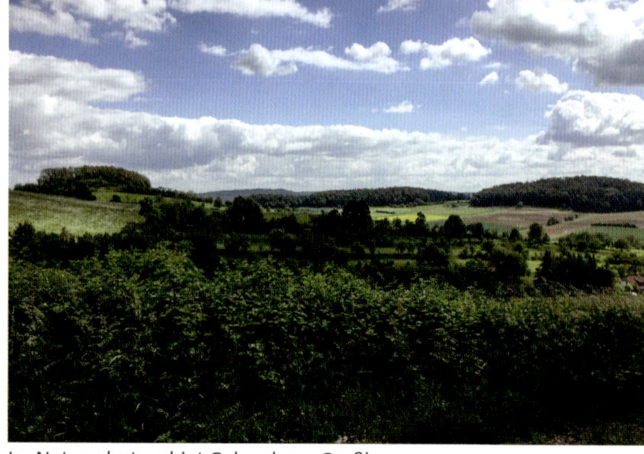

Im Naturschutzgebiet Galgenberg-Großberg.

die Straße hinab über das Holzbrücklein und dann gleich rechts in den „Mehlgrund“. An der „Dr.-Klüpfel-Str.“ geht es links, weiter bergauf durchs Wohngebiet. Am Ende der Straße biegen wir rechts auf einen Schotter- und Wiesenweg ein. Er geleitet uns an einen Flurweg. Hier wieder rechts. An der Kreuzung biegen wir links ab Richtung Lohr auf einem Schotterweg bergan. Wir folgen dem Weg gute 15 Minuten erst am Waldrand entlang, dann durch einen lichten Wald. An der Gabelung verlässt uns der Fasan nach links bergab, wir folgen weiter geradeaus nun dem Hirschkäfer. Nach einem kurzen Stück passieren wir zu unserer Linken ein paar **Weiher** 02.

Nach einem guten Kilometer geht es an einer großen Kreuzung nach rechts hinab Richtung Pfaffendorf. Wir bleiben nun auf diesem Weg, der uns geradewegs erst aufwärts, dann abwärts nach Pfaffendorf führt. An der Straße geht es nun durchs Wohngebiet hinab, über die Weisach und an Weihern vorbei bis zum **Schloss Pfaffendorf** 03. Hier weiter geradeaus über die B279 hinüber, um nun dem Amtsbotenweg Richtung Altenstein zu folgen. Die Straße führt uns hinauf und mündet in einen schmalen Teerweg, der uns weiter aufwärts führt. Schließlich wird er zum Flurweg, dem wir nun durchs Naturschutzgebiet Galgenberg-Großberg folgen. Am Ende des Flurweges geht es nach rechts auf einen Wiesenweg, weiter auf dem Amtsbotenweg. Er führt uns hinein nach Altenstein, bald steil die Pfaffendorfer Gasse hinauf bis zur Hauptstraße. Hier biegen wir links ein und folgen der Vorfahrtsstraße bis zur **Burgruine Altenstein** 04.

An Ruine und Kirche vorbei biegen wir in der nächsten Linkskurve nach rechts auf eine kleinere Straße ab. Ab hier folgen wir dem roten Turm Richtung Geißstein. Nach ca. 150 Metern führt ein Schotterweg nach rechts Richtung Geißstein. Dem roten und grünen Turm folgend, wenden wir uns an der nächsten Teerstraße rechts hinab. Wir bleiben auf der Straße, sie mündet bald in einem Schotterweg, der uns geradeaus in den Wald bringt. Nach einer Minute geht es rechts auf einem Wald-

Mauerreste der Burgruine Altenstein.

pfad hinab zur **Gesteinsgruppe Geißstein** 05. An den Steinen vorbei führt der Pfad nach wenigen Minuten auf einen Schotterweg. Hier geht es rechts hinab Richtung Rabelsdorf. Gleich beim Waldaustritt biegen wir an der Kreuzung links ab und erreichen auf unmarkiertem Weg in 5 Minuten **Rabelsdorf** 06.

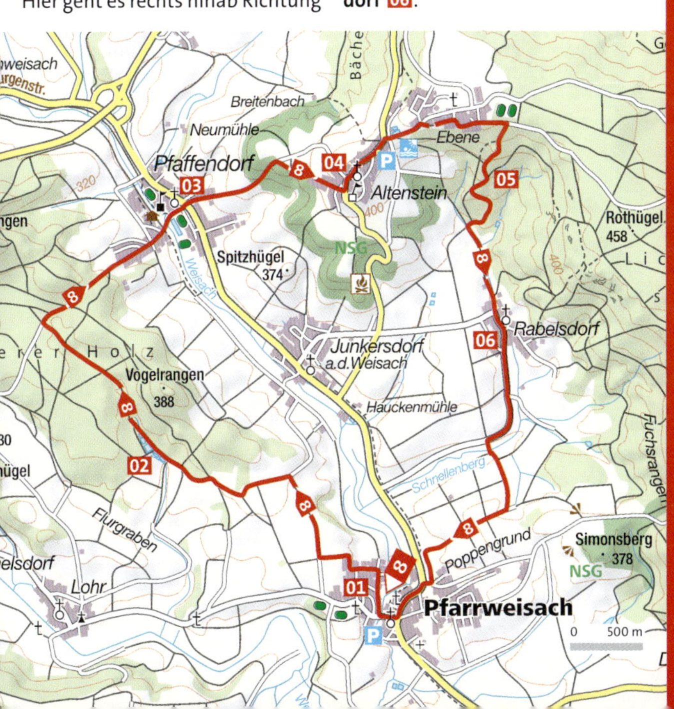

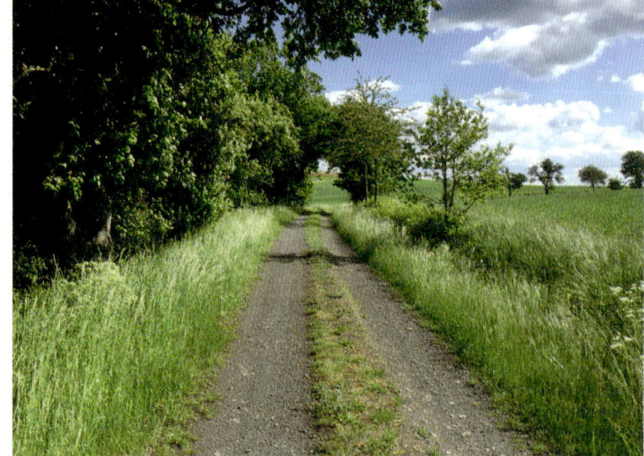

An den Wiesen entlang nach Pfarrweisach.

Wir gelangen an eine Vorfahrtsstraße und folgen ihr nach rechts, durch den Ort hindurch. Am Bartholomäuskirchlein vorbei. Unser Weg führt nun auf einem ruhigen Sträßlein entlang, wir folgen nun dem Laufschild PFW1, das uns nach einer knappen viertel Stunde nach links auf einen Schotterweg führt. An der nächsten Gabelung folgen wir dieser Markierung nach links bergauf. Nach ca. 350 Metern biegen wir dann nach rechts auf einen Flurweg ein. Wir folgen ihm bis hinab zur B279, dann links. Nach ein paar Minuten biegen wir rechts ein und erreichen in wenigen Metern den **Parkplatz in Pfarrweisach 01**.

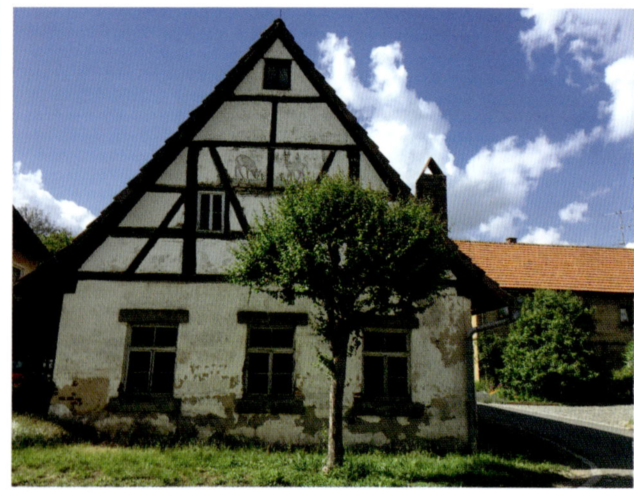

Altes Fachwerk in Rabelsdorf.

RUND UM LICHTENSTEIN

Auf Sagenwegen um eine der stattlichsten Burgen der Haßberge

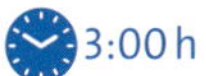

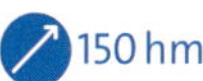

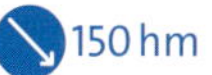

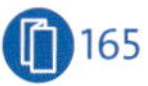

START | Wanderparkplatz Lichtenstein, 428 m. Anfahrt: Kurz nach dem Ort Lichtenstein an der Straße nach Bischwind geht es nach links zum Parkplatz am Waldrand.
[GPS: UTM Zone 32 x: 627.164 m y: 5.556.114 m]
CHARAKTER | Der erste, kleinere Teil der Runde verläuft auf schmalen, wurzeligen Pfaden. Hier ist bei Nässe gutes Schuhwerk von Nöten. Der zweite und größere Teil der Runde bewegt sich vornehmlich auf schönen breiten Waldwegen.

Die schöne Burg Lichtenstein – ehemals Stammsitz der Herren von Lichtenstein – wird 1232 erstmalig erwähnt. Als Ganerbenburg wurde sie ab 1325 auf mehrere Adelsfamilien aufgeteilt. Damals in Nord- und Südburg aufgeteilt, wurde nach mehreren Kriegsangriffen während der Jahrhunderte die Nordburg aufgegeben und verfiel. Die Süd- und ehemalige Vorburg aber blieb erhalten, wurde ausgebaut und wird heute bewohnt. Nachdem die Burg von den Freiherren von Rothenstein dem Landkreis Haßberge geschenkt wurde, untersuchte und renovierte man die Ruine bauforscherisch und archäologisch. Sie gilt heute als eine der besterforschtesten Ruinen Frankens. Die erste, kleine Runde führt uns über den empfehlenswerten Sagenpfad um die Burg herum. Viele anschauliche Infotafeln lassen den Wanderer in die raue Ritterzeit eintauchen.

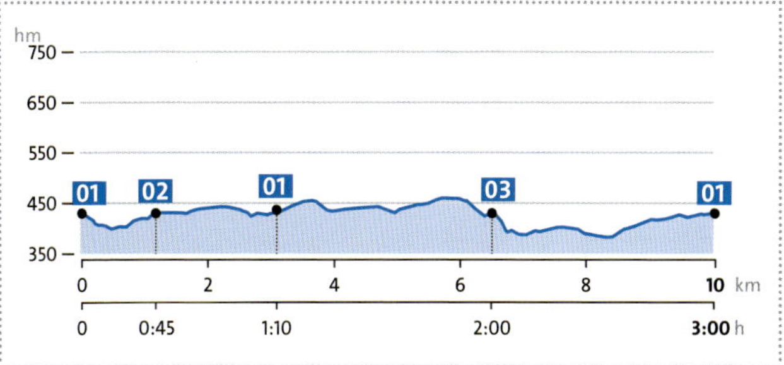

01 Wanderparkplatz Lichtenstein, 428 m; 02 Teufelsstein, 405 m;
03 Diebskeller, 444 m

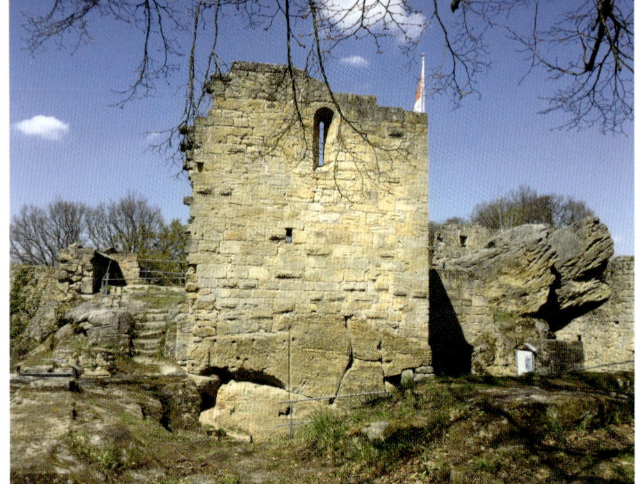

Ruine Lichtenstein.

Über den Teufelsstein, der mit weiteren Sagen aufwartet, kehren wir nach Lichtenstein zurück und begeben uns auf die Suche nach den Diebskellern nördlich von Lichtenstein, einer imposanten Sandstein-Felsgruppe tief im Wald.

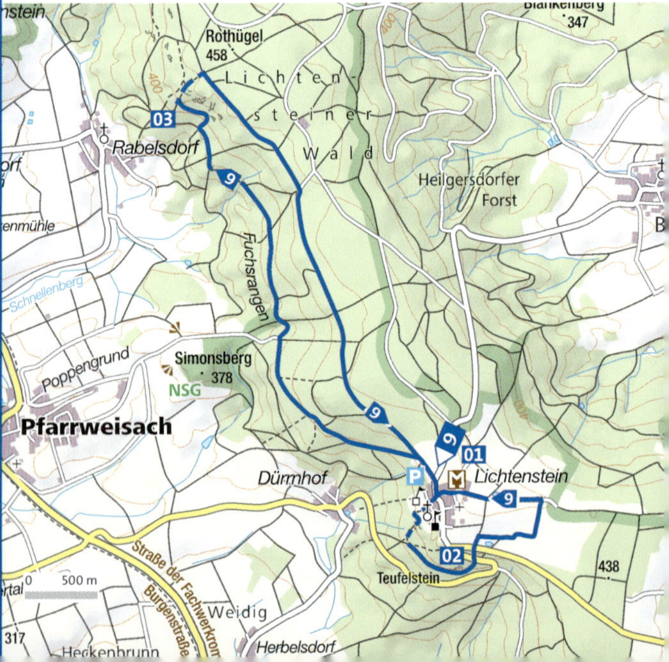

Vom **Wanderparkplatz Lichtenstein** 01 begeben wir uns zunächst wieder vor zur Hauptstraße: Wir folgen ihr nach rechts in den Ort hinein, die nächste Straße biegen wir wieder rechts ab und wandern hinab zur Burg. Gleich führt uns noch vor der Ruine ein Schild mit der Aufschrift „Sagenpfad" rechts hinab. Am letzten Haus nach links folgen wir nun dem schmalen Sagenpfad an der Burgmauer entlang hinab. Er erwartet uns mit interessanten Geschichten und Begebenheiten über die Burg und ihre Bewohner und lässt das damalige, raue Leben erahnen. Am Ende der Burgmauern finden sich linker Hand immer wieder große Felsformationen, die zu einer Erkundung einladen. Schließlich erreichen wir einen Waldweg, dem wir nach links folgen Richtung **Teufelsstein** 02. Wenige Minuten später stehen wir vor dem mehrere Meter hohen Stein. Auf seiner Rechten können ihn Wagemutige über angedeutete Treppen besteigen. Kurz darauf erreichen wir die Straße. Wir überqueren sie schräg nach links, auf einem Pfad steil hinauf, bis wir wieder auf die Straße treffen. Geradeaus hier hinüber folgen wir nun dem grünen Turm auf einem Schotterweg. Nach wenigen Metern nach rechts laufen wir an einem Weiher vorbei. 5 Minuten später folgen wir einem Wiesenweg nach links bis zum asphaltierten Weg. Er bringt uns rechts gewandt nach Lichtenstein zurück. Wir wandern zurück zum **Wanderparkplatz Lichtenstein** 01 und wenden uns nun direkt auf den Waldweg. Er verzweigt sich nach ein paar Metern: Wir folgen dem rechten Weg auf dem grünen Turm nun eine gute dreiviertel Stunde nach links, bis ein Pfad abzweigt. Er führt in ein paar Minuten nochmal links haltend zum **Diebskeller** 03. Wir folgen dem Pfad am Diebskeller vorbei ca. 250 Meter weiter bis zum Waldweg. Hier halten wir uns links und wandern wieder in einer dreiviertel Stunde zurück zum **Wanderparkplatz Lichtenstein** 01.

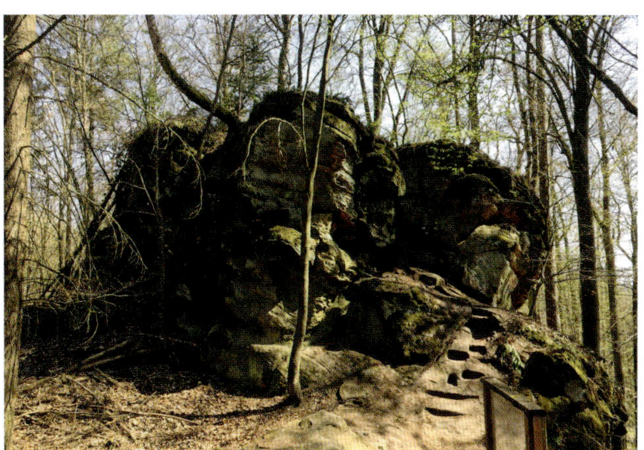

Sagenumwobener Teufelsstein.

10

RUINE ROTENHAN UND RUINE RAUENECK

Verträumte Ruinenrunde im Herzen der Haßberge

 17,6 km  4:50 h  395 hm 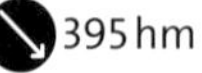 395 hm  165

START | Parkplatz Raueneck, 353 m. Anfahrt: An der HAS50 von Vorberg Richtung Neuses am Raueneck, ca. 700 m nach Vorbach befindet sich links ein kleiner Wanderparkplatz.
[GPS: UTM Zone 32 x: 622.954 m y: 5.551.698 m]
CHARAKTER | Lange Runde, die größtenteils auf breiten Waldwegen stattfindet. Es müssen einige steile Anstiege überwunden werden, besonders der Anstieg zur Ruine Raueneck ist steil und kann bei Nässe rutschig werden.

Die Wanderung führt uns ein Stück weit durch die Schlösser- und Burgengeschichte der Haßberge; unsere erste Station, die Ruine Raueneck, liegt auf dem Abfall des Haubeberges. Sie wurde vermutlich vom ehemaligen Geschlecht der Ruheneke gegründet. Sie überlebte Im Gegensatz zu vielen anderen Burgen den Bauernkrieg und den Dreißigjährigen Krieg, verfiel aber nach ihrem Verlassen immer mehr. Die Ruine Rotenhan hingegen ist eine echte Felsburg, die nicht nur auf, sondern auch in den Fels gehauen wurde. Sie wurde um 1200 herum auf großen Sandsteinblöcken

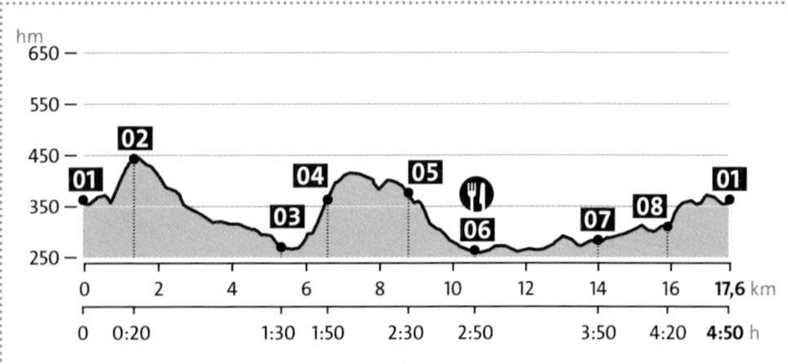

01 Parkplatz Raueneck, 353 m; **02** Ruine Raueneck, 433 m; **03** Schloss Eyrichshof, 266 m; **04** Ruine Rotenhan, 368 m; **05** Schutzhütte, 372 m; **06** Marienkapelle Ebern, 263 m; **07** Unterpreppach, 275 m; **08** Vorbach, 307 m

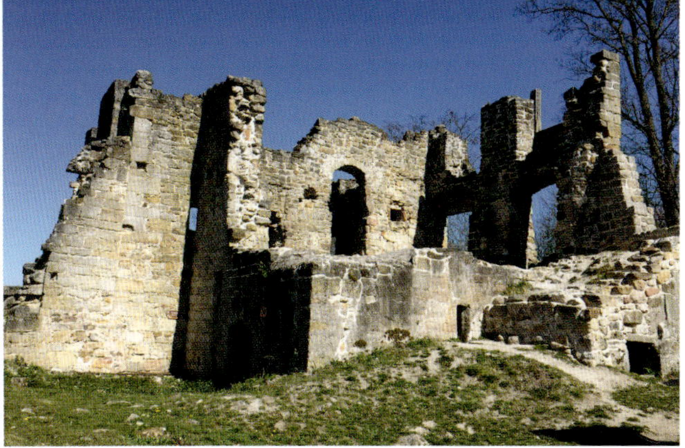

Burgruine Raueneck.

errichtet. Gut sichtbar sind heute noch der Kapellenzugang, die Tankzisterne und der Torfelsen. Zerstört durch den Würzburger Bischof 1323, wurde ein Verbot des Wiederaufbaus verhängt. Die Familie Rotenhan verlegte daraufhin ihren Sitz nach Schloss Eyrichshof. Nach Zerstörung im Bauernkrieg und Wiederaufbau wurde Eyrichshof schließlich zum beispielhaften Renaissanceschloss.

▶ Wir starten unsere Runde am **Parkplatz Raueneck 01**. Der grüne Turm führt uns über die Straße auf einen Feldweg. Wir folgen ihm über die nächste Kreuzung hinüber, zwei Minuten später führt er uns nach links auf einem steilen Pfad hinauf. Nach wenigen Minuten erreichen wir die **Ruine Raueneck 02**. Links gewandt laufen wir im Halbkreis und am Sagenbrünnlein vorbei zum vorderen Burgeingang. Hier treffen wir auch auf einen breiten Waldweg, dem wir – nach Erkunden der Burg – auf dem roten und grünen Turm Richtung Eyrichshof folgen. Der Weg führt allmählich abwärts, nach einem guten Kilometer erreichen wir eine Kreuzung. Hier halten wir uns rechts, weiter hinab. An der darauffolgenden Gabelung geht es dann nach links weiter auf unseren Markierungen. Wir wandern nun geradewegs auf diesem Weg, bis er uns aus dem Wald herausführt. Am Waldaustritt führt er geradeaus auf einem Schotterweg an Wiesen und Feldern vorbei. Nach einiger Zeit geht er in einen Flurweg über. Kurz darauf, in der Rechtskurve, biegen wir links auf einen Feldweg ab. Die Markierung führt uns bald auf einem Wiesenweg nach rechts, an Feldern entlang. Nach und nach geht es abwärts, an der folgenden Gabelung biegen wir rechts ein, nun noch steiler hinab. Nach ca. 300 Metern führen der rote und grüne Turm links auf einen Wiesenpfad

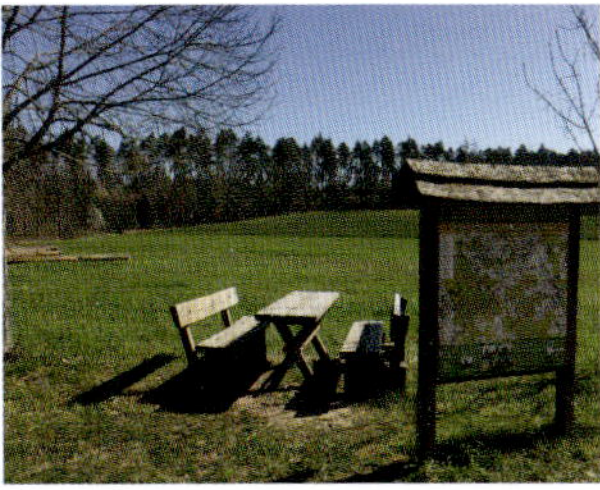

Rastmöglichkeit am Parkplatz.

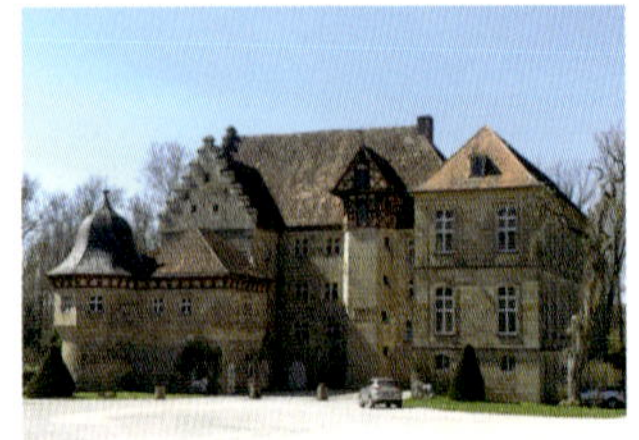

Schloss Eyrichshof.

zwischen Zaun und Feld hinab. Die B279 überqueren wir durch einen Fußgängertunnel. Weiter geht es erst über die Baunach hinüber, an alten Gehöften vorbei, dann über den Mühlbach, bis zur Juliusallee. Hier laufen wir nach rechts, nur wenige Meter bis zum **Schloss Eyrichshof 03**. Wir biegen hier nach links in die Kurzewinderstraße ein, die uns schnell in die Kellerhausstraße weiterführt. Schließlich führt sie in einer Linkskurve in die Rotenhanstraße. Wir folgen ihr durchs Wohngebiet bis zum Kirchrangen, in den wir links einbiegen, dann aber gleich schräg rechts auf einen Fußweg laufen, der uns hinauf zu einem Schotterweg führt. Die Türme rot und grün weisen den Weg nach links, dann gleich wieder nach rechts, einen Pfad hinauf. Der darauffolgenden Straße folgen wir nach rechts, doch nur wenige Meter, dann sehen wir schon den Parkplatz der nächsten Ruine. Wir wechseln die Straßenseite und erreichen in wenigen Schritten die **Ruine Rotenhan 04**. Weiter führt der Pfad rechts an der Ruine vorbei, mehr oder weniger parallel zur Straße bis zu einem breiten

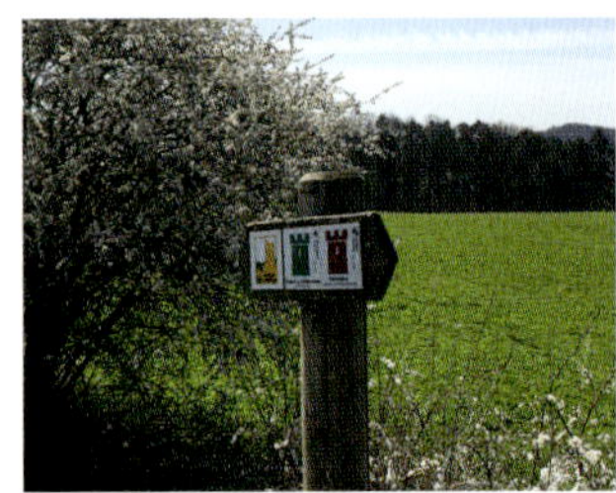

Auf dem Burgen- und Schlösserweg.

Waldweg. Wir folgen ihm nach rechts Richtung Ebern, nun auf dem roten Turm. Dann überque-

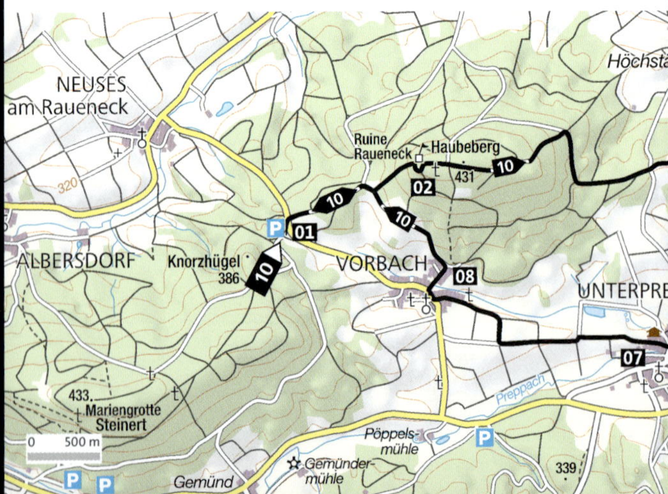

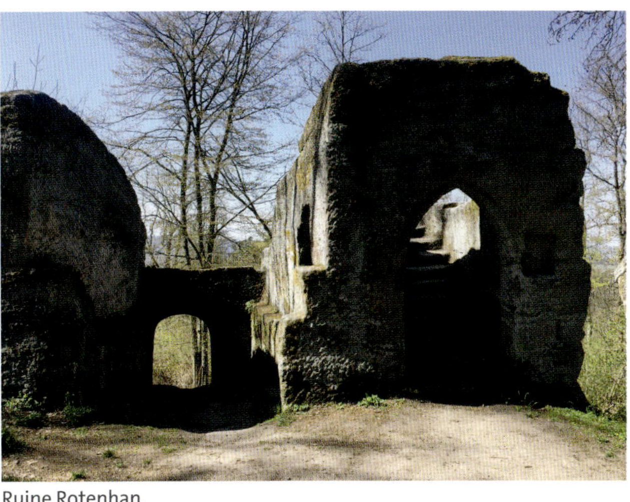

Ruine Rotenhan.

ren wir die Straße und nach einer guten viertel Stunde weist uns der rote Turm nach rechts. Nach ca. 250 Metern, an einer Rastbank, laufen wir rechts auf einen Pfad Richtung **Schutzhütte 05**, die wir nach ein paar Minuten erreichen. Am breiten Waldweg wenden wir uns nach links Richtung Ebern. Nach ca. 500 Metern erreichen

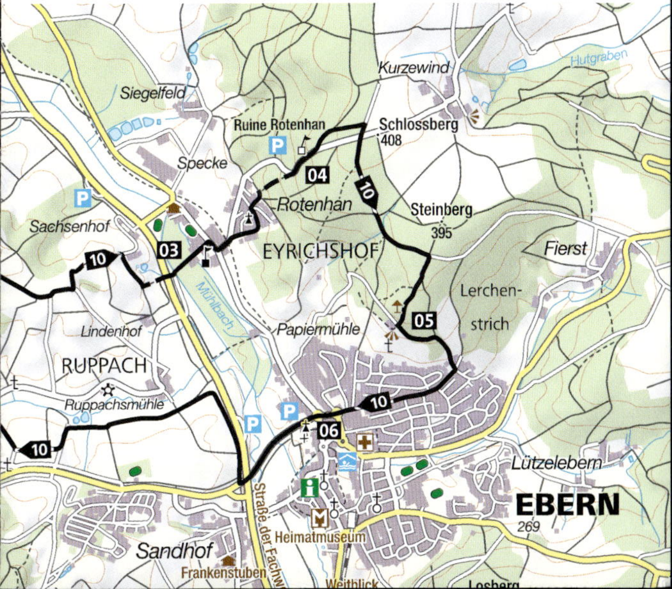

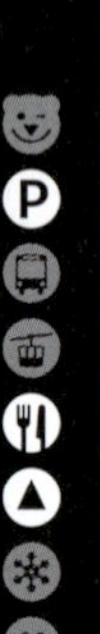

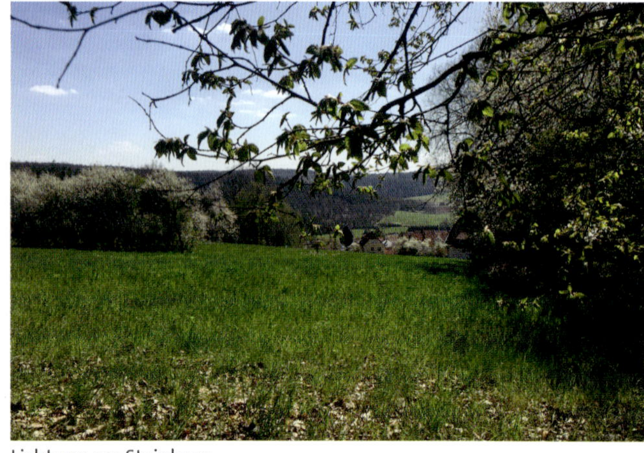

Lichtung am Steinberg.

wir die ersten Häuser von Ebern. Am Kapellenstegsweg biegen wir rechts ein. Nun stets geradeaus, über zwei Kreisverkehre geradeaus hinüber bis zur **Marienkapelle Ebern 06**. Wir folgen dem roten Turm aus Ebern hinaus auf einem Fuß- und Radweg neben der ST2278 entlang. Kurz nach der Unterführung durch die B279 führt uns die Markierung nach links. Wir überqueren die Staatsstraße und hinauf geht es auf einen geteerten Rad- und Fußweg, dem wir nach rechts folgen. Er führt uns nun nach einer Linkskurve ein Stück an der B279 entlang, bis ein Schotterweg uns nach links weiterführt. Schon bald folgen wir dann weiter auf einem Feldweg, an der nächsten Gabelung halten wir uns links Richtung Unterpreppach. Bald geht es über einen Wiesenweg immer geradeaus, nach wenigen Minuten an einem Weiher vorbei, kurz darauf links auf einen Teerweg. Er führt uns bergan, nach wenigen Minuten biegen wir rechts ab, weiter auf dem roten Turm. An der darauffolgenden Gabelung wandern wir rechts auf einer schmalen Teerstraße hinab. Nach ca. 5 Minuten biegen wir an der T-Kreuzung links ein Richtung Vorbach, in den Ruppacher Weg. Nach ca. 200 Metern, am Bushäuschen in **Unterpreppach 07**, wenden wir uns nach rechts in den Vorbacher Weg. Gute 20 Minuten später biegen wir nach rechts auf einen Flurweg ab. Er trifft auf einen Schotterweg, in den wir links einbiegen. An der Kirche in **Vorbach 08** wenden wir uns nach rechts, wenige Minuten später gehen wir wieder rechts in den Kaulberg. Wir folgen noch immer dem roten Turm, die Straße hinauf bis zu deren Ende. Der rote Turm verlässt uns jetzt nach rechts, und wir folgen dem Teersträßlein unmarkiert nach links hinauf. Der Weg geht nach ein paar hundert Metern in einen Schotterweg über, wir folgen ihm weiter geradeaus, bis wir an eine Kreuzung gelangen. Hier wenden wir uns nach links und gehen nun auf dem Anfangsweg zum **Parkplatz Raueneck 01** zurück.

VON JESSERNDORF AUF DEN STACHEL

Zur Mariengrotte und ins Naturschutzgebiet

  17,2 km 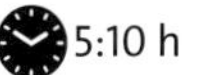 5:10 h 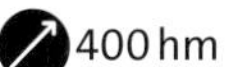 400 hm  400 hm  165

START | Wanderparkplatz Jesserndorf, 349 m. Anfahrt: Von der ST2278 biegen wir gegenüber von Bramberg auf die kleine Straße nach Jesserndorf ab. Nach ca. 400 m befindet sich rechts ein kleiner Parkplatz. Alternativ kann man sein Auto in Jesserndorf abstellen. [GPS: UTM Zone 32 x: 619.926 m y: 5.550.300 m]
CHARAKTER | Ausdauer erfordernde Wanderung auf zumeist breiten Waldwegen. Das letzte Stück vor der Mariengrotte und kurz danach kann bei Nässe sehr rutschig werden!

Die Wanderung bietet uns sehr abwechslungsreiche Abschnitte: Vom hübschen Dörfchen Jesserndorf besuchen wir zuerst die Mariengrotte in den umliegenden Wäldern. Über schöne, nicht immer eindeutig markierte Waldwege führt uns die Route schließlich am Weißfichtensee – mit schöner Wiese zum Rasten – vorbei zum Stachel. Das Naturschutzgebiet Stachel ist seit 2002 als solches ausgewiesen. Der vornehmlich aus Eichen-Hainbuchenwald bestehende Wald ist Lebensraum für seltene Tierarten geworden wie den Mittelspecht oder die Wildkatze. Der Stachel selbst besteht aus Sandsteinkeuper und ist 484 Meter hoch.

▶ Wir starten unsere Wanderung am kleinen **Wanderparkplatz Jesserndorf 01**. Zunächst folgen wir

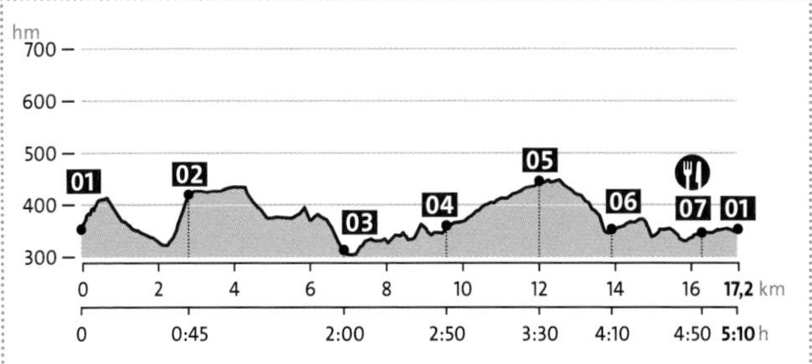

01 Wanderparkplatz Jesserndorf, 349 m; **02** Mariengrotte, 425 m; **03** Gemünd, 302 m; **04** Weißfichtensee, 351 m; **05** NSG Stachel, 434 m; **06** Weißenbrunn, 340 m; **07** Dorfplatz Jesserndorf, 340 m

dem Specht bergauf auf einem Schotterweg. An der Gabelung beim Sendemast halten wir uns links, auf einen Wald- und Wiesenweg, weiter dem Specht folgend, bald am Waldrand entlang. Nach guten 10 Minuten erreichen wir eine Kreuzung: hier geht es links hinab Richtung Dorfsee, nun folgen wir dem Zeichen Rundwanderweg „Quellen um Jesserndorf". Bald geht es weiter auf einem Flurweg hinab, an der nächsten Kreuzung dann rechts. Nach ca. 5 Minuten erreichen wir einen Teerweg, in den wir nach links, weiter abwärts, einbiegen. Nun geht es die „Bühler Straße" hinab nach Jesserndorf. Am Dorfplatz wartet schon das Wildschwein, um uns zur Mariengrotte zu begleiten.

Der asphaltierte Weg führt uns rasch über die Hauptstraße ST2278 und weiter bis zum Waldrand. Wir folgen dem Wildschwein weiter geradeaus hinauf auf einem Schotterweg in den Wald hinein. An der Gabelung halten wir uns schräg rechts, einen steinigen, bei Nässe sehr schlammigen Waldweg hinauf. Er führt uns geradewegs zur **Mariengrotte 02**.

Rechts neben der Felsanordnung geleitet uns ein sehr steiler Pfad

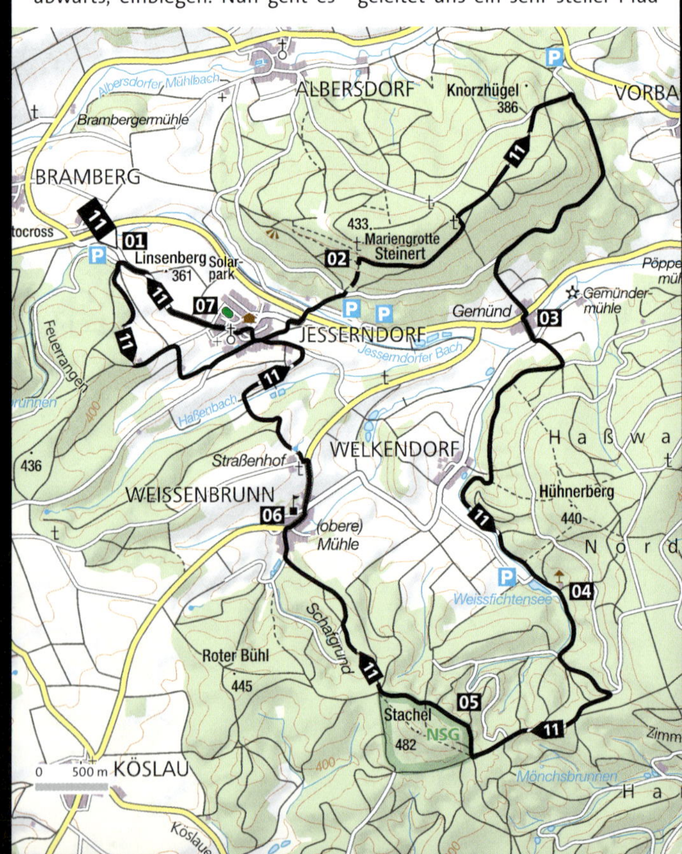

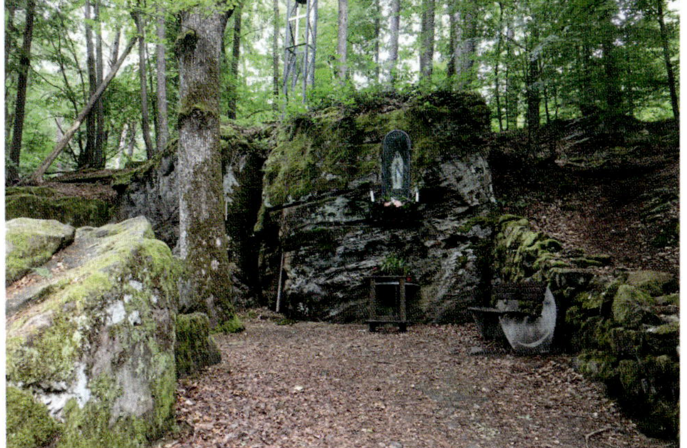
Mariengrotte.

weiter bergauf. Oben folgen wir dem Pfad nach rechts, nun weiter auf dem grünen Turm Richtung Ruine Raueneck. Nach ca. 20 Minuten lichtet sich der Wald ein wenig. Wir gelangen an eine Lichtung, hier links, ein Stück weiter bergauf, dann nach rechts, an der Lichtung auf einem etwas breiteren Grasweg entlang (Achtung, hier fehlt die Markierung!). Nun immer geradeaus, bald abwärts. Nach ungefähr weiteren 20 Minuten erreichen wir einen Schotterweg. Wir folgen ihm nach rechts auf dem grünen Turm und dem Friedrich-Rückert-Wanderweg. Nach wenigen Minuten erreichen wir eine weitere Gabelung: Hier scharf rechts (Das Wegzeichen ist versteckt am Baum: Laufparadies EBN3). Nun folgen wir immer diesem Weg (Achtung, keine Markierung bis Gemünd!), einem breiten Schotterweg, bis uns nach einer knappen halben Stunde an einer Gabelung der Friedrich-Rückert-Wanderweg wieder begegnet und uns nach links hinab führt. Über einen Flurweg gelangen wir schließlich nach **Gemünd 03**. Wir überqueren wieder die ST2278 und folgen der Markierung Richtung Weißfichtensee. Erst auf einem Sträßlein, dann an der folgenden Kreuzung geradeaus weiter einen Flurweg hinauf. Bei der folgenden Gabelung halten wir uns am Marterl rechts. Auf Schotter geht es weiter bergauf bis zur T-Kreuzung: Unser Wegzeichen führt uns nach rechts, weiter Richtung **Weißfichtensee 04**, den wir in einer guten halben Stunde erreichen.

Vom See aus geht es nun weiter geradeaus Richtung Naturwaldreservat Stachel. Nun immer leicht bergan, erreichen wir nach ca. 20 Minuten eine T-Kreuzung: hier biegen wir rechts ein Richtung Stachel. Weiter geht es bergauf, immer auf diesem Weg; an der

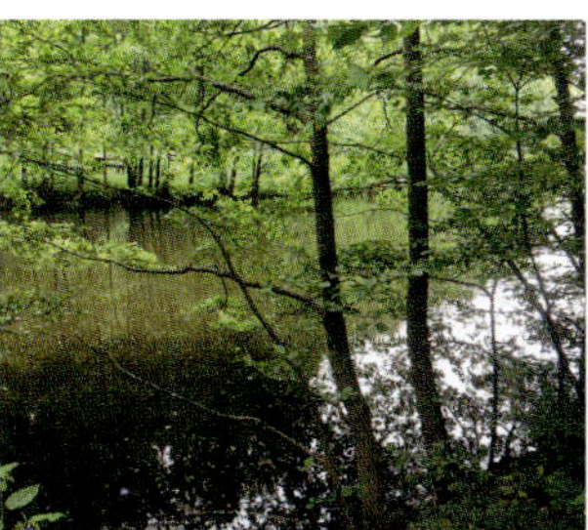
Weißfichtensee.

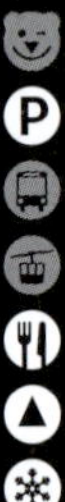

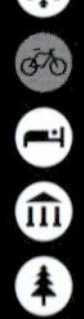

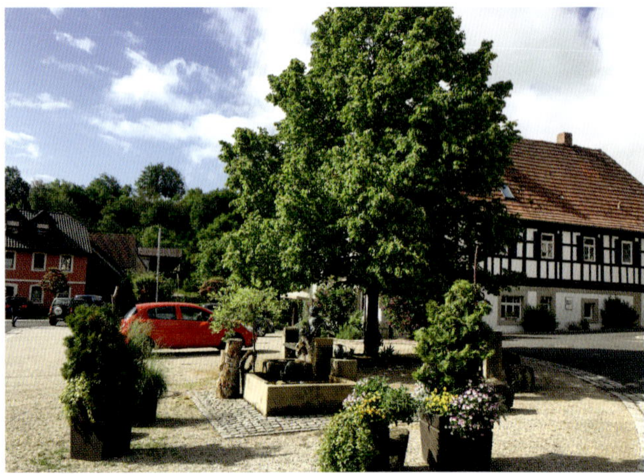

Dorfplatz Jesserndorf.

nächsten Gabelung bleiben wir auf unserem Weg, bei der nächsten Kreuzung folgen wir weiter geradeaus Richtung Stachel. Wenige Minuten später erreichen wir dann das **Naturschutzgebiet Stachel 05**.

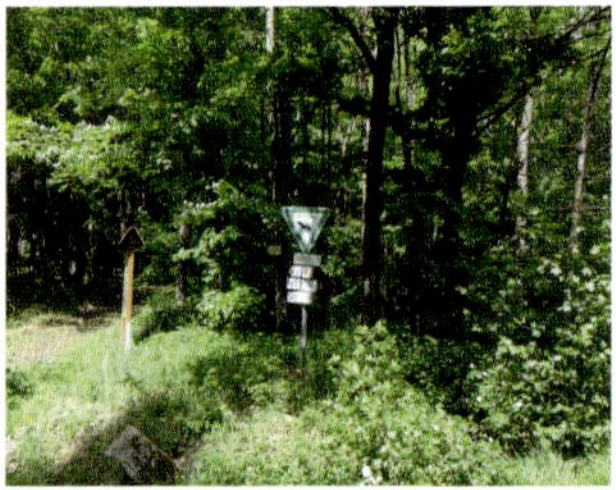

Naturschutzgebiet Stachel.

Ab hier folgen wir nun der Elster nach rechts Richtung Weißenbrunn und Jesserndorf. Wir bleiben immer auf dem Weg, stetig geradeaus. Nach ca. einer Viertel Stunde folgen wir einer Gabelung nach rechts um die Kurve herum. Auf einem schönen Waldweg geht es nun bergab. An der T-Kreuzung biegen wir rechts ab. Der Hauptweg geleitet uns nun hinab nach Weißenbrunn. Wir gelangen an einen Flurweg, in den wir rechts einbiegen. Als Teerweg führt er uns auf dem Stachelbergweg schnell in den Ort **Weißenbrunn 06** hinein. Unten folgen wir der Vorfahrtsstraße (Jesserndorferstraße) geradeaus. An ihr nun entlang bis Straßenhof. Hier links abbiegen, dann gleich wieder rechts, führt uns nun der „Quellenrundweg Jesserndorf" auf einen Flurweg Richtung Hauckenbrunnen und Jesserndorf. Nach ungefähr 250 Metern halten wir uns links auf einen Waldweg steil bergab, bald am Waldrand entlang. Er führt uns auf einen Flurweg, bis zu einer kleinen Straße. Hier links hinab, erreichen wir wieder den **Dorfplatz von Jesserndorf 07**. Wir gehen die Straße bergauf bis zur Lothar-Dietz-Straße, in die wir nach links einbiegen. Ihr folgen wir nun den letzten Kilometer zurück zum **Wanderparkplatz Jesserndorf 01**.

ZUR RUINE BRAMBERG

Auf den Spuren von Basaltabbau und Raubrittertum

 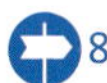 8,6 km 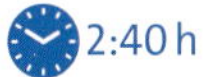 2:40 h 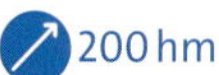 200 hm 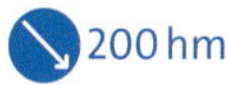 200 hm

START | Wanderparkplatz Ruine Bramberg, 471 m. Anfahrt: Parkplatz an der HAS60, von Bramberg Richtung Hohnhausen in der Linkskurve links ein Stück in den Wald hinein.
[GPS: UTM Zone 32 x: 617.277 m y: 5.552.059 m]
CHARAKTER | Auf- und Abstieg zur und von der Ruine Bramberg relativ steil. Trotz des anfangs breiten Weges bei Nässe sehr matschig. Überwiegend breite Wald- und Flurwege. Achtsamkeit und Orientierung hinter Bramberg am Waldrand nötig. Abzweigung in den Wald ist leicht zu übersehen.

Die Burgruine Bramberg befindet sich auf einem erloschenen Vulkankegel. Der Vorgänger der jetzigen Burganlage wurde in der zweiten Hälfte des 12. Jahrhunderts auf Anordnung von Friedrich Barbarossa abgerissen; er ließ sie „schleifen", da ihr Raubrittertum nachgesagt wurde. Im Mittelalter waren die Bischöfe von Würzburg und Bamberg darauf erpicht, Ländereien des jeweils anderen Hochstifts in ihren Besitz zu bringen. So liegt der tatsächliche Grund der Schleifung wohl in den darauf abzielenden Machtkämpfen. Ab 1250 wurde nach und nach eine neue Burg errichtet. Kurz unterhalb der Ruine befindet sich ein ehemaliger Basaltabbruch.

▶ Wir starten am **Wanderparkplatz Ruine Bramberg** **01**. Der breite Wanderweg führt uns in den Wald, auf dem roten und grünen Turm Richtung Ruine Bram-

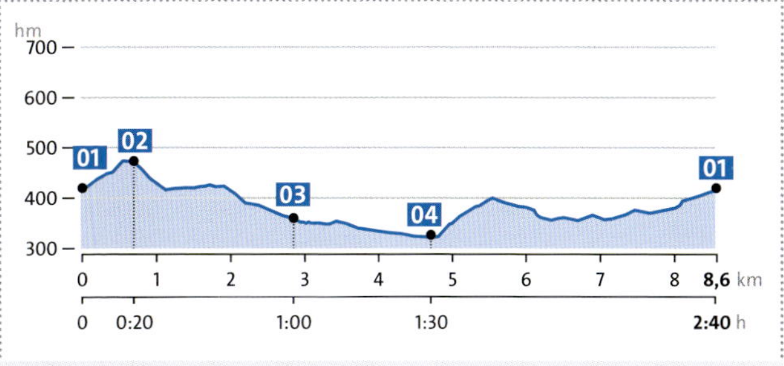

01 Wanderparkplatz Ruine Bramberg, 417 m; **02** Ruine Bramberg, 482 m; **03** Weiher, 355 m; **04** Bramberg, 325 m

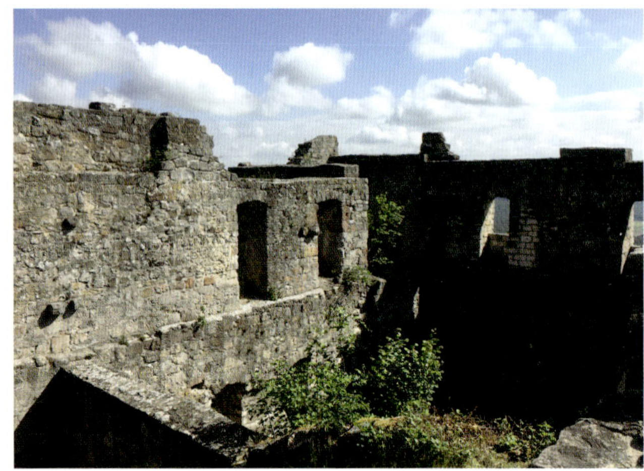

Ruine Bramberg.

berg. Nach guten 10 Minuten Aufstieg, an einem ehemaligen Steinbruch vorbei, geht es geradewegs hinauf zur **Ruine Bramberg** 02. Zurück an der Gabelung schräg gegenüber vom Steinbruch führt uns ein Pfad rechts hinab nach Bramberg. Der Pfad wird nach einer scharfen Linkskurve zu einem breiteren Wald- und Wiesenweg, der schließlich zu einem Schotterweg führt. Wir überqueren diesen schräg nach rechts. Auf der anderen Seite geht es auf einem Pfad weiter. Er führt uns in wenigen Minuten wieder zum breiten Schotterweg, in den wir nun links einbiegen. An der folgenden Gabelung geht es wieder links, Richtung Bramberg. Wir folgen dem Weg, bis wir an eine T-Kreuzung bei ein paar **Weihern** 03 gelangen. Hier biegen wir links ab, an der nächsten Kreuzung geht es nach rechts. Der Weg führt auf einen Flurweg, dem wir nach links folgen, nun geradewegs nach **Bramberg** 04. Im Ort weist uns ein Schild wieder nach links hinab Richtung Ruine Bramberg, weiter in der Bramberger Hauptstraße. Schnell kreuzen wir die HAS60 und folgen einem asphaltierten Weg bergauf. Nach ca. 100 Metern führt uns nun das Wegzeichen des Spechtes rechts weiter auf einen Flurweg. An der Gabelung mit der Aussichtsbank biegen wir links ab, weiter bergauf. Auf einem Wiesenweg geht es nun am Waldrand entlang. Auf der Höhe des Hochsitzes, ein paar Meter weiter, führt uns links ein Weg in den Wald. Achtung, die Markierung ist zugewachsen und äußerst leicht zu übersehen! Hinab geht es nun

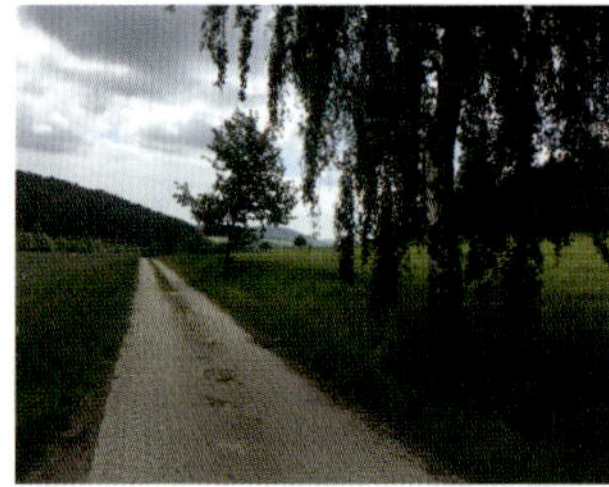

Zurück nach Bramberg.

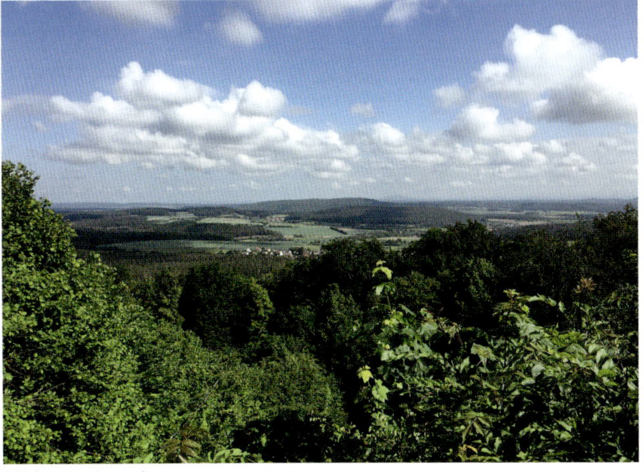

Blick vom Bramberg.

teils steil, bis wir auf einen Schotterweg treffen. Wir wenden uns nach links und folgen ihm bergauf. Nun wandern wir stetig mal auf, mal ab, bis wir kurz nach der großen Kreuzung an der Gabelung links hinauf geschickt werden, noch immer ist der Specht unser Wegzeichen. Nach ein paar Minuten erreichen und überqueren wir die HAS60 und laufen auf dem gegenüberliegenden Waldweg in 3 Minuten zum **Wanderparkplatz Ruine Bramberg** 01 zurück.

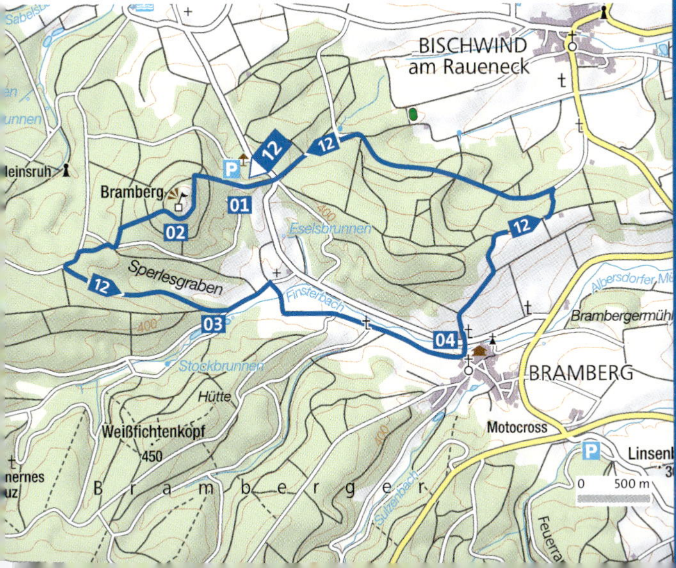

VOM DORNBUSCH NACH KÖNIGSBERG

Abwechslungsreicher Weg zu einem geschichtsträchtigen Städtlein und dem Naturschutzgebiet Urwiese

 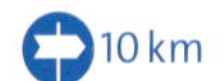 10 km 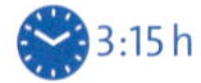 3:15 h 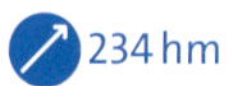 234 hm 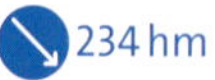 234 hm

START | Wanderparkplatz Dornbusch, 462 m. Anfahrt: Parkplatz an der Verbindungsstraße zwischen Königsberg und Hohnhausen. Von Königsberg kommend nach ca. 2,5 Kilometern auf der linken Seite. [GPS: UTM Zone 32 x: 613.942 m y: 5.550.683 m]
CHARAKTER | Bis auf das letzte Viertel sind die Gefälle mäßig. Steiler Anstieg zum Huthäuschen. Abwechslungsreiche Wege von breiten Waldwegen bis schmalen Pfaden. Orientierungssinn ist auf dem Wegabschnitt nach dem Naturlehrpfad von Nöten!

Diese kurzweilige Wanderung enthält für jeden etwas: Im ersten Teil, am weitläufigen Naturlehrpfad, können Groß und Klein mit allen Sinnen die Natur erforschen. Weiter führt der Weg zum Queckbrünnlein, das zu einer erfrischenden Rast inklusive Kneippen einlädt. In Königsberg erklimmen wir zunächst den Schlossberg mit einer wundervollen Aussicht auf das Städtchen. Durch den historischen Ortskern gelangen wir schließlich nach Unfinden. Der Stadtteil von Königsberg steht unter Ensembleschutz und ist fast vollständig in Fachwerkbauweise angelegt. Nach Unfinden erwarten uns die Weinberge von Königsberg und hoch oben, über den Weinhängen, das Huthäuschen auf dem Hutberg, wohl die Wohn-

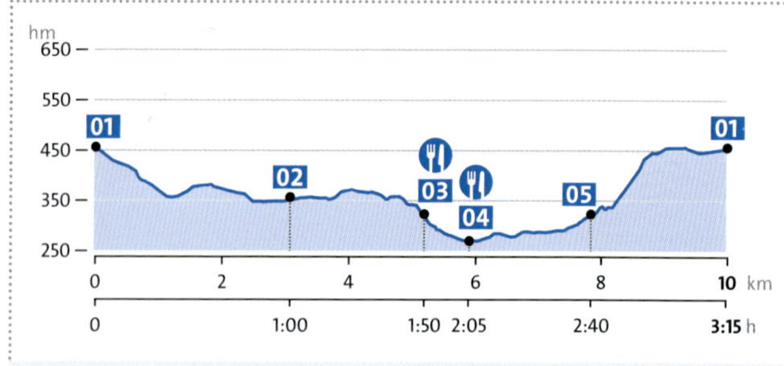

01 Wanderparkplatz Dornbusch, 462 m; 02 Queckbrünnlein, 340 m; 03 Burg Königsberg, 354 m; 04 Königsberg in Bayern, 275 m; 05 Huthäuschen, 343 m

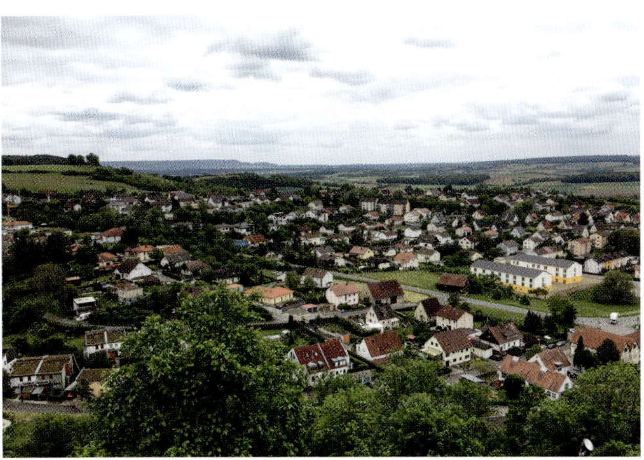
Blick auf Königsberg in Bayern.

statt der Flurhüter von Königsberg. Zu guter Letzt erwartet uns das Naturschutzgebiet Urwiese.

▶ Vom **Wanderparkplatz Dornbusch** 01 überqueren wir die Straße, schräg rechts auf einen Pfad in den Wald Richtung Königsberg. Wir folgen der Beschilderung Amtsbotenweg und Historischer Rundwanderweg. Der Pfad führt uns bald steil hinab. Wir treffen auf einen etwas breiteren Weg, in den wir links einbiegen. Er führt stetig hinab und wird allmählich immer breiter. An der Gabelung geht es nun auf einem breiten Waldweg hinab. Nach ca. 20 Minuten kommen wir aus dem Wald heraus und erreichen einen Rastplatz mit Naturlehrpfad. Ab hier folgen wir nun dem Wegzeichen

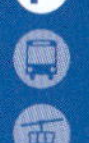

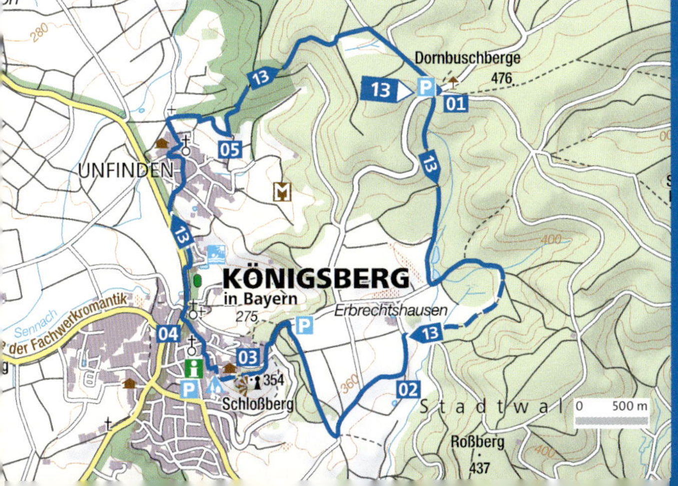

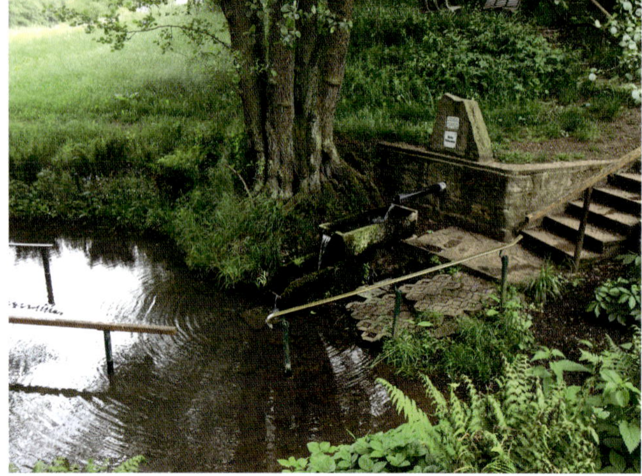

Queckbrünnlein mit Kneippanlage.

des Hasen und folgen ihm geradeaus, an den Weihern vorbei, Richtung Queckbrünnlein. An der T-Kreuzung führt uns der Hase nach links. Wir folgen dem Weg, der schließlich endet. Vor uns führen zwei Wiesenwege in den Wald, wir nehmen den rechten – Achtung, Beschilderung fehlt! Er führt uns bald am Waldrand entlang, dann ein kurzes Stück durch lichten Laubwald. Wir bleiben immer auf diesem Weg, der uns nach guten 10 Minuten an eine Kreuzung führt. Wir biegen auf den breiten Schotterweg nach rechts hinab ab. An der darauffolgenden Kreuzung folgen wir dem Hasen in einer fast 180-Grad-Linkskurve. Ein paar Minuten später kommen wir an eine weitere Gabelung: Unser Weg führt uns auf dem Hauptweg weiter, wir machen hier jedoch einen kurzen Abstecher nach links hinab über die Wiese zum **Queckbrünnlein** 02. Wieder auf dem Schotterweg, führt er uns bis zu einem geteerten Flurweg. Diesem folgen wir geradeaus. Nach ca. 400 Metern geht es an der Kreuzung scharf rechts, weiter auf dem Hasen und nun auch dem grünen Turm Richtung Königsberg auf einem Schotterweg leicht bergauf. Nach einer knappen viertel Stunde erreichen wir einen großen Waldspielplatz. An der Straße kurz danach biegen wir links ein. Wir folgen ihr am Aussichtspunkt vorbei. Kurz nach dem Ortsschild halten wir uns links, den Teerweg hinauf zum Schlossberg und zur **Burg Königsberg** 03. Rechts neben der Burg führen uns Treppen hinab Richtung Urwiese/Huthäuschen, nun wieder auf dem Historischen Rundwanderweg. Am „Schloßberg“ nach links, nun hinab durch den historischen Ortskern am „Salzmarkt“. An der Marienkirche in **Königsberg in Bayern** 04 geht es geradewegs auf dem „Steinweg“ durchs Unfinder Tor hindurch bis zur Vorfahrtsstraße. Wir biegen hier rechts in die Unfinder Straße ein und folgen dem Fuß- und Radweg an der Hauptstraße entlang. An der Gabelung führt uns unsere Markierung nach rechts, gleich darauf wieder rechts, in die Königsberger Straße zur Ortsmitte von Unfinden. Nach ca. 50 Metern biegen wir links in die „Neue Gasse“ ein. An der darauffolgenden Kreuzung geradeaus weiter, in die „Zehntstraße“. Hinauf geht es nun bis zum Friedhof, hier rechts Richtung Urwiese. Der Teerweg geht in einen Schotterweg über, dem wir steil bergauf folgen. Nach dem Weinhang biegen wir rechts um die Kurve und wandern nun zwischen den Weinhängen hindurch. Nach ca. 250 Metern geht es links steil hinauf, am Weinhang entlang und dann oberhalb des Weinberges links weiter. Doch nur wenige Schritte, dann führt uns eine Treppe nach rechts hinauf direkt zum **Huthäuschen** **05**. Hinterm Häuschen geht es auf einem wurzeligen Pfad weiter, nun wieder hinab. Er bringt uns an einen breiten Waldweg, dem wir nach rechts aufwärts folgen. Er führt uns durch eine Felsformation hindurch und wird bald schmäler, dann wieder etwas breiter, aber stetig aufwärts. Nach einer guten

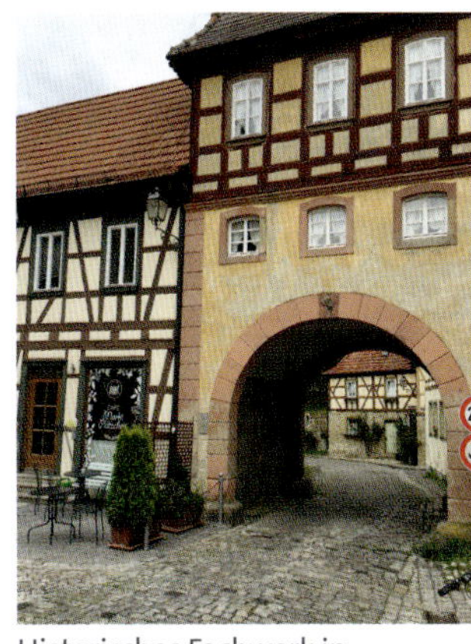

Historisches Fachwerk in Königsberg.

viertel Stunde schließlich führt er aus dem Wald heraus, über einen Wiesenpfad, der uns nach rechts führt. In wenigen Minuten erreichen wir den Rennweg, in den wir rechts einbiegen. Er führt uns in 5 Minuten zurück zum **Wanderparkplatz Dornbusch** **01**.

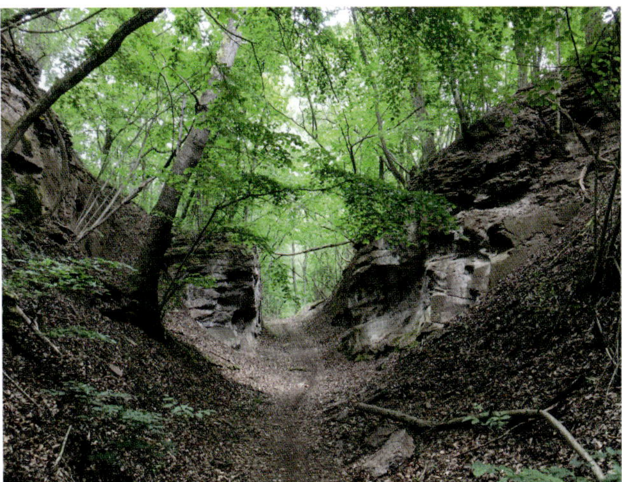

Hohlweg.

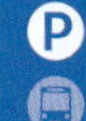

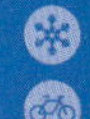

14

ÜBER DEN DREILÄNDERSTEIN ZUM ZEILER KÄPPELE

Durch den Bischofsheimer Wald zu einem bekannten Wallfahrtsort

  11,8 km  3:30 h 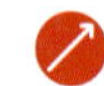 235 hm  235 hm  167

START | Parkplatz Kapellenbergstraße, 333 m. Anfahrt: Parkplatz an der HAS14 von Zeil am Main Richtung Bischofsheim. Ca. 1 km nach Zeil am Main auf der rechten Seite.
[GPS: UTM Zone 32 x: 615.305 m y: 5.541.168 m]
CHARAKTER | Meist breite Wege. Beim Naturfreundehaus steil, hier kann es sehr rutschig werden. Auf der Markierung „Dachs" unbedingte Orientierung von Nöten; auf dem Weg ist ein Abschnitt von guten 250 Meter beschwerlich auf Grund des hohen Gestrüpps und zudem schwer zu finden, da die Markierungen aussetzen.

Der Weg startet entspannt über das Naturfreundehaus hinab und am Ortsrand von Zeil entlang. Am Naturschutzgebiet vorbei wird er jedoch bald recht abenteuerlich: Die Markierung des Dachses verliert sich, wir müssen uns beherzt an im Text beschriebener Stelle durchs Unterholz kämpfen. Doch dann geht es schon bald durch den schönen Bischofsheimer Forst. Der Weg durch den Wald führt uns zum Dreiländerstein – vorher kann, wer möchte, einen kurzen Abstecher zum Dietrichsgrab machen. Dieser archäologische Fundort wurde erstmals 1510 erwähnt. Er markiert den ehemaligen Standort einer Kapelle nahe der Weinstraße nach Thüringen. Der direkt auf dem Weg

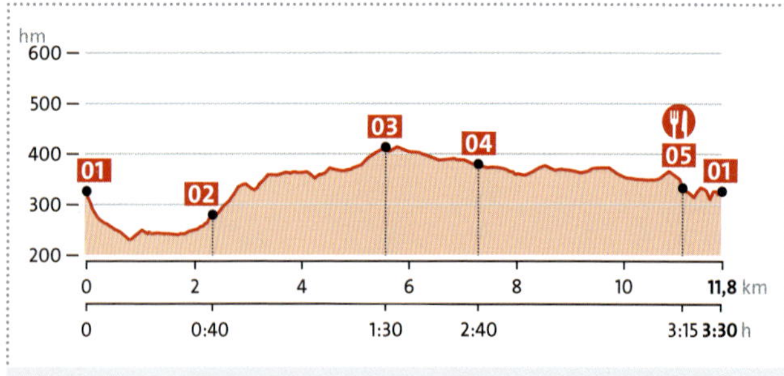

01 Parkplatz Kapellenbergstraße, 333 m; 02 Mönchshang, 272 m; 03 Dreiländerstein, 408 m; 04 HAS14, 360 m; 05 Zeiler Käppele, 359 m

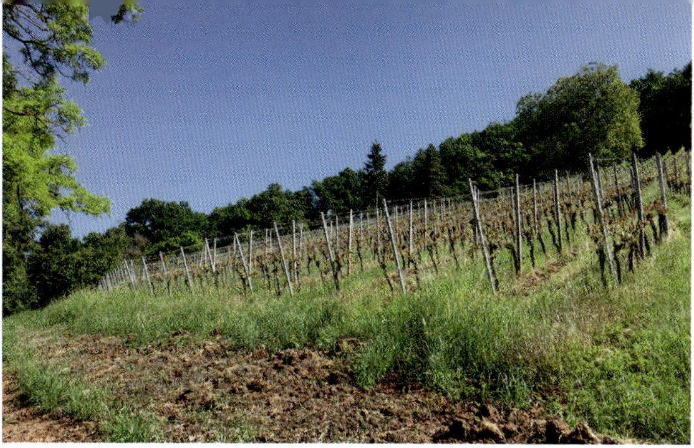

Weinreben am Mönchshang.

liegende Dreiländerstein zeigt uns die ehemalige Grenze zwischen dem Herzogtum Sachsen-Gotha, dem Bistum Bamberg und dem Bistum Würzburg auf. Der Höhepunkt befindet sich jedoch am Ende unserer Wanderung: das Zeiler Käppele auf dem Kapellenberg; der beliebte Wallfahrtsort bietet einen herrlichen Blick auf Zeil am Main und die Mainebene bis hin zum Steigerwald.

▶ Wir beginnen unsere Tour am **Parkplatz Kapellenbergstraße 01**. Zunächst überqueren wir die HAS14 und folgen dem Fränkischen Marienweg Richtung Naturfreundehaus hinab. Am **Naturfreundehaus** links über Treppen weiter hinunter auf einen Pfad, der uns nun über weitere Treppen führt. Wir erreichen einen Schotterweg, dem wir geradeaus folgen, weiter abwärts auf unserem Zeichen. Der

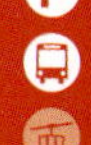

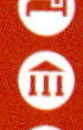

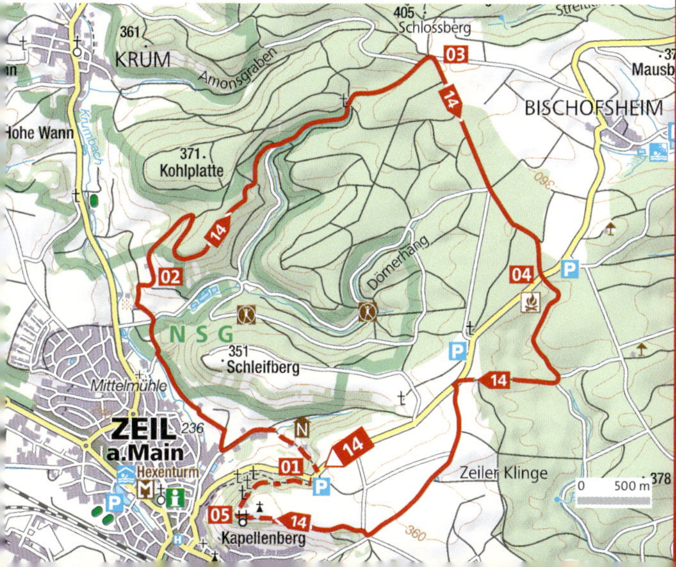

Weg mündet in einen Teerweg, dem wir geradeaus folgen bis zur „Mühlleite". Hier scharf rechts, weiter auf dem grünen Turm. An der nächsten Gabelung halten wir uns links weiter auf dem Schotterweg. Bald geht es links auf einen schmalen Pfad. Diesem folgen wir, bis er zu einem breiteren, geteerten Pfad wird und bald darauf in einen breiten Weg mündet. Wir folgen ihm weiter bis zur T-Kreuzung, an der wir rechts abbiegen. Nach guten 200 Metern, an der nächsten Kreuzung, wandern wir weiter geradeaus auf einem Waldweg in den Wald hinein. Ab jetzt folgen wir dem Dachs. Er führt uns zunächst durch den Wald, nach ca. 300 Metern um eine Rechtskurve herum weiter aufwärts bald aus dem Wald heraus zum Weinberg am **Mönchshang** 02. Auf einem Schotterweg geht es nun weiter aufwärts.

Achtung! Der Weg ist ab hier schlecht markiert oder die Schilder sind zugewachsen!

Der Waldweg führt nach rechts bergan und nach und nach ist er schlechter zu erkennen. Wir folgen jedoch geradeaus der Spur, wenige Schritte entfernt an einer Lichtung entlang, dann halten wir uns leicht rechts und folgen dem schwer erkennbaren Pfad durch den Wald. Bald müssen wir uns den Weg durch Dornengestrüpp bahnen. Nach wenigen Minuten jedoch erreichen wir eine breite Schotterstraße, auf die der Dachs uns nach rechts leitet. Hinauf geht es nun, gute 20 Minuten, bis zur T-Kreuzung. Hier biegen wir links auf den roten Turm ab. Er führt uns weiter bergauf aus dem Wald heraus an den **Dreiländerstein** 03. Kurz zuvor, am Waldrand, führt uns links ein Pfad in wenigen Minuten zum **Dietrichsgrab**. An der Kreuzung beim Dreiländerstein biegen wir rechts ab Richtung Ruine Schmachtenberg. Auf breitem Weg wandern wir nun erst am Waldrand entlang, und gelangen nach einem Kilometer an eine Gabelung: Hier halten wir uns links, weiter auf dem Laufweg ZEI2. Wir folgen dieser Markierung über die HAS14 hinüber, an der nächsten T-Kreuzung biegen wir rechts ab. Nach wenigen Schritten führt uns der Weg an der nächsten Gabelung wieder nach rechts, nun weiter auf dem roten Turm. Wir gelangen wieder an die **HAS14** 04 und halten uns hier links auf einen Teerweg an Feldern und Wiesen vorbei. An der großen Kreuzung biegen wir rechts ab, dann gleich links auf dem grünen Turm. Ein Flurweg führt uns nun hinauf zum **Zeiler Käppele** 05. Um das Käppele herum führt uns der Weg wieder auf den Fränkischen Marienweg auf einem schmalen Teerweg hinab zum **Parkplatz Kapellenbergstraße** 01.

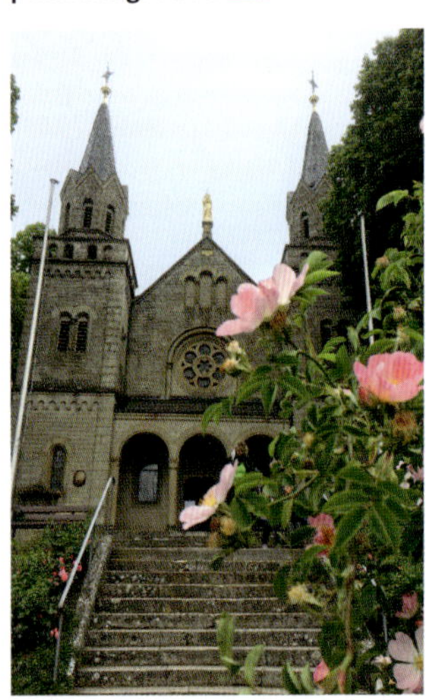
Zeiler Käppele.

RUINE SCHMACHTENBERG BEI ZEIL AM MAIN

Auf dem Abt-Degen-Steig durch das Naturschutzgebiet Pfaffenberg

  7,8 km  2:00 h  150 hm  150 hm 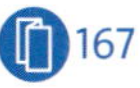 167

START | Wanderparkplatz Schmachtenberg, Zeil am Main, 348 m. Anfahrt: Parkplatz am Ende der Straße „Schmachtenberg" bzw. an der HAS15. [GPS: UTM Zone 32 x: 615.679 m y: 5.540.757 m]
CHARAKTER | Kleine Runde auf breiten Wegen durch die Weinberge. Der Abstieg von der Ruine Schmachtenberg auf dem Eselssteig ist extrem steil. Hinweis: Der Bahnhof Zeil am Main ist nur ca. 1,3 km bzw. 20 Minuten Fußweg vom Start/Ziel entfernt.

Die Kastellburg Schmachtenberg – hoch über dem Maintal thronend und weithin sichtbar – wurde während der Hussitenzeit um 1420–1430 errichtet. Verantwortlich für den Bau der Burg durch das Bistum Bamberg waren vermutlich – neben der Zeichensetzung als Machtobjekt – Expansionsbestrebungen. Der Eselsteig führt teils über Treppchen steil hinab zum Ziegelanger und wir wandern dann auf dem Abt-Degen-Steig durch den Weinberg. Sein Namensgeber – der Abt Alberich Degen – war zusammen mit weiteren Zisterziensermönchen entscheidender Wegbereiter für die Kultivierung des Silvaners in Franken. Auf seinen Spuren können wir uns nicht nur über den Wein, sondern auch über das Naturschutzgebiet Pfaffenberg informieren. Es ist Teil einer his-

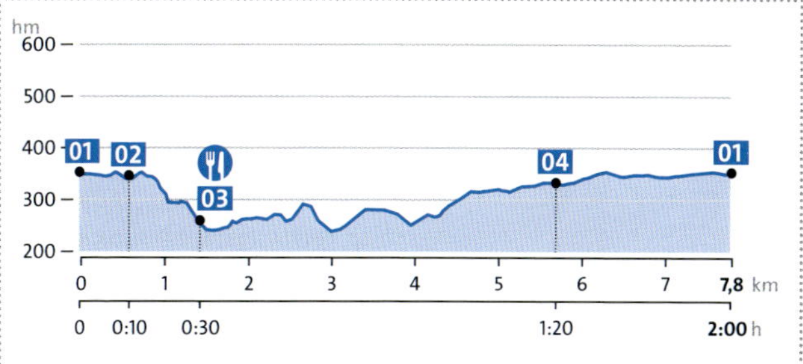

01 Wanderparkplatz Schmachtenberg, 348 m; 02 Ruine Schmachtenberg, 348 m; 03 Ziegelanger, 239 m; 04 NSG Pfaffenberg, 316 m

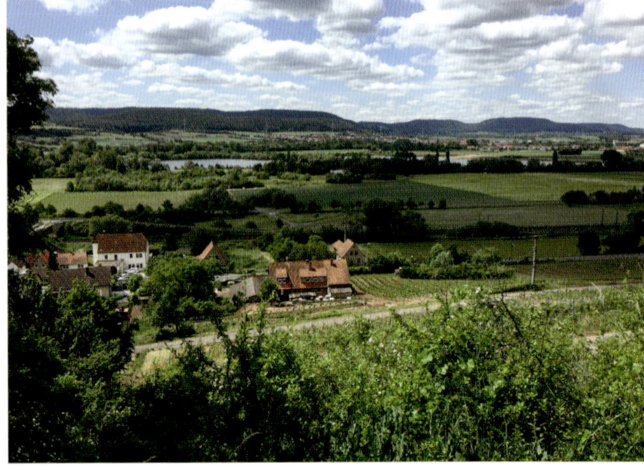

Blick auf Zeil am Main.

torischen Weinberganlage mit fischgrätenartig angelegten Trockenmauern und bietet seltenen Tieren und Pflanzen Schutz wie der Zauneidechse oder dem blutroten Storchschnabel.

▶ Wir starten am **Wanderparkplatz Schmachtenberg** 01. Der grüne Turm führt uns über einen

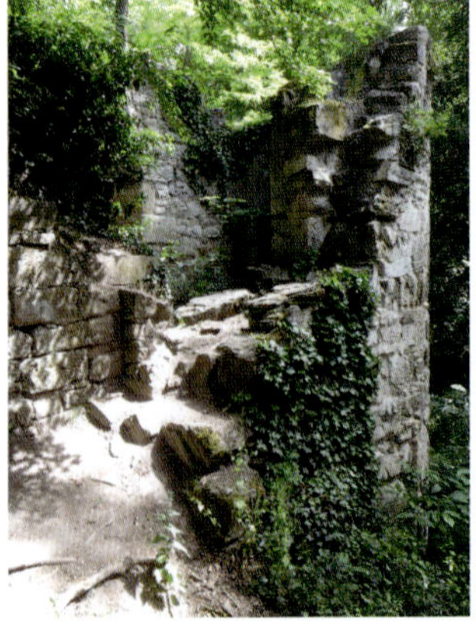

Ruine Schmachtenberg.

Wiesenweg zur **Ruine Schmachtenberg** 02. Nach deren Besichtigung geht es links weiter Richtung Ziegelanger. Der schmale Pfad bringt uns zum Eselsteig und seinen steilen Naturtreppen, denen wir hinab folgen. Wir erreichen **Ziegelanger** 03. An der Straße „Wedberg“ links, dann gleich rechts weiter hinab in die „Bergstraße“. Im Abwärtsgang halten wir uns links, bald links auf den „Neuen Steig“. Die Straße führt uns hinauf, nach ca. 150 Metern scharf um eine Linkskurve herum in die Weinberge. Nach ungefähr 250 Metern, am Steinmarterl, biegen wir scharf rechts ab. Bevor der Flurweg beginnt, führt uns unsere Wanderung wieder rechts hinab. Auf einem Teerweg biegen wir unten scharf um die Linkskurve herum, weiter auf der Amphore und dem grünen Turm. Nach 20 Minuten auf einem wunderschönen Weg durch die Weinberge erreichen wir eine T-Kreuzung: Der Weg führt uns nach links hinauf Richtung Hö-

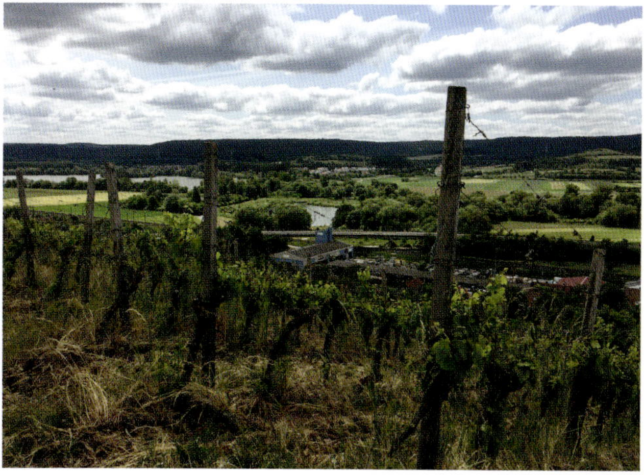

Weinhänge am Ziegelanger.

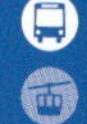

henweg, weiter auf der Amphore. Nach der 180-Grad-Linkskurve wenden wir uns an der darauffolgenden Gabelung links hinab. Der Flurweg geht in einen Schotterweg über. An den folgenden beiden Gabelungen halten wir uns geradeaus auf dem Höhenweg durchs **Naturschutzgebiet Pfaffenberg** **04**. Bald erreichen wir einen Teerweg, dem wir nach rechts hinauf folgen. Er führt uns gleich darauf links herum auf einen Flurweg, dem wir nun geradeaus folgen zurück zum **Wanderparkplatz Schmachtenberg** **01**.

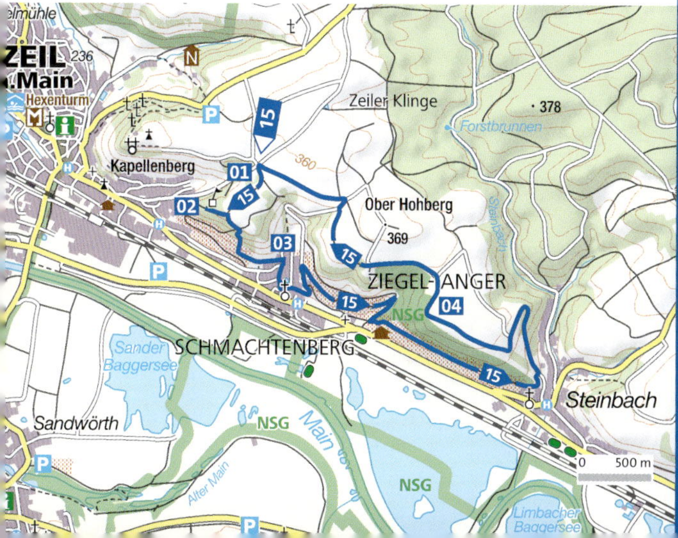

VON BAUNACH ZUM VEITENSTEIN

Zu einem sagenumwobenen Ort mit grandioser Aussicht

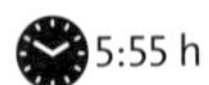

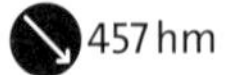

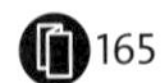

START | Marktplatz Baunach, 253 m. Anfahrt: Parkplätze direkt am Marktplatz. [GPS: UTM Zone 32 x: 632.737 m y: 5.538.704 m]
CHARAKTER | Technisch stellt die Tour keine größeren Anforderungen dar, sie ist jedoch sehr lang. Dafür ist der Weg durchweg gut ausgeschildert. Für heiße Sommer geeignet, da man sich größtenteils im schattigen Wald bewegt. Hinweis: Die Baggerseen südöstlich von Baunach eignen sich hervorragend zum Baden.

Im ersten Abschnitt unserer langen Wanderung besuchen wir die Ruine Stufenberg nahe Baunach. Im späten 18. Jahrhundert gab es noch etliche Überbleibsel der Burg auf der damals noch unbewaldeten Höhe. Auf Grund ihrer Nutzung als Steinbruch sind heute jedoch nur noch ein paar klägliche Mauerreste übrig. Im zweiten Teil unserer Tour erklimmen wir den Veitenstein, einen Sandsteinfelsen hoch auf dem Lußberg. Eine Besonderheit bildet hier die Felsenhöhle, die durch geologische Verschiebungen unter dem Veitenstein entstand, sowie das „Zwergleinsloch". An ihm befinden sich Inschriften und Zeichen, die anschaulich auf den umstehenden Infotafeln erläutert werden.

▶ Wir starten direkt am **Marktplatz in Baunach 01**. Die Marquard-Roppelt-Straße führt uns

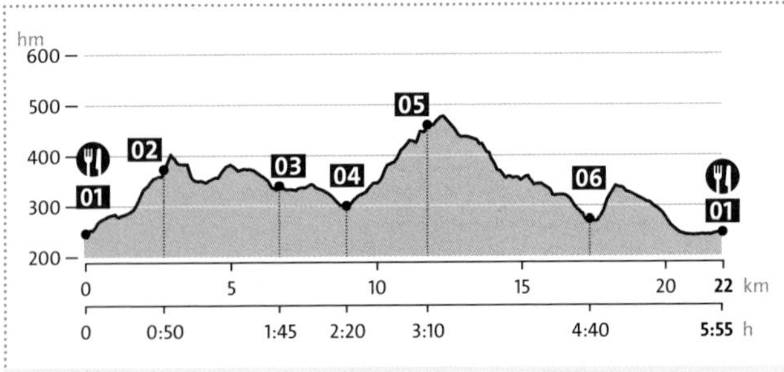

01 Marktplatz Baunach, 253 m; **02** Ruine Stufenburg, 396 m; **03** Krappenhof, 330 m; **04** Rudendorf, 304 m; **05** Veitenstein, 460 m; **06** Dorgendorf, 272 m

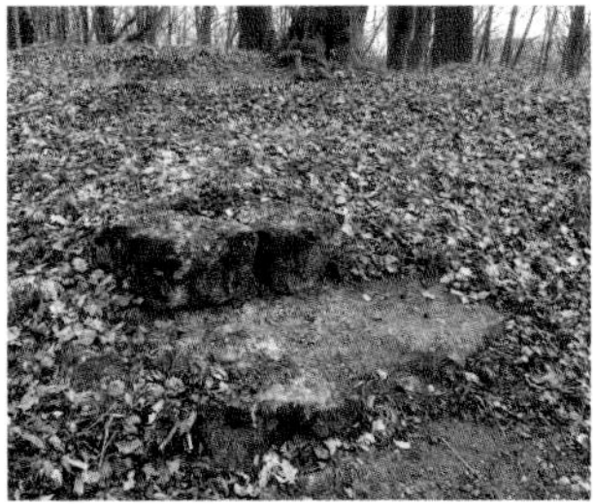

Letzte Reste der Stufenburg.

zunächst zur B279. Wir folgen ihr nach rechts auf dem grünen Turm, nach wenigen Metern jedoch führt uns die Markierung wieder nach links in den Wächtersgraben, dann wieder links in die Basteistraße. Hinauf geht es nun, an der folgenden Gabelung folgen wir der Stufenburgstraße. Bald darauf biegen wir links in die Alois-Schenk-Straße ab, an der nächsten Kreuzung rechts in den Kutscherweg. Stets geht es nun bergauf, bis wir an einen Flurweg gelangen, dem wir weiter folgen. Der Weg führt uns nach guten 15 Minuten in den Wald. Die nächste Kreuzung überqueren wir geradeaus und beginnen nun auf erdigem Waldweg unseren Anstieg zur Ruine. Auf und ab geht es hier durch den lichten Laubwald, wir queren noch einmal einen breiten Schotterweg, bevor der relativ steile Schlussanstieg beginnt.

Von der **Ruine Stufenburg 02** selbst sind nur wenige, kleinste Mauerreste erhalten, eine Infotafel erläutert die Geschichte der Burg.

Gut 10 Minuten, nachdem wir die Ruine verlassen haben, geht es extrem steil wieder hinab. Unten an der großen Kreuzung mit der Raidel Hütte folgen wir nun dem Schotterweg geradeaus Richtung Krappenhof. Unsere Markierung ist nun das Eichhörnchen. Es führt uns auch an der nächsten Kreuzung geradeaus hinüber, bis wir **Krappenhof 03** erreichen.

An der Straße rechts, nach ca. 100 Metern wieder links. Achtung, unmarkiert geht es nun auf ei-

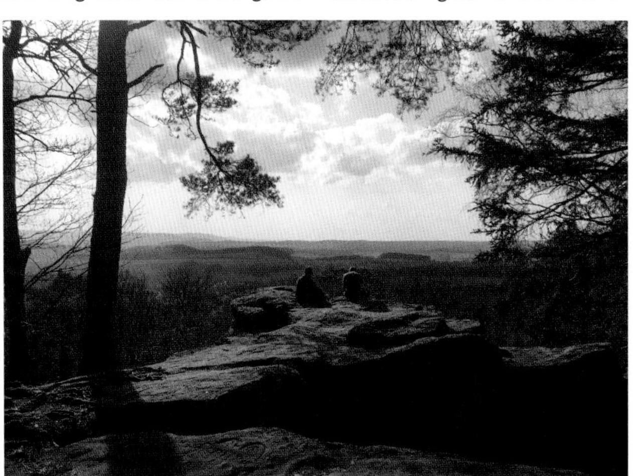

Ausblick vom Veitenstein.

nem Feldweg weiter! Nach guten 500 Metern biegen wir – noch immer ohne Markierung – an der kleinen Ansammlung von Laubbäumen links ab. Zwischen Feld und Baumessaum laufen wir nun geradeaus, bis wir schon nach ein paar Minuten einen Schotterweg erreichen.

Hier führt uns unsere nächste Markierung – die Elster – nach rechts. Nach ca. 100 Metern wieder links, folgen wir einem Schotterweg bis zu einem asphaltierten Weglein. Auf ihm entlang nach **Rudendorf 04**.

An der Hauptstraße in Rudendorf biegen wir rechts ab, an der darauffolgenden Gabelung wieder rechts in die Priegendorfer Straße. 50 Meter hinter dem Ortsschild führt links ein Teerweg hinauf nun Richtung Veitenstein. Dieser Weg geht in einen Flurweg über, dann in einen Feldweg. Am Wald halten wir uns rechts, jetzt auf den Spuren des Milan. Nach guten 200 Metern verlassen wir den Hauptweg und wandern weiter geradeaus, auf etwas schmälerem Wald- und Wiesenweg am Waldrand entlang. Nach ca. 10 Minuten erreichen wir einen breiteren Waldweg, in den wir links einbiegen. Gleich geht es jedoch an der nächsten Kreuzung wieder rechts leicht hinauf mit dem Milan. Nach guten 10 Minuten biegen wir an der nächsten Kreuzung scharf links ein und erreichen 5 Minuten später den **Veitenstein 05**, der uns mit seinem grandiosen Ausblick zum Verweilen einlädt.

Dann folgen wir dem Hauptweg Richtung Reckendorf, unser Zeichen ist weiterhin der Milan, mit ihm jetzt aber auch der rote Turm. Nach eineinhalb Kilometern bie-

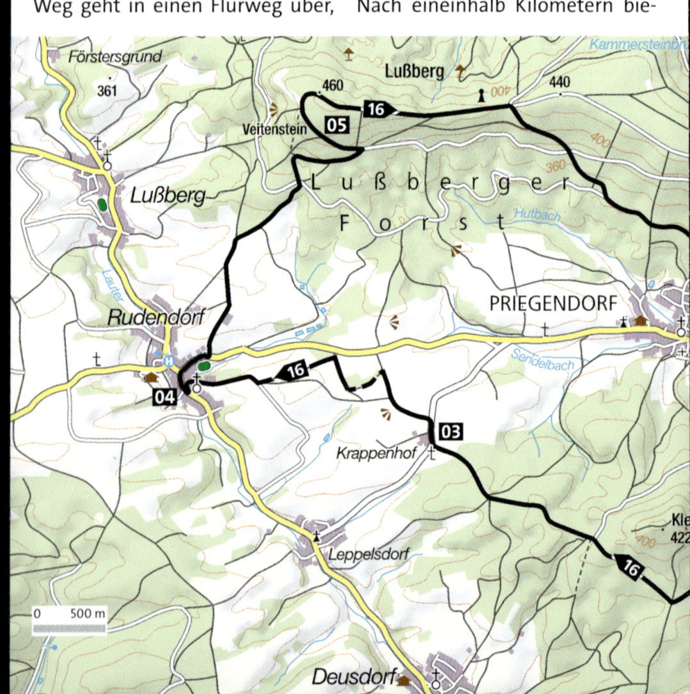

gen wir an der Kreuzung nach rechts ab, dem roten Turm Richtung Priegendorf und Dorgendorf hinterher. Eine gute dreiviertel Stunde führt der Weg geradeaus und immer leicht bergab. Am Waldaustritt schließlich lässt uns ein Wegweiser nach rechts abbiegen und 5 Minuten später haben wir **Dorgendorf 06** erreicht.

An der Hauptstraße laufen wir nach rechts, nach wenigen Minuten dann links in den „Kirchweg" hinein. Am Gemeindehaus wenden wir uns abermals nach links. Nicht ganz 100 Meter, dann führt uns der rote Turm nach rechts hinauf, erst auf einen Flurweg, dann auf einem Schotterweg in den lichten Wald hinein. An der großen Kreuzung wenden wir uns nach links Richtung Baunach; wir folgen dem roten Turm auf dem Hauptweg. Nach ca. eineinhalb Kilometern, am Waldaustritt, halten wir uns rechts auf den Flurweg. Eine viertel Stunde später erreichen wir den Ortsrand von Baunach. Wir folgen der Hauptstraße nach rechts,

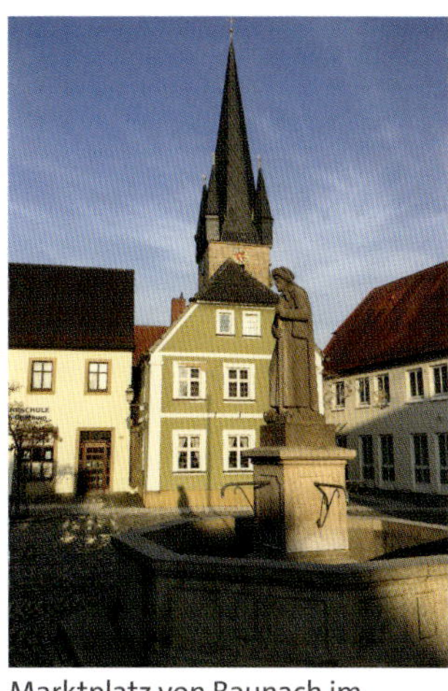

Marktplatz von Baunach im Abendlicht.

biegen nach einigen Minuten jedoch nach rechts in die „Stufenburgstraße" ab. Der Weg führt uns gleich wieder nach links, wieder vor zur Hauptstraße, die wir in den „Augraben" überqueren. Am Ende der Straße führen uns Trepplein an die Baunach. Wir folgen dem Flussufer bis zur Brücke; wir folgen der „Bahnhofstraße" nun nach rechts, nach wenigen Minuten dann wieder links in die „Überkumstraße" hinein und am Schloss Baunach vorbei; ein paar Minuten später erreichen wir den **Marktplatz von Baunach 01**.

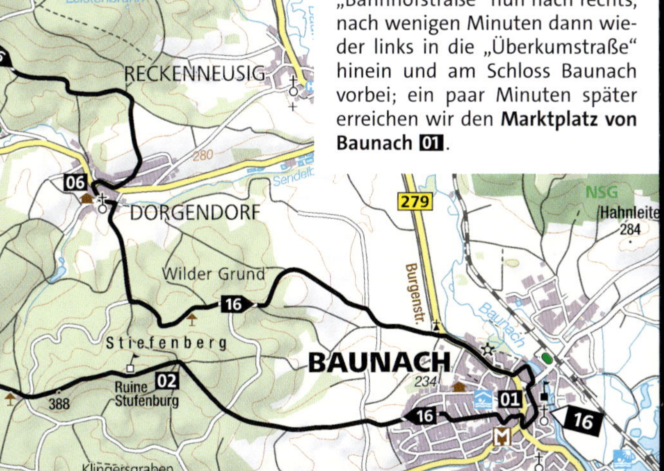

VOM SANDHOF ZUR SANKT HELENENKAPELLE

Am Main entlang zur Kapellruine

 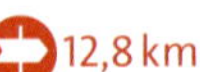   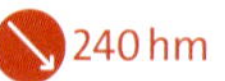 

START | Wanderparkplatz Sandhof, 308 m. Anfahrt: Auf der BA34 von Appendorf kommend Richtung Oberhaid. Parkplatz kurz vor dem Sandhof auf der linken Seite.
[GPS: UTM Zone 32 x: 630.009 m y: 5.535.756 m]
CHARAKTER | Meist breite Schotterwege, teilweise jedoch lange und steile Anstiege. Anstieg zur Sankt Helenenkapelle steil, bei Nässe rutschig! Hinweise: Die Baggerseen südöstlich von Baunach eignen sich hervorragend zum Baden. Hier gibt es auch einen Naturerlebnisweg. Der Bahnhof Baunach ist nur ca. 900 m bzw. 10 Minuten Fußweg vom Wegpunkt 02 Baunach entfernt

Der Sandhof, Ausgangspunkt unserer Wanderung, wurde bereits im späten 15. Jahrhundert erstmals erwähnt. Seinen Namen erhielt der Sandhof auf Grund seines sandigen Untergrundes. Zu Beginn des 17. Jahrhunderts ein Bauern- und Tagelöhnerhaus mit Kornspeicher und Schafstall, diente der Hof als Wohnstatt und zugleich Einkommensquelle des Bamberger Jesuitenordens. An der um 1755 erbauten Franz-Xaver-Kapelle finden noch immer jährlich Wallfahrten statt. Die zweite historische Stätte unserer Wanderung bildet die Ruine der Sankt Helenenkapelle. Im Wald zwischen Baunach und Kemmern gelegen, datiert man ihre Erbau-

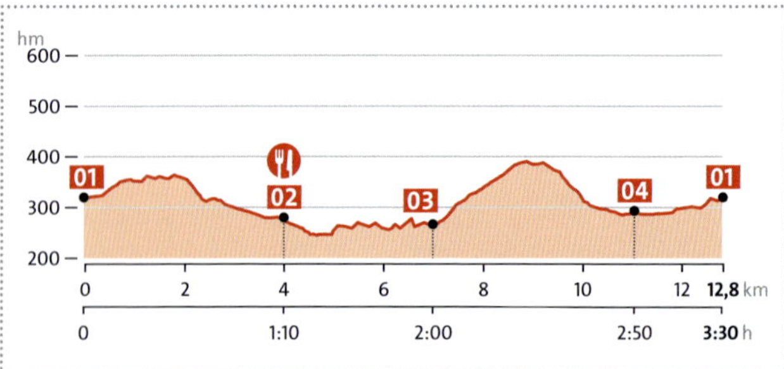

01 Wanderparkplatz Sandhof, 308 m; 02 Baunach, 279 m; 03 Sankt Helenenkapelle, 284 m; 04 Mönchsweiher, 282 m

ungszeit zu Beginn des 14. Jahrhunderts. Das noch gut erhaltene, gotische Spitzbogenportal gibt Aufschluss darüber. Zudem wurden mittelalterliche Keramikrest aus dieser Zeit gefunden. Bis 1813 wurden in der Kapelle Gottesdienste abgehalten, nach deren Aufgabe verfiel sie nach und nach.

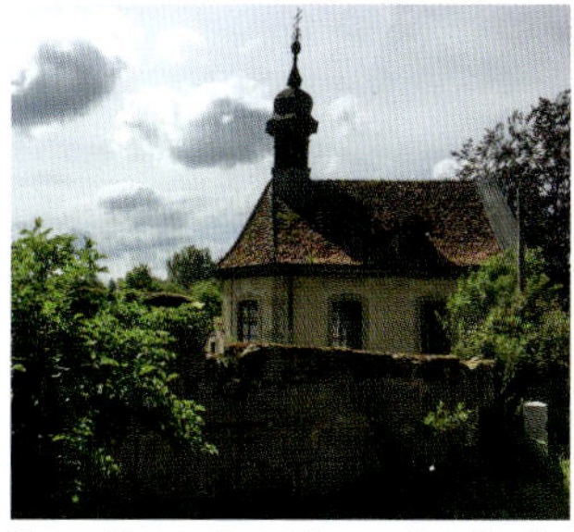

Franz-Xaver-Kapelle am Sandhof.

▶ Wir beginnen unsere Wanderung am **Wanderparkplatz Sandhof** 01. Zunächst folgen wir dem mittleren Schotterweg Richtung Baunach. Während des gesamten Weges ist das Wildschwein unsere Wegmarkierung. Nach dem ersten Anstieg halten wir uns an der Gabelung links. An der nächsten Gabelung bei der Schutzhütte wieder links hinab, nun mit dem Wildschwein und dem blauen M. Nun stetig hinab, an einer kleinen Lichtung kurz vor

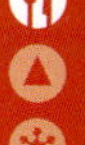

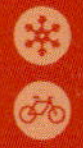

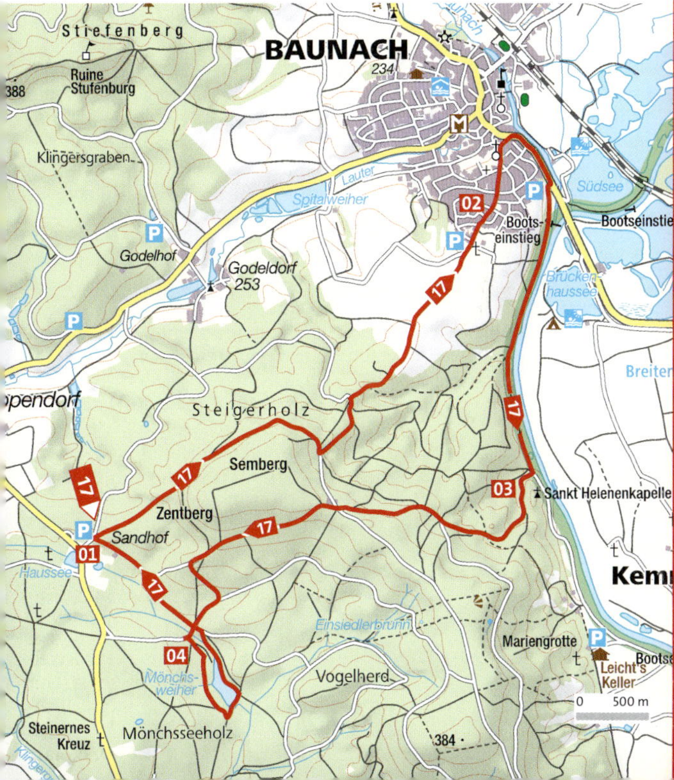

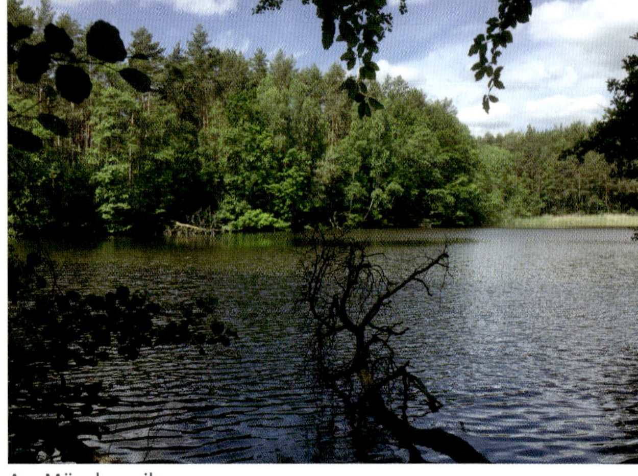

Am Mönchsweiher.

der scharfen Linkskurve biegen wir auf einen schmäleren, erdigen Weg rechts hinab ab, weiter Richtung Baunach. Bald mündet der Weg in einen Teerweg und führt uns nach **Baunach** 02 hinein. Wir folgen zunächst dem „Räderweg", der nach 5 Minuten in den „Galgenweg" übergeht und bis zur „Bamberger Straße" hinab führt. In diese biegen wir rechts ab, nun mit dem Wildschwein und dem Sieben-Flüsse-Wanderweg Richtung Helena Kapelle. Kurz vor der Autobrücke über die Baunach führt uns unser Zeichen nach rechts auf einem breiten Teerweg entlang. An seinem Ende führt

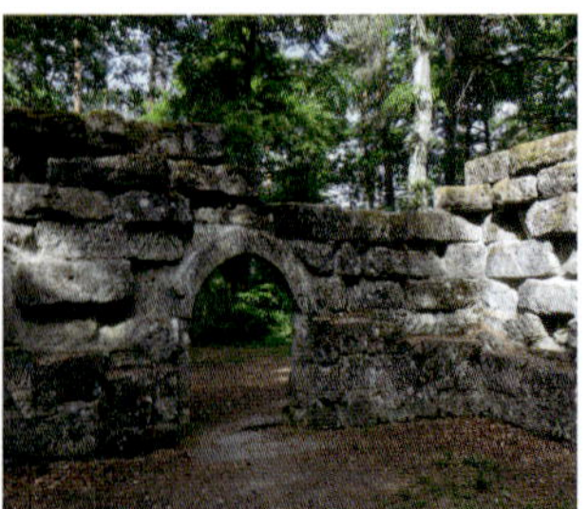

Ruine der Sankt Helenenkapelle.

er uns auf einen Waldpfad. Nach 15 Minuten erreichen wir einen breiten Schotterweg; wir folgen ihm nach rechts, nach wenigen Schritten links hinauf auf einem schmalen Pfad in wenigen Minuten zur **Sankt Helenenenkapelle** 03. An der Kapelle vorbei folgen wir dem Pfad, der uns zurück auf den Schotterweg führt. Ihm folgen wir ca. 15 Minuten hinauf, an der Kreuzung dann rechts weiter hinauf Richtung Baunach. Nach weiteren guten 20 Minuten gelangen wir an eine Kreuzung mit einem Hüttlein. Hier weiter geradeaus Richtung Mönchsweiher. Der Weg führt bald abwärts. Nach einer viertel Stunde halten wir uns an der Gabelung links, an der nächsten Gabelung rechts hinab zur Kreuzung: Hier folgen wir dem Schild „Mönchsweiher Rundweg" nach links. Wurzelige, verschlungene Pfade führen uns nun in 20 Minuten um den **Mönchsweiher** 04 herum. Wieder an unserer Kreuzung biegen wir links ab Richtung Sandhof und laufen in guten 15 Minuten zum **Wanderparkplatz Sandhof** 01 zurück.

VON WEISBRUNN NACH ELTMANN

Durch lichte Buchenwälder im nördlichen Steigerwald

 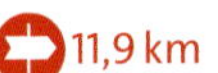 11,9 km  3:20 h 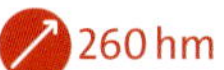 260 hm  260 hm  167

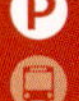
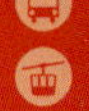
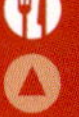

START | Weisbrunn, 325 m. Anfahrt: Weisbrunn bei Eltmann, Parkmöglichkeiten gibt es im Dorf.
[GPS: UTM Zone 32 x: 620.296 m y: 5.533.444 m]
CHARAKTER | In den Wäldern um Weisbrunn und kurz nach dem Pfarrbrünnlein kann es schon mal steil und rutschig werden. Ansonsten sind die Steigungen sanft und die Wege breit und gut markiert.

Zu Anfangs führt uns die Runde durch den teils dicht bewaldeten Zeller Forst. Und schon von Weitem kann man kurz nach Waldaustritt den hohen Rundturm der Wallburg, einer stauferzeitlichen Burganlage, sehen. Aus dem 12. Jahrhundert stammend, bildet er heute das Wahrzeichen der Stadt Eltmann. Der Weingartengraben führt uns entlang an idyllischen Weihern, in denen die prächtigen fränkischen Karpfen herangezogen werden. Am Pfarrbrünnlein schließlich kann sich der ermattete Wanderer erfrischen. Eine letzte Rastmöglichkeit ergibt sich an der geschichtsträchtigen Alten Hochstraße beim Steinernen Kreuz, an dem Tisch und Bank zur Brotzeit einladen.

▶ Wir starten unsere Wanderung in **Weisbrunn** 01. Parkplätze stehen an der Kirche oder an der Eltmanner Straße zur Verfügung.
Wir folgen der Eltmanner Straße zunächst bergauf, auf dem Steigerwald-Panoramaweg. Er führt uns bald geradeaus in den Wald

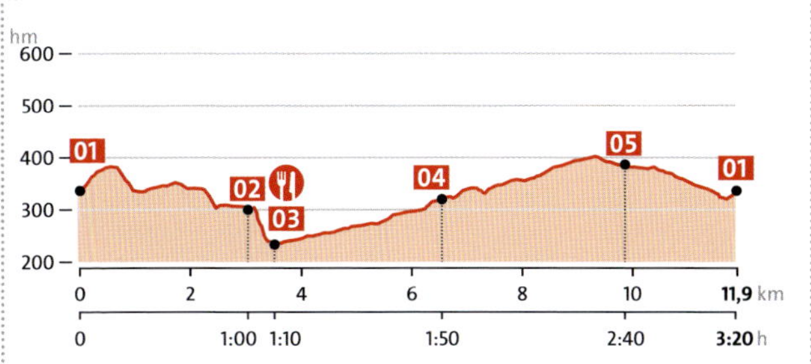

01 Weisbrunn, 325 m; 02 Ruine Wallburg, 318 m; 03 Eltmann, 237 m; 04 Pfarrbrünnlein, 312 m; 05 Steinernes Kreuz, 395 m

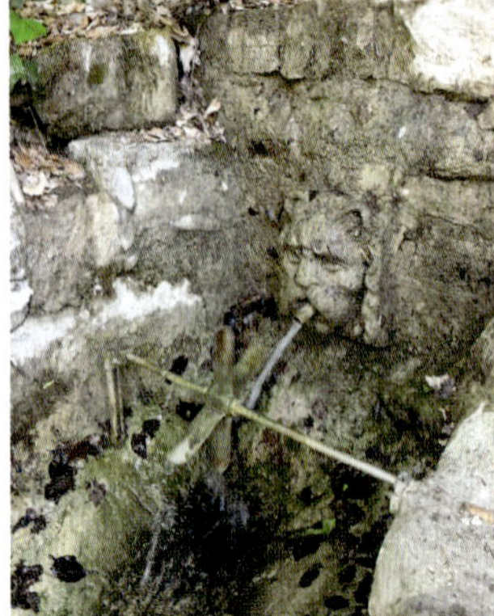

Pfarrbrünnlein.

hinein, auf einem Waldweg geradeaus. An einer Kreuzung mit einer Waldhütte geht es geradeaus weiter, nun hinab auf einem schmäleren, steilen Weg. Immer noch auf dem Steigerwald-Panoramaweg erreichen wir einen Schotterweg, den wir überqueren. Auf der anderen Seite geht es wieder hinauf, jetzt jedoch auf einem Pfad. Wir folgen ihm eine ganze Weile, bis wir an den Waldrand gelangen. Auf einem breiten Weg wandern wir nun bergan, an Feldern vorbei und bald über einen Flurweg bis zur Straße. Hier geht es geradeaus weiter auf E3 Richtung Wallburg, deren gut erhaltenen Turm wir schon erspähen können. 10 Minuten später stehen wir zu Füßen des Burgturmes der **Ruine Wallburg** **02**. Von hier aus steigen wir die historischen Burgstufen nach **Eltmann** **03** hinab, an der „Schlosssteige" links, dann wieder links in die „Weidengasse". Sie führt uns nochmals links herum. An der Ecke „Säbener Straße" laufen wir auf einem Fußgängerweg geradeaus weiter, nun E1/E4 folgend, am Fichtenbach entlang. An der „Wallburgstraße" biegen wir rechts ein, dann nochmals rechts auf die „Doktor-Georg-Schäfer-Straße". Wir folgen nun E2 ein paar Meter bis zur „Weingartenstraße", in die wir einbiegen. An der nächsten Gabelung folgen wir ihr weiter nach links Richtung Pfarrbrünnlein. Nach guten 10 Minuten beginnt ein Waldweg, der uns in den Weingartengraben hinein, bald an ein paar Weihern vorbei und in guten 20 Minuten bis ans **Pfarrbrünnlein** **04** bringt. Kurz nach dem Brünnlein führt uns E2 geradeaus weiter, nun steil hinauf auf einem breiteren Pfad, an dessen Ende wir auf einen breiten Waldweg treffen. Wir folgen ihm nach links Richtung Ober- und Unterschleichach. Über die nächste, große Kreuzung hinüber und geradeaus hinab, noch immer mit E2. Nach ca. 5 Minuten wechseln wir die Markierung an der T-Kreuzung: E1 schickt uns nun nach rechts, hinauf Richtung Trossenfurt. An der folgenden Gabelung weiter geradeaus. Gute 10 Minuten später verlassen wir E1 an einer Gabelung und biegen links Richtung Tretzendorf ab. Nach ca. 100 Metern folgen wir O2 wieder nach links, immer noch Richtung Tretzendorf. Nach einem kurzen Stück kommen wir am **Steinernen Kreuz** **05** (links, leicht zu übersehen) vorbei, bei dem auch ein Rastplatz zur Pause einlädt. Wir befinden uns nun auf

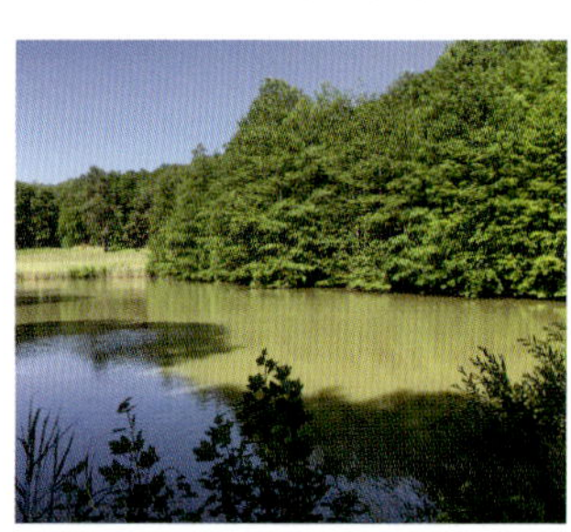

Fischweiher bei Eltmann.

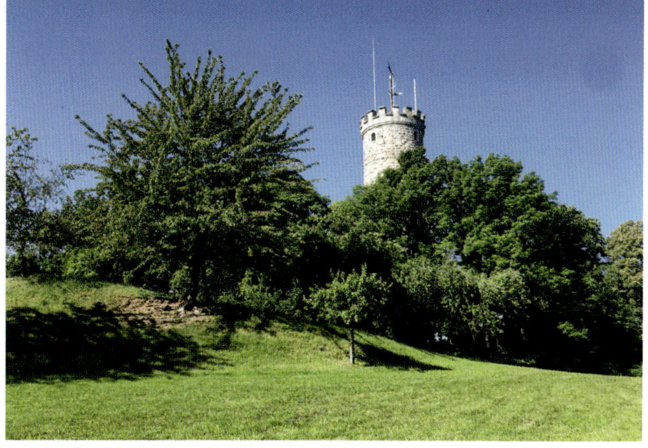

Ruine Wallburg.

der „Alten Hochstraße“, die uns nach einer knappen viertel Stunde aus dem Wald heraus führt. Nun geradeaus weiter am Waldrand entlang, erreichen wir die ST2274. Wir folgen ihr nach rechts, ca. 150 Meter hinab, dann unmarkiert nach links auf ein Teerweglein. Es bringt uns in 5 Minuten nach **Weisbrunn** **01** zum Auto zurück.

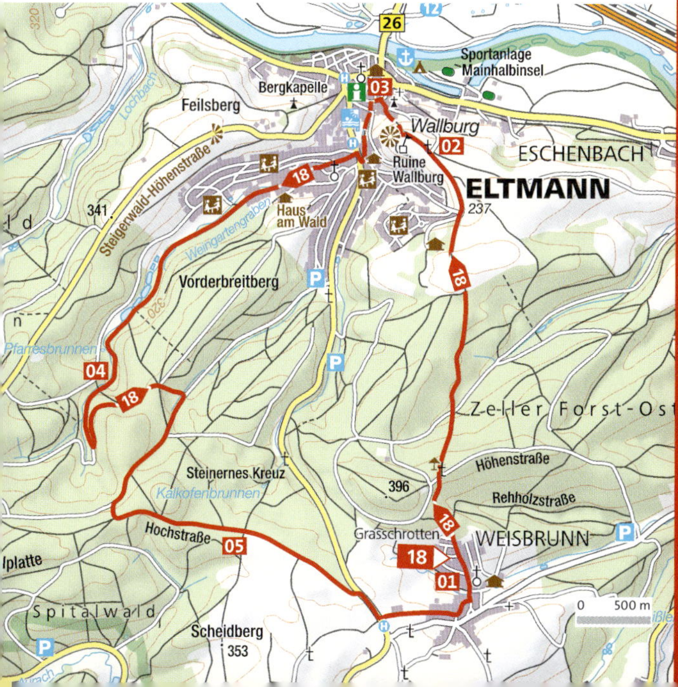

19 ÜBER DIE RUINE ZABELSTEIN NACH OBERSCHWAPPACH

Zur einst mächtigsten Festung des Bistums Würzburg

 11,7 km 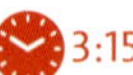 3:15 h  240 hm 240 hm  167

START | Parkplatz Zabelstein, 479 m. Anfahrt: An der SW52 zwischen Hundelshausen und Fabrikschleichach befindet sich der Parkplatz ca. 3 km nach Hundelshausen auf der linken Seite. [GPS: UTM Zone 32 x: 605.392 m y: 5.532.875 m]
CHARAKTER | Breite Wege und schmale Pfade wechseln sich ab. Der Abstieg von der Ruine Zabelstein nach Wohnau ist sehr steil, auf einem schmalen Pfad. Dann aber folgen wir gemütlichen und breiten Feld-, Wald- und Teerwegen.

Der Zabelstein ist mit einer Höhe von 489 Metern die höchste Erhebung im nördlichen Steigerwald. Die Burg Zabelstein wurde vermutlich um 1000 herum gegründet. Als einst stärkste Befestigungsanlage diente sie als Verwahrungsort für Urkunden und den bischöflichen Schatz. Nach einem Brand 1698 – man munkelt, das Burgfräulein hätte sie aus Einsamkeit angezündet – wurde die Burg jedoch vollkommen zerstört. Nur noch wenige Teile der Ringmauer und einer Zugbrücke sowie ein Rundturm sind erhalten geblieben. Seit 2020 gibt es einen neuen Aussichtsturm mit einer Höhe von 19,5 Meter. Von dort oben hat man an klaren Tagen eine tolle Fernsicht bis in die Rhön und nach Thüringen.

▶ Vom **Parkplatz Zabelstein** 01 folgen wir zunächst nach links der

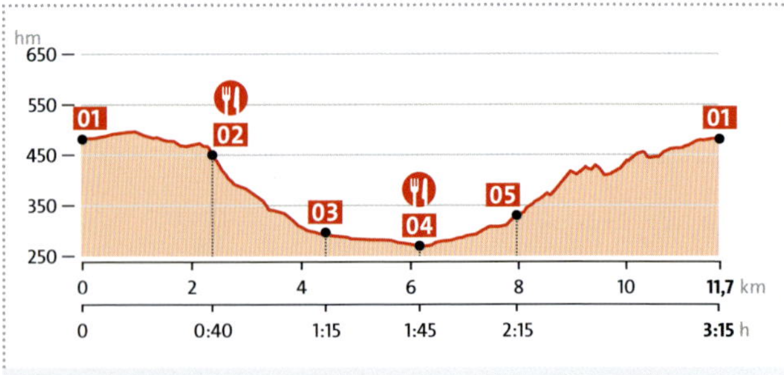

01 Parkplatz Zabelstein, 479 m; 02 Ruine Zabelstein, 475 m; 03 Wohnau, 290 m; 04 Oberschwappach, 268 m; 05 Abzweig Eschenau, 329 m

Markierung Z1 und dem blauen M. An der nächsten Gabelung wechseln wir auf einen Teerweg nach links. Nach ca. 10 Minuten biegen wir am Kohlenmeiler rechts ab, nach ein paar Minuten an der Kreuzung folgen wir dem Pfad nach links. Er führt uns zu den Mauerresten der **Ruine Zabelstein** 02. Am Aussichtsturm folgen wir einem Pfad nach rechts; zusammen mit dem roten Löffel führt uns ein Pfad steil hinab Richtung Wohnau. Am Schotterweg biegen wir rechts ab. An der nächsten Gabelung wenden wir uns nach links, weiter hinab. Geradeaus folgen wir nun dem Weg aus dem Wald heraus, an Wiesen und Feldern auf einem Schotterweg. Am Ortsrand von **Wohnau** 03 und dem Marterl halten wir uns rechts, nun weiter auf dem Steigerwald-Panoramaweg Richtung

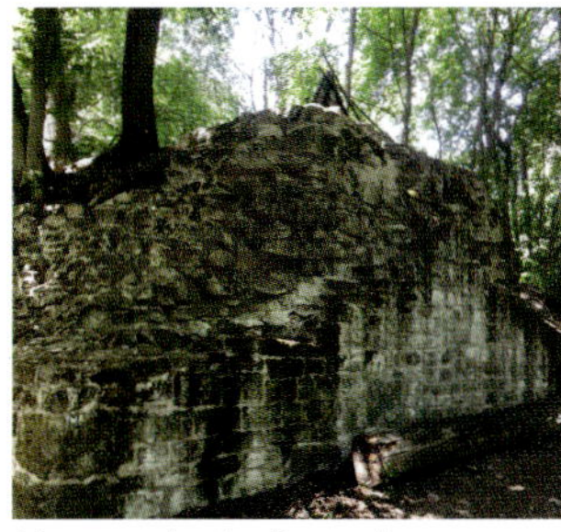

Mauerreste der Burgruine Zabelstein.

Oberschwappach. Am Friedhof biegen wir links ab, dann gleich wieder nach rechts führt das Sträßlein nun wieder an Feldern vorbei. Nach einer viertel Stunde kommen wir in **Oberschwappach** 04 an. Hier überqueren wir die Steigerwaldstraße in die Birkensteinstraße hinein, weiter dem

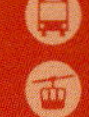

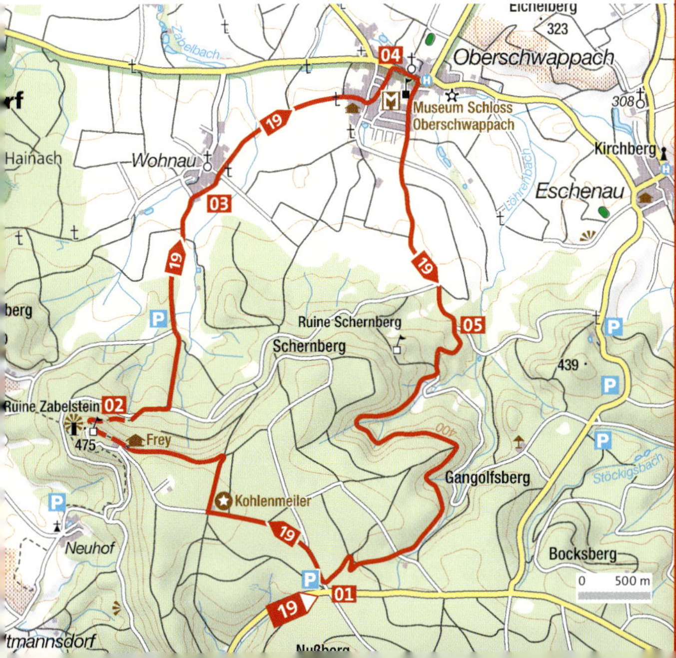

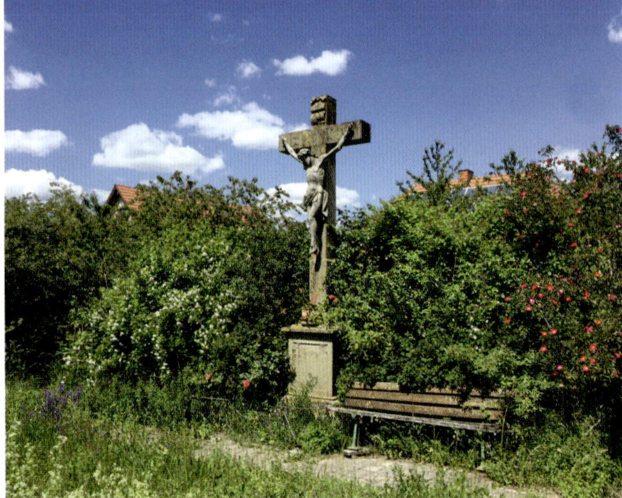

Steinkreuz am Wegrand.

Keltenerlebnisweg folgend. An der Scherenbergstraße biegen wir rechts ab. Wir wandern an der Kirche vorbei bis zur Schlossstraße, in die wir rechts einbiegen. Der Weg führt uns geradeaus am Schloss Oberschwappach vorbei. An der Gabelung am letzten Haus des Ortes folgen wir einem Schotterweg weiter geradeaus, nun auf dem roten Tropfen und K1 Richtung Zabelstein. An der Gabelung am Beginn des Waldes laufen wir weiter geradeaus Richtung Eschenau auf der Markierung K1. Nach nur 300 Metern gabelt sich der Weg ein weiteres Mal: Ein Wegschild markiert den **Abzweig nach Eschenau 05** nach rechts, wir wandern jedoch weiter geradeaus auf dem breiten Waldweg, der uns in mäßigem Anstieg immer weiter hinauf führt. Nach einer halben Stunde mündet er an einer T-Kreuzung. Wir überqueren den breiten Schotterweg und folgen nun einem Pfad und wieder dem blauen M Richtung Zabelstein. Nach ein paar Minuten macht der Pfad einen markanten Linksknick; wenige Minuten später erreichen wir den Teerweg und kurz darauf den **Parkplatz Zabelstein 01**.

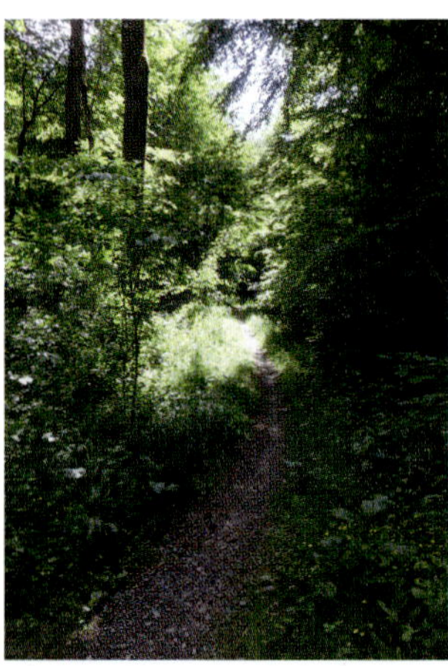

Pfad zurück zum Parkplatz am Zabelstein.

DURCH DEN BÖHLGRUND AUF DIE KNETZBERGE

Durch ein schattiges Naturwaldreservat

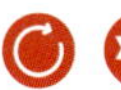  13,3 km 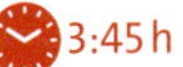 3:45 h 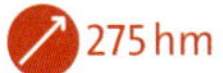 275 hm  275 hm 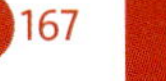 167

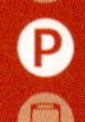
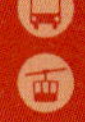

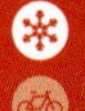

START | Wanderparkplatz Böhlgrund, 401 m. Anfahrt: Über die HAS12 von Eschenau Richtung Süden fahrend, befindet sich der Parkplatz nach ca. 1,8 km auf der linken Seite.
[GPS: UTM Zone 32 x: 607.258 m y: 5.533.988 m]
CHARAKTER | Der Weg nach Zell führt größtenteils eben durch den Böhlgrund. Der Rückweg jedoch ist geprägt von An- und Abstiegen, teils steil und oft auf schmalen, wurzeligen Pfaden.

Im Jahr 2010 wurde der Böhlgrund als größtes Naturwaldreservat außerhalb der Alpen deklariert. Er befindet sich im Fauna-Flora-Habitat „Buchenwälder und Wiesentaler des Nordsteigerwaldes“ und ist geprägt von tiefen Seitentälern und Buchenmischwäldern. Durch die Hügel, Hänge und Schluchten ziehen sich die unzerschnittenen Buchenwälder. Doch auch Bergahorn, Sommerlinde und – wie zuhauf auf den Knetzbergen Eichen mischen sich unter den zerklüfteten Naturwald. Ein aufmerksamer Wanderer kann hier seltene Tier- und Pflanzenarten wie den Feuersalamander oder den Samtigen Pfifferling, der mit diversen Laubbäumen in Symbiose lebt, entdecken.

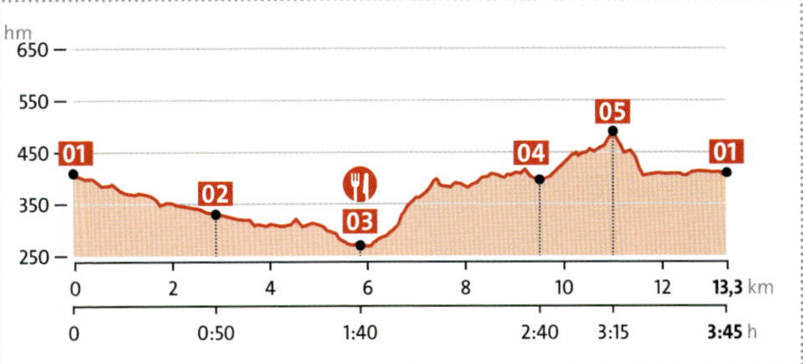

01 Wanderparkplatz Böhlgrund, 401 m; 02 Böhlgrund, 337 m; 03 Zell am Ebersberg, 277 m; 04 Kreuzung am Silbersattel, 414 m; 05 Großer Knetzberg, 487 m

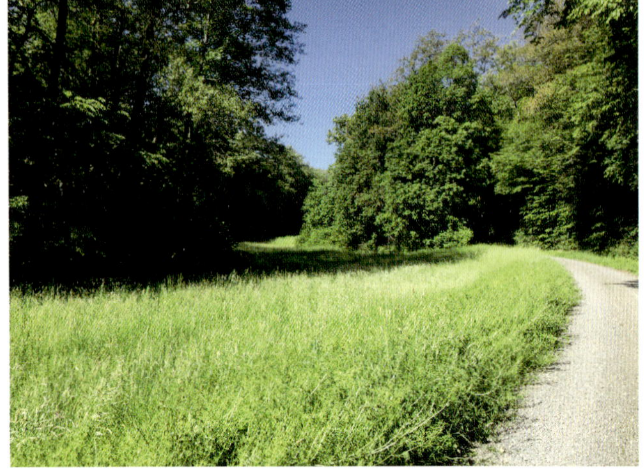

Naturwaldreservat Böhlgrund.

▶ Wir beginnen diese Wanderung am **Wanderparkplatz Böhlgrund** **01**. Zunächst folgen wir dem Wegschild Richtung Böhlgrund, Zell; hinab auf dem grünen Dreieck und dem Fränkischen Marienweg. Gute eineinhalb Stunden wandern wir entspannt durch den **Böhlgrund** **02**, am Böhlbach entlang, und erhalten dabei immer wieder wunderbare Einblicke in die Schönheiten der Umgebung. In **Zell am Ebersberg** **03** geht es nun vor bis zur „Zeller Hauptstraße“. Ein scharfer Linksnknick führt uns sogleich in die „Hintere Gasse“, hinab nun auf K2. Nach wenigen Minuten, am alten Steinhaus, wenden wir uns nach links und steigen die Treppen hinauf, gemeinsam mit dem Steigerwald-Panoramaweg Richtung Eschenau. Oben folgen wir dem Panoramaweg nach links Richtung Zabelstein. Durch einen schönen Hain, dann über einen Wiesenpfad auf einen Schotterweg. Hier führt uns unsere Markierung weiter geradeaus

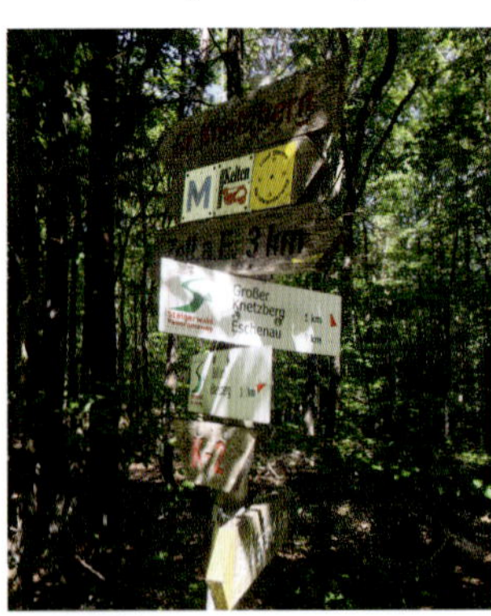

Schilderbaum am Silbersattel.

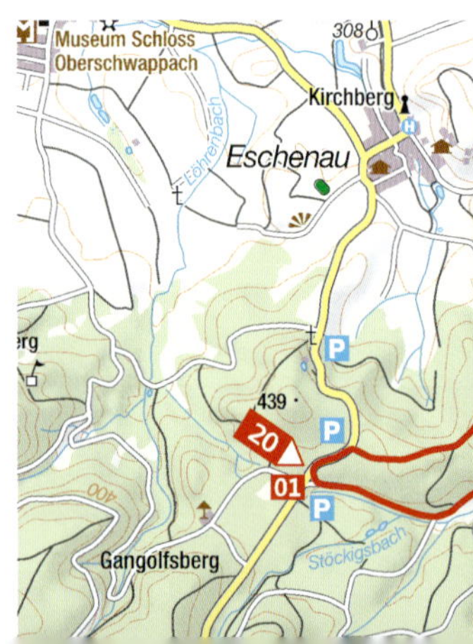

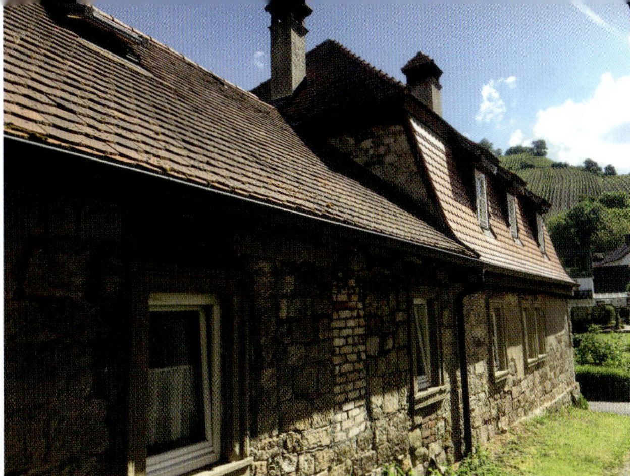

Steinhäuschen in Zell am Ebersberg.

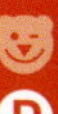
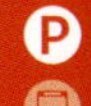
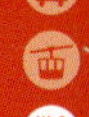

noch immer Richtung Zabelstein. Kurz vor Waldeintritt halten wir uns links auf einem Pfad Richtung „Großer Knetzberg". Wir folgen ihm durch einen wunderschönen Laubwald erst auf, dann ab. Der Pfad mündet in einen breiten Waldweg. Es geht auf und ab, bis zur **Kreuzung am Silbersattel** 04: Hier wenden wir uns nach links, dem Weg folgend, zum Großen Knetzberg. An der Gabelung werden wir nach rechts hinauf geschickt. Auf dem **Großen Knetzberg** 05 angekommen, führt uns der Weg an dicken Buchen vorbei auf einen Pfad. Wir passieren eine Bank und die Infotafel, bevor wir an der darauffolgenden Gabelung links Richtung Neuhaus abbiegen. Ein schmaler, teils sehr steiler Pfad führt uns hinab. Am Schotterweg halten wir uns links, weiter auf K5 und M. Er bringt uns nun in guten 25 Minuten zur HAS12. Wir folgen ihr nach links, in wenigen Metern zum **Wanderparkplatz Böhlgrund** 01 zurück.

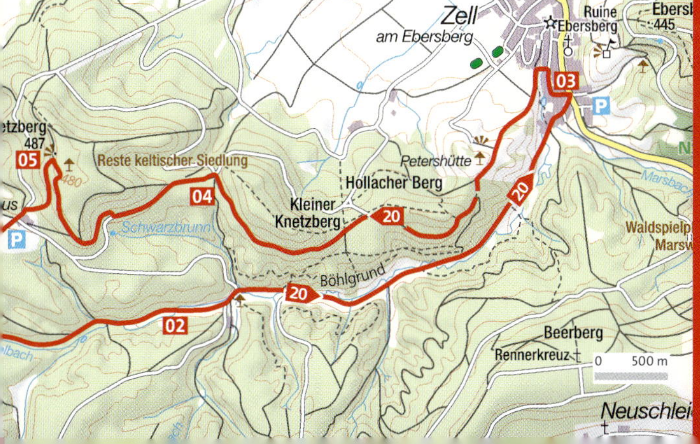

AUF DEM SCHLANGENWEG ZUR RUINE EBERSBERG

Auf verschlungenen Pfaden in einen Urwald

 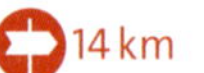 14 km  4:00 h  340 hm 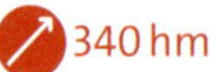 340 hm   167

START | Wanderparkplatz Waldspielplatz Marswald, 339 m. Anfahrt: An der ST2276 von Zell am Ebersberg Richtung Oberschleichach befindet sich nach 1,7 km rechts der Parkplatz und Spielplatz. [GPS: UTM Zone 32 x: 613.418 m y: 5.534.691 m]
CHARAKTER | Bis zum Schlangenweg breite Wege und Pfade. Der Schlangenweg selbst ist teilweise schmal und oft versperrt durch umgestürzte Bäume, ein bisschen Kraxeln ist also angesagt. Bei Nässe ist der Weg sehr schlammig und rutschig. Der Anstieg zur Ruine Ebersberg ist steil.

Auf gemütlichen Wegen ist das Rennerkreuz unser erstes Ziel: An dieser Stelle ertappte der Revierförster Johann Renner zwei Wilderer, die ihn daraufhin erschossen. Der Schlangenweg ist ein angenehm zu laufender Pfad, der sich um die Schluchtwälder schlängelt. Ab und an ist er ein wenig abgebrochen oder wird von Baumstämmen versperrt. Neben den Buchen wachsen in den Wäldern um den Schlangenweg auch Elsbeeren sowie Spitz- und Bergahorn und die Sommerlinde. Der Wald ist sich hier selbst überlassen und bringt eine besondere Vielfalt an Baumarten zu Tage.

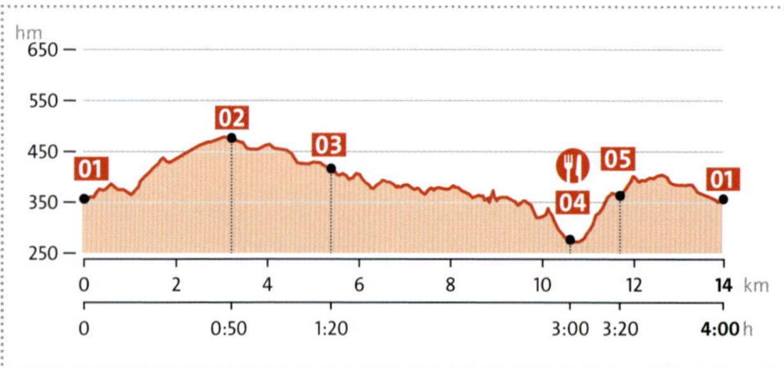

01 Wanderparkplatz Waldspielplatz Marswald, 339 m; 02 Rennerkreuz, 473 m; 03 Beginn Schlangenweg, 444 m; 04 Zell am Ebersberg, 275 m; 05 Ruine Ebersberg, 370 m

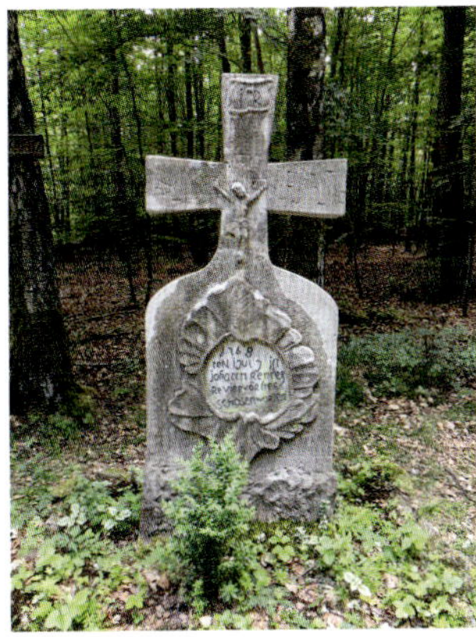

Rennerkreuz.

▶ Wir starten diese Wanderung am **Wanderparkplatz Waldspielplatz Marswald** 01 bei Zell am Ebersberg. Am Wanderweg wenden wir uns zunächst nach rechts auf die „Kammerstraße“ Richtung Aurachquelle auf dem grünen Löffel. Nach ca. 100 Metern biegen wir links ab Richtung Rennerkreuz und folgen nun dem Weg mit der Markierung 04 bergauf durch lichten Wald. Der Weg mündet an einem Schotterweg, dem wir geradeaus weiter folgen. An der folgenden Gabelung geht es dann rechts bergauf, wieder durch lichten Wald zur nächsten Gabelung: Wir folgen dem Weg 04 weiter geradeaus. Erst an Wiesen vorbei, dann wieder durch den Wald erreichen wir schließlich das **Rennerkreuz** 02. Hier führt uns der Weg 04 nach links, bis zur nächsten Gabelung, an der wir uns rechts halten. Nach ca. 20 Minuten kommen wir zu einer weiteren Gabelung, der wir nun geradeaus

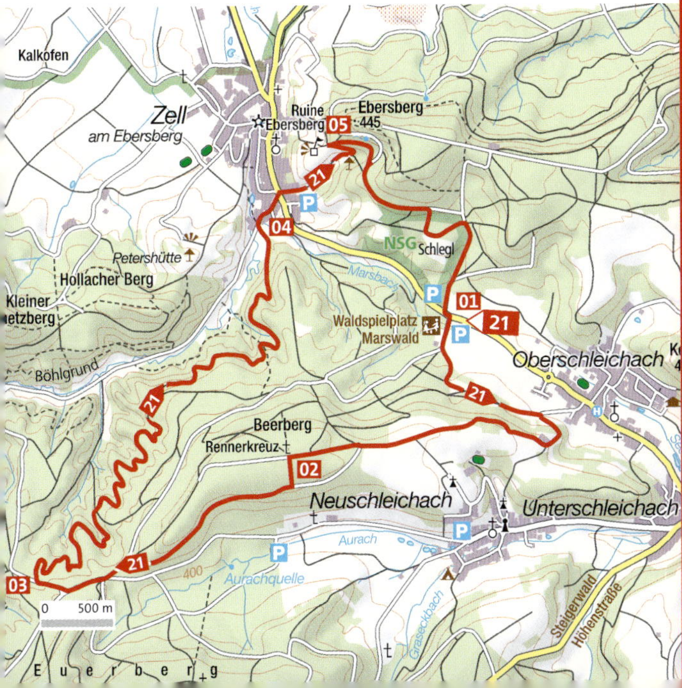

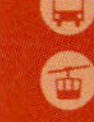

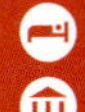

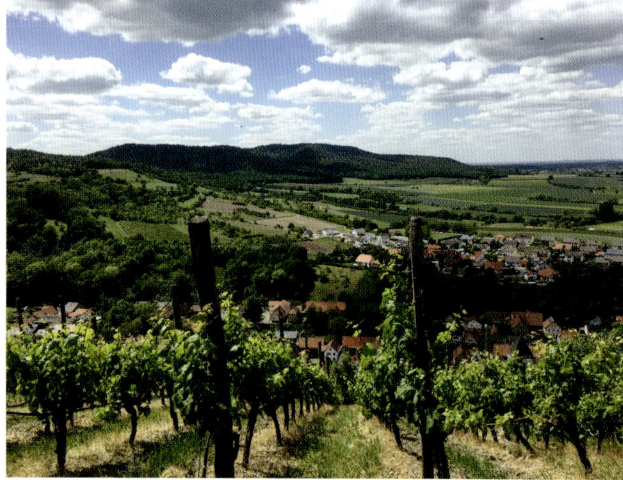

Weinhügel am Ebersberg.

hinab folgen auf dem grünen Löffel. Nach guten 500 Metern immer auf diesem Weg zweigt rechter Hand ein Weg ab, in den wir einbiegen (ein Holzschild weist uns hier den Weg). Er bringt uns in wenigen Minuten zum **Beginn des Schlangenweges** 03. Fünfeinhalb Kilometer schlängelt und windet sich nun der Pfad mal breiter, mal schmäler durch den Forst. Schließlich erreichen wir den Ortsrand von **Zell am Ebersberg** 04 und kurz darauf stehen wir an der ST2276. Geradeaus hinüber führt uns der Weg auf einem Pflasterweg hinauf Richtung Schlossberg auf dem grünen Dreieck. Oben angelangt machen wir – nachdem wir geradeaus der **Ruine Ebersberg** 05 einen kurzen Besuch abgestattet haben – einen scharfen Rechtsknick. Wir laufen ein paar Meter über Schotter, dann wieder rechts. An der Holzhütte erwarten uns drei Pfade: Wir entscheiden uns für den rechten (wer möchte kann über den mittleren Pfad einen Abstecher zum Ebersberg machen). Er führt uns mit S5 und dem Steigerwald-Panoramaweg über einen Pfad bis zu einem Schotterweg. Wir folgen ihm nach rechts, nach einem halben Kilometer führt uns S5 nach rechts auf einen Waldweg, und kurz darauf wieder links, an den Hügelgräbern vorbei. Am Schotterweg biegen wir rechts ein, hinab nun zur ST2276. Wir überqueren sie und wandern zum **Wanderparkplatz Waldspielplatz Marswald** 01 zurück.

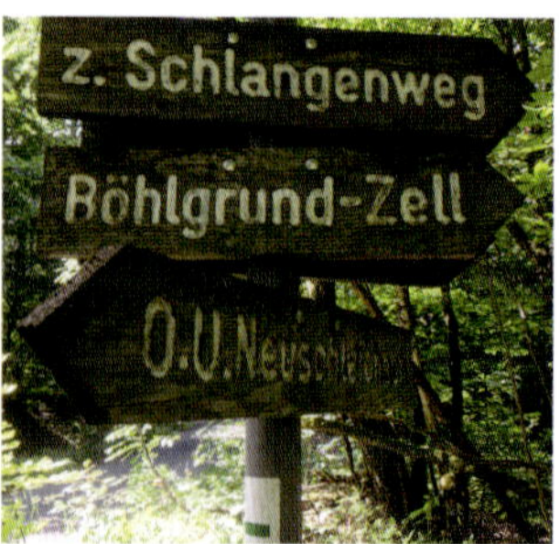

Wegweiser zum Schlangenweg.

VON FABRIKSCHLEICHACH ZUM METZGERKREUZ

Kleine Runde auf schattigen Waldwegen

  6,9 km 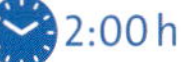 2:00 h  160 hm  160 hm  167

START | Wanderparkplatz Fabrikschleichach, 472 m. Anfahrt: Parkplatz an der ST2258, von Fabrikschleichach kommend direkt nach der ersten Rechtskehre auf der rechten Seite.
[GPS: UTM Zone 32 x: 612.224 m y: 5.531.848 m]
CHARAKTER | Je ein steiler Ab- und Aufstieg, der bei Nässe sehr rutschig werden kann. Sonst problemlos.

Diese Wanderung führt uns durch die Wälder bei Fabrikschleichach. Nachdem wir das Metzgerkreuz besucht haben, ein Sühnekreuz aus dem Jahre 1511, führt uns der breite Waldweg steil hinab ins Karbachtal. Am Bachlauf entlang führt uns der Weg zurück. Nach einem steilen Anstieg statten wir der kleinen Waldkapelle, dem Glashütter Käppela, noch einen Besuch ab. Die unscheinbare Kapelle wurde 1730 auf Grund eines Gelöbnisses eines Holzfuhrmanns erbaut.

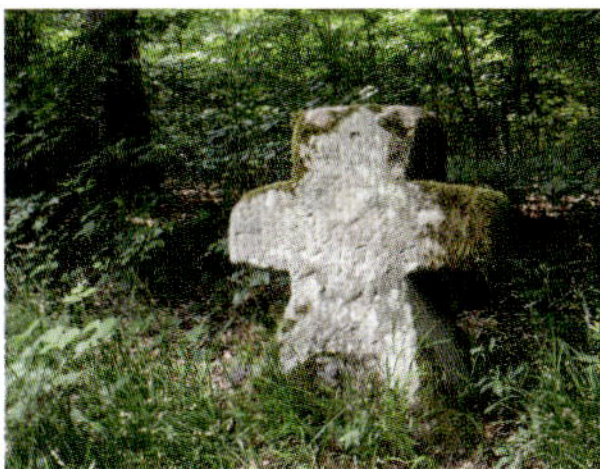

Metzgerkreuz.

▶ Wir beginnen unsere Wanderung kurz nach dem Ortsausgang

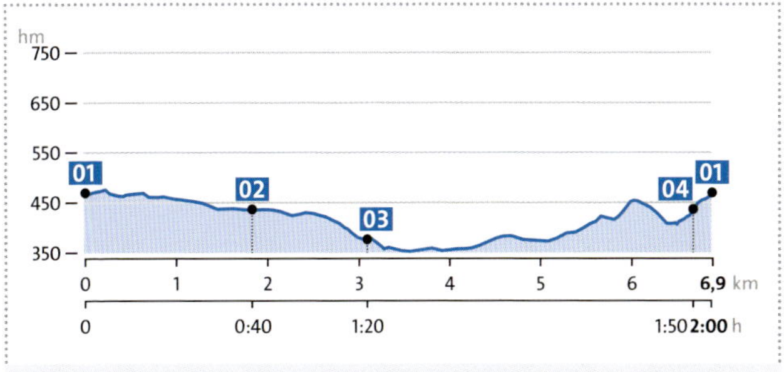

01 Wanderparkplatz Fabrikschleichach, 472 m; 02 Metzgerkreuz, 430 m; 03 Waldlichtung, 371 m; 04 Waldkapelle Glashütter Käppela, 451 m

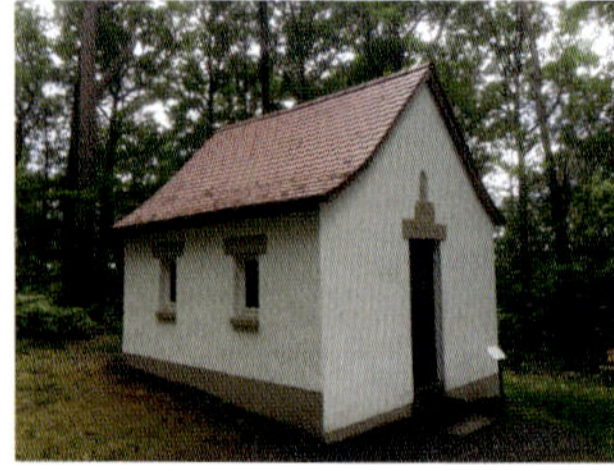

Waldkapelle Glashütter Käppela.

am **Wanderparkplatz Fabrikschleichach** **01**. Die Markierung R8 und der grüne Balken mit dem Punkt führen uns in den Wald. An der ersten Gabelung links auf dem Pfad weiter Richtung Theinheim. Er führt uns in einer viertel Stunde an einen Schotterweg, dem wir nach rechts folgen Richtung Theinheim. An der folgenden Gabelung geradeaus, nur wenige Schritte weiter an der nächsten Gabelung rechts Richtung Metzgerkreuz. Nach ca. 200 Meter erreichen wir das **Metzgerkreuz** **02**. Wir wandern auf dem Weg weiter, nun immer hinab bis zur Gabelung. Hier geht es nach rechts, Richtung Fabrikschleichach. Nach einer viertel Stunde passieren wir linker Hand eine schöne **Waldlichtung** **03**. Weiter geht es, bis wir kurz vor der Hauptstraße an der Gabelung mit der Bank nach rechts abbiegen und dem Weg hinauf folgen. Er führt uns in guten 20 Minuten an den Ortsrand von **Fabrikschleichach**. Wir knicken scharf nach rechts in den Wald hinein, auf einem Pfad nun teilweise sehr steil hinauf zur **Waldkapelle Glashütter Käppela** **04**. An ihr vorbei folgen wir dem Pfad noch ca. 10 Minuten wieder zum **Wanderparkplatz Fabrikschleichach** **01** zurück.

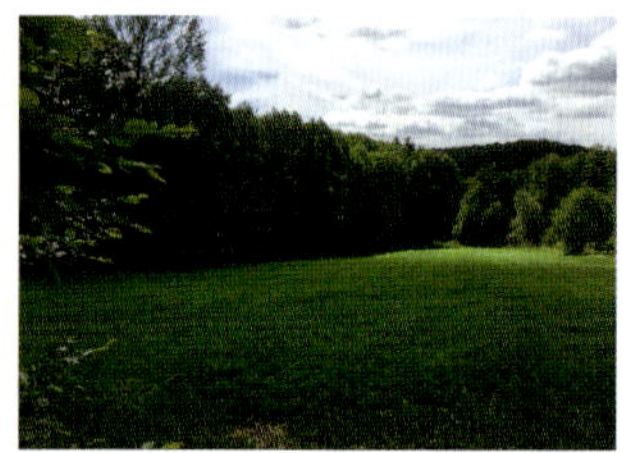

Waldlichtung.

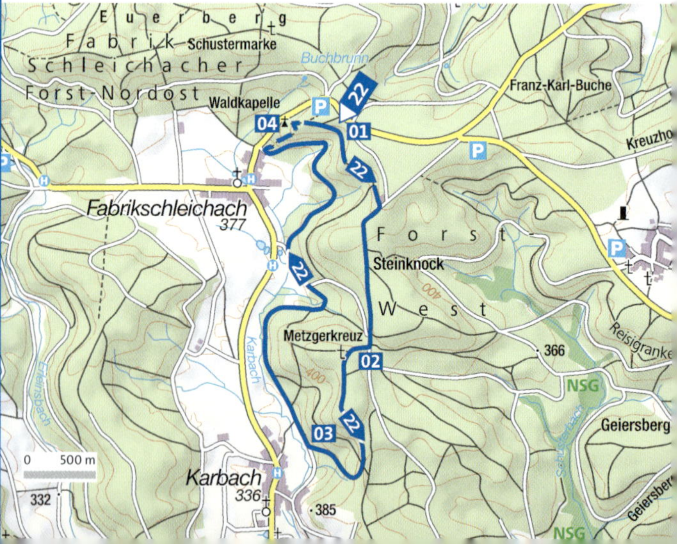

DURCHS WEILERSBACHTAL

Waldwanderung auf dem Pfad der Artenvielfalt

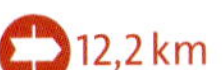

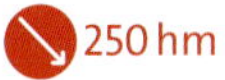

START | Wanderparkplatz Wotansborn, 434 m. Anfahrt: Von Fabrikschleichach fahren wir auf der HAS26 Richtung Hundelshausen. Nach ca. 1,8 km befindet sich auf der linken Seite direkt an der Straße der Parkplatz Wotansborn.
[GPS: UTM Zone 32 x: 609.423 m y: 5.531.879 m]
CHARAKTER | Die angenehme Waldrunde ist gut geeignet für heiße Tage; auf breiten Waldwegen geht es größtenteils am Bach entlang, so dass man zwischendurch auch mal die Füße ins kühle Nass stecken kann.

Die schöne Runde führt uns zunächst zum Naturdenkmal Wotansborn. Die seit 1912 gefasste Quelle befindet sich ein paar hundert Meter nordöstlich der Grenze des Naturschutzgebietes Weilersbachtal. Um die Quellfassung herum gibt es einen Altholzbuchenbestand auf einer Fläche von ca. 2 ha. Der gut 170 Jahre alte Buchenbestand wird forstwirtschaftlich nicht mehr genutzt, daher konnten sich hier einige Biotopräume mit seltenen Tier- und Pflanzenarten bilden. Mit etwas Glück kann man einem Feuersalamander, einem Teichmolch oder dem Großen Springkraut begegnen. Der Rückweg führt durchs Weilersbachtal und über den „Pfad der Artenvielfalt“: Der umweltpädagogische Rund-

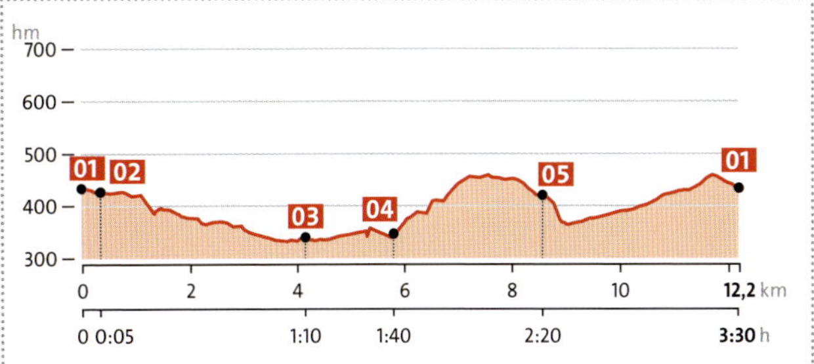

01 Wanderparkplatz Wotansborn, 434 m; 02 Wotansbrunnen, 414 m; 03 Obersteinbach, 334 m; 04 Pfad der Artenvielfalt, 341 m; 05 Natursteig ins Weilersbachtal, 452 m

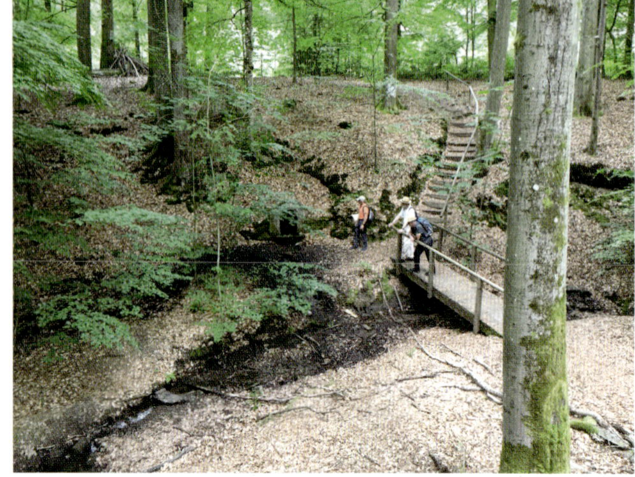

Wanderer am Wotansbrunnen.

weg erwartet mit einigen interessanten Infotafeln und führt hinauf ins Naturwaldreservat Kleinengelein, in dem wir einigen imposanten Riesenbuchen begegnen.

▶ Wir starten am **Wanderparkplatz Wotansborn** **01**. Der Weg führt uns zunächst mit der Markierung R8 auf einem Waldpfad Richtung Wotansborn in den Wald hinab. Nach wenigen Minuten

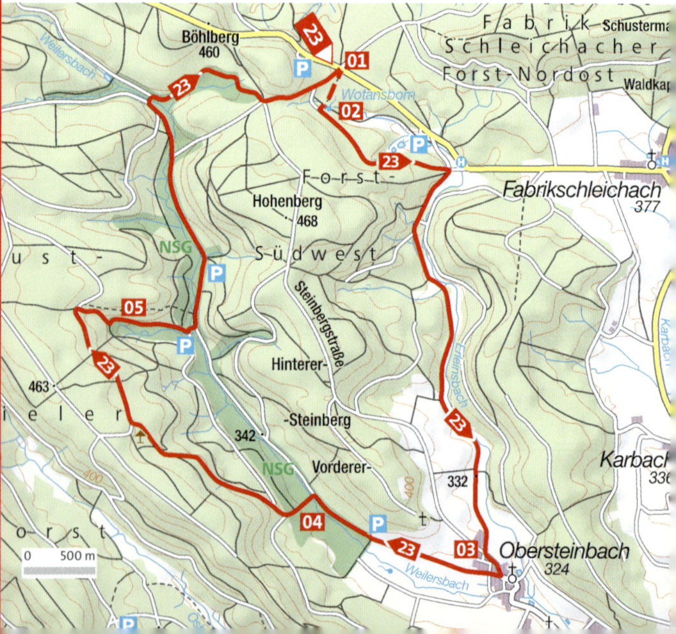

Böhlberg
460
Weilersbach
Fabrik Schleichacher Forst-Nordost
Schusterma
Waldkap
Wotansborn
01
02
03
04
05
Forst-Südwest
Hohenberg
468
Fabrikschleichach
377
NSG
Steinbergstraße
Hinterer-Steinberg
Vorderer-
Erlensbach
463
342
332
400
Karbach
336
Obersteinbach
324
0 500 m

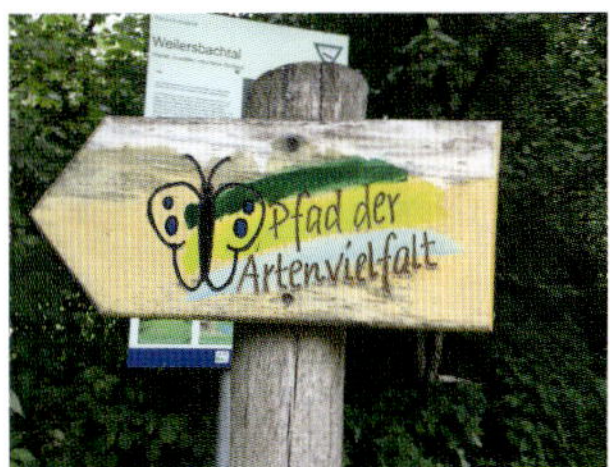

Zum Pfad der Artenvielfalt.

erreichen wir schon den **Wotansbrunnen 02**. Über eine Brücke und Treppen geht es hinauf zu einem Schotterweg, in den wir links einbiegen und nun weiter der Markierung R10 folgen. Der Weg führt uns in 15 Minuten hinab an eine Kreuzung: hier rechts, weiter auf R10 und R8 Richtung Obersteinbach. Wir folgen dem Weg, der uns nach ca. 10 Minuten an zwei Gabelungen führt, die kurz hintereinander folgen: Wir nehmen die zweite Gabelung nach links, leicht hinab weiter auf R10. Der Weg geht an der darauffolgenden Gabelung in einen Teerweg über. An der T-Kreuzung biegen wir links ab, weiter auf R10. Wir erreichen **Obersteinbach 03** und biegen nach rechts in die Weilersbachstraße Richtung Kleinengelein ab. Die nun verkehrsberuhigte Straße geht in einen Schotterweg über, der uns schnell zu einem Infohäuschen führt. Einige Minuten später

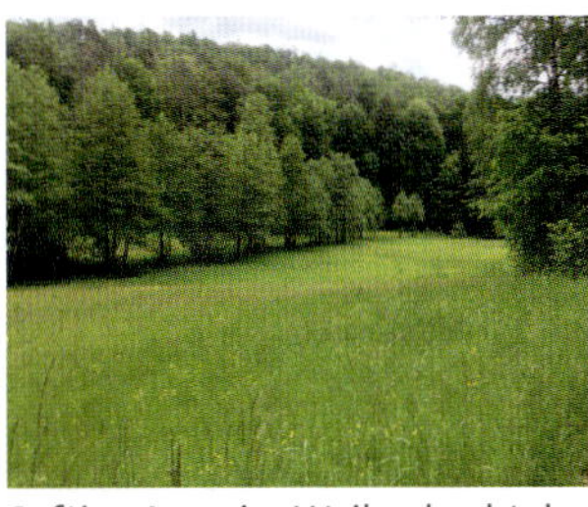

Saftige Auen im Weilersbachtal.

biegen wir links hinab ab, auf den **„Pfad der Artenvielfalt" 04**. Der Weg führt uns schnell wieder aufwärts, um eine Rechtskurve herum, nun auf R2. Wir folgen dem breiten Waldweg stetig aufwärts. An der Kreuzung mit der Rastbank weiter geradeaus Richtung Zabelstein, R2 verlässt uns hier nach links, wir jedoch bleiben auf dem Pfad der Artenvielfalt. Nach einer guten Viertelstunde führt uns ein Pfad nach rechts in den Wald hinab, über den **„Natursteig ins Weilersbachtal" 05**. Er führt uns stetig abwärts bis zum Schotterweg, in den wir links einbiegen. Nach wenigen Schrit-

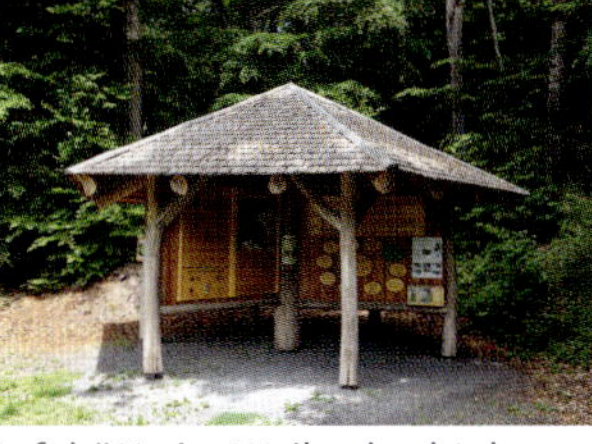

Infohütte im Weilersbachtal.

ten halten wir uns wieder links und befinden uns wieder auf R10. Diesem Weg folgen wir nun stetig. Nach gut 20 Minuten verlässt uns R10 nach rechts, wir laufen geradeaus weiter den Weg am Weilersbach entlang. Unsere Markierung ist jetzt der Laufweg OBA1. Achtung, der Weg ist nur spärlich markiert! Nach einem knappen Kilometer biegen wir rechts ab und überqueren den Weilersbach, nach wenigen Schritten an der nächsten Gabelung wenden wir uns wiederum nach rechts. Kurvenreich geht es aufwärts, bis wir eine große Kreuzung erreichen. Hier biegen wir links ein und wandern wieder auf R10 in wenigen Minuten zum **Wanderparkplatz Wotansborn 01** zurück.

DURCH DEN SPITALGRUND AUF DEN HUTERSHÜGEL

Ein idyllisches Bachtal und ein weitreichender Aussichtspunkt

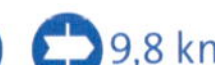

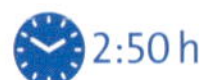

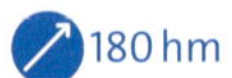

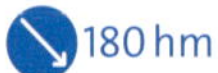

START | Parkplatz Waldspielplatz, 336 m. Anfahrt: Von Hundelshausen fahren wir auf der SW52 Richtung Fabrikschleichach. Ca. 600 m nach Hundelshausen befindet sich der Parkplatz auf der linken Seite, nahe dem Waldspielplatz.
[GPS: UTM Zone 32 x: 603.506 m y: 5.531.791 m]
CHARAKTER | Wir bewegen uns vornehmlich auf breiten Waldwegen und schmalen Teerstraßen. Durchs Naturschutzgebiet wandern wir auf unbefestigten Pfaden.

Bernhard Grzimek erwarb 1975 erste Flächen des Gebietes um den Spitalgrund und überschrieb sie dem damals neu gegründeten Bund Naturschutz. 1985 wurde dann das gesamte Tal unter Naturschutz gestellt. Das Gebiet am Oberlauf der Volkach wird Spitalbach und Aubach genannt; die Feuchtgebiete rundherum, Wiesen, Au- und Schluchtenwälder bieten einer großen Anzahl von Tieren und Pflanzen Lebensraum: So kann man hier noch Fluss- und Steinkrebse finden, ebenso wie mehrere Spechtarten, auch Siebenschläfer oder Fledermäuse.

▶ Wir starten unsere Wanderung am **Parkplatz Waldspielplatz 01** an der SW 52 vor Hundelshausen. Zunächst folgen wir A1 Richtung

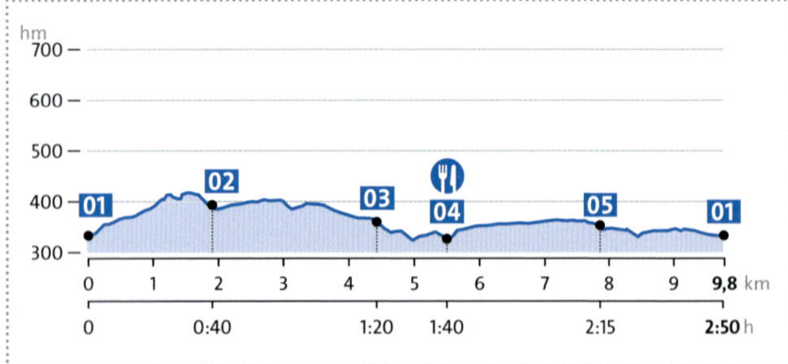

01 Parkplatz Waldspielplatz, 336 m; **02** Hainachshof, 387 m; **03** NSG Spitalgrund, 355 m; **04** Prüßberg, 309 m; **05** Hutershügel, 360 m

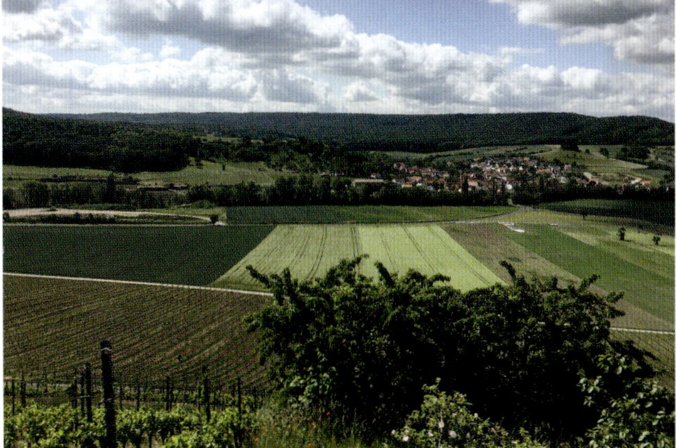

Blick vom Hutershügel auf Michelau.

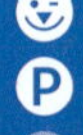

Neuhof/Zabelstein in den Wald hinein. Nach einer guten viertel Stunde biegt ein Pfad nach rechts in den Wald hinauf ab. Die Markierung ist hier ein N. Achtung, leicht zu übersehen! Der schmale Pfad führt uns nun ca. 300 Meter aufwärts, an der Pfad-T-Kreuzung halten wir uns links. Kurz darauf treffen wir auf einen breiteren Pfad, dem wir nach rechts abwärts folgen. Unsere Wegzeichen sind nun Z1 und der Keltenweg. Sie führen uns wieder zur SW52. Wir überqueren die Straße schräg nach rechts in den „Hainichshof" und folgen dem Weg hinab. Kurz darauf erreichen wir das Häuschen von **Hainachshof** **02**. Hier biegen wir links auf den Steigerwald-Panoramaweg ein Richtung Neuhausen. Auf einem Schotterweg geht es nun an der nächsten Gabelung rechts. Nach ca. 200 Metern halten wir uns auf einem schmäleren Waldweg rechts, weiter auf N1 und N2. Der Weg wird immer schmäler,

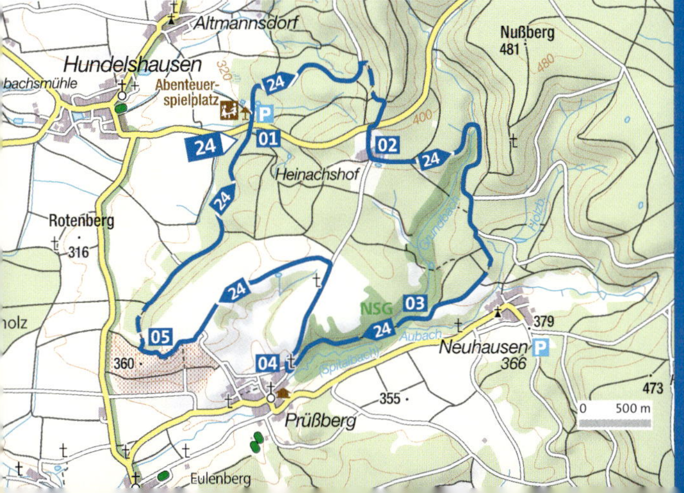

schließlich zu einem Pfad und endet an einem Schotterweg. Hier biegen wir rechts ein, weiter auf N2 Richtung Spitalgrund. Der Weg geht in einen Wiesenweg über am Waldrand entlang. Im Wald führt er auf einen breiteren Pfad, der uns schnell äußerst steil in den Grund hinabführt. Wir befinden uns nun im **Naturschutzgebiet Spitalgrund** 03. Über die folgende Lichtung hinüber geht es bald auf einem Schotter- und Wiesenweg nahe des Aubachs entlang nach **Prüßberg** 04. An der ersten Scheune wandern wir rechts bergauf auf P1 und N2, wieder Richtung Hainachshof. Bald auf einem Flur- dann auf einem Schotterweg laufen wir jetzt über die Höhe, an Wiesen vorbei. Nach guten 10 Minuten biegen wir an der Gabelung links ab Richtung Hutershügel, weiter auf P1. An der Kreuzung nach 15 Minuten weiter geradeaus, an der darauffolgenden Gabelung links. Wir wandern nun oberhalb des Weinberges entlang. An der Schotterstraße halten wir uns links in wenigen Schritten zum **Hutershügel** 05 und dem

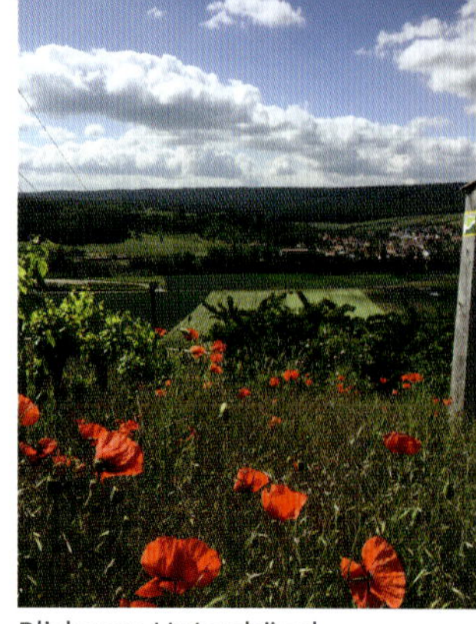

Blick vom Hutershügel.

Aussichtspavillon. Zwischen den Weinreben führt ein Trepplein hinab, unten nach rechts schnell zurück zum Schotterweg, dem wir nach links weiter hinab folgen. Gleich darauf geht es nach rechts auf einen Pfad in den Wald Richtung Waldspielplatz. Achtung, ab hier kaum markiert! Wir folgen stetig dem Pfad geradeaus, nach guten 10 Minuten wird er zu einem Waldweg, dem wir weiter geradeaus folgen. Nach weiteren 10 Minuten erreichen wir wieder den **Parkplatz Waldspielplatz** 01.

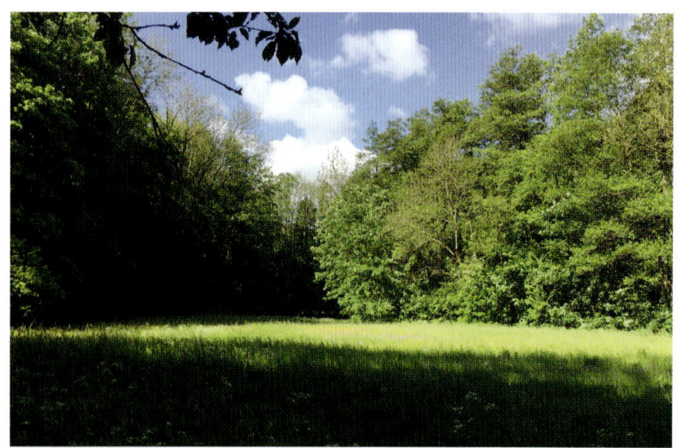

Saftige Wiesen im Naturschutzgebiet Spitalgrund

VOM VOLLBERG ÜBER MICHELAU ZUM STEINERNEN KREUZ

Ausgedehnte Waldwanderung um Michelau

  12,1 km   3:30 h 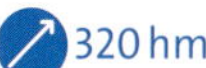 320 hm  320 hm 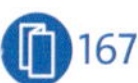 167

START | Parkplatz Kleiner Dornbusch, 356 m. Anfahrt: Auf der ST2274 von Michelau kommend, zweigt kurz nach Sudrach ein Waldweg nach rechts ab. Hier befindet sich der Parkplatz Kleiner Dornbusch. [GPS: UTM Zone 32 x: 603.837 m y: 5.528.256 m]
CHARAKTER | Zwei steile An- und Abstiege auf schmalen und wurzeligen Waldpfaden erfordern Kondition. Sie können bei Nässe sehr rutschig werden. Sonst angenehme breite Waldwege.

Der Vollberg, der erste zu erklimmende Anstieg auf dieser Runde, ragt weit in die vorgelagerte Landschaft hinein. Auf seinem Rücken thronte einst die Vollburg, von deren Existenz nur noch ein Ringwall zeugt. In diesem Gebiet gab es wohl eine vorgeschichtliche Höhensiedlung. Heute steht das Areal unter Denkmalschutz. Der Weiterweg führt uns durch Michelau und einen weiteren, schönen Aussichtspunkt kurz nach dem Städtchen. Dann erwartet uns ein relativ langer Rückweg durch die schönen Wälder um Michelau, auf dem wir an der Murrleinsnesthütte Gelegenheit für eine schöne Rast haben. Schließlich bringen uns einsame Waldpfade übers Steinerne Kreuz zurück zum Kleinen Dornbusch.

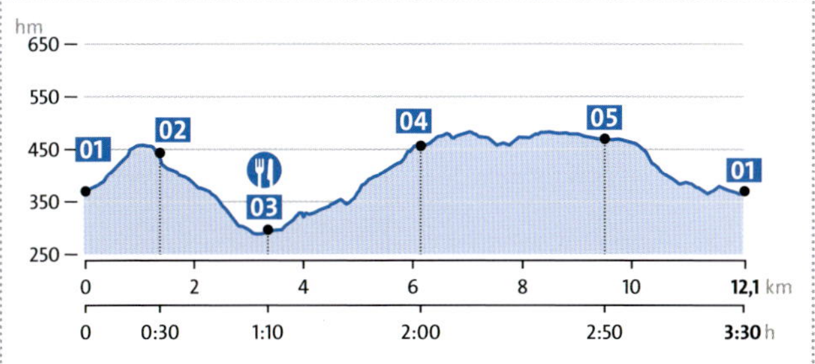

01 Parkplatz Kleiner Dornbusch, 356 m; 02 Vollberg, 456 m; 03 Michelau im Steigerwald, 291 m; 04 Murrleinsnesthütte, 463 m; 05 Steinernes Kreuz, 470 m

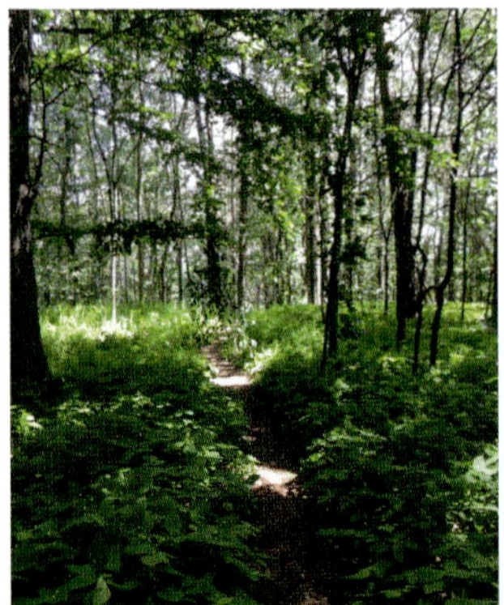
Pfad auf den Vollberg.

▶ Vom **Parkplatz Kleiner Dornbusch** **01** folgen wir M3 und dem roten Löffel über die Straße in den Wald hinein. Gleich darauf gelangen wir an eine Gabelung, an der wir links, sofort danach rechts abbiegen. Bald folgen wir einem Pfad, der uns steil hinaufführt auf den **Vollberg** **02**.
Durch den wunderschönen jungen und lichten Laubwald geht es bald wieder genauso steil hinab. An der Kreuzung wenden wir uns nach links Richtung Michelau, ab jetzt folgen wir dem Steigerwald-Panoramaweg. Wir wandern auf dem Waldweg hinab bis zur Gabelung: Hier geradeaus, weiter hinab, nun auf geteertem Weglein. Nach guten vierzig Minuten erreichen wir **Michelau im Steigerwald** **03**. Auf dem Teerweg, dem schwarzen Kreuz folgend, wandern wir nun an der Kirche vorbei bis zum Rathaus. An der Hauptstraße, der ST2426, wenden wir uns nach links, Richtung Taubenherd. Nach wenigen Metern wieder links auf die „Hauptstraße". Kurz vor dem Ortsschild dann biegen wir rechts auf „Am Kirschenrain" ein. Beim letzten Haus führt uns der Weg nach rechts, einen Wiesenweg hinauf. Oben wenden wir uns nach rechts, dann gleich wieder links über ein paar Treppen weiter hinauf zum Naturdenkmal mit einer kleinen Sitzgelegenheit.
Nach einer kurzen Rast wandern wir nach links gerichtet weiter, einen Wiesenweg hinab. Er führt uns zu einem Teerweg, in den wir rechts einbiegen. Wir folgen nun stetig dem Keltenerlebnisweg Richtung Murrleinsnesthütte. Bald schon erreichen wir eine Gabelung, an der wir rechts abbiegen. An der folgenden Gabelung dann wieder links. Wir folgen nun dem Weg stetig bergauf. Nach einer guten viertel Stunde, am Steinmarterl, biegen wir rechts ab, auf einem breiten Pfad in den Wald hinauf. Er bringt uns schließlich zur **Murrleinsnesthütte** **04**. Am Rastplatz vorbei und weiter auf dem Pfad immer geradeaus Richtung Stollburg. Beim Schotterweg links, an der nächsten Kreuzung wieder links. Nach zwei Minuten zweigt rechts ein Pfad Richtung Steinernes Kreuz ab. Wir folgen nun den Markierungen M6 und dem blauen Löffel stetig gerade-

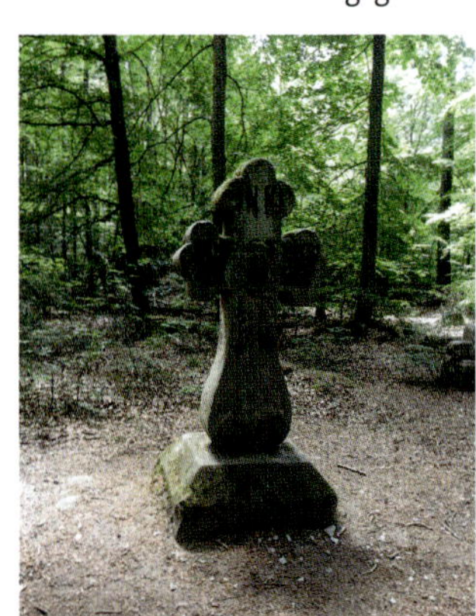
Steinernes Kreuz.

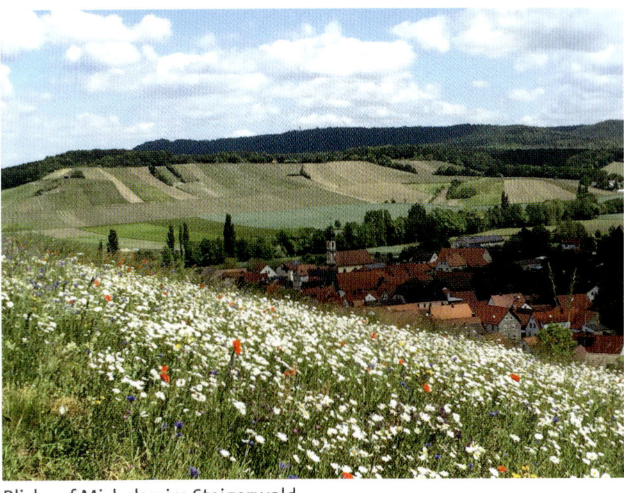

Blick auf Michelau im Steigerwald.

aus für gute zweieinhalb Kilometer. Am **Steinernen Kreuz** 05 schließlich biegen wir links ab und folgen nun dem roten Löffel Richtung Michelau. Bald gelangen wir auf einen Schotterweg, der uns zurück zum **Parkplatz Kleiner Dornbusch** 01 führt.

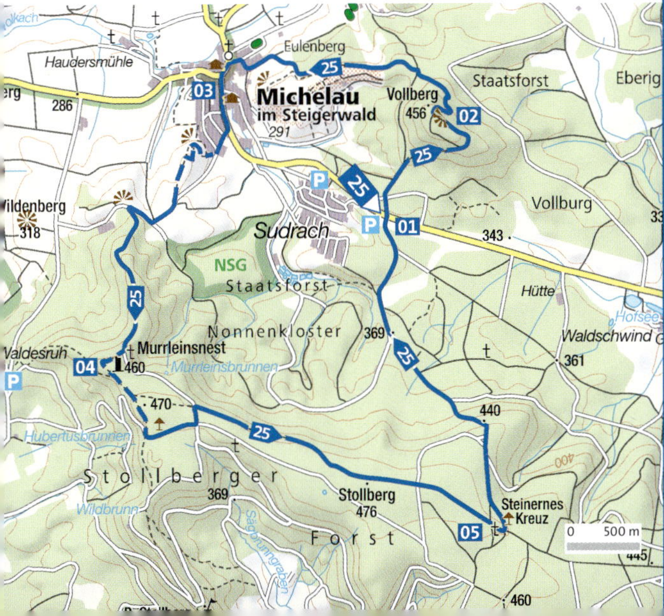

VON EBRACH NACH HANDTHAL

Durch herrliche Wälder in einen bezaubernden Weinort

 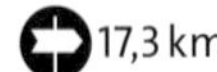  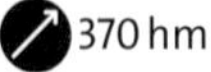 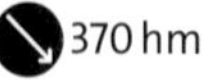 

START | Wanderparkplatz Ebrach, 350 m. Anfahrt: Am Ortsende von Ebrach Richtung Breitbach rechts den Teerweg 700 Meter hinunterfahren. An dessen Ende befindet sich linker Hand ein Parkplatz im Wald. [GPS: UTM Zone 32 x: 606.169 m y: 5.523.323 m]
CHARAKTER | Breite Waldweg prägen diese schöne Runde; der Anstieg – gerade das letzte Stück – zur Ruine Stollberg ist steil, wird jedoch mit einem tollen Ausblick belohnt. Über schattige Waldwege geht es dann wieder zurück nach Ebrach. Im letzten Waldstück über den Walter-Hartmann-Weg muss man ein wenig auf die Beschilderung und die Wurzeln auf dem Pfad achten – Stolpergefahr.

In Ebrach gibt es viel zu entdecken: Imposantestes Bauwerk ist das ehemalige Zisterzienserkloster Ebrach und seine Klosterkirche. Die beiden barocken Chororgeln von Johann Christian Köhler sind eine Besonderheit: Die Orgeltische sind so positioniert, dass sich die Spieler gegenseitig sehen können. Auch und gerade für jüngere Besucher ist der Baumwipfelpfad einen Besuch wert. Die Weinbaugemeinde Handthal ist ein weiteres Highlight der Wanderung: idyllisch liegt sie unterhalb der Stollburg und von Weinbergen

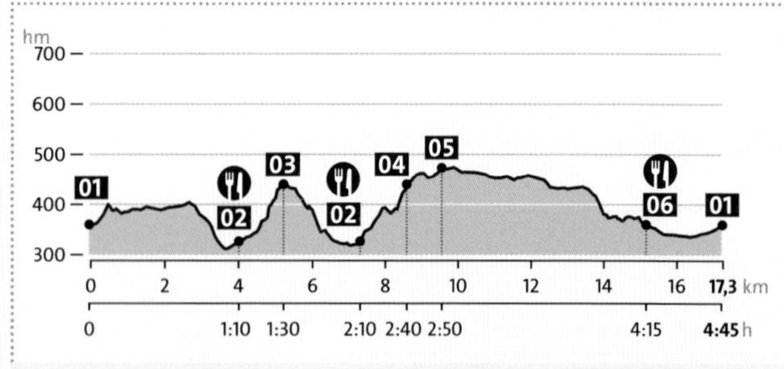

01 Wanderparkplatz Ebrach, 350 m; **02** Handthal, 310 m; **03** Ruine Stollberg, 443 m; **04** Magdalenenkreuz, 445 m; **05** Steinernes Kreuz, 468 m; **06** Ebrach, 357 m

und Wäldern eingerahmt. Die Ruine der Stollburg selbst liegt auf dem Stollberg, Frankens höchster Weinlage und bietet einen herrlichen Blick auf das Steigerwald Vorland.

▶ Vom **Wanderparkplatz Ebrach** **01** wenden wir uns auf dem Waldweg nach links, entgegengesetzt der Richtung, aus der wir gekommen sind, und folgen E6, dem Keltenerlebnisweg sowie dem Steigerwald-Panoramaweg. Doch nach ca. 250 Metern schon wandern wir mit dem Steigerwald-Panoramaweg nach rechts Richtung Handthal. Hinter dem Weiher halten wir uns links und wandern dann immer geradeaus, bald aufwärts. Nach einer viertel Stunde, am Ende der Weiher zu unserer Linken, erreichen wir eine Gabelung. Hier biegen wir links ein, doch nur 100 Meter später richten wir uns wieder nach rechts, weiter auf E2 und dem Steigerwald-Panoramaweg. Dieser verlässt uns jedoch rasch, wir aber laufen weiter geradeaus

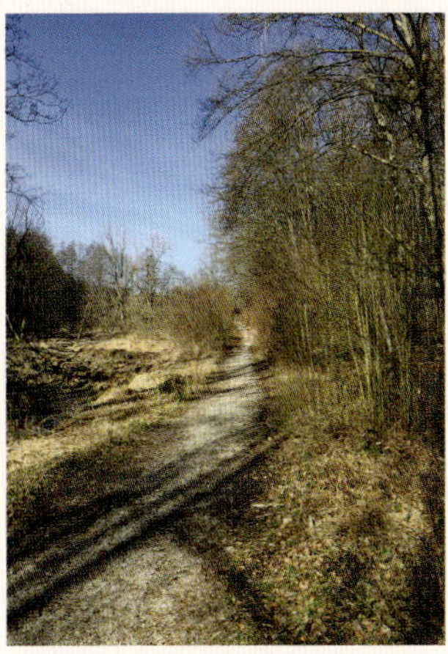

Durch den Handthalgrund.

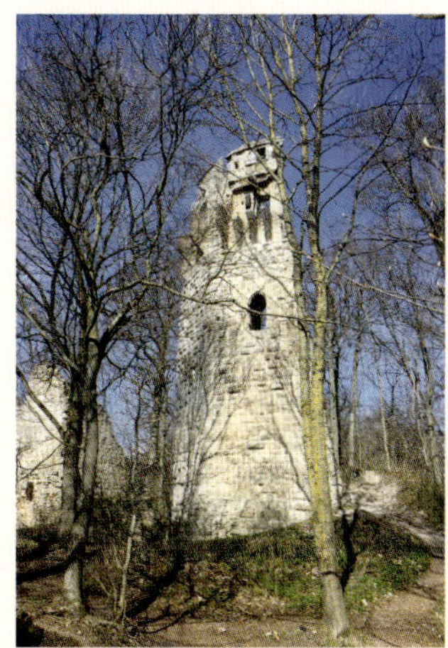

Ruine Stollberg.

auf dem Weg, nun nur noch mit E2 bis zur Gabelung. Hier halten wir uns rechts Richtung Handthal, gute 500 Meter geradeaus, bis uns ein Holzschild an einer weiteren Gabelung nach rechts führt. Nun folgen wir dem grünen Baum abwärts, am Spielplatz und dem **Steigerwaldzentrum** vorbei, dann links nach **Handthal** **02**. An der Hauptstraße biegen wir rechts ab, an der Kirche vorbei und nach ca. 200 Metern nach links, leicht bergan, Richtung Ruine Stollburg. Der Weg wird steiler und mündet schließlich in einem Feldweg. Dieser führt zu einer Straße, der wir weiter geradeaus hinauf folgen, bald am Gasthaus Stollburg vorbei und nach 100 Metern rechts steil über viele Treppen hinauf zur **Ruine Stollberg** **03**. Nach einem Besuch der alten Gemäuer folgen wir auf dem breiten Waldweg dem Holzschild „Handthal Rundweg 2,5 km“. Nach ca. 400 Metern zweigt scharf rechts ein schmaler Pfad ab. Achtung, er ist schwer zu erkennen! Auf der Beschilderung

Keltenerlebnisweg und dem blauen Dreieck führt er uns hinab bis an einen breiten Waldweg. Wir folgen ihm nach rechts, wieder zurück in die Dorfmitte von **Handthal 02**. Nun richten wir uns nach den Beschilderungen 03 und Weinsteiger: Sie weisen uns den Weg nach links Richtung Magdalenenkreuz. Wir folgen dem Teerweglein links haltend aus dem Ort hinaus. Dann am Ortsende an Weinberg und Weide halten wir uns abermals links, weiter auf dem Asphalt. Ansteigend geht der Weg in einen Waldweg über. Nach ein paar Minuten führen uns unsere Schilder rechts über ein Bächlein. Wir folgen dem Waldweg hinauf, nach einem halben Kilometer wird er zu einem schmalen Pfad. Nach dem Anstieg halten wir uns links und erreichen kurz darauf das **Magdalenenkreuz 04**. Hier wenden wir uns nun nach links und folgen jetzt E2 Richtung Steinernes Kreuz. Am folgenden, breiten Waldweg biegen wir links ab bis zur Kreuzung „Kapellenebene". Wir wandern geradeaus weiter auf E2. Nach einem halben Kilometer erreichen wir schließlich das **Steinerne Kreuz 05**. Es ist ein Sühnekreuz, doch wer es warum errichtete, ist nicht eindeutig belegt. Hier beim Kreuz treffen sich mehrere Wege. Wir schlagen die Richtung nach rechts ein auf E2 und dem roten und blauen Löffel Richtung Ebrach. Nach

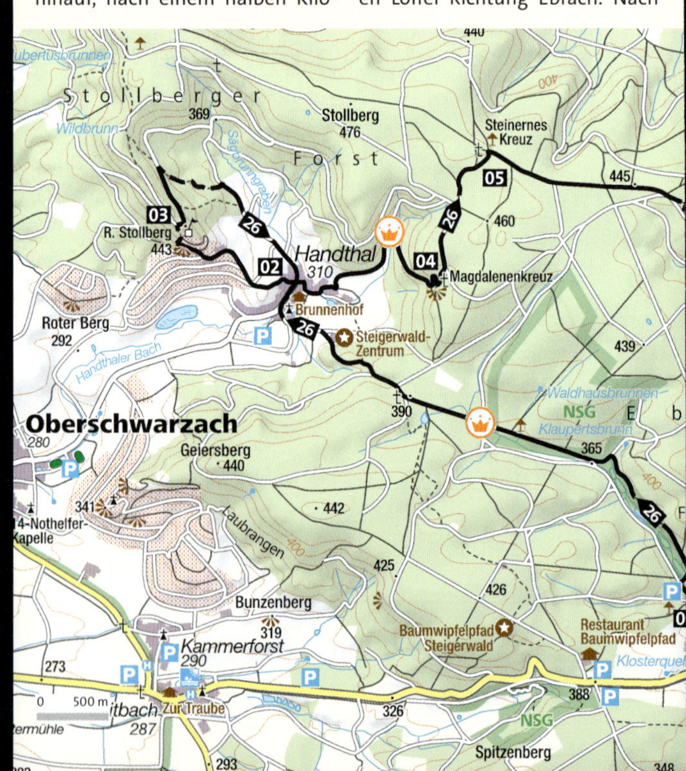

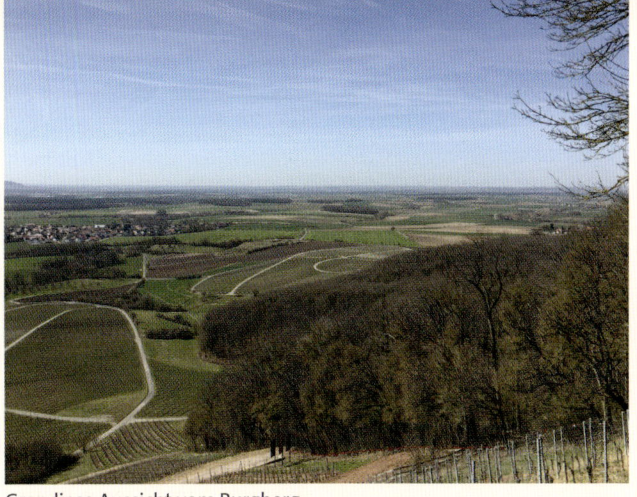

Grandiose Aussicht vom Burgberg.

einer viertel Stunde treffen wir auf ein Wanderschild. Wir folgen hier dem blauen Löffel weiter geradeaus auf der „Hohen Straße" Richtung Geusfeld. Der Pfad führt uns nun durch den schönen Wald, immer geradeaus, bis wir nach einer halben Stunde einen befestigten Waldweg erreichen. Wir folgen ihm nach rechts Richtung Ebrach und dem roten Tropfen. An der darauffolgenden Kreuzung nehmen wir den zweiten Weg von links, noch immer unserer Markierung folgend. Nach knappen 10 Minuten erreichen wir abermals eine Kreuzung: Hier führt uns nun ein Pfad geradeaus hinab bis zu einem Waldweg. Wir gehen hier nur wenige Schritte nach rechts, dann wandern wir nach links über ein Brücklein. Der Walter-Hartmann-Weg führt uns nun auf einem Pfad parallel zur ST2258 zum Ortsrand von Ebrach. Hier folgen wir der Neudorfer Straße nach **Ebrach 06** hinein. An der B22 durchqueren wir nach rechts das Bamberger Tor. Vorbei nun am Kloster Ebrach bis zum Ortsende und hier wieder rechts den Teerweg hinunter zum Wald und zum **Wanderparkplatz Ebrach 01**.

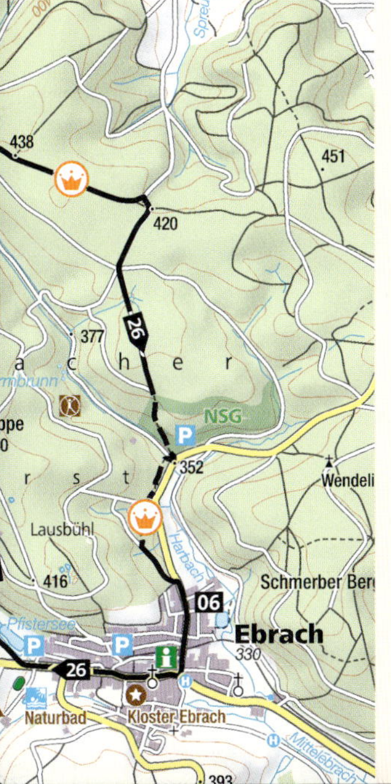

27

DURCH DIE WÄLDER BEI THEINHEIM

Auf den Spuren der Theinheimer Waldgeister

 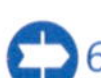 6,6 km  1:50 h  130 hm 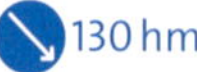 130 hm 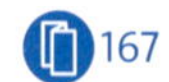 167

START | Theinheim, 299 m. Anfahrt: Parkmöglichkeiten an der Kirche oder am Brauereigasthof in Theinheim. [GPS: UTM Zone 32 x: 614.000 m y: 5.527.010 m]
CHARAKTER | Sehr sanfte Steigungen, breite und gut markierte Wege.

Kurz nachdem wir Theinheim verlassen haben, führt der Weg hinauf auf den Holzberg. Kurz nach dem Zeltplatz können wir links den Theinheimer Kreuzweg besuchen – er wurde 1903 mit Relieftafeln aus Terrakotta angelegt. Karfreitags kann man hier prunkvollen Prozessionen beiwohnen. Der Theinheimer Skulpturenweg hingegen stammt erst aus dem Jahre 2008. Der Gastwirt Michael Bayer hatte die Idee, aus Baumstümpfen geheimnisvolle Fabelwesen zu erschaffen. Sechs nationale und internationale Künstler waren an den Säge- und Schnitzarbeiten beteiligt. Die Skulpturen sind eng verwoben mit der Geschichte, Sagen und Personen der näheren Umgebung. Der Brauereigasthof Bayer, der auf eine über 300-jährige Geschichte zurückblickt, lädt schließlich zu einer erholsamen Rast am Ende dieser besonderen Wanderung ein.

▶ Wir beginnen unsere Wanderung am Parkplatz der Gaststätte „Grüner Baum“ in **Theinheim 01**. Zunächst folgen wir der Schulterbachstraße nach rechts, dann biegen wir links in den Holzberg ein. An der Kirche geht es vorbei hinauf Richtung Skulpturenweg. Wir folgen der Straße, die bald in ei-

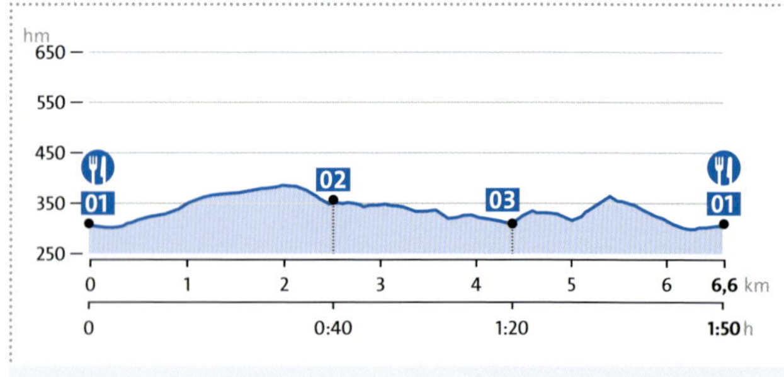

01 Theinheim, 299 m; 02 Skulpturenweg, 383 m; 03 Michelseen, 314 m

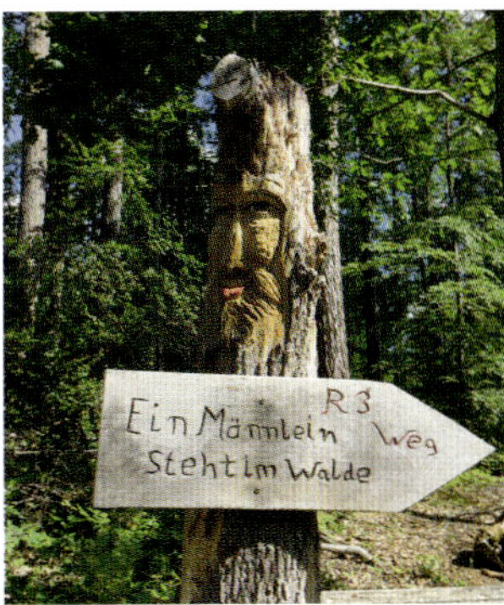

Richtungsweiser zum Skulpturenweg.

nen schmalen Teerweg übergeht. Wir folgen R3 am Zeltplatz und der Kapelle vorbei – hier lohnt ein kleiner Abstecher nach links zum Kreuzweg – immer weiter geradeaus, bis wir den Wald erreichen. An der ersten Gabelung im Wald treffen wir auf den Beginn des **Skulpturenweges** 02 und seiner ersten Skulptur. Hier folgen wir dem Weg nach rechts, weiter bergauf auf dem Schotterweg. An der nächsten Gabelung geht es wieder rechts, Richtung Fatschenbrunn. Der Weg führt uns nun geradeaus, bis er schließlich endet und als Wiesen- und Waldweg weiter in den Wald führt. Er wird zu einem breiteren Wurzelpfad, links und rechts begleiten uns nun stetig die verschiedenen Kunstwerke des Skulpturenweges. Nach einigen Minuten werden wir nach links über eine Wiese geführt. Wir folgen unserer Beschilderung nun stetig bald an ein paar Weihern vorbei, dann durch den Wald hinab, bis wir auf einen Flurweg treffen. Hier biegen wir nach links ab, an der folgenden Gabelung geht es wieder

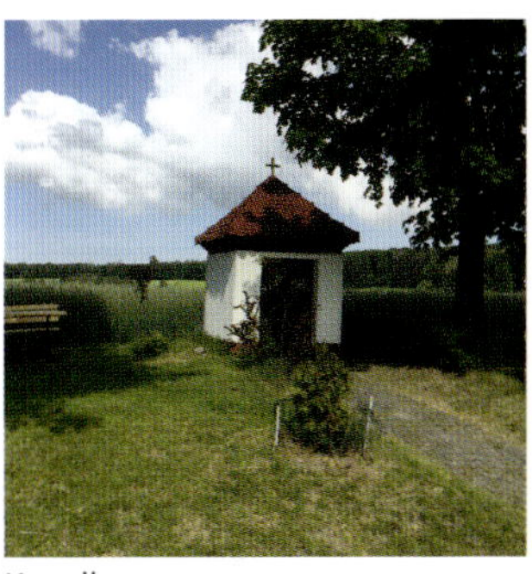
Kapelle.

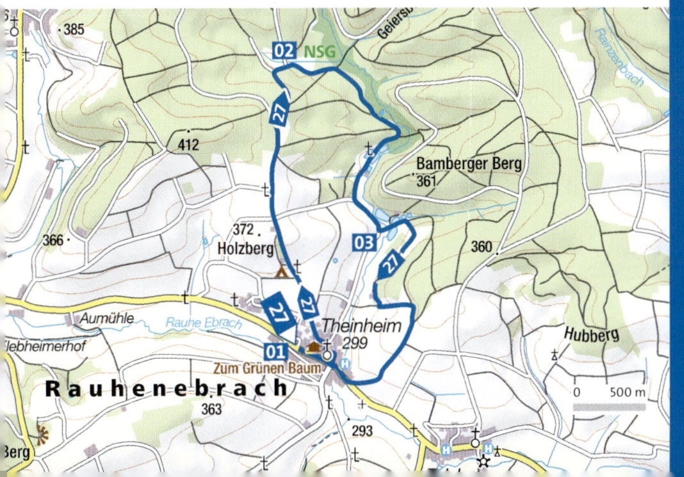

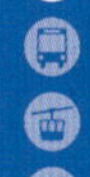

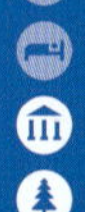

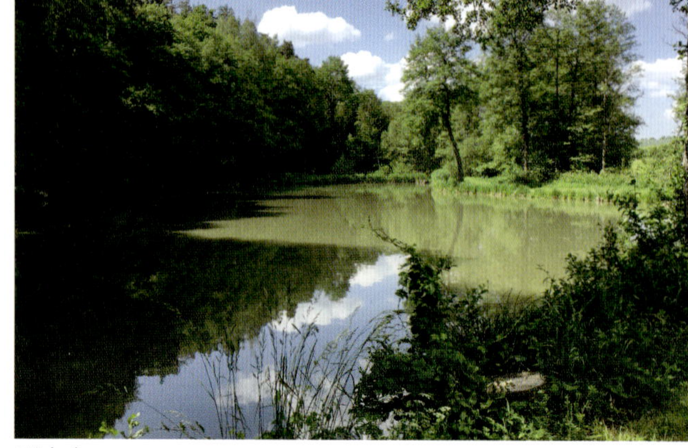

Michelseen.

links hinab auf Schotter zu den **Michelseen** 03. Wir folgen einem Wald- und Wiesenweg geradewegs an den Seen vorbei bergauf, nun auf der Beschilderung RAU1. Bald geht es auf einem Wiesenweg geradeaus über eine Lichtung hinüber, am Hochstand biegen wir rechts ein und folgen dem Weg durch den Wald. Wir erreichen wieder einen Flurweg, an dem wir nun links hinauf einem sehr erdigen breiten Weg folgen (sehr rutschig bei Nässe!). Dieser Weg und unsere Beschilderung RAU1 führen uns oben um eine Rechtskurve und bald darauf auf einen Schotterweg. Hinab geht es nun, der Schotterweg geht in einen Flurweg über. Hier verlässt uns RAU1 nach links, wir folgen dem Flurweg weiter bergab. Am Ortsrand biegen wir wieder rechts in die Schulterbachstraße ein und kehren zum Parkplatz in **Theinheim** 01 zurück.

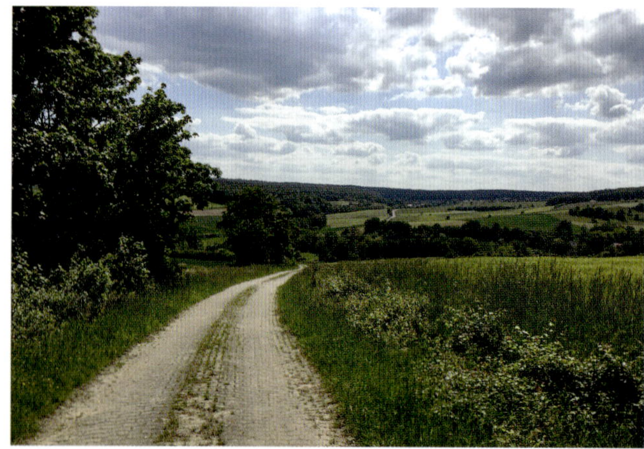

Zurück nach Theinheim.

VON BURGEBRACH NACH GRASMANNSDORF

Zu den sieben Brückenheiligen

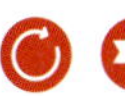  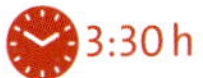  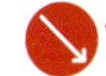 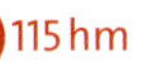 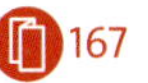

START | Burgebrach, 267 m. Anfahrt: Im „Pfarrweg" in Burgebrach bei der Kirche St. Vitus sind Parkmöglichkeiten vorhanden. [GPS: UTM Zone 32 x: 625.203 m y: 5.521.091 m]
CHARAKTER | Der Weg verläuft zum größten Teil auf Straßen und breiten Waldwegen. Der Anstieg zur Ruine Windeck ist ein wenig steil, in den Wäldern um die Ruine herum braucht man etwas Orientierungsvermögen, da nicht optimal beschildert ist.

Burgebrach hat einige Sehenswürdigkeiten zu bieten, und bedingt durch seine geographische Lage am östlichsten Rand des Naturparks wird das Städtchen zu Recht als das „Tor zum Steigerwald" betrachtet. Nicht nur Sehenswürdigkeiten im Ort wie die Ölberggruppe oder die Pfarrkirche St. Vitus laden zu einem Besuch ein, auch in den Wäldern drumherum finden sich interessante Ziele wie die Ruine Windeck; von ihr ist zwar nur noch der Burgwall erhalten, doch mystisch ist die Stimmung allemal im Burgwald. Zumindest ein Gedenkstein erinnert noch an die Stelle, an der die Burg einst wohl gestanden hat. Ein weiteres interessantes Ziel sind die sieben Brückenheiligen von Grasmannsdorf auf der Nikolaibrücke; in

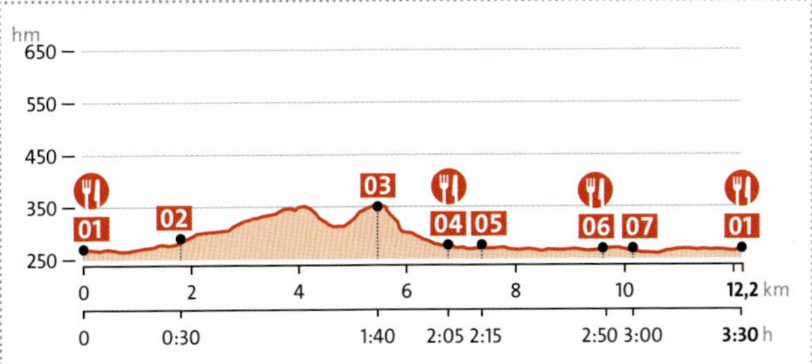

01 Burgebrach, 267 m; 02 Parkplatz Wald, 274 m; 03 Ruine Windeck, 332 m; 04 Ampferbach, 272 m; 05 Dietendorf, 264 m; 06 Grasmannsdorf, 260 m; 07 Sieben Brückenheilige, 260 m

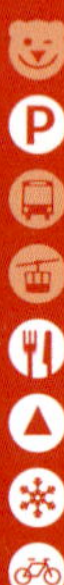

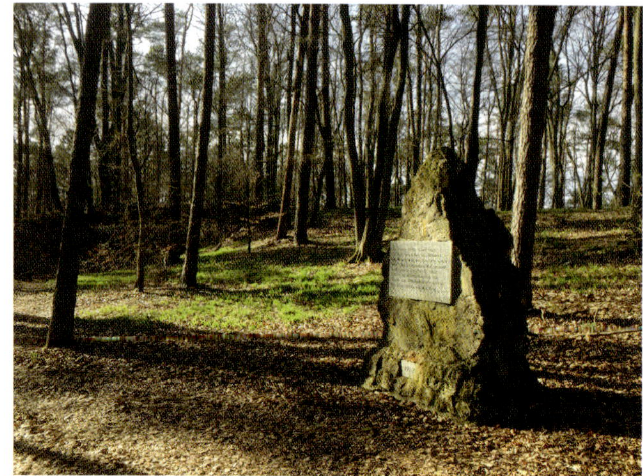

Gedenkstein am Burgstall Windeck.

früheren Zeiten galten Brücken als Tummelplätze für Geister und Hexen. Um die Brücken vor diesen zu schützen, sollten sie durch einen Heiligen oder ein Kreuz bewahrt werden. Die Heiligen von Grasmannsdorf entstanden im 18. Jahrhundert, wobei Nikolaus und Nepomuk schon einige Jahrhunderte früher als Schutzpatrone dort platziert wurden.

▶ Wir parken neben der Kirche St. Vitus in der Pfarrstraße in **Burgebrach** 01 und laufen zwischen dem Bürgerhaus und dem Seniorenzentrum hindurch vor zur Hauptstraße. Nach rechts

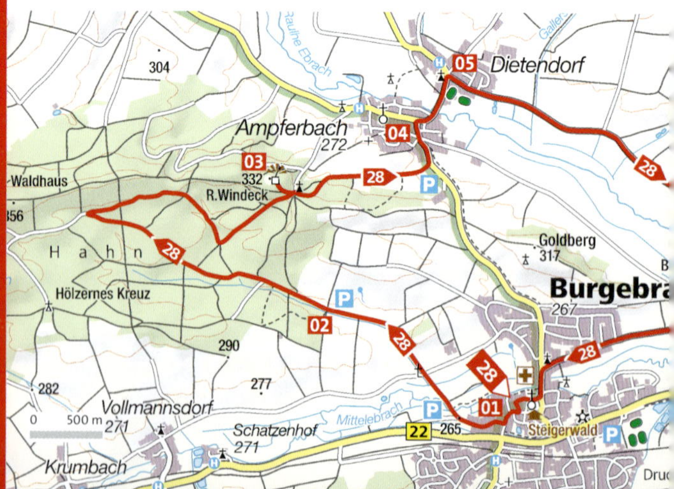

führt sie am Rathaus vorbei und durchs Rathaustor hindurch, bis wir auf die Würzburger Straße stoßen. Schnell macht sie einen Knick nach rechts. Nun zeigen sich auch die Markierungen, denen wir zunächst folgen: Der rote Tropfen, der blaue Löffel und MD führen uns kurz nach dem Ortsschild nach rechts auf einen asphaltierten Weg. Nach einer guten viertel Stunde passieren wir am Waldrand einen **Parkplatz im Wald** 02. Ein Forstweg führt uns jetzt geradewegs in den Wald hinein. Nach fast einer halben Stunde verlassen wir unsere Zeichen; diese folgen dem Weg in einer Linkskurve weiter, wir knicken jedoch scharf nach rechts ab und wandern mit B4 (Achtung, schlecht erkennbar, nicht durchgehend markiert!) auf einem Schotterweg hinauf. Nach einer viertel Stunde erreichen wir eine große Kreuzung: Gut erkennbar weist uns B3 jetzt nach links Richtung Ruine Windeck. Wir steigen den Weg hinan bis zur Marienkapelle. Hier biegen wir scharf links ab, in nordwestlicher Richtung hinauf zum Burgstall der **Ruine Windeck** 03. Für den Rückweg steigen wir wieder zur Kapelle hi-

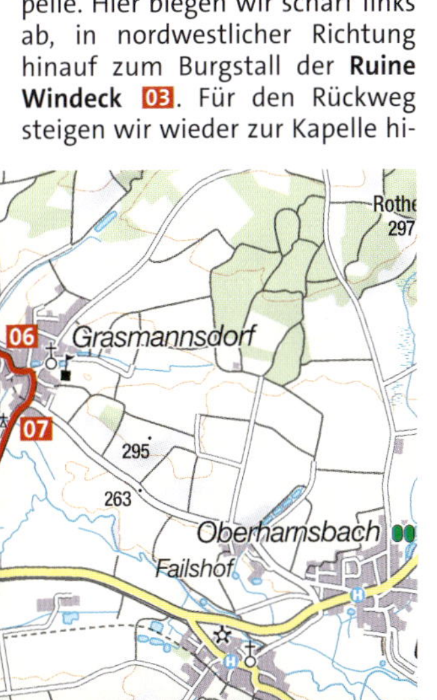

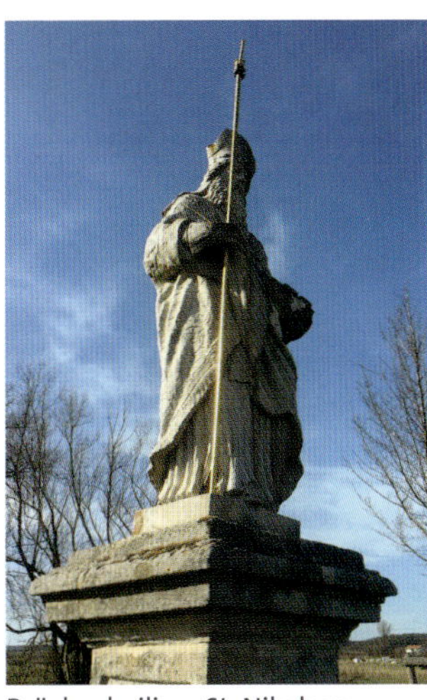

Brückenheiliger St. Nikolaus.

nab. Der breite Waldweg führt uns rechts bergab, aus dem Wald heraus und auf einen Flurweg bis zur Hauptstraße. Wir biegen links ein Richtung Ampferbach. Wir gehen in den Ort **Ampferbach** 04 hinein, nach wenigen hundert Metern wenden wir uns nach rechts, unmarkiert, Richtung Dietendorf. In **Dietendorf** 05 dann, auf Höhe der kleinen Kapelle, folgen wir „Zum Kreuzstein“ nach rechts. Die kaum befahrene Straße führt uns – ein wenig entfernt vom Flüsslein – durchs Tal der Rauhen Ebrach bis nach **Grasmannsdorf** 06 hinein. Am Dorfweiher halten wir uns rechts, der Straße folgend, an der Brauerei Kaiser vorbei Richtung Burgebrach. Kurz darauf erreichen wir die Nikolaibrücke mit ihren **sieben Brückenheiligen** 07. 20 Minuten später sind wir zurück in **Burgebrach** 01. An der Ampferbacher Straße nach links und wenige Minuten später nach rechts in die Pfarrstraße und zum Auto zurück.

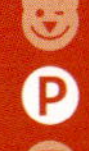
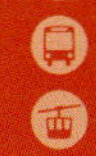
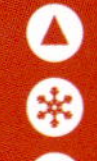

VON VOLKACH ZUR RUINE STETTENBURG

Auf sonnigen Wegen durch die Volkacher Weinberge

  16,1 km  4:45 h 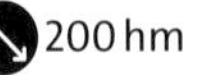 200 hm  200 hm 166

START | Volkach, 203 m. Anfahrt: Parkplatz Kirchbergweg/Ecke Ratsherrstraße in Volkach.
[GPS: UTM Zone 32 x: 587.750 m y: 5.524.798 m]
CHARAKTER | Breite Feld- und Asphaltwege. Zwischen Kreuzkapelle und Heiligenberg nicht ausgeschildert, aber gut zu finden. Weg zur Ruine Stettenburg verlangt Orientierung, hier keine Beschilderung. Nichts für heiße Tage, da es während des gesamten Weges kaum Schatten gibt.

Die ausgedehnte Runde führt uns zunächst von Volkach aus auf den Volkacher Kirchberg hinauf zu Maria im Weingarten. In der spätgotischen Wallfahrtskirche sind wertvolle Artefakte beheimatet – neben diversen Stein- und Holzepitaphen aus dem 16. und 17. Jahrhundert auch die Holzplastik der Pietà oder die berühmte Rosenkranzmadonna von Tilmann Riemenschneider. Im weiteren Verlauf erreichen wir die Heilig-Kreuz-Kapelle von Gaibach. Spannend hier auch das Schloss und die Dreifaltigkeitskirche, mit deren Bau Balthasar Neumann beauftragt wurde. Über die Weinberge am Zeilitzheimer Heiligenberg gelangen wir zu den Fischteichen Seegrund und bald

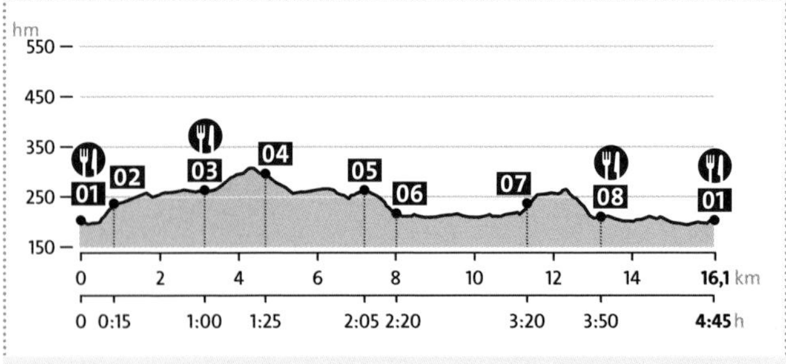

01 Volkach, 203 m; 02 Wallfahrtskirche Maria im Weingarten, 219 m; 03 Gaibach, 254 m; 04 Kreuzkapelle, 293 m; 05 Steinhäuschen, 266 m; 06 Fischweiher, 214 m; 07 Ruine Stettenburg, 234 m; 08 Obervolkach, 210 m

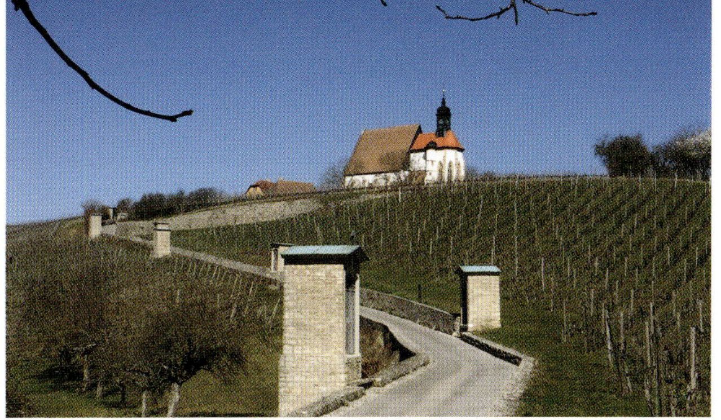

Wallfahrtskirche Maria im Weingarten.

darauf erklimmen wir den kleinen Berg hinauf zur Ruine Stettenburg. Der Weg dorthin ist nicht wirklich ausgeschildert, dennoch lohnt sich der Abstecher zu den versteckten Überresten der Spornburg, die wohl aus dem späten 13. Jahrhundert stammt.

▶ Vom Parkplatz im Kirchbergweg in **Volkach** **01** folgen wir dem Fränkischen Marienweg, der uns nach ca. 800 Metern hinaufführt zur **Wallfahrtskirche Maria im Weingarten** **02**. An der Kirche geht es weiter geradeaus auf einem Feldweg. Dieser geht in einen Wiesenweg über. Nach ca. einer viertel Stunde kreuzen wir einen Feldweg; wir folgen weiter geradeaus, weiter auf dem Wiesenweg, und können schon die Kirche

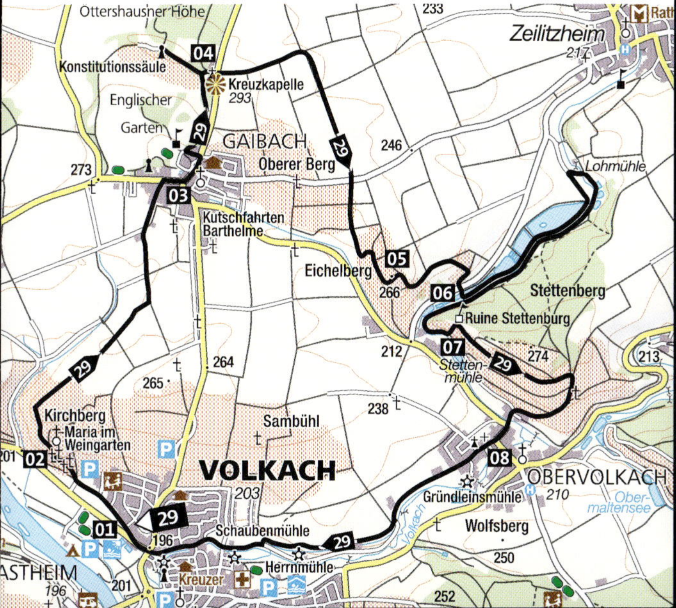

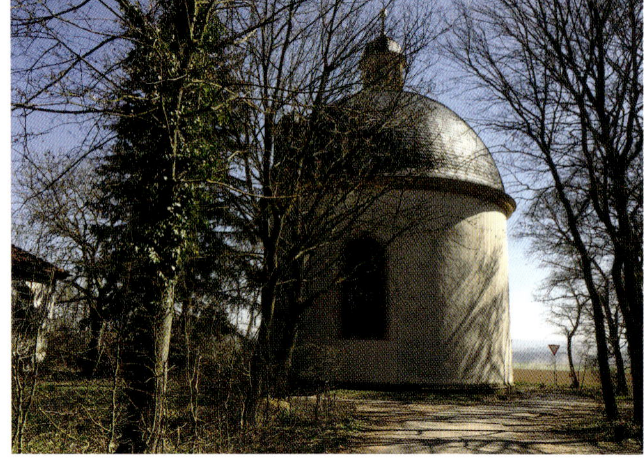

Kreuzkapelle.

von Gaibach erspähen. Am breiten Feldweg biegen wir links ein, er geht bald in einen asphaltierten Weg über. Wir folgen ihm nun über die nächste Kreuzung geradeaus hinüber bis zu einer großen Gabelung: Hier biegen wir rechts hinab ab auf den Hohlweg. An der Schönbornstraße nach rechts, vor zur Schweinfurter Straße in **Gaibach 03**. Wir biegen nach links ein und erreichen die Kirche zur Heiligsten Dreifaltigkeit zu unserer Rechten, auf der linken Seite trifft unser Blick Schloss Gaibach. Kurz vor Ortsausgang führt uns eine Straße links hinauf, die schnell zu einem Feldweg wird. Weiter auf dem Zeichen des Fränkischen Marienweges erreichen wir nach ein paar Minuten einen asphaltierten Weg. Diesen biegen wir zunächst links ein, um einen Abstecher zur **Konstitutionssäule** zu machen. Dann führt uns der Asphaltweg zurück, weiter geradeaus zur **Kreuzkapelle 04**. Hier überqueren wir die Staatsstraße geradeaus auf einen Feldweg. Nun laufen wir ohne Markierung! Auf einem Feldweg gute 500 Meter leicht bergab, an der T-Kreuzung biegen wir rechts auf den Schotterweg ab. Diesem folgen wir bis zur KT32, die wir schräg nach rechts überqueren. Noch immer unmarkiert geht es auf einem Schotterweg weiter, zwischen Weinreben hindurch. An der Gabelung nach ca. 150 Metern laufen wir weiter geradeaus auf einem Wiesenweg weiter hinab. Ab hier folgen wir nun der Markierung der Trauben (oranges Schild mit schwarzen Trauben) auf der WeinkultTour. Weiter geht es geradewegs hinunter, am Jägersitz macht der Weg eine Linkskurve wieder bergauf. Am darauffolgenden Feldweg wenden wir uns nach rechts, auf der WeinkultTour hinauf Richtung Fischteiche (1,2 km). Bei der zweiten Möglichkeit geht es nach links, hinauf auf den Zeilitzheimer Heiligenberg und zum **Steinhäuschen 05**. An heißen Tagen findet man im schattigen Steinhäuschen einen kühlen Platz zum Rasten. Nach wenigen Minuten biegen wir um die Rechtskurve weiter an den Weinreben entlang. Kurz darauf führt uns die Markierung an der Gabelung nach links. Wir treffen auf einen Schotterweg,

dem wir weiter abwärts folgen. Er führt auf einen Wiesenweg. Nun laufen wir oberhalb des Weinberges, nach ca. 150 Metern führt uns die WeinkultTour rechts zwischen den Weinreben auf breitem Wiesenweg hinab. Unten schlägt der Weg einen Haken nach links, weiter auf Wiese erreichen wir bald die SW40. Wir überqueren die Straße und laufen geradeaus durch die **Fischteiche Seegrund** **06**. Dann wenden wir uns nach links und folgen am „Schinderrangen" zwischen Fischweihern und der Volkach. Nach guten 20 Minuten treffen wir auf einen Teerweg. Hier biegen wir rechts ab, über die Brücke hinüber und wieder rechts, nun auf der anderen Seite der Volkach wieder zurück.
(Anmerkung: Da es keine andere Möglichkeit gibt, die Volkach in unmittelbarer Nähe zu überqueren, muss dieser kleine Abstecher leider genommen werden. Der Weg ist jedoch zu beiden Seiten sehr unterschiedlich und bietet dem Wanderer schöne Einblicke in die Flur-, Wiesen- und Waldlandschaft zu beiden Uferseiten der Volkach.)

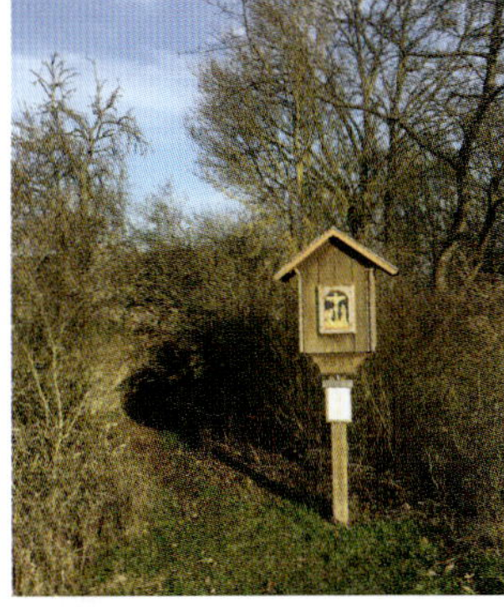
Holzkreuz bei der Ruine Stettenburg.

Wir folgen dem Weg nun zwischen Wald und Volkach entlang für eine knappe halbe Stunde, unmarkiert. Am Ende der Weiher, in der Linkskurve, direkt gegenüber des Stegleins, das zur Fischzucht führt, laufen wir nun auf einem Wiesenpfad zwischen dem Saum der Bäume und einem Weinberg noch immer unmarkiert hinauf. Oben führt ein Pfad nach links, nochmal etwas steiler aufwärts, nach wenigen Schritten erreichen wir eine Lichtung. Hier wenden wir uns nach rechts, 50 Meter weiter befindet sich (im Sommer eingewachsen) links von uns die **Ruine Stettenburg** **07**. An der Ruine biegen wir rechts auf einen Feldweg ab, folgen ihm an der Aussichtsplattform vorbei. Der Weg geht in einen asphaltierten Weg über, wir folgen ihm weiter geradeaus. Nach guten 10 Minuten wenden wir uns nach rechts, weiter auf dem Hauptweg hinab. Wir passieren ein steinernes Kreuz, an den ersten Häusern halten wir uns links in „Zur Stettenburg", über die Brücke nach **Obervolkach** **08** hinein. Geradeaus nun bis zur Landsknechtsstraße. Dieser folgen wir nun auf einem geteerten Sträßlein eine gute halbe Stunde an der Volkach entlang. Sie mündet am Ortsrand schließlich in die Alte Obervolkacher Straße. An der Schaubmühlstraße laufen wir nach rechts zum Kreisverkehr, hier dann nach links, weiter auf der Alten Obervolkacher Straße. An deren Ende nach rechts auf die Josef-Wächter-Straße, die folgende Straße überqueren wir geradeaus in die Fahrer Straße. Ihr folgen wir ein paar Schritte, bis wir rechts in den Kirchbergweg einbiegen und zum Parkplatz in **Volkach** **01** zurücklaufen.

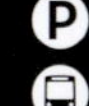

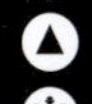

30

VON NEUSES AM BERG NACH DETTELBACH

Durchs Naturschutzgebiet Rechtes Mainufer zu einer imposanten Wallfahrtskirche

 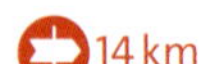 14 km 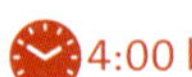 4:00 h  140 hm 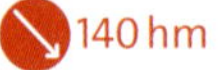 140 hm  166

START | Neuses am Berg, 339 m. Anfahrt: Parkplätze gibt es in der Dorfstraße beim Rathaus.
[GPS: UTM Zone 32 x: 584.521 m y: 5.519.989 m]
CHARAKTER | Zu Beginn vornehmlich asphaltierte Wege und kaum Beschilderung, aber gut zu finden. Dann schmale naturnahe Pfade am Mainufer. Der Rückweg verläuft auf Feld- und Wiesenwegen, die ebenfalls gut zu laufen sind.

Das kleine, aber entzückende Winzerdorf Neuses am Berg blickt auf eine fast 800-jährige Geschichte zurück. Seine ländliche Beschaulichkeit schafft ein entspanntes Ambiente. Die beiden Kirchtürme sieht man schon von der Ferne; Neuses war seit der Reformationszeit konfessionell getrennt: Für die Katholiken bestand beim Würzburger Fürstbischof Zinspflicht, für die Evangelischen beim Ansbacher Markgrafen. Zeuge dieser Zeit ist der Ratsherrentisch im Rennaissance-Rathaus: In der Mitte eine Trennungslinie, trägt er links das Würzburger und rechts das Ansbacher Wappen. Auf dem Weg nach Schwarzenau durchstreifen wir erst die Wein-

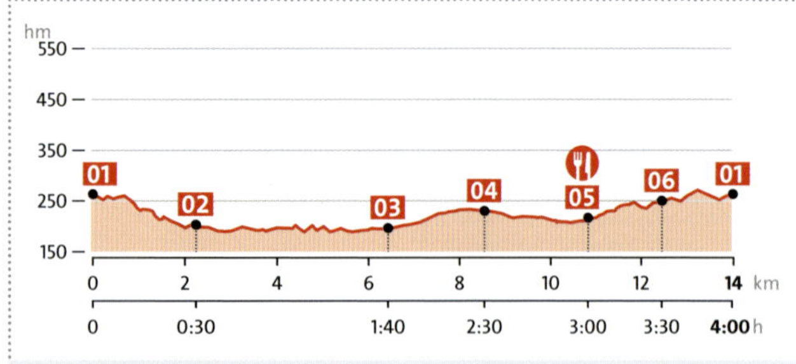

01 Neuses am Berg, 258 m; 02 NSG Rechtes Mainufer, 196 m; 03 Schwarzenau, 190 m; 04 Geißberg, 225 m; 05 Wallfahrtskirche Maria im Sand in Dettelbach, 202 m; 06 Aussichtspunkt mit Rastbank, 239 m

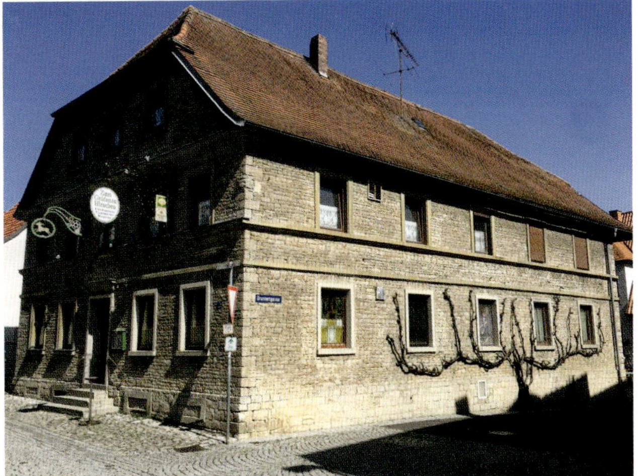
Alter Steinbau in Neuses.

berge, dann wandern wir lange durchs Naturschutzgebiet rechtes Mainufer bei Sommerach. Dieser naturnahe Abschnitt des Maintales bietet mit Weidengebüschen, Auwaldresten sowie krautreichen Hangwäldern und Wiesen bedrohten Tier- und Pflanzenarten einen ganz besonderen Schutz.

▶ Wir starten unsere Wanderung in **Neuses am Berg** 01. Der Weg führt uns nun zunächst auf der Traumrunde Dettelbacher Dörfer die Dorfstraße entlang – wenn wir mit dem Rücken zum Rathaus stehen – nach rechts Richtung Wallfahrtskirche Maria im Sand. Wir folgen der Vorfahrtsstraße nach links und überqueren kurz darauf die Bocksbeutelstraße, hinein in die Schwarzenauer Straße. An der Gabelung am Ortsende halten wir uns links, auf dem Storch, am Sportplatz vorbei. Auf einem asphaltierten Weg geht es nun die Weinberge entlang. Nach ein paar Minuten halten wir uns an der Gabelung rechts leicht hinab, dann in einer Linkskehre auf Asphalt weiter den Berg hinunter. Nach einer knappen viertel Stunde erreichen wir die Mainaue. Hier biegen wir nach rechts ab und folgen weiter dem Asphaltweg, der uns schließlich an den Rand eines Wäldchens und damit ans **Naturschutzge-**

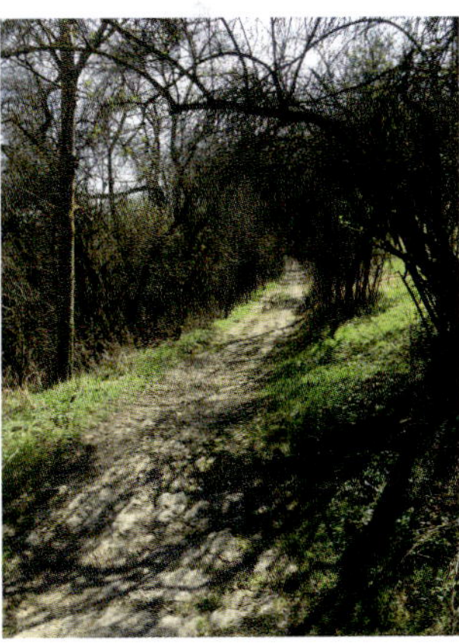
Pfad zu den Mainauen.

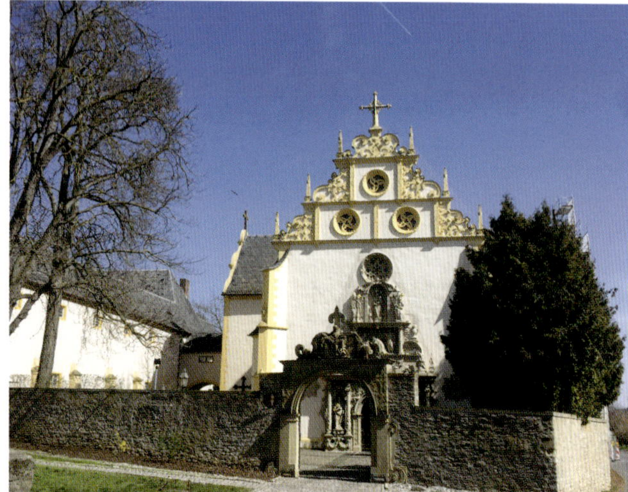
Wallfahrtskirche Maria im Sand in Dettelbach.

biet Rechtes Mainufer 02 führt. Wir folgen nun einem Pfad, der Storch als Wegmarkierung ist nur ab und an mal versteckt an einem Baum zu sehen. Fast zwei Kilometer wandern wir nun auf diesem Weg, erst durch das Wäldchen, dann am Waldrand entlang, bis er in einen Asphaltweg übergeht. Dieser führt uns geradeaus nach **Schwarzenau** 03, erst in die Friedhofstraße, an der Kreuzung dann geradeaus weiter in die Mainstraße. Am Campingplatz biegen wir nach rechts zur Kirche

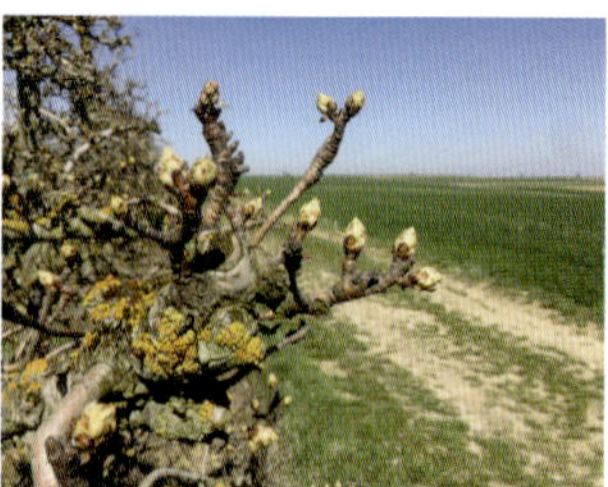
Die ersten Knospen im Frühjahr.

St. Laurentius ab. An der Stadtschwarzacherstraße wenden wir uns nach links, gleich darauf geht es rechts in die Dr.-Schlögl-Straße, nun auf dem Fränkischen Marienweg. Am letzten Haus der Straße biegen wir rechts ab auf den Lerchenbühlweg. An der Kreuzung geradeaus weiter auf die Neuseser Straße, nach wenigen Hundert Metern dann an der Teergabelung links, weiter auf dem Fränkischen Marienweg. Er wird bald zu einem Feld- und Schotterweg, dem wir nun stets geradeaus über den **Geißberg** 04 Richtung Dettelbach folgen. Bald laufen wir wieder auf einem asphaltierten Weg, der uns bald durch die Neubausiedlung von Dettelbach führt. Am Sandweg biegen wir links ein, die nächste Straße führt uns der Fränkische Marienweg nach rechts in die Balthasar-Neumann-Straße. Am Lehnstein geht es wieder nach links, dann hinauf zur **Wallfahrtskirche Maria im Sand in Dettel-**

bach 05. An der Kirche biegen wir links in den Wallfahrtsweg ein und folgen ihm hinauf und um die Kirche herum. Ab jetzt führt uns wieder die Traumrunde Dettelbacher Dörfer Richtung Neuses. Wir folgen der Luitpold-Baumann-Straße nach rechts, an Hallenbad und Realschule von Dettelbach vorbei. Hier geht es nun auch links hinauf, nach ca. 200 Metern biegen wir rechts auf einen Wiesenweg ein, zwischen den Feldern hindurch. Wir queren mit der Traumrunde einmal einen Feldweg, am Ende des Weges führt uns die Markierung nach links auf einen Wiesenweg hinauf, dann rechts. Wir treffen wieder auf einen Feldweg und einen schönen **Aussichtspunkt mit einer Rastbank 06**. Hier biegen wir links ein und folgen dem Weg nochmals hinauf Richtung

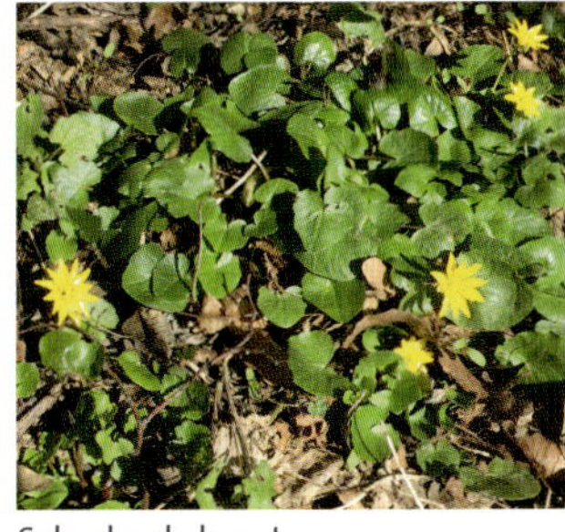

Scharbockskraut.

Neuses. Nun wandern wir stetig geradeaus an Feldern vorbei, bis wir nach guten 20 Minuten wieder Neuses am Berg erreichen. Am Friedhof vorbei und links wieder in die Schwarzenauer Straße laufen wir jetzt auf dem Anfangsweg zurück zum Startpunkt in **Neuses am Berg 01**.

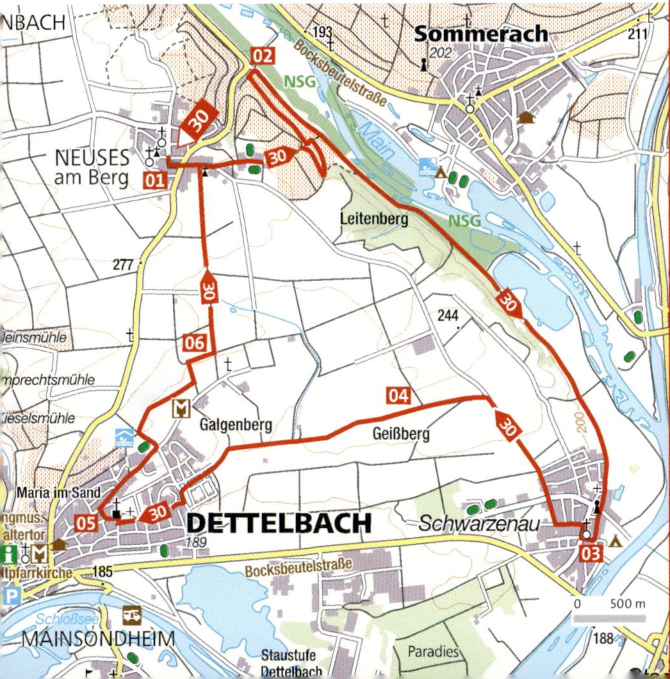

31

ZUM CASTELLER SCHLOSSBERG

Traumhafte Runde durch die Weinberge Castells auf abwechslungsreichen Wegen

 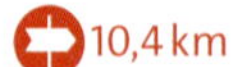    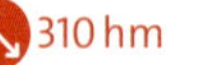 

10,4 km | 3:00 h | 310 hm | 310 hm | 167

START | Wanderparkplatz an der B286, 378 m. Anfahrt: Der Parkplatz befindet sich an der B286 von Castell Richtung Birklingen, ca. 1,5 km nach Castell in einer Kurve auf der linken Seite. Achtung! Ca. 500 Meter weiter ist nochmals ein Parkplatz. Dieser ist es nicht, unser Ausgangspunkt befindet sich beim ersten Parkplatz. [GPS: UTM Zone 32 x: 597.195 m y: 5.508.998 m]
CHARAKTER | Die Wege sind gut markiert, jedoch gibt es einige sehr steile An- und Abstiege. Oft folgt man schmalen, wurzeligen Pfaden. Bei Nässe besteht auf dieser Tour erhöhte Rutschgefahr.

Diese schöne Wanderung auf naturnahen Pfaden führt uns zunächst auf den Turmhügel Altcastell, auf dem wir etwas weiter unterhalb Weinanbau in besonders steilen Hanglagen erleben können. Der schiefergrusige Gipskeuper, der hier auf dem Schlossberg vorherrscht, bietet besonders gute Wachstumsbedingungen für Riesling und Silvaner.

Vom **Wanderparkplatz an der B286** 01 zwischen Castell und Birklingen folgen wir zunächst dem Waldweg Richtung Forsthaus Eulenberg auf dem Schellenbergweg. An der ersten T-Kreuzung, nach einer guten viertel Stunde,

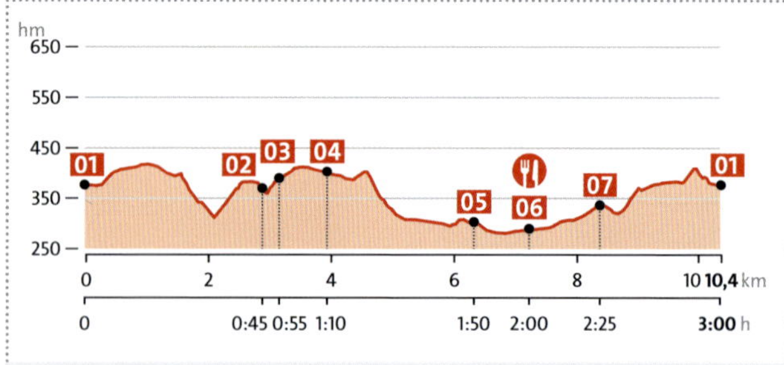

01 Wanderparkplatz B286, 378 m; 02 Weinhügel Mahrenberg, 388 m; 03 Schlossturm, 402 m; 04 Tränksee, 388 m; 05 Silvanerdenkmal, 314 m; 06 Castell, 285 m; 07 Rastplatz und Infotafel Steigerwald, 354 m

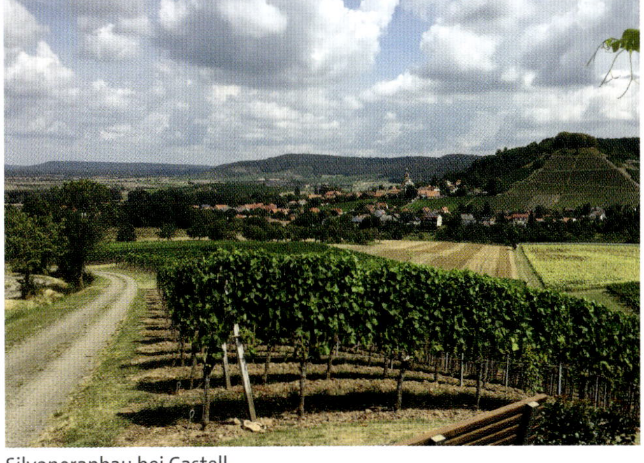

Silvaneranbau bei Castell.

biegen wir links ab und folgen der Markierung C1. Wir erreichen die Markierung KT6, der wir nach links folgen. Nach nur wenigen Metern führt uns ein Pfad links hinab Richtung Castell. An der gleich folgenden Pfadgabelung halten wir uns links auf C1, C2. In steilen Serpentinen führt uns nun der Pfad hinab. Unten angelangt, treten wir aus dem Laubwald heraus und laufen auf einem Wiesenpfad an der Lichtung und Weinbergen vorbei zur Kreuzung. Ein scharfer Rechtsknick führt uns nun auf einem Schotterweg auf

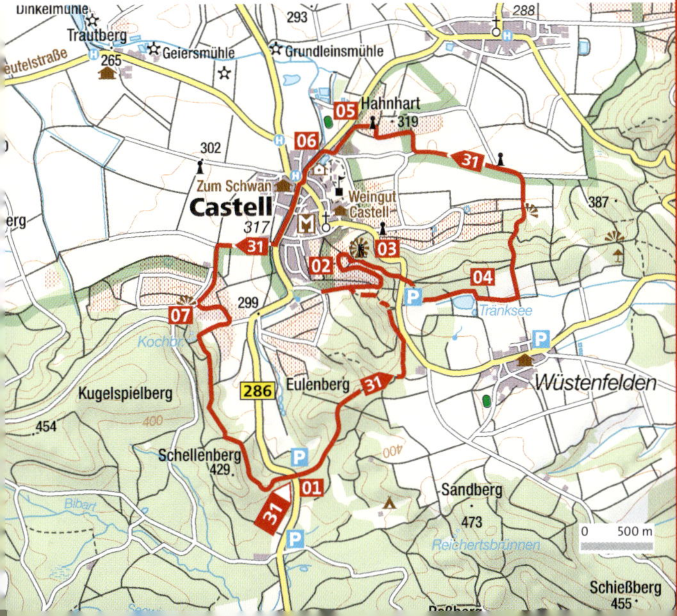

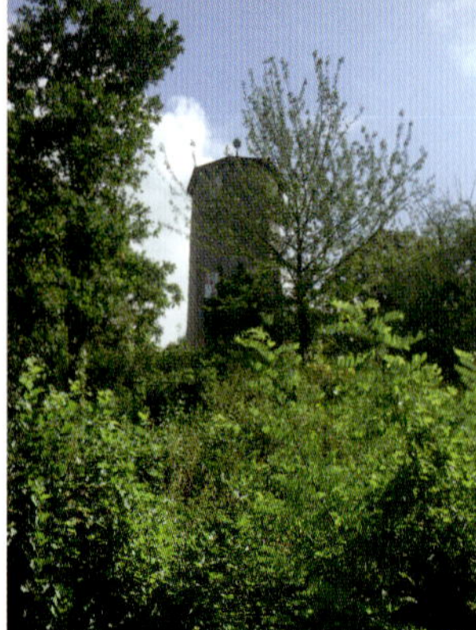

Turm auf dem Schlossberg.

C5 hinauf, zwischen den Weinreben hindurch auf den **Weinhügel Marenberg** 02, der uns Blicke auf seine eindrucksvolle Steillage ermöglicht. Wir erreichen schließlich die Casteller Gerichtslinde. Hier wenden wir uns nach links Richtung Waldparkplatz Schlossberg und Tränksee und folgen nun der Beschilderung „Traumrunde". Sie führt hinauf zum **Schlossturm** 03 der Burgruine von Castell. Weiter geht es am Turm vorbei auf schmalen Pfaden in stetigem Auf und Ab durch den schönen Laubwald. Am breiten Schotterweg biegen wir nach links Richtung Tränksee ein. Die darauffolgende KT6 überqueren wir ebenso wie den Parkplatz. An seinem Ende halten wir uns leicht rechts auf einen Waldweg, weiter Richtung Tränksee. Am Waldaustritt wenden wir uns nach links. Erst am Waldrand entlang, dann durch den Wald führt uns der Weg zum **Tränksee** 04. Wir umrunden ihn zur Hälfte, dann führen uns C2 und die „Traumrunde" schnell zu einem Feldweg, an dem wir links abbiegen. Der wiederum bringt uns bald über einen Wiesenweg an einen Flurweg. Auch hier nach links. Wir wandern bergauf, am Waldrand geht es geradeaus in den Wald Richtung Greuth, weiter auf C2. Der Weg geht in einen Pfad über, der uns schon bald sehr steil hinab führt. Beim Waldaustritt

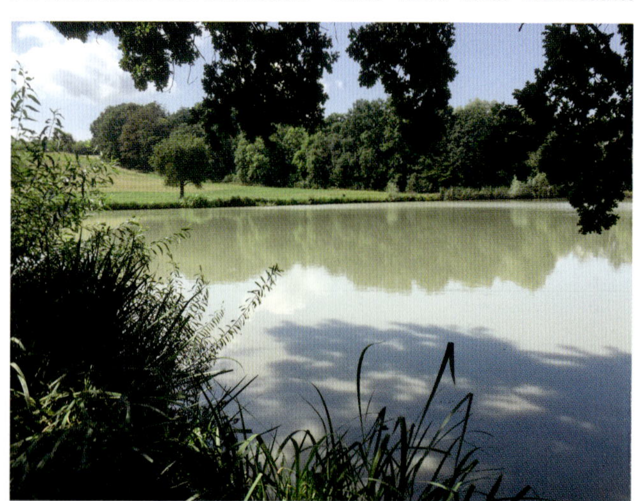

Tränksee.

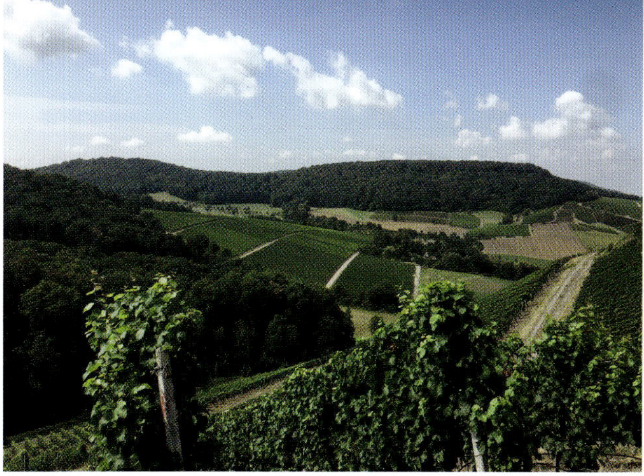

Blick vom Casteller Weinberg.

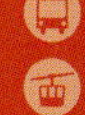

wenden wir uns nach links über die Wiese. Nach wenigen Schritten erreichen wir einen Feldweg, der uns nochmals hinab führt zu einem Flurweg. Wir biegen links ein und folgen ihm Richtung Silvanerdenkmal. Nach nicht ganz einem Kilometer folgen wir einem Schotterweg rechts hinauf zu den Weinbergen. An der T-Kreuzung rechts, dann wieder zweimal links, und wir wandern schon zwischen den Weinbergen hindurch und erreichen schließlich das **Silvanerdenkmal** 05. Hier geht es nun hinab auf C5, dem Casteller Weg folgend. Unten biegen wir links ab, die nächste Gabelung führt uns nach rechts zur Greuther Straße. Wir folgen ihr links gewandt nach **Castell** 06 hinein, weiter auf C5. Schnell treffen wir auf die B286, der wir geradeaus folgen (Birklinger Straße). Kurz vor Ortsende biegen wir rechts in einen Flurweg ab, weiter auf C5. Nach 500 Metern geht es nach links, in die Weinberge hinauf. Nach etwa 10 Minuten, kurz vor dem **Rastplatz mit den Infotafeln Steigerwald** 07, biegen wir abermals links ab und folgen bald einem Teerweg geradeaus hinab. An der T-Kreuzung wenden wir uns nach rechts und laufen auf einem Schotterweg bergauf auf C1 und C3. Am Ende des Weges weiter geradeaus, über eine Wiese zum Wald. Im Wald führt uns der Wegverlauf nach links auf einen schmalen Weg, weiter nun auf C1. Wir folgen der Beschilderung nun eine gute halbe Stunde durch den Wald, bis wir schließlich die B286 kreuzen und unseren **Wanderparkplatz** erreichen 01.

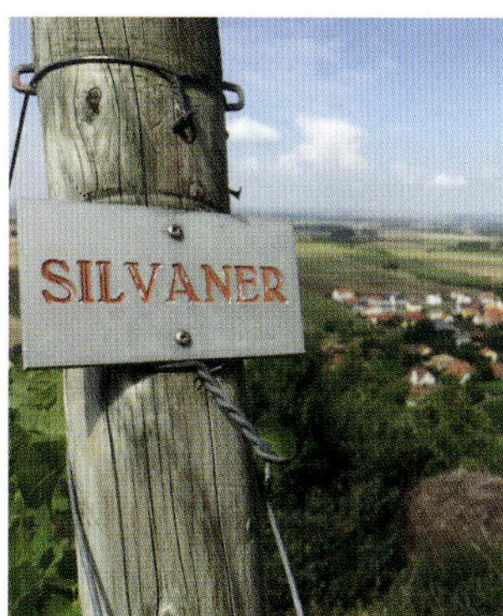

Silvaneranbau.

32

AUF DEN SCHWANBERG BEI IPHOFEN

Zu einer markanten Erhebung des Steigerwalds

 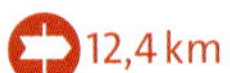 12,4 km  3:30 h  247 hm 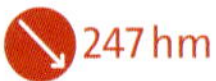 247 hm

START | Wanderparkplatz Bildeiche, 372 m. Anfahrt: Der Parkplatz befindet sich an der KT19 von Iphofen kommend Richtung Birklingen nach ca. 2,5 km hinter der Linkskehre auf der linken Seite. [GPS: UTM Zone 32 x: 594.225 m y: 5.507.389 m]
CHARAKTER | Lange Tour mit einigen steilen An- und Abstiegen. In heißen Sommern wimmelt der Wald um den Schwanberg von Wespen. Die schmalen Pfade auf dem Schwanberg selbst können bei Regen sehr rutschig werden.

Der Schwanberg, eines der Wahrzeichen des Steigerwaldes, wurde bereits zu frühgeschichtlichen Zeiten besiedelt, worauf die Funde von Wallanlagen hindeuten. Der besonders hervorzuhebende Schwanberger Schlosspark mit seinen 8 ha Fläche wurde vom Münchner Hofgartendirektor Jakob Möhl angelegt. Dabei wurden auch Baumarten im Versuch für den Bleistifthersteller Faber gepflanzt. Um den Schwanberg herum befinden sich gleich drei Geotope (Alter Steinbruch bei Rödelsee, Tonmergelstein am westlichen Schwanberg und Gipskeuper) und das Naturschutzgebiet „Halbtrockenrasen am Schwanberg".

▶ Wir beginnen unsere Wanderung am **Wanderparkplatz Bildeiche 01** an der KT19.
Zunächst führt uns die Markierung i3 auf einem breiten Schotterweg Richtung Iphofen und Wehrbachschluchtweg. Vorbei geht es am Infopavillon; hier ver-

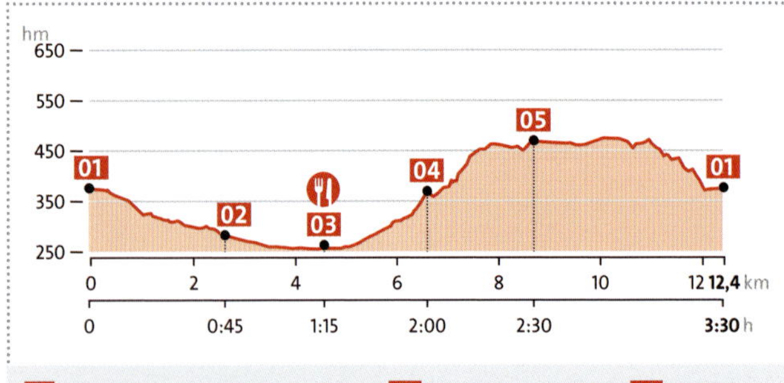

01 Wanderparkplatz Bildeiche, 372 m; **02** Ringsbühlsee, 282 m; **03** Iphofen, 250 m; **04** Mariengrotte, 378 m; **05** Schlosspark Schwanberg, 455 m

schmälert sich der Weg bereits. An der folgenden Gabelung nach links, weiter auf i3. Der schmale Weg führt durch den Wald hinab. An der T-Kreuzung wandern wir nach rechts, noch immer unserer Markierung folgend. Nach ca. 150 Metern biegen wir links auf einen Wiesenpfad ein, kreuzen gleich darauf nochmal den Schotterweg, folgen aber weiter geradeaus hinab auf dem Wiesenpfad. Der baldige, schmale Waldpfad verbreitert sich schnell und führt uns als Wehrbachschluchtweg hinab bis zu einem Teerweg. Wir folgen ihm nun geradeaus. Nach ein paar Minuten führt uns das Wegzeichen nach rechts wieder über einen Wiesenweg hinauf. Nach wenigen Schritten geht es nach links. Nun weiter geradeaus, durch einen schönen Laubhain, bis wir schließlich parallel zur Straße weiterlaufen.

Nach guten 50 Metern führt uns i3 nach links auf einen Teerweg Richtung Kalbbergweg. Schnell gelangen wir an einen Weiher, den

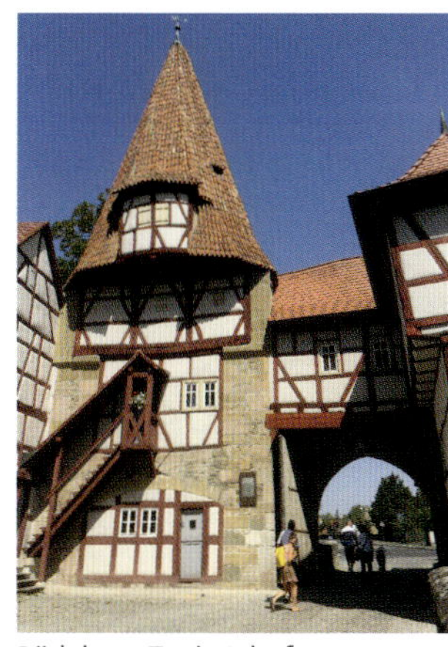

Rödelseer Tor in Iphofen.

Ringsbühlsee 02, an dem wir nun rechts hinab abbiegen und jetzt i2 folgen. Der Weg führt uns nun am Wehrbach entlang, an einem erfrischenden Kneippbecken vorbei nach **Iphofen** 03. Wir erreichen die Birklinger Straße und überqueren sie geradeaus. Dem Weg folgend, an Tennisplätzen und

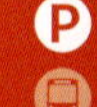

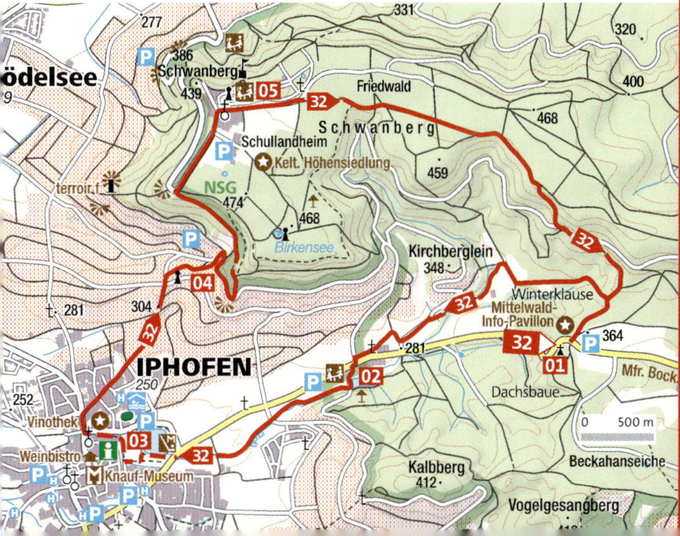

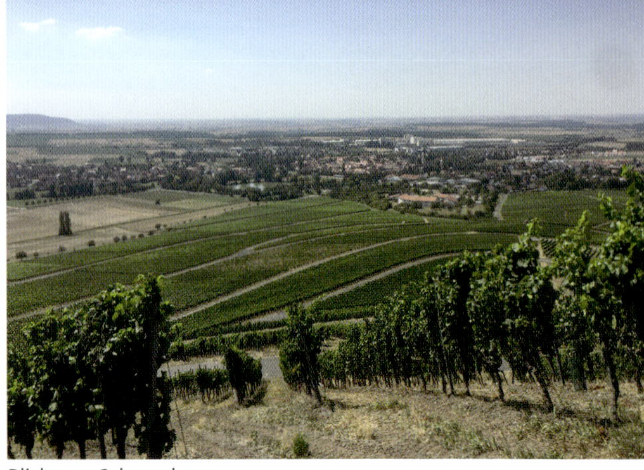

Blick vom Schwanberg.

dem Stadtsee vorbei, biegen wir am Fußballplatz links ein, dann gleich rechts. An der darauffolgenden Gabelung geht es wiederum nach rechts. An der Hauptstraße halten wir uns links an der alten Stadtmauer entlang. Wir erreichen das Rödelseer Tor, das wir nach rechts durchqueren. Nun folgen wir dem Steigerwald-Panoramaweg. Er führt uns mit i1 die Rödelseer Straße entlang bis zum Schwanbergweg, in den wir rechts einbiegen. Wir folgen der Teerstraße nun immer aufwärts. Am „Historischen Weinberg" geht es nach rechts weiter auf einem Teerweg zur **Mariengrotte** **04**. Hier folgen wir dem Schotterweg nach links bergauf, nach wenigen Minuten führt uns ein weiterer Schotterweg wieder nach links. Der Steigerwald-Panoramaweg begleitet uns nun stets bergauf bis zur Straße. Ein Pfad führt uns hier nun rechts neben der Straße entlang bis zum großen Besucherparkplatz. Wir überqueren ihn und erreichen schließlich Schloss Schwanberg. Wir passieren noch den Säulendurchgang, dann wenden wir uns gleich rechts, die Treppen hinauf in den **Schlosspark Schwanberg** **05**. Nach ca. 100 Metern halten wir uns rechts auf einen Schotterweg Richtung Bildeiche auf dem roten Löffel. An der folgenden Kreuzung geradeaus weiter auf etwas schmälerem Weg, nun den „Birklinger Weg" entlang. Wir folgen dem nun immer schmäler werdenden Weg; er führt uns nach ca. 250 Metern um eine Rechtskurve hinab. Wir treffen auf einen weiteren, schmalen Weg, dem wir links haltend folgen, nun stetig Richtung Bildeiche. Nach wenigen hundert Metern bleiben wir an der Gabelung geradeaus. Allmählich laufen wir auf einem Pfad immer weiter geradeaus. Nach einigen Minuten am Wegschild halten wir uns rechts hinab. Der Weg führt teils steil abwärts, am Schotterweg halten wir uns dann wieder links. Wiederum ein paar Minuten später wandern wir rechter Hand einen schottrigen Pfad abwärts, der uns bald das letzte Stück auf dem Anfangsweg zurück zum **Wanderparkplatz Bildeiche** **01** führt.

ÜBER DEN SONNENBERG ZUR RUINE SPECKFELD

Durch die Weinberge zu einer sagenumwobenen Burgruine

  14 km  4:15 h  260 hm 

START | Wanderparkplatz Bildeiche, 372 m. Anfahrt: Der Parkplatz befindet sich an der KT19 von Iphofen kommend Richtung Birklingen nach ca. 2,5 km hinter der Linkskehre auf der linken Seite. [GPS: UTM Zone 32 x: 594.225 m y: 5.507.389 m]
CHARAKTER | Am Sonnenberg und um die Ruine Speckfeld ist Orientierungssinn nötig. Der Anstieg zur Ruine ist sehr steil, der Weg zu Anfang sehr verwachsen. Das häufige Auf und Nieder erfordert Ausdauer!

Markt Einersheim liegt in einer offenen Ebene zwischen den Bergspornen des Steigerwalds, der sogenannten Hellmitzheimer Bucht; der Weg führt durch kleinere Natur- und Vogelschutzgebiete, die teilweise zum Landschaftsschutzgebiet des Steigerwalds gehören. Über die Weinberge von Markt Einersheim erreichen wir die 800 Jahre alte Ruine Speckfeld; hier erinnern wir uns an die Sage von einem Schatz, der um die Burgmauern herum unter einem Haselbusch versteckt sein soll. Es empfiehlt sich jedoch, nicht danach zu suchen, die Ruine ist mit Dornen und Gestrüpp recht eingewachsen.

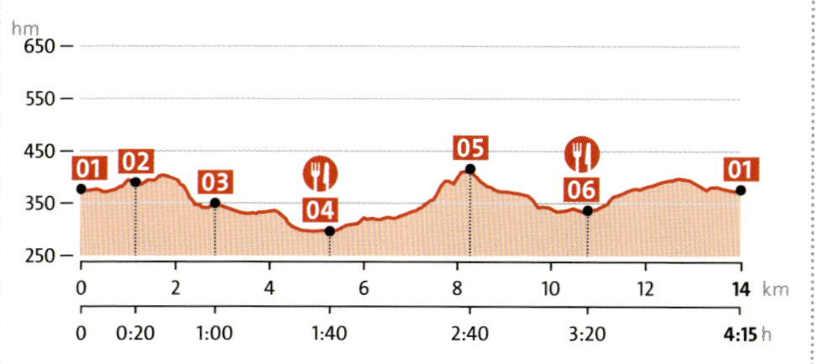

01 Wanderparkplatz Bildeiche, 372 m; 02 Beckahanseiche, 392 m; 03 Sonnenberg, 344 m; 04 Markt Einersheim, 302 m; 05 Ruine Speckfeld, 420 m; 06 Birklingen, 337 m

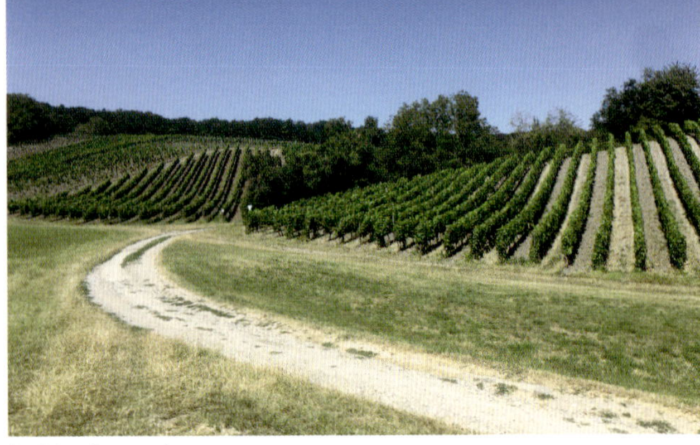

Auf den Sonnenberg.

▶ Unsere Wanderung beginnt am **Wanderparkplatz Bildeiche** 01 an der Birklinger Straße von Iphofen kommend auf der linken Seite.
Die Markierung i5 und der rote Löffel führen uns über die Straße Richtung Ruine Speckfeld. Bald geht es im lichten Wald kurz hinauf, dann wieder hinab. Nach der Überquerung des Schotterweges wandern wir auf schmalem Pfad weiter, unseren Zeichen folgend. Nach wenigen Minuten biegen wir am breiten Schotterweg rechts ein und folgen ihm hinauf bis zu einer Gabelung: Hier wenden wir uns nach rechts und statten der **Beckahanseiche** 02 in wenigen Minuten einen kurzen Besuch ab. Dann führt uns unser Weg zurück, nun ansteigend. Nach ca. 10 Minuten erreichen wir eine Lichtung. Hier führt uns der Steigerwald-Panoramaweg nach rechts hinab Richtung Markt Einersheim. Auf einem Grasweg durchs Naturschutzgebiet Schlossbergsattel erreichen wir schließlich einen Schotterweg. Nach einem kurzen Stück verlassen wir diesen nach rechts und folgen einem Wiesenweg, weiter Richtung Markt Einersheim, den **Sonnenberg** 03 hinauf. Bald folgen wir zwischen Wiese und Feld dem Steigerwald-Panoramaweg um eine Rechtskurve. Vor den Weinstöcken dann links, weiter auf dem Wiesenweg. An der nächsten T-Kreuzung wenden wir uns nach links auf einen breiten Schotterweg. Nach ca. 250 Metern folgen wir dem Steigerwald-Panoramaweg weiter nach rechts. An der nächsten Schotterstraße

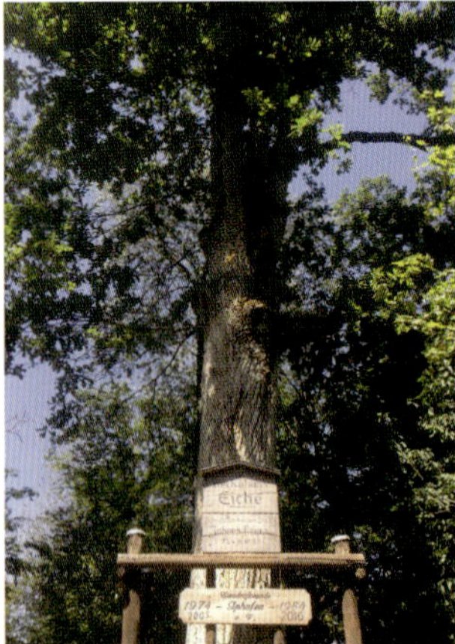

Beckahanseiche.

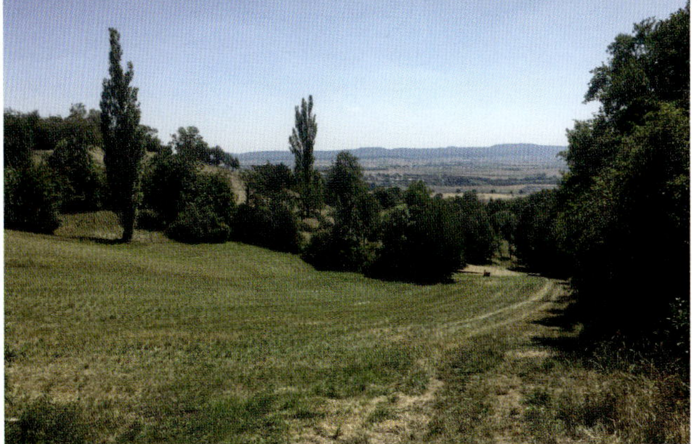

Naturschutzgebiet Schlossbergsattel.

wenden wir uns wieder links hinab. Nach wenigen Metern dann nochmals rechts. Weiter geht es nun stetig unserem Wanderzeichen hinterher, bis es uns nach guten 5 Minuten links hinab zur Hauptstraße führt. Wir laufen ein Stück links an der Straße entlang, bis uns unsere Markierung nach rechts über die B8 hinüberführt. Geradeaus geht es auf einem schattigen Wiesenweg an Apfelbäumen vorbei. Schließlich erreichen wir **Markt Einersheim** **04**. Rechts geht es zur Dorfmitte, die für ein Päuschen einen kurzen Besuch wert ist. Dann kehren wir zurück und folgen der Possenheimer Straße bis zur Mönchsondheimer Straße. Hier biegen wir links ein,

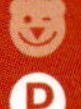

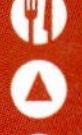

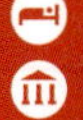

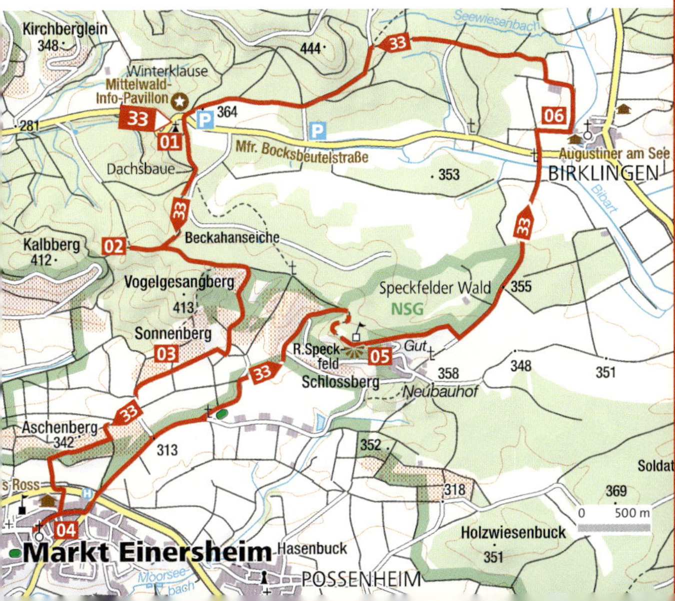

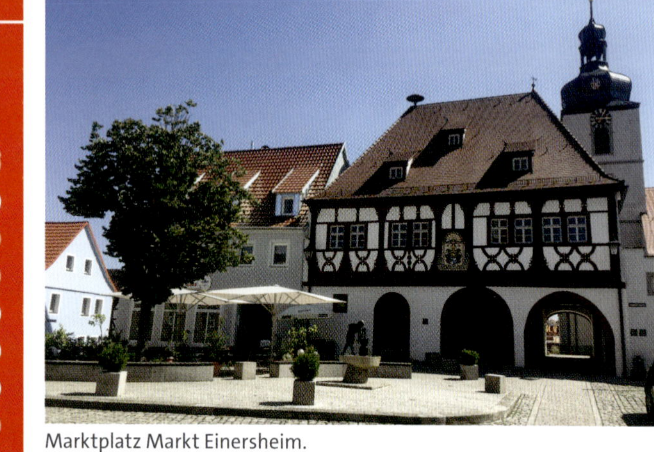

Marktplatz Markt Einersheim.

überqueren die B8 und folgen nun E1 und E2 auf einer Teerstraße für eine gute halbe Stunde. Dann, in einer Rechtskurve, führt uns ein Pfad in den Wald hinauf. Anfangs durch teils hohes Gras, geht er allmählich in einen ausgetretenen, erdigen Waldpfad über, der zunehmend steiler wird. Nach einer viertel Stunde erreichen wir die **Ruine Speckfeld** 05. Über eine Lichtung geht es weiter, an der Ruine vorbei nun auf E1 und i5. Der Weg führt uns nun stetig hinab. Kurz bevor wir auf den Schotterweg treffen, führt uns i5 nach links Richtung Birklingen. Wir wandern

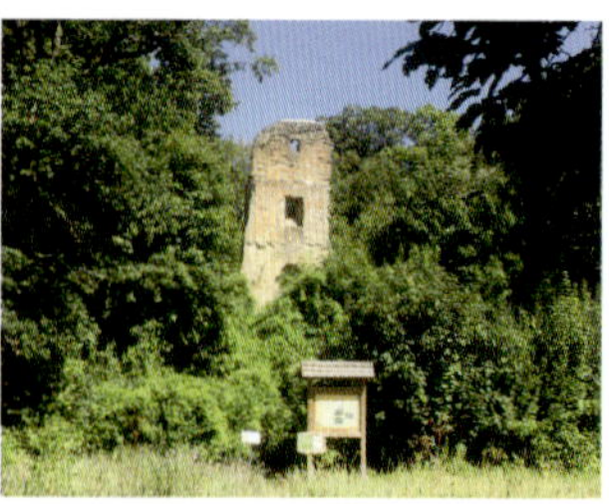

Ruine Speckfeld.

jetzt ca. 20 Minuten auf einem Pfad durch den Wald neben dem Schotterweg her. Schließlich führt er uns auf eben jenen, dem wir nun weiter bis zur Birklinger Straße folgen. Wir überqueren sie, und nach einem kurzen Stück geradeaus führt uns ein Weg zwischen Wiese und Feld nach rechts. Bevor wir den Ort **Birklingen** 06 erreichen, biegen wir an der nächsten Teerstraße links ein Richtung Bildeiche. Wir folgen dem Weg nun um eine Linkskurve, am Ende der Biogasanlage dann rechts auf einen Wiesenweg. Am Wald halten wir uns links, in den Wald hinein. Ein Schotterweg und i5 führen uns nun in knapp eineinhalb Kilometern bis zu einer T-Kreuzung: Hier links hinab, an der nächsten Kreuzung, mit der Bank, nach ca. 500 Metern, geradeaus weiter auf einen schmäleren Weg. Er wird schnell zu einem Wiesenpfad, dem wir am Waldrand entlang und an diversen Infotafeln und Raststellen folgen bis zum **Wanderparkplatz Bildeiche** 01.

ZUR RUINE SCHARFENECK

Vom mittelalterlichen Bergfried in die schattigen Wälder um Oberscheinfeld

  11,2 km 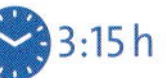 3:15 h 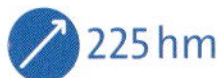 225 hm 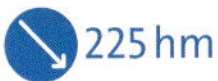 225 hm

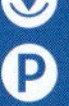
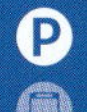
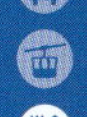

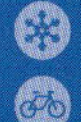

START | Parkplatz Ziegelhütte, 333 m. Anfahrt: Der Parkplatz befindet sich auf der ST2257 von Oberscheinfeld Richtung Prühl kurz vor der Ziegelhütte auf der rechten Seite.
[GPS: UTM Zone 32 x: 603.613 m y: 5.508.023 m]
CHARAKTER | Breite und schmale Waldwege und -pfade. Gute Beschilderung bei gemächlichem Auf und Ab.

Die Burganlage der Ruine Scharfeneck ist durch einen tiefen Halsgraben vom restlichen Teil des Berges getrennt, der auch heute noch teilweise erhalten ist. Der Bergfried aus Buckelquadern stammt aus der ersten Hälfte des 13. Jahrhunderts. Ende des 19. Jahrhunderts wurde der Turm für den Tourismus erschlossen, in dem man eine Holztreppe mit 77 Stufen hinauf erbaute. Diese Treppe wurde später um zwei Stufen reduziert. Der Steigerwaldclub renovierte den Turm von 1999 bis 2001.

Wir beginnen die Wanderung am **Parkplatz Ziegelhütte** 01. Zunächst folgen wir den Markierungen 03 und 04 Richtung Oberscheinfeld an der Hauptstraße entlang. Nach ca. 300 Metern biegen wir links in den Schloss-mühlenweg ein. Wir lassen schnell die Mühle hinter uns und folgen einem Wiesenweg um einen Rechtsknick am Waldrand entlang. Im Wald führt uns dann ein Pfad rechts hinauf, weiter auf 03, 04. Der Weg führt uns zum Burgfried der **Ruine Scharfeneck** 02.

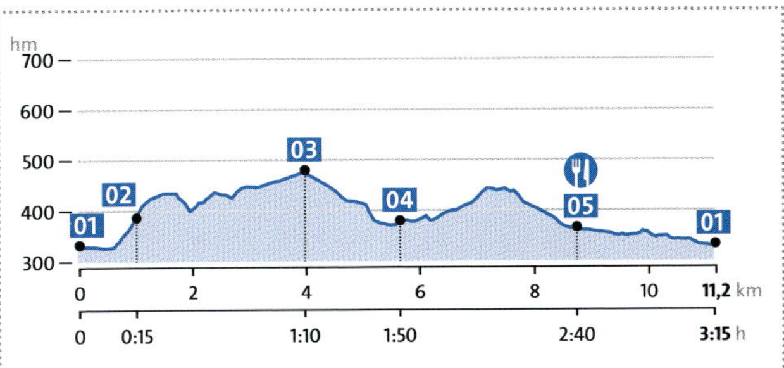

01 Parkplatz Ziegelhütte, 333 m; 02 Ruine Scharfeneck, 411 m; 03 Rotes Kreuz, 461 m; 04 Appenfelden, 373 m; 05 Prühl, 362 m

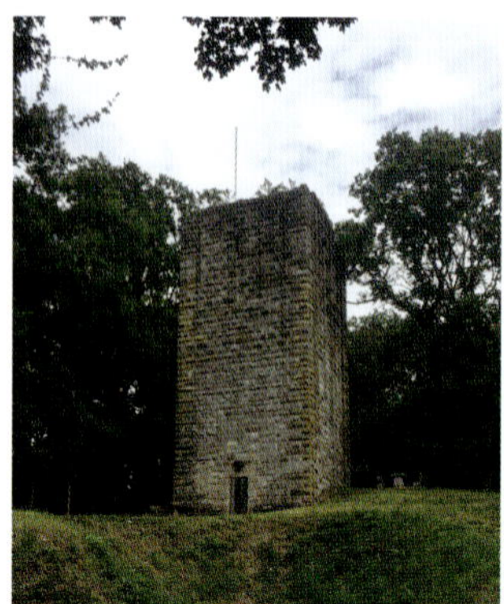

Ruine Scharfeneck.

Weiter geht es nach rechts auf breitem Waldweg hinauf, an der Ruine vorbei, geradewegs bis zur nächsten Kreuzung, bei der wir uns links abwärts halten. Auf mal besser, mal weniger gut erkennbarem Weg wandern wir nun geradewegs durch den Wald, bis wir eine T-Kreuzung erreichen, in die wir links einbiegen Richtung Friedrichsberg auf 03, 04. Ein nun breiterer Weg führt uns geradewegs bis zum **Roten Kreuz** 03. Hier folgen wir geradeaus weiter dem Weg und der Markierung 03. Wir wandern nun gute 20 Minuten, bis wir die ersten Häuser von **Appenfelden** 04 erreichen. An der Hauptstraße biegen wir links

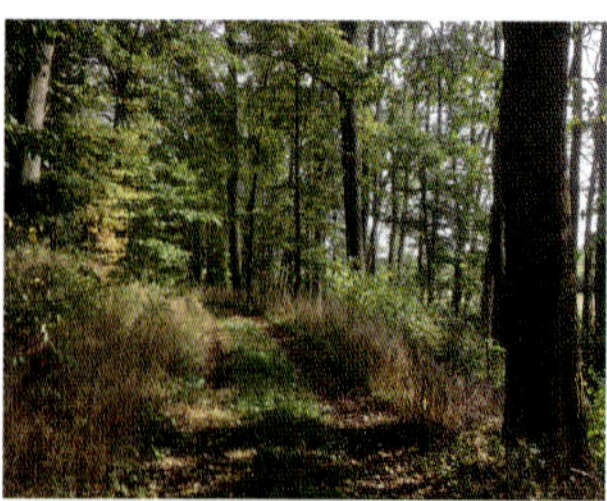

Durch den Wald bei Oberscheinfeld.

ab und folgen ein Stück, bis uns gleich hinter dem Ortsschild die Markierung 03 nach links auf einen Teerweg führt. An idyllischen Weihern und Lichtungen vorbei folgen wir nun diesem Weg für 20 Minuten, bis wir an den Waldrand gelangen. An dieser Kreuzung wenden wir uns nach rechts, weiter auf 03. Eine kurze Weile später führt uns schon ein Weg nach links hinab. Er führt uns einen guten Kilometer später nach **Prühl** 05 hinein. An der Hauptstraße biegen wir links ein, nach wenigen Metern geht es wieder links in die Schützenstraße. An der Gabelung mit dem Wanderschild halten wir uns rechts auf 04, bald

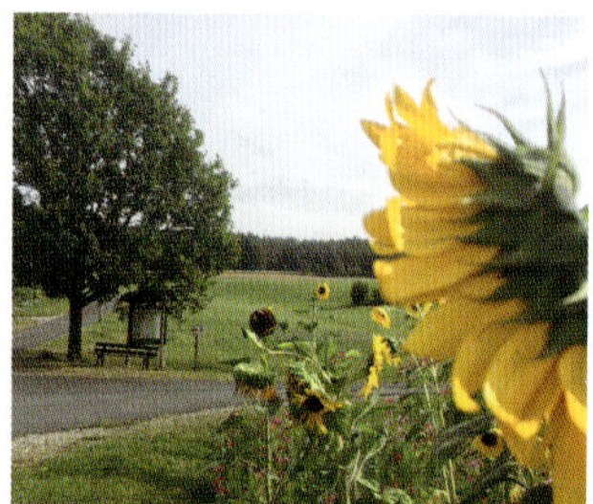

Nachmittagsstimmung in Prühl.

auf einem Schotterweg weiter. Der Weg führt am Waldrand entlang, nach guten 5 Minuten leicht links in den Wald hinein. Erst führt uns ein Waldweg weiter, dann ein Wiesenweg wieder am Waldrand entlang. Nach wenigen hundert Metern führt der Weg in einem kurzen Linksknick in den Wald und richtet sich jedoch dann wieder nach links, weiter bergab. Achtung, der Eintritt in den Wald ist schwer zu erkennen, alternativ kann man auch weiter am Waldrand entlang über die Wiese bergab folgen! Bald plätschert der Bach rechts neben uns. Ein paar

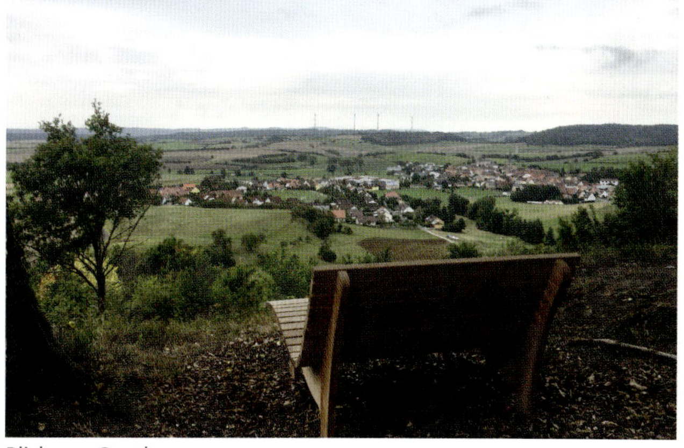

Blick vom Burgberg.

Minuten später führt der Weg nach links über eine Lichtung, an deren Waldrand uns wiederum ein schmaler Pfad nah am Waldrand entlangführt. Bald treten wir aus dem Wald heraus und schlendern über eine Lichtung, noch immer am Bach entlang. Wir erreichen einen Teerweg, in den wir rechts einbiegen und der uns schnell zum **Parkplatz Ziegelhütte** **01** zurückbringt.

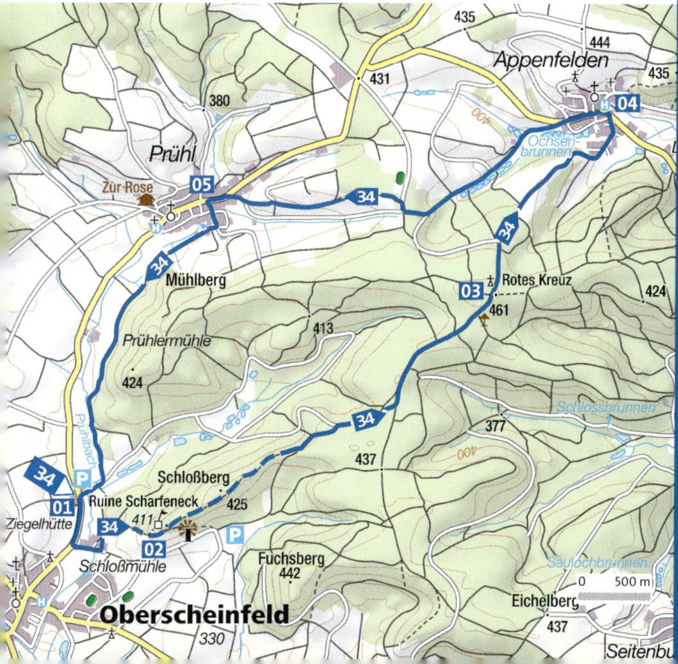

VON KIRCHRIMBACH NACH BURGHASLACH

Lange Waldwanderung zu einem romantischen Wasserschloss

 18,1 km 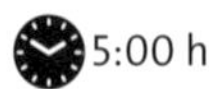 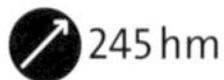 

5:00 h 245 hm 245 hm

START | Kirchrimbach, 321 m. Anfahrt: Parkmöglichkeit an der Christuskirche in Kirchrimbach.
[GPS: UTM Zone 32 x: 611.216 m y: 5.509.422 m]
CHARAKTER | Auf Grund der langen Strecke ist hier Kondition gefragt. Dafür jedoch sind die Höhenmeter überschaubar und zumeist breite Teer- und Forstwege erleichtern das Wandern.

Gleich zu Beginn der Wanderung erwartet uns die schöne Christuskirche in Kirchrimbach. Sie wurde im Jahre 1903 nach den Plänen von Theodor Eyrich erbaut. Lange wandern wir dann erst einmal durch die ausgedehnten Wälder, bis wir schließlich im Dörfchen Breitenlohe das imposante Wasserschloss besuchen. 1340 erstmalig erwähnt, durchlebte es eine bewegte Geschichte, bis es schließlich Anfang des neuen Jahrtausends komplett renoviert wurde. Sehenswert ist der Schlosspark mit seinem alten Baumbestand; im Kerker in der ersten Etage sind große Ritzzeichnungen eines Gefangenen erhalten geblieben.

▶ Wir folgen von der Christuskirche in **Kirchrimbach** 01 zunächst der Straße in den Ort. An der Gabelung halten wir uns rechts, kurz darauf biegen wir rechts ab

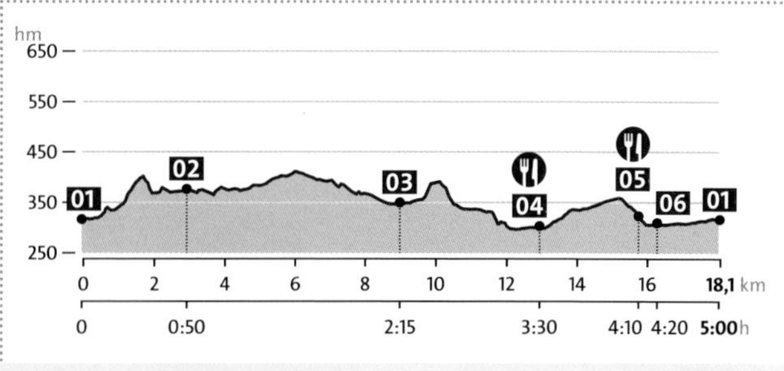

01 Kirchrimbach, 321 m; 02 Harthof, 383 m; 03 Breitenlohe, 349 m; 04 Burghaslach, 297 m; 05 Haubners Bierkeller, 322 m; 06 Unterrimbach, 307 m

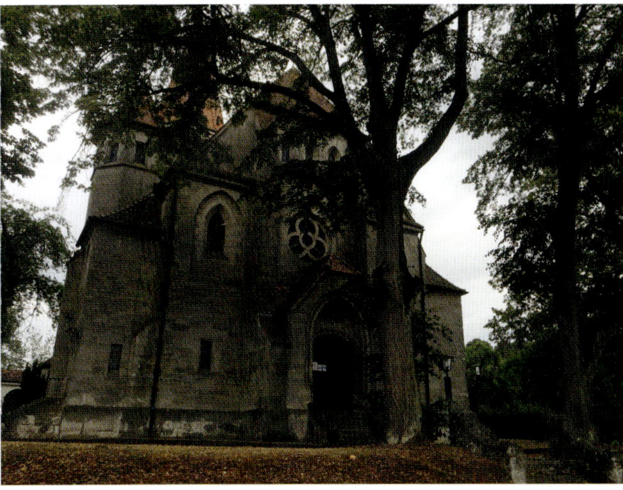

Christuskirche Kirchrimbach.

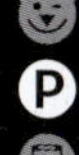
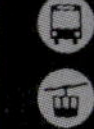
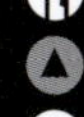
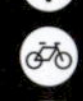

und folgen B10, einer schmalen Teerstraße aus dem Ort heraus. Schnell wird der Weg zu einem Waldweg, dem wir ca. eineinhalb Kilometer bis zur NEA7 folgen. Der Straße folgen wir nach rechts hinauf, nach wenigen Metern biegen wir links ein, weiter auf einer geteerten Straße. Wir erreichen **Harthof 02**; ca. eine viertel Stunde später folgen wir B4 nach rechts auf einem Schotterweg in den Wald hinab. Er führt uns in ca. 25 Minuten an eine Straße, der wir nach rechts folgen. Gute 350 Meter später, am Waldaus-

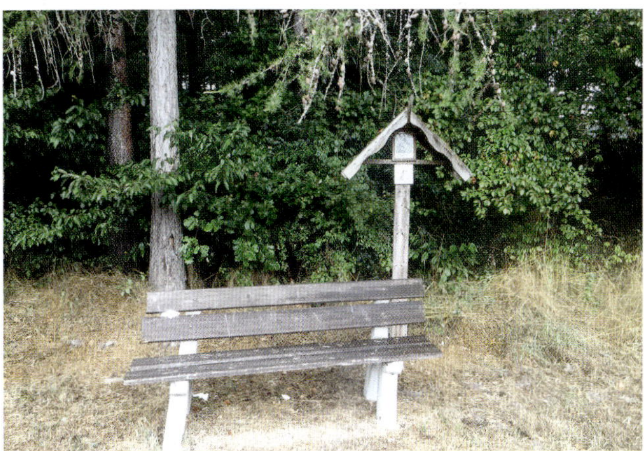

Rastbank am Wegrand.

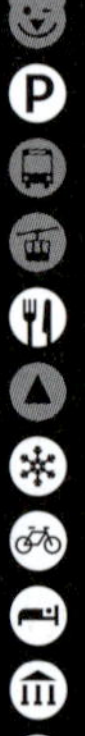

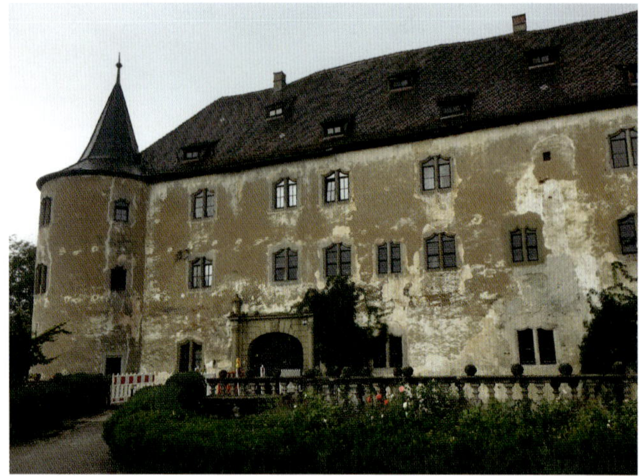

Wasserschloss Breitenlohe.

tritt, biegen wir nach links wieder auf einen Waldweg ab, weiter auf B4. Wir folgen diesem Weg nun stetig geradeaus auf B4 und dem blauen Dreieck für ca. eine dreiviertel Stunde. Schließlich gelangen wir aus dem Wald heraus und erreichen eine Straße, der wir nun geradeaus folgen, ab jetzt nur noch auf dem blauen Dreieck, nach **Breitenlohe 03**, hinein. Wir kreuzen zweimal eine Vorfahrtsstraße, dann biegen wir vor der Rechtskurve links ab. Drei Minuten später erreichen wir das ehemalige Wasserschloss. Wir gehen weiter auf der Straße durchs Tor hindurch, an der Hauptstraße dann rechts Richtung Schlüsselfeld. Kurz vor dem Ortsausgangsschild weist uns das blaue Dreieck den Weg nach rechts, eine schmale Teerstraße hinauf. An der darauffolgenden Kreuzung biegen wir links ab Richtung Burghaslach, nun weiter auf B1. Wir erreichen die NEA2: Wir überqueren sie nach rechts, aber schon bald führt uns B1 links über einen Wiesenweg, noch immer Richtung Burghaslach. Nach einer viertel Stunde erreichen wir die ST2261. Wir

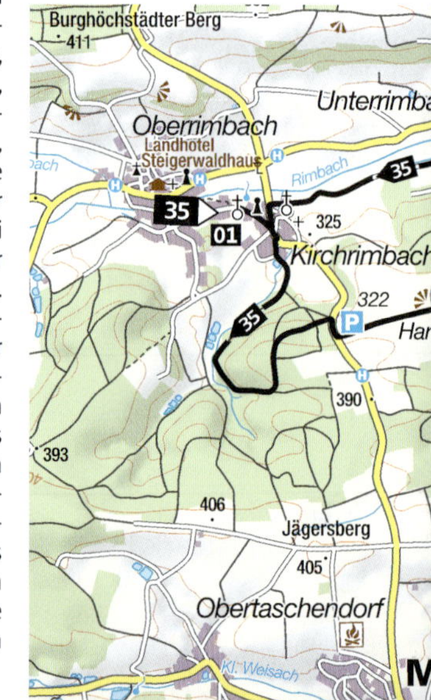

überqueren sie nach links und folgen dem Weg am **Freibad** vorbei. Die Gabelung nach dem Freibad führt uns nach links, wieder vor zur Staatsstraße, die wir nun schräg nach rechts überqueren. Wir folgen nun der „Haslachstraße“ zum „Kirchplatz“ in **Burghaslach 04**. Am Kopfsteinpflaster biegen wir links ab und folgen der Straße bergauf. Beim „Hardweg“ führt uns B4 nach rechts, weiter aufwärts. Nach einer knappen halben Stunde folgen wir B10 nach rechts Richtung Kirchrimbach und passieren den Abzweig zur Einkehrmöglichkeit **Haubners Bierkeller 05**. Kurz darauf wandern wir die schmale Straße hinab, vor **Unterrimbach 05** schickt uns B10 nach links. Nach guten eineinhalb Kilometern auf diesem Weg erreichen wir wieder **Kirchrimbach 01**. Hier nach links in den Ort hinein und in wenigen Minuten zum Auto zurück.

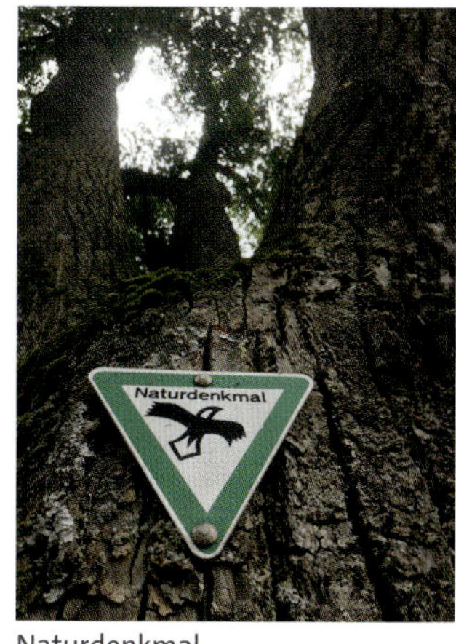

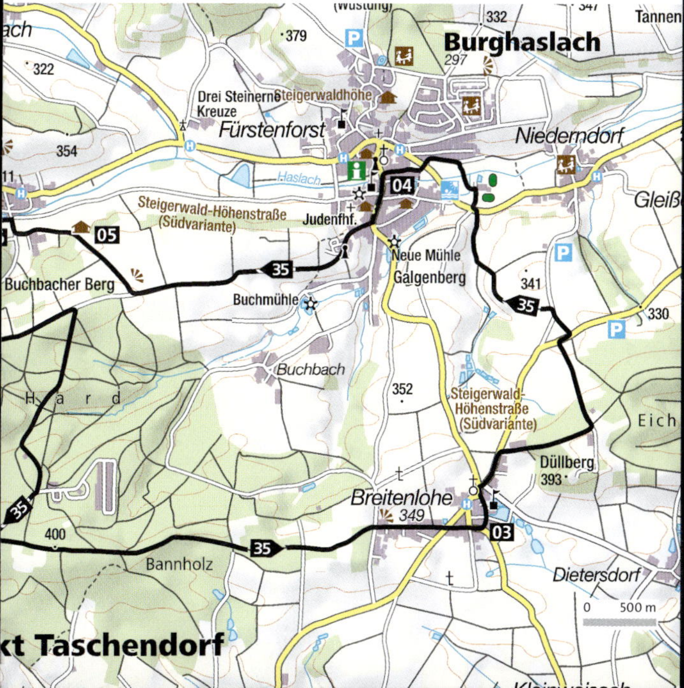

Naturdenkmal.

VON SCHEINFELD DURCH DEN SCHWARZENBERGER WALD

Durch idyllische Laubwälder zum Schloss Schwarzenberg und zum Franziskaner-Minoriten-Kloster

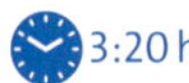

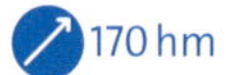

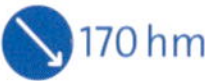

START | Parkplatz Kloster Schwarzenberg, 360 m. Anfahrt: Parkplatz in der Schwarzenberger Straße in Scheinfeld, Ortsteil Klosterdorf, direkt gegenüber des Klosters.
[GPS: UTM Zone 32 x: 606.785 m y: 5.503.324 m]
CHARAKTER | Meist gemäßigtes Auf und Nieder. Bequeme Waldpfade und -wege sowie kleinere Asphaltstraßen.

Die mittelalterliche Feste Schloss Schwarzenberg, erstmals 1150 urkundlich erwähnt, wird heute zum Großteil als Schule genutzt. Außenbereich und Schlosspark mit seinem außergewöhnlichen Baumbestand können jederzeit besichtigt werden. Das nur wenige hundert Meter entfernte Kloster mit Barock-Wallfahrtskirche und Gnadenkapelle hat seinen Ursprung in einer einfachen Bildeiche, die Gräfin Maria Justina 1670 durch eine Holzkapelle errichtete. Das darin aufgestellte Maria-Hilf-Gnadenbild entstand wohl 1622 in Passau. Die Steinplastik wird heute noch als Gnadenbild verehrt.

▶ Wir beginnen unseren Weg in Scheinfeld am **Parkplatz Kloster Schwarzenberg 01**.
Der blaue Flieger führt uns zunächst Richtung Thierberg. An der Kirche vorbei nun, in der folgenden Linkskurve rechts auf dem

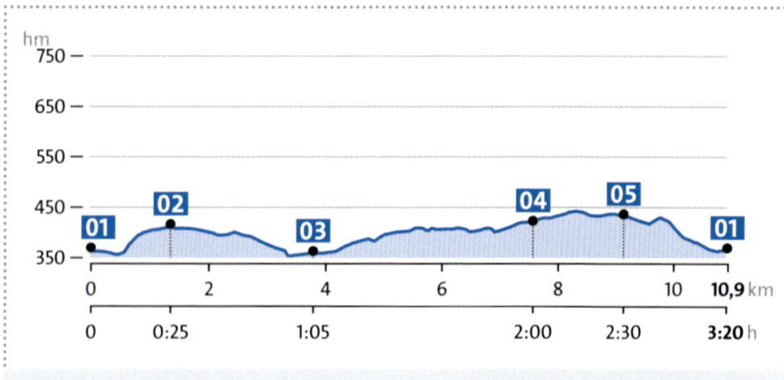

01 Parkplatz Kloster Schwarzenberg, 360 m; 02 Thierberg, 410 m; 03 Kornhöfstadt, 350 m; 04 Schwarzenberger Wald, 396 m; 05 Hochsitz, 444 m

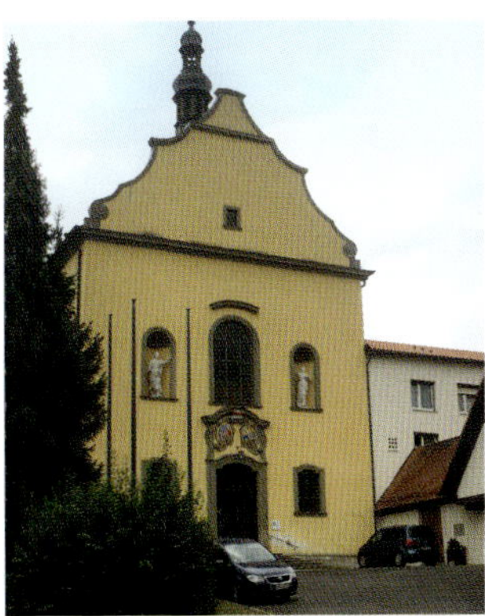

Kloster Schwarzenberg.

Schotterweg Richtung Thierberg. Bald darauf, an der Gabelung mit der Bank, halten wir uns rechts, an der nächsten Gabelung dann links haltend, nun steil hinauf. Ein Wald- und Wiesenweg führt uns geradeaus. Wir folgen weiter dem blauen Flieger durch **Thierberg** **02** hindurch. An der Hauptstraße halten wir uns rechts. Kurz nach dem Ortsausgang biegen wir links in einen Feldweg ein, Richtung Kornhöfstadt. Wir folgen nun am Waldrand und an Eichenbäumen vorbei nun stetig dem blauen Flieger. An der ersten Scheune geht es nach guten 20 Minuten rechts weiter auf einem Waldweg hinab. Am Ortsrand **Kornhöfstadt** **03** biegen wir beim Teerweg links ein. Über die Hauptstraße hinüber, dann weiter auf S1 und S4 aus dem Dorf hinaus, weiter auf dem Teerweg. Nach guten 10 Minuten halten wir uns rechts auf einen Schotterweg. Wir folgen ihm nun stetig auf und ab durch den **Schwarzenberger Wald** **04**. An der T-Kreuzung biegen wir rechts ein und wandern nun immer geradeaus bis zur ST2261. Wir queren geradeaus und folgen nun einem

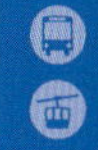

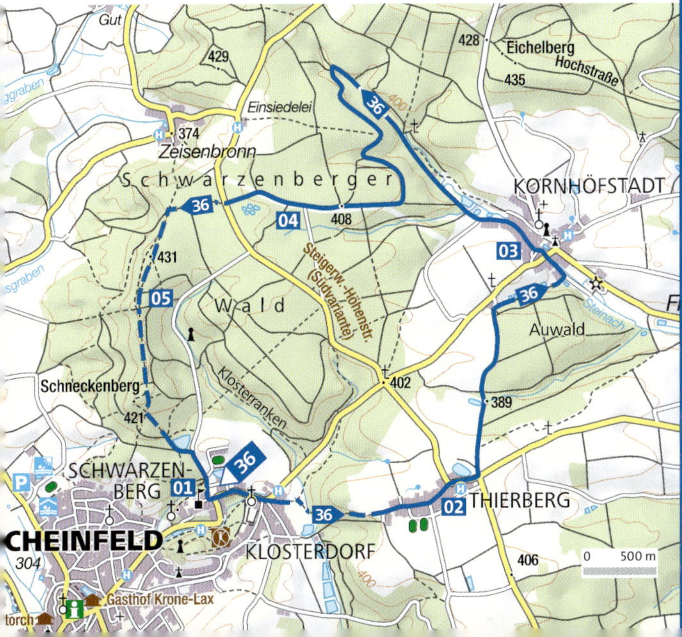

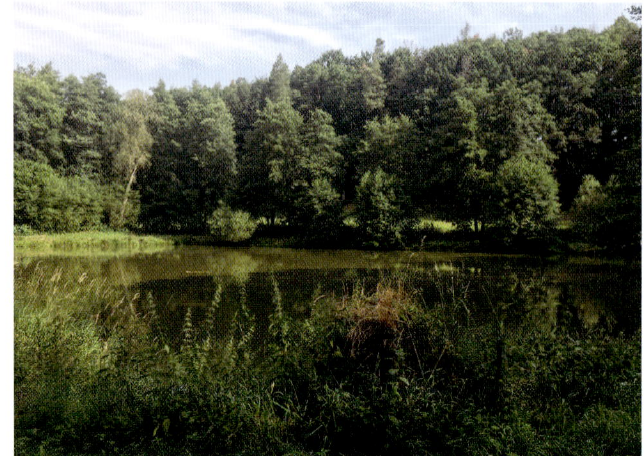

Weiher beim Schwarzenberger Wald.

schmäleren Waldweg weiter, und bald befinden wir uns auf einem gut beschilderten Waldpfad. Nach ca. 500 Metern biegen wir nach links auf einen breiteren Waldweg ab. Wir folgen S1 Richtung Scheinfeld, schnell wird der Weg wieder zu einem Pfad. An der Gabelung mit dem **Hochsitz** **05** gehen wir weiter geradeaus. Nach guten 500 Metern führt uns der Weg stufenartig abwärts, am Ende der Stufen halten wir uns links weiter auf dem Pfad bergab. Schnell führt uns ein breiterer Weg weiter geradeaus, gleich nach dem Weiher biegen wir dann links ab auf den Jakobsweg. Er führt uns in wenigen hundert Metern zum Schloss Schwarzenberg. Von hier aus in einer knappen Minute zurück zum Ausgangspunkt am **Parkplatz Kloster Schwarzenberg** **01**.

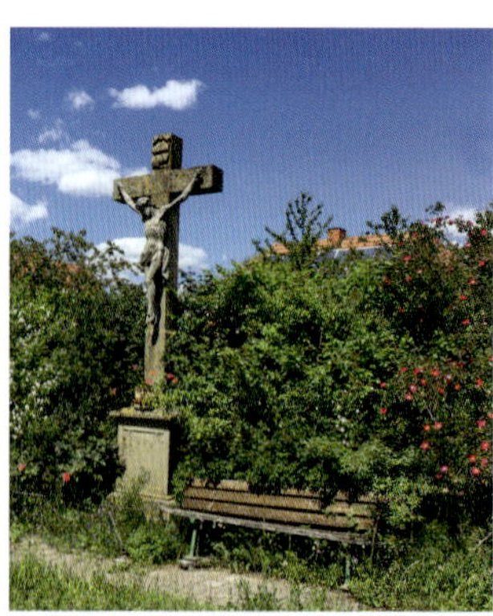

Steinkreuz am Wegrand.

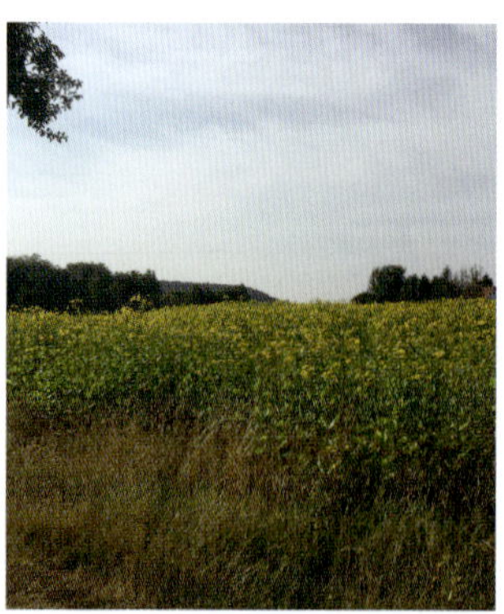

Feld bei Scheinfeld.

RUND UM MÖNCHSONDHEIM

Kleine Runde mit schönen Ausblicken und einem Kneippbecken

  8,4 km 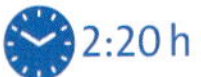 2:20 h 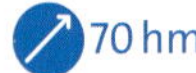 70 hm 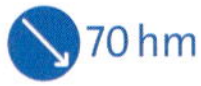 70 hm

START | Mönchsondheim, 271 m. Anfahrt: Parkmöglichkeiten gibt es rund um das Kirchenburgmuseum.
[GPS: UTM Zone 32 x: 592242 m y: 5.502.411 m]
CHARAKTER | Die Wanderung rund um Mönchsondheim ist kurz und nicht schwer, da sie fast nur auf schmalen Teerstraßen verläuft. Sie bietet jedoch auf dem Weg nach Hellmitzheim schöne Aus- und Weitblicke. Auf dem Rückweg können wir uns im Kneippbecken am Hohlbrunnen erfrischen.

Das Kirchenburgmuseum Mönchsondheim ist ein Freilichtmuseum, bei dem die Kirchenburg und die dazugehörigen Gebäude des Dorfes noch an ihrem Originalstandort stehen. Das Museum wurde 1981 gegründet und vermittelt dem Besucher vergangene und gegenwärtige Alltagswelt eines Dorfes in Mainfranken. Nach unserem kleinen Spaziergang lohnt sich ein Besuch des Museums, in dem im Sommer auch oft Veranstaltungen stattfinden.

▶ Von der Straße „An der Kirchenburg" in **Mönchsondheim** 01 gehen wir hinab zur Hauptstraße und biegen links ein. An der Bachgasse folgen wir dann den Schildern M1 und M2 nach rechts. Ein geteerter Weg mit toller Aussicht bringt uns an Feldern und oberhalb des Kirchbaches Richtung Hellmitzheim. Am

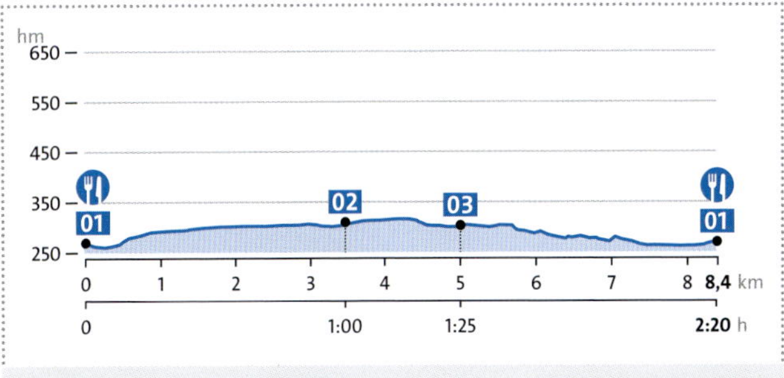

01 Mönchsondheim, 271 m; 02 Hellmitzheim, 309 m; 03 Kneippbecken, 306 m

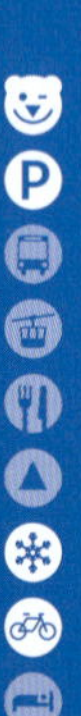

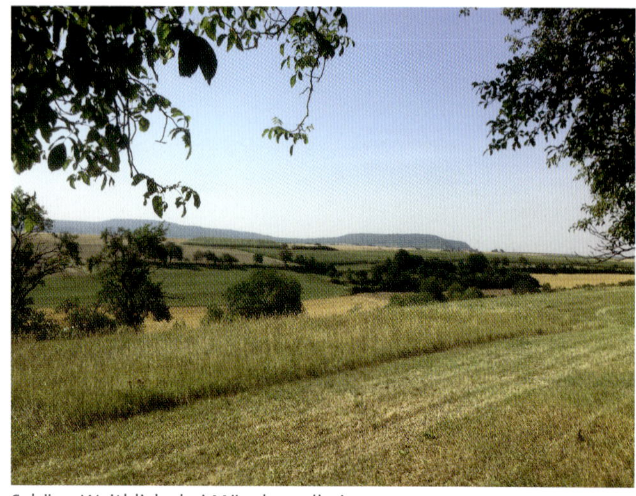

Schöne Weitblicke bei Mönchsondheim.

Ortsrand von **Hellmitzheim** 02, kurz vor dem Ortsschild halten wir uns rechts auf M1 und einem Teerweg. Er wird bald zu einem Feldweg und bringt uns hinab zu einer Gabelung. Hier halten wir uns rechts, nach wenigen Minuten biegen wir links ab und wandern zwischen Feldern und Wiesen den Weg hinab. Unten treffen wir auf den Zettelbach und halten uns nach den Bäumen an einer kleinen Stelle mit Schotter rechts. Über einen Wiesenweg schlendern wir nun bis zu einem Teerweg, dem wir nach rechts fol-

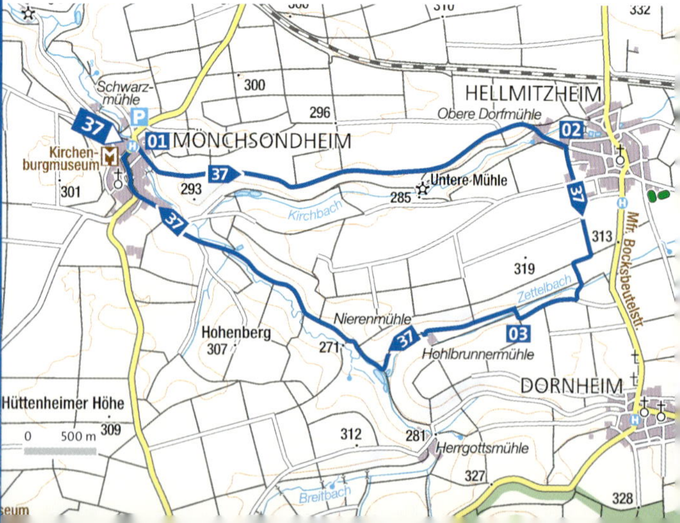

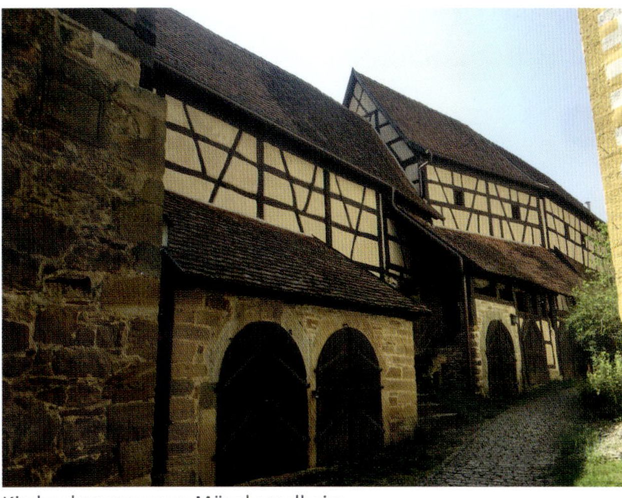

Kirchenburgmuseum Mönchsondheim.

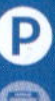

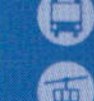

gen. „Am Hohlbrunnen" erwartet uns dann ein **Kneippbecken** 03, das an heißen Sommertagen eine tolle Erfrischung bietet. Dann folgen wir weiter M1 auf dem Teerweg, bis er schließlich in einen Schotterweg mündet. Dann erreichen wir nochmals einen geteerten Weg, dem wir nach rechts auf dem Breitbachtalweg und M1 Richtung Mönchsondheim folgen. Am Breitbach geht es nun in einer guten halben Stunde zurück nach **Mönchsondheim** 01.

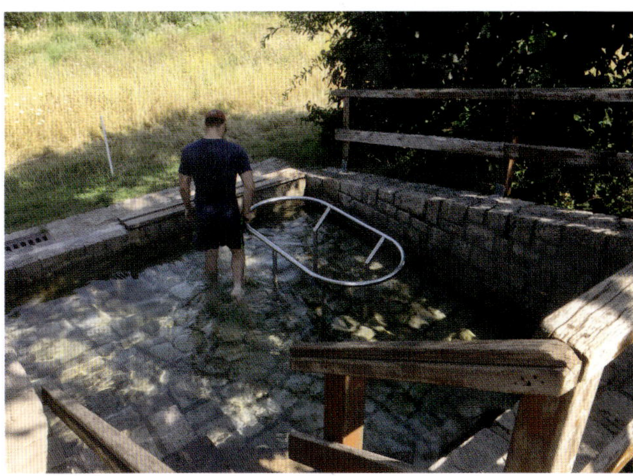

Kneippbecken.

VON MÜNCHSTEINACH NACH ROSSBACH

Sonnenverwöhnte Wanderung am Achelbach und über die Fluren

 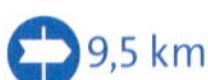 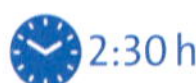  

START | Münchsteinach, 302 m. Anfahrt: Parkplatz in der Steigerwaldstraße beim Freizeitsee in Münchsteinach. [GPS: UTM Zone 32 x: 615.025 m y: 5.499.935 m]
CHARAKTER | Unschwierige Wanderung auf vornehmlich Teer- und guten Waldwegen. Gemäßigte An- und Abstiege.

Münchsteinach ist ein ehemaliges Benediktinerkloster und wurde durch die Herren von Steinach um 1140 herum gegründet. Im Bauernkrieg 1525 teilweise zerstört, wurden zwar Wiederaufbauarbeiten begonnen, doch im Zuge der Reformation 1528 niedergelegt und das Kloster wurde aufgelöst. Schließlich wurde Münchsteinach Markgräfliches Klosteramt. Zwischen 1965 und 1970 wurde das Kloster dann renoviert und in seinen ursprünglichen Zustand zurückgesetzt. Dabei wurden die ursprünglichen Farben mit beeindruckenden Heiligendarstellungen aus der Erbauerzeit um 1180 wieder freigelegt.

▶ Wir starten in **Münchsteinach** 01 am Parkplatz in der Steigerwaldstraße auf Höhe des Freizeitsees. Wir folgen der Straße nach links, an der Bachstraße biegen wir dann rechts ein. Nach zweihundert Metern gehen wir auf der Fischbachstraße weiter,

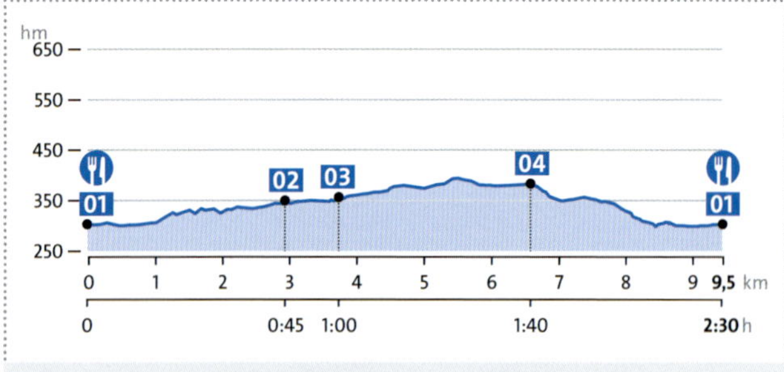

01 Münchsteinach, 308 m; 02 Roßbach, 342 m; 03 Höfen, 356 m; 04 Tränkweiher, 379 m

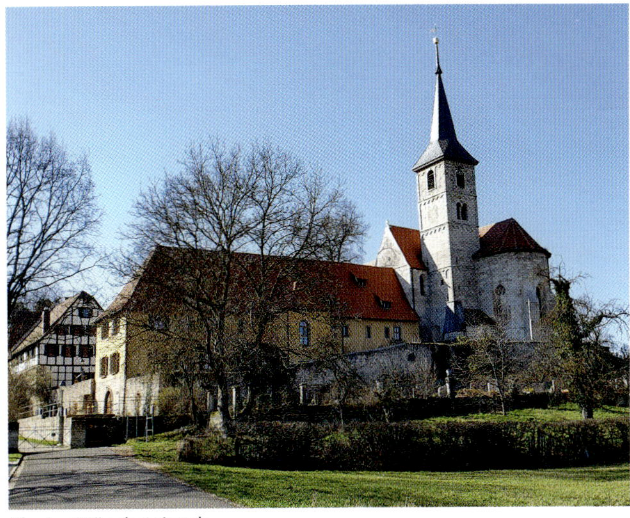

Kloster Münchsteinach.

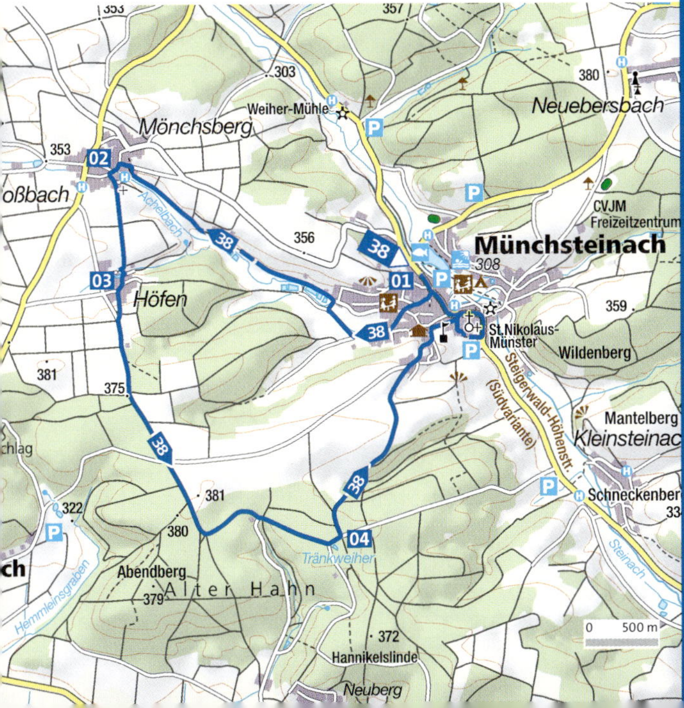

353
357
303
Weiher-Mühle
380
Neuebersbach
Mönchsberg
353
02
oßbach
Achelbach
38
356
38
CVJM
Freizeitzentrum
Münchsteinach
308
03
01
Höfen
38
359
St. Nikolaus-Münster
Wildenberg
381
375
Steigerwald-Höhenstr.
(Südvariante)
Mantelberg
Kleinsteinac
chlag
38
38
Schneckenber
33
322
381
380
04
Tränkweiher
ch
Abendberg
Alter Hahn
379
Hemmleinsgraben
Steinach
372
Hannikelslinde
Neuberg
0 500 m

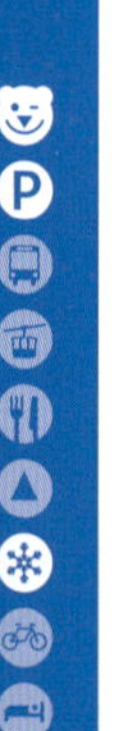

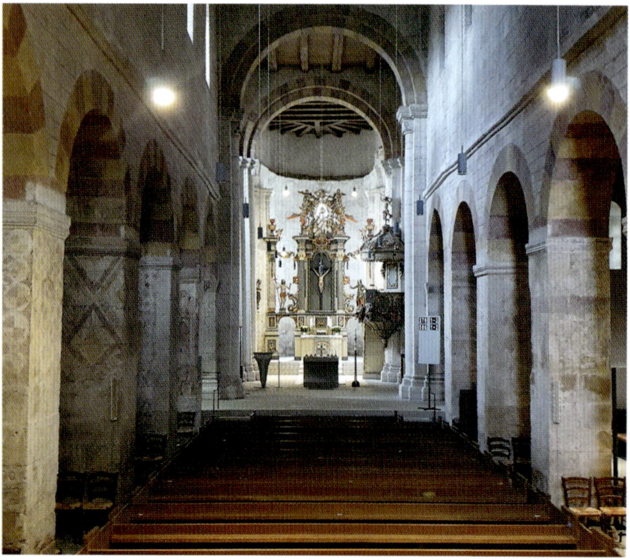

St.-Nikolaus-Münster.

bis sie aus dem Ort heraus führt. Noch vor den letzten Häusern biegen wir rechts ab, nach ca. 250 Metern führt uns der Rundweg Nr. 4 von Münchsteinach nach rechts über den Achelbach und links weiter am Bach entlang. An Fischteichen vorbei und bald auf einem Wiesenpfad gelangen wir nach Roßbach. An der Straße wenden wir uns nach links, kurz darauf biegen wir nochmals links ab und gehen gute 100 Meter durch den Weiler **Roßbach** 02. Dann folgen wir einem Schild Richtung Friedhof wieder nach links. Der asphaltierte Weg führt uns geradewegs an Feldern vorbei nach **Höfen** 03. An der Straße nach der Rechtskurve nach ca. 35 Metern führt uns ein kleines Weglein links durch die Hecke, dann durch den Ort hindurch an alten Bauernhöfen vorbei. Wieder geht es an Feldern vorbei, dann am Waldrand entlang. Wir folgen dem Weg gute 25 Minuten lang, zweimal zweigt nach links ein Weg nach Münchsteinach zurück ab, den wir aber jeweils links liegen lassen. Ca. 150 Meter nach Waldeintritt macht der Weg eine Linkskurve. Wir folgen dem Hauptweg nun nochmal eine viertel Stunde bis zum **Tränkweiher** 04. Hier halten wir uns links, und keine hundert Meter später wandern wir zusammen mit dem Fahrradweg nach links. Kurz darauf führt er uns in einer Rechtskurve an den Waldrand. Nun am Waldrand entlang erreichen wir in einer guten viertel Stunde nun zusammen mit dem grünen Löffel und dem Rundwanderweg Nr. 2 den Ortsrand. Der Stübacher Weg führt uns über die Hartstraße zurück zur Neustädter Straße. Wir folgen ihr nach links zurück zum Parkplatz in **Münchsteinach** 01.

ZUR KUNIGUNDENKAPELLE IM BULLENHEIMER WALD

Durch die Weinberge zu einer sagenumwobenen Burgruine

  11,3 km 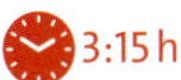 3:15 h  295 hm 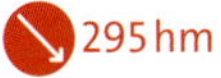 295 hm

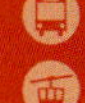

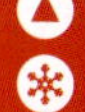

START | Wanderparkplatz an der KT1, 372 m. Anfahrt: Der Wanderparkplatz befindet sich an der KT1 von Nenzenheim RIchtung Süden fahrend nach ca. 1,5 km auf der linken Seite.
[GPS: UTM Zone 32 x: 591.902 m y: 5.498.356 m]
CHARAKTER | Die vielen Anstiege, teils auf schmalen, steilen Pfaden verlangen ein wenig Kondition ab. Sonst schöne Waldwanderung mit einem kurzen Abstecher in die Weinberge.

Abwechslungsreich führt uns der Weg mal auf breiteren Pfaden, mal auf schmäleren Wegen, doch in stetigem Auf und Ab, zunächst zum Aussichtsturm auf dem Kapellberg, von dem der Blick weit bis zum Main reicht. Der sogenannte Bullenheimer Berg mit seiner Kunigundenkapelle, einer spätgotischen Kapelle aus dem 15. Jahrhundert, ist ein Zeugenberg, auf dem sich in der Bronzezeit eine Höhensiedlung befand. Archäologen wurde er durch seine vielen Depotfunde bekannt. Von hier aus kann man den Blick ins Maindreieck und den Gollacher Gau schweifen lassen.

▶ Wir starten am **Wanderparkplatz an der KT1** 01, die wir so-

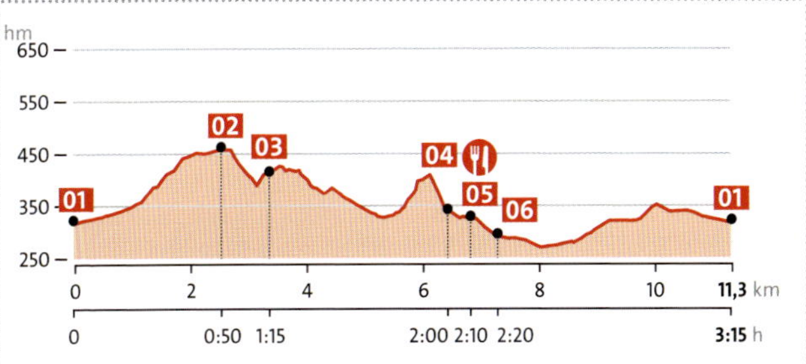

01 Wanderparkplatz an der KT1, 315 m; 02 Aussichtsturm Kapellberg, 456 m; 03 Weinberg, 401 m; 04 Kunigundenkapelle, 404 m; 05 Weinparadiesscheune, 335 m; 06 Steigerwald Infotafel, 296 m

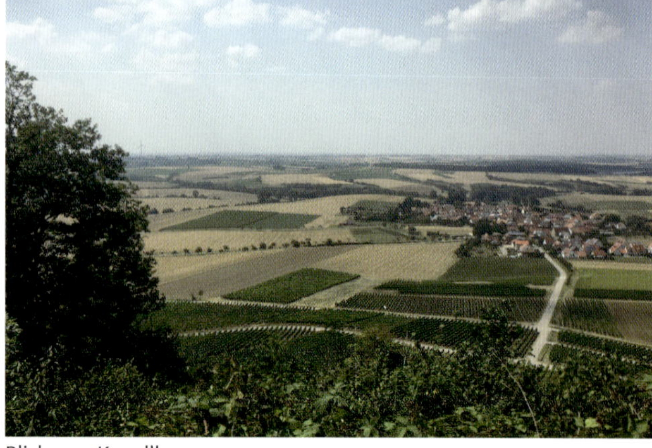

Blick vom Kapellberg.

gleich mit N6 überqueren, den Teerweg hinauf. Schnell wechseln wir zu K2, am Bienenwald vorbei. Bald halten wir uns links auf dem Schotterweg, nun dem Keltenerlebnisweg am Waldrand entlang folgend. Nach wenigen Metern führt er uns wieder auf N2 nach rechts in den Wald auf einem Pfad. Bald laufen wir auf einem Wiesenweg am Waldrand entlang, wiederum einige Minuten später biegen wir rechts in den Wald ab, am Bienenhof vorbei. Beim Waldaustritt laufen wir geradeaus auf einem Teerweg bergan. Immer aufwärts geht es nun durch den Wald Richtung Kapellberg-Turm auf N2 und dem Steigerwald-Panoramasteig. Im Aufwärtsgang kreuzen wir einmal einen Schotterweg. Nach ca. 20 Minuten erreichen wir einen schönen Hochwald. An der Gabelung mit den breiten Schotterwegen halten wir uns rechts und erreichen kurz darauf den **Aussichtsturm Kapellberg** **02**. Zurück an der Gabelung wenden wir uns nach rechts hinab auf den Schotterweg, wir folgen nun mit N2 auch dem blauen Tropfen. An der Gabelung weiter geradeaus, nach ein paar Hundert Metern halten wir uns links leicht aufwärts, noch immer auf N2. An der darauffolgenden Gabelung geht es nun rechts hinab bis zur Teerstraße und an den Rand des **Weinberges** **03**. Hier wenden wir uns nach rechts und folgen jetzt B4. Die zweite Abzweigung biegen wir rechts ein und folgen weiter B4 nun durch die Weinberge hindurch. Nach wenigen Minuten biegen wir wieder rechts ab, an der nächsten Teerkreuzung folgen wir dem Weg dann nochmals nach rechts, wieder bergauf. An einem Parkplatz führt uns der Weg geradeaus auf einem Pfad in den

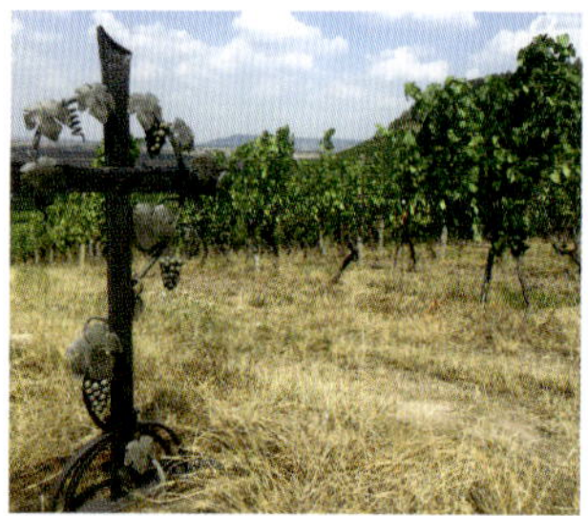

Weinhänge am Bullenheimer Berg.

Wald. Wir wandern nun immer aufwärts, bis wir an einen breiten Weg gelangen. Hier links, in 200 Metern nun auf B5 erreichen wir die **Kunigundenkapelle** **04**. An der Kapelle vorbei führt uns links ein Weg hinab auf B5. Der schmale, sehr steile Pfad mündet in ein paar Treppen. Wir folgen ihnen zur Teerstraße, an der wir rechts einbiegen und I1 folgen. Nach ca. 400 Metern kommen wir zur Einkehrmöglichkeit **Weinparadiesscheune** **05** und biegen etwa 150 m danach auf S3 links hinab ab. An der folgenden T-Kreuzung halten wir uns rechts, an der **Steigerwald Infotafel** **06** vorbei, dann an der nächsten Kreuzung wieder links, weiter hinunter. Am letzten Weinstock folgen wir S3 nach rechts, die Markierung führt uns nach ein paar Hundert Metern wieder rechts hinauf. Oben biegen wir links ein. Die nächste Gabelung führt uns nach rechts auf einen Schotterweg, nun auf H1 und Richtung Tannenberg. Am Ende dieses Schotterweges führt uns H1 nach rechts, über eine Wiese hinauf. Wir gelangen an einen Flurweg, in den wir rechts einbiegen. Wir folgen H1 nun teils durch den Weinberg bis zu unserer Anfangskreuzung. Hier nun auf dem selben Weg hinab, bald auf der Weinrebe zurück zur **KT1** und zum **Wanderparkplatz** **01**, wo das Auto steht.

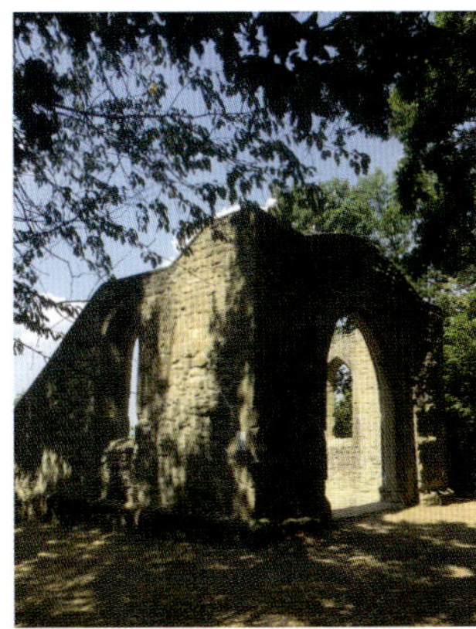

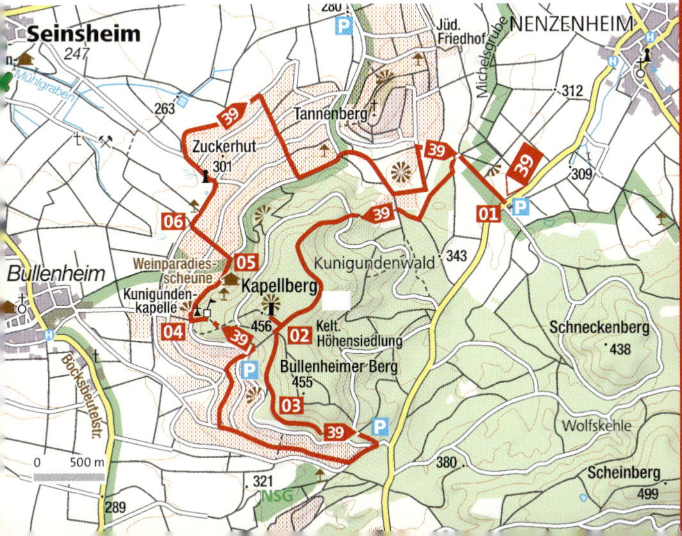

Kunigundenkapelle.

VON IPPESHEIM ZUM SCHLOSS FRANKENBERG

Von Wein, alten und neuen Burgen

 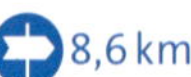 8,6 km 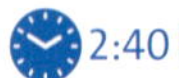 2:40 h 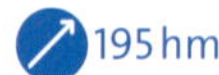 195 hm 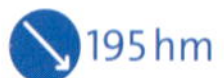 195 hm

START | Schlossplatz in Ippesheim, 285 m. Anfahrt: Wir fahren über die ST2419 (Hauptstraße) nach Ippesheim hinein. Dort dann rechts auf die Reuscher Straße einbiegen. Nach ca. 100 Metern geht es rechts zum Schlossplatz von Schloss Lichtenstein.
[GPS: UTM Zone 32 x: 588.572 m y: 5.494.948 m]
CHARAKTER | Angenehme breite Wege sowie wenige und gemäßigte Steigungen für eine kleine vor- oder nachmittägliche Runde.

Das Örtchen Ippesheim hat – obwohl recht klein – doch einiges zu bieten: Das Schloss aus dem 16. Jahrhundert beherbergt zwar heute ein Amtsgebäude, ist von außen jedoch allemal einen Besuch wert; auf dem Gelände erwartet uns auch ein Weinbau- und Landwirtschaftsmuseum, das interessante Einblicke in das damalige Alltagsleben bietet und sogar eine komplette Schusterwerkstatt enthält. Von Ippesheim über den Kirschberg mit schöner Aussicht und durch die Weinberge besuchen wir Schloss Frankenberg. Idyllisch liegt das imposante Schloss zwischen den sanften Hügeln des südwestlichen Steigerwaldes – direkt daneben, die Burgruine Hinterfrankenberg. Auf dem Rückweg durchwandern wir das Naturschutzgebiet Holzöd am Fuße des Bullenheimer Berges. Von alten Hohlwegen durchzogen ist das Naturschutzgebiet ein klei-

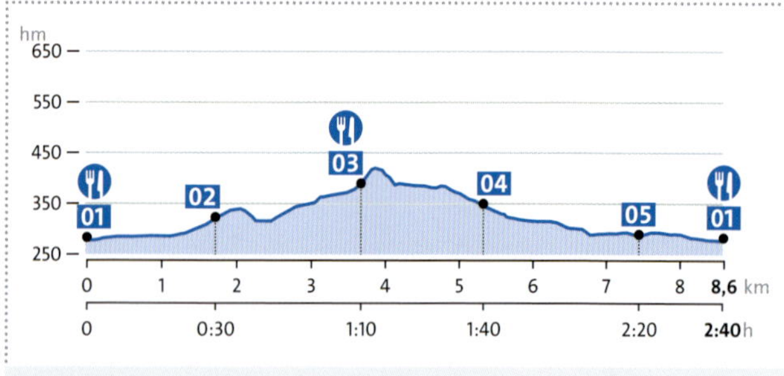

01 Schlossplatz Ippesheim, 290 m; 02 Kirschberg, 324 m; 03 Schloss Frankenberg, 418 m; 04 NSG Holzöd, 348 m; 05 Ziegelhütte, 287 m

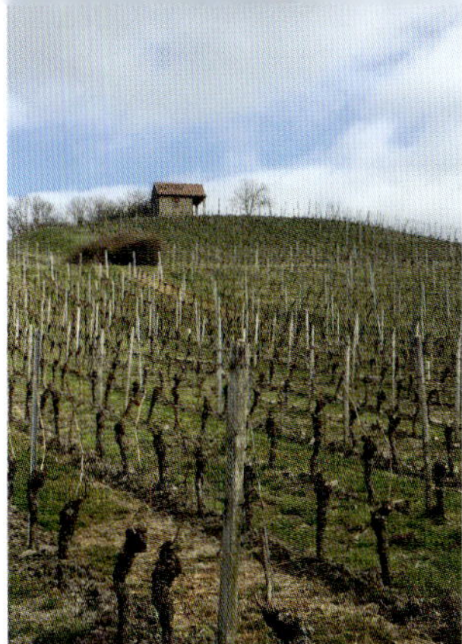

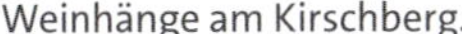

Weinhänge am Kirschberg.

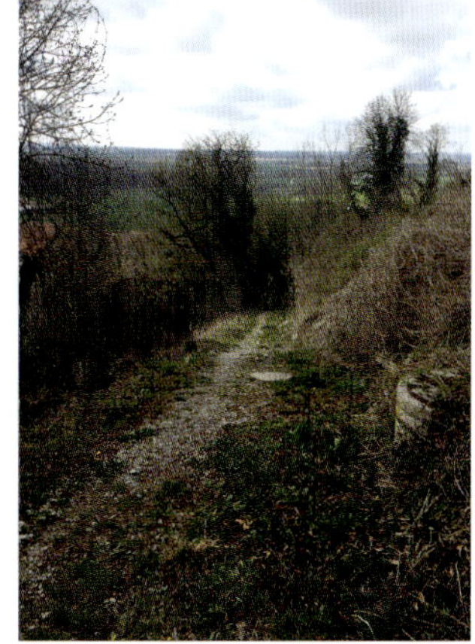

Durch die Altenberger Weinberge.

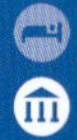

nes Juwel, da es viele unterschiedliche Lebensräume in sich vereint.

▶ Wir beginnen diese Wanderung am **Schlossplatz in Ippesheim** 01, beim Schloss Lichtenstein, in dem zur Zeit ein Kindergarten untergebracht ist.
Zunächst folgen wir der Reuscher Straße nach rechts hinauf. Sie macht bald eine Rechtskurve, hier laufen wir weiter geradeaus in den Sohlweg. Der asphaltierte Weg bringt uns zu einem Sportplatz, ab hier folgen wir der Markierung 15. Nach ungefähr 15 Minuten erreichen wir eine Gabelung. Hier links, leicht bergan zum **Kirschberg** 02. Bald finden wir uns auf einem Wiesenweg wieder, der uns um eine Linkskurve, dann am Waldrand entlang führt. Kurz geht es nochmal durch den Wald, dann erreichen wir einen Feld- und Schotterweg. Hier biegen wir rechts ab, am Weinhügel entlang, bis wir nach ca. 500 Metern vor einer Gabelung stehen: Hier halten wir uns links, zwischen den Weinreben von Altenberg hindurch, leicht bergan. Am Ende des Weinberges folgen wir dem Weg geradeaus, nun auf der Markierung Weinparadies-

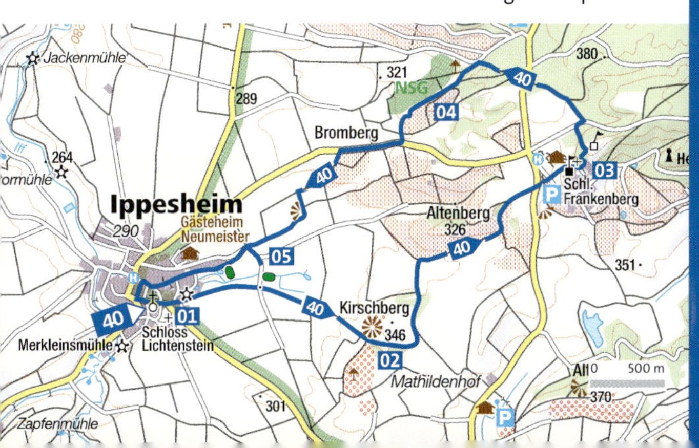

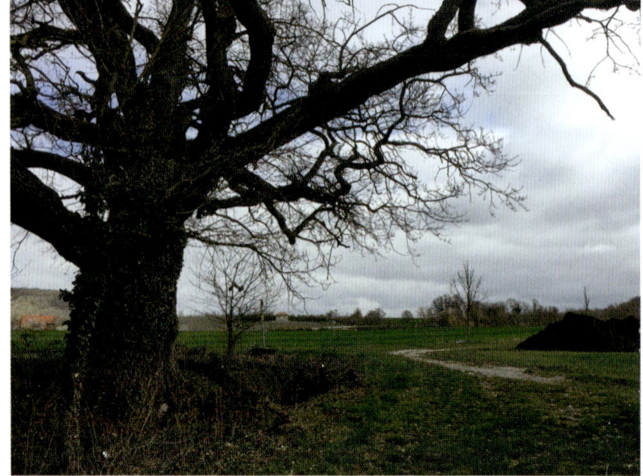

Spätherbst im Steigerwald.

weg, der uns in Form von Trauben den Weg weist. Die NEA42 überqueren wir nach links, dann auf der Straße hinauf zum **Schloss Frankenberg** 03. Am Schloss entlang hinter, dann scharf links, führt uns ab hier der Steigerwald-Panoramaweg weiter. Nach wenigen Schritten geht es rechts herum. Bevor uns ein Pfad links hinab führt, folgen wir weiter geradeaus für einen kurzen Abstecher zur gut erhaltenen **Burgruine Hinterfrankenberg**.

Nach diesem kleinen Abstecher also geht es den Pfad hinab, wir erreichen einen, in den wir rechts einbiegen, doch nach wenigen Schritten leitet uns unsere Markierung bereits nach links, am Waldessaum entlang.

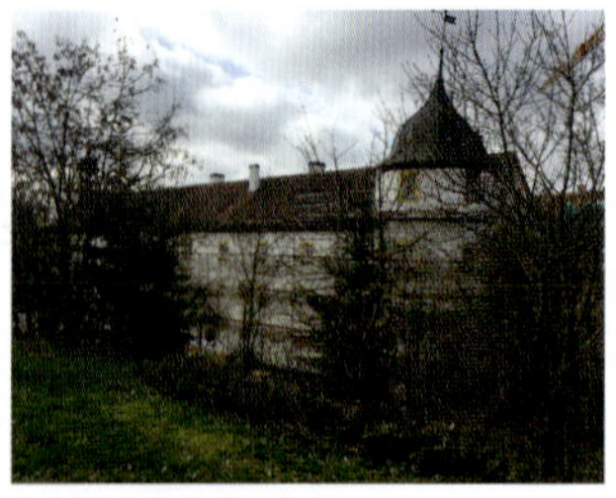

Schloss Frankenberg.

Nach ein paar Minuten erreichen wir wieder die NEA42. Wir überqueren sie geradeaus, und folgen nun nochmals gute 300 Meter dem Weg, bis der Weinparadiesweg nach links leitet. Nun bald am Weinhügel entlang hinab, und am **Naturschutzgebiet Holzöd** 04 entlang führt uns der Weg in einer knappen viertel Stunde an die NEA46. Wir wenden uns nach rechts und gehen ein Stück mit 15 an ihrer Seite entlang, bis uns die Markierung nach links schickt. Wir folgen dem Weg nun eine gute viertel Stunde, bis er auf einen asphaltierten Weg trifft. Nach links noch ein kurzer Abstecher zur **Ziegelhütte** 05, dann folgen wir dem ursprünglichen Weg geradeaus direkt nach Ippesheim hinein. Durch die Molkereistraße geht es am Sportplatz vorbei, nach ein paar Minuten links die Brunnengasse hinauf. An der Reuscher Straße wenden wir uns ebenfalls nach links und laufen in wenigen Schritten zum **Schlossplatz in Ippesheim** 01 zurück.

ÜBER DEN IFFIGHEIMER BERG ZUR RUINE HOHENLANDSBERG

Lange Runde zu einigen der südwestlichsten Attraktionen des Steigerwaldes

  17,8 km 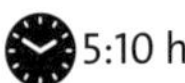 5:10 h  285 hm  285 hm

START | Krassolzheim, 330 m. Anfahrt: Der Wanderparkplatz befindet sich kurz nach Ortsende Richtung Nenzenheim auf der rechten Seite. [GPS: UTM Zone 32 x: 597.664 m y: 5.496.416 m]
CHARAKTER | Auf Grund der Länge erfordert die Tour Ausdauer. Die Wege sind gut beschildert und angenehm zu gehen, größtenteils durch den Wald. An- und Abstieg auf den Iffigheimer Berg sowie zur Ruine Hohe Landsberg erweisen sich als teils sehr steil. Bei Nässe extrem rutschig!

Bei dieser doch recht langen Wanderung besuchen wir ein paar besondere Orte rund um Markt Nordheim; zuerst führt uns der Weg durch die schönen Wälder bei Krassholzheim auf den Iffigheimer Berg; hier steht der Andreas-Därr-Turm. Auf ihm befindet sich eine Aussichtsplattform, zu Recherchezeiten war der Turm jedoch abgesperrt. Kurz darauf werden wir durch den Steinbruchweg, auch „Sandsteige“ genannt, geführt. Er war bis in die 60er-Jahre der einzige, direkte Verbindungsweg zwischen Nenzenheim und

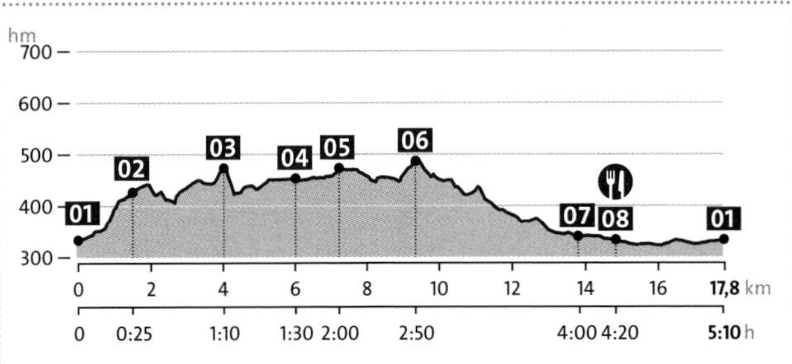

01 Krassolzheim, 330 m; **02** Abzweigung Hauptwege, 410 m; **03** Iffigheimer Berg, 482 m; **04** Steinbruchweg, 441 m; **05** Roter Buck, 456 m; **06** Ruine Hohenlandsberg, 498 m; **07** Naturerlebnisgelände Markt Nordheim, 337 m; **08** Markt Nordheim, 332 m

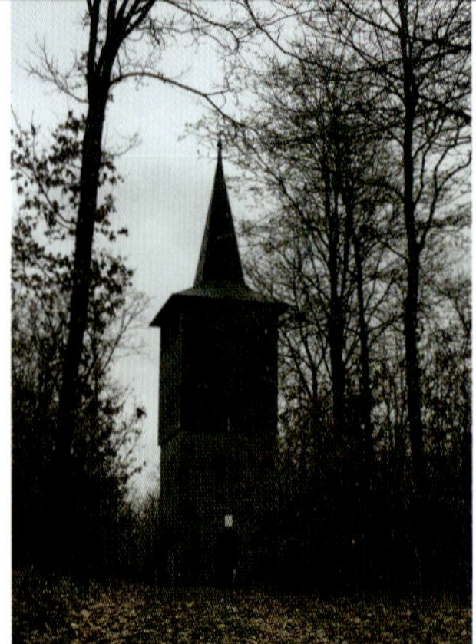
Turm auf dem Iffigheimer Berg.

Krassolzheim. In früheren Zeiten zogen hier Pferdefuhrwerke Holz oder Sandstein durch die 10 Meter tief eingeschnittene Hohlgasse. Von Frost Hufen abgetretener und abgebröckelter Sand von den Felsen wurde durch Regen und Schmelzwasser zum Judensee hinabgeschwemmt. Dort sammelten ihn die Dorfbewohner für Haus und Garten. 1864 verlor der Hohlweg nach dem Bau der Verbindungsstraße seine Bedeutung. Danach erklimmen wir den Hohenlandsberg, mit 498 m die höchste Erhebung im vorderen Steigerwald. Von der hier einst prächtigen Reichsburg Hohenlandsberg sind nur noch wenige Reste erhalten. Darunter der Trockengraben mit Außenwall und Mauerwall sowie der halb verschüttete Haupteingang und mehrere Keller mit einstürzenden Luftschächten.

▶ Wir beginnen unsere Wanderung in **Krassholzheim 01**. Zunächst folgen wir der NEA32 Richtung Nenzenheim knappe 400 Meter. Dann zweigt ein Feldweg rechts hinauf ab, ein Schild weist uns hier bereits den Weg nach Nenzenheim (7 km). Zunächst steigt der Weg an, nach ca. einem halben Kilometer macht er am Wald einen Linksknick. Wir verlassen ihn und folgen geradeaus einem Waldweg hinauf, auf der Markierung des blauen Tropfens. Der Weg führt uns nach 5 Minuten an einen Schilderbaum mit der **Abzweigung des Hauptweges 02**. Wir folgen dem Hauptweg nun nach links Richtung Andreas-Därr-Turm, auf dem blauen Tropfen und Flieger sowie dem roten Löffel.

So laufen wir nun fast eine halbe Stunde durch den Wald, bis wir an einem breiten Forstweg rechts abbiegen und wenige Schritte später die NEA32 erreichen. Wir überqueren die Straße nach links

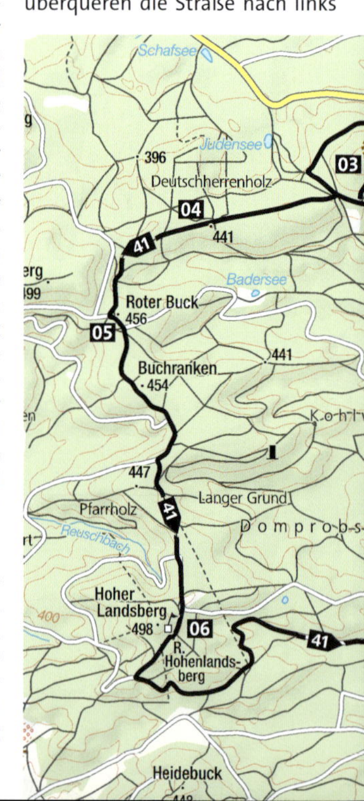

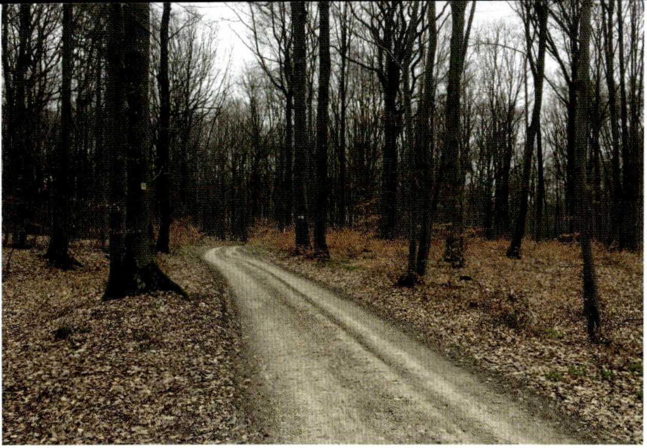

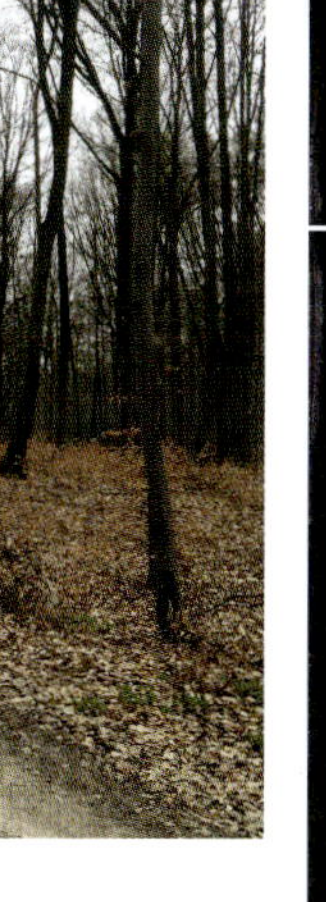

Herbstlicher Wald.

und folgen nun einem etwas ungängigem Weg mit groben Steinen Richtung Hohenlandsberg. Zu unseren Markierungen gesellt sich nun N4, der Steinbruchweg, dazu. Nach ein paar Minuten biegen wir an der T-Kreuzung rechts ab, bei der darauffolgenden Gabe-

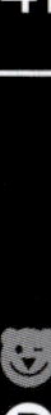

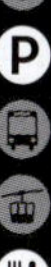

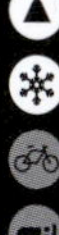

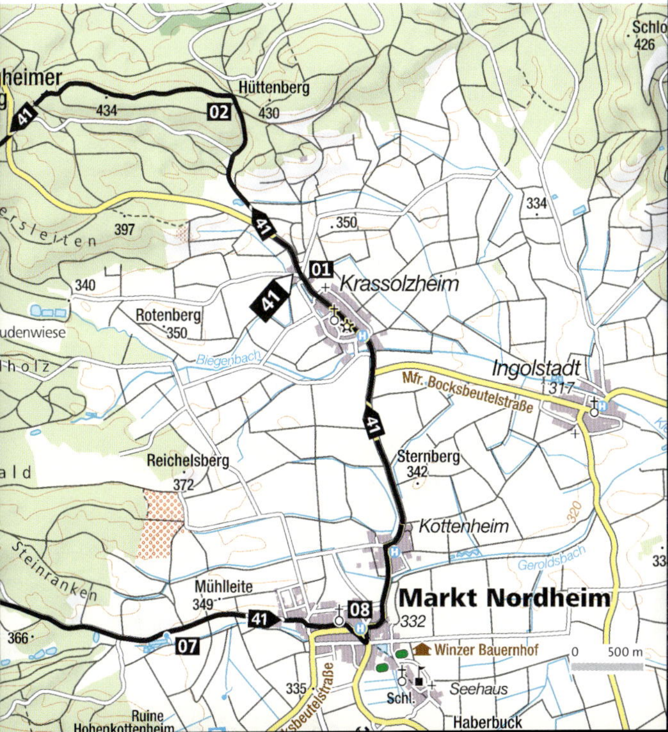

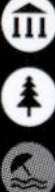

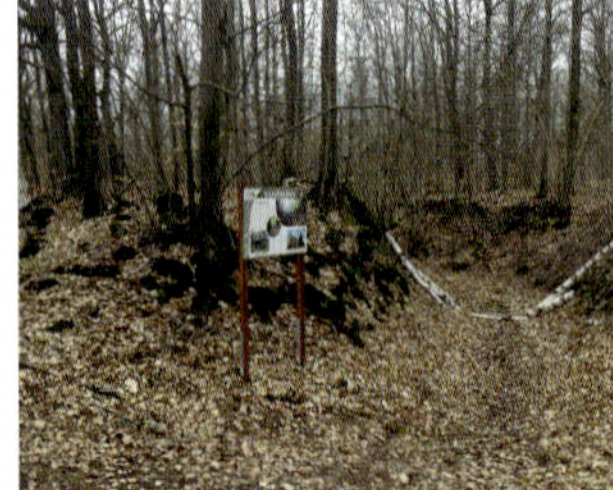
Hohlweg durch den Steinbruch.

lung wieder rechts. Gleich danach machen wir mit N1 einen scharfen Rechtsknick, auf einem Pfad nun hinauf zum Andreas-Därr-Turm. Wir queren dabei einmal einen Schotterweg, bevor der extrem steile Schlussanstieg beginnt.
Am Aussichtsturm auf dem **Iffigheimer Berg** **03** wandern wir zur Rechten des Turmes vorbei und laufen nun auf dem Pfad, der sich mit Stufen abwechselt, wieder hinab. Teilweise steil führt er an einen Waldweg, an dem wir nun wieder N4 nach links folgen.

An der nächsten Gabelung halten wir uns rechts, nach ein paar hundert Metern biegen wir in der Rechtskurve nach links ab. Wir folgen nun weiter auf N4 dem **Steinbruchweg** **04** durch eine Hohlgasse. Dann treffen wir wieder auf einen Waldweg, der uns zusammen mit alten Bekannten, dem roten Tropfen und dem blauen Flieger, nach rechts führt, Richtung Hohenlandsberg.
Nach einiger Zeit queren wir einen Forstweg schräg nach rechts, wir folgen weiter den Markierungen bis zur nächsten Gabelung; hier halten wir uns rechts, einen Hohlweg hinauf über den **Roten Buck** **05**.
Wir erreichen einen breiten Forstweg, an dem wir links einbiegen Richtung Hohe Landsberg, weiter auf dem roten Löffel und nun auch auf dem Steigerwald-Panoramaweg.
Der Steigerwald-Panoramaweg und der rote Löffel begleiten uns gute eineinhalb Kilometer, bis sie

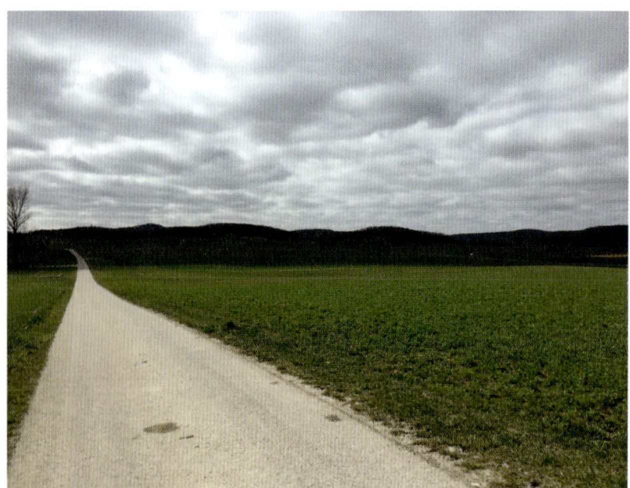
Durch die Mühlleite nach Markt Nordheim.

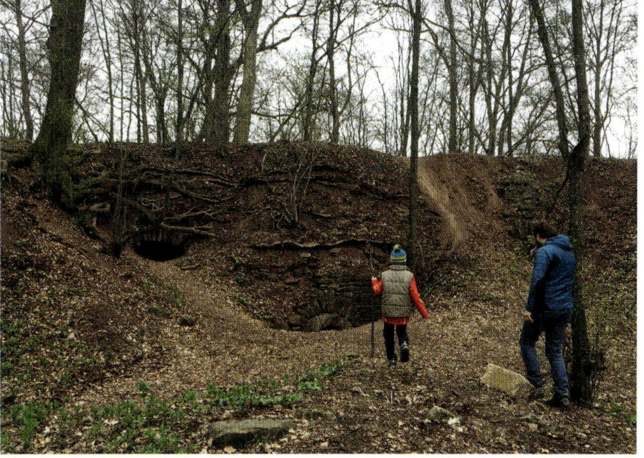

Burgstall Hohenlandsberg.

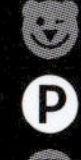
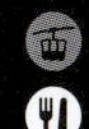
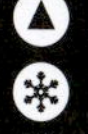
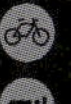

uns nach rechts auf einen Pfad schicken, der schon nach wenigen Metern wieder breiter wird. An der darauffolgenden großen Kreuzung biegen wir nach links Richtung Weigenheim ab. Der Weg wird schnell immer schmäler und trifft schließlich wieder einen breiten Weg. Zielsicher führt uns der Steigerwald-Panoramaweg nach 10 Minuten an eine Infotafel und der Abzweigung zur Ruine. So folgen wir dem Pfad nach rechts hinauf und erreichen die **Ruine Hohenlandsberg 06**. Nach einem Besuch der Mauerreste und einer Runde auf dem äußeren Wall um die Ruine herum steigen wir wieder zum Waldweg hinab und folgen ihm nach rechts weiter hinunter Richtung Weigenheim. An de Gabelung biegen wir links um die Kurve weiter abwärts. Nach einer viertel Stunde verlässt uns der Steigerwald-Panoramaweg nach rechts, wir bleiben auf unserem breiten Waldweg nun auf dem roten Tropfen Richtung Markt Nordheim.

Nach einer guten halben Stunde treten wir aus dem Wald heraus. Ein asphaltierter Weg führt uns nun geradeaus, nach weiteren fünfhundert Metern erreichen wir rechter Hand das **Naturerlebnisgelände von Markt Nordheim 07**. Nach einem kurzen Besuch desselbigen wandern wir auf unserem Weg weiter bis nach **Markt Nordheim 08**. An der Gabelung halten wir uns rechts, dann geradeaus

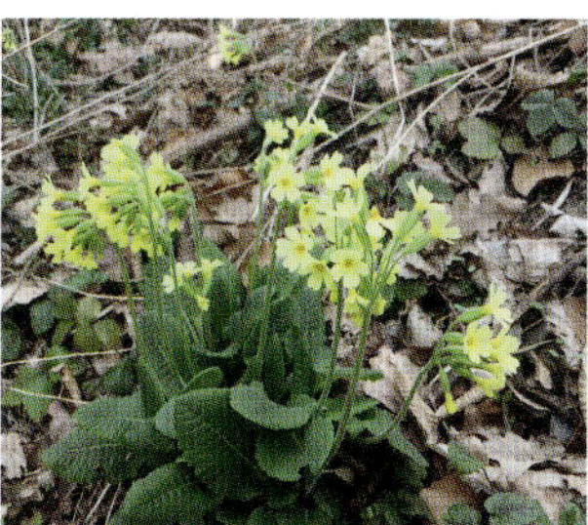

Die ersten Frühlingsboten.

durch Markt Nordheim hindurch, bis wir auf die NEA31 treffen. Ihr folgen wir nach rechts nach Kottenheim hinein. Durch das Örtchen hindurch, dann gut 20 Minuten der Hauptstraße folgen bis **Krassolzheim 01**, noch durch den Ort hindurch und 10 Minuten später erreichen wir den Parkplatz.

IN DIE GIPSHÜGEL BEI MARKT NORDHEIM

Entdeckungsreise ins Naturschutzgebiet Sieben Buckel und zur Gipshöhle Höllern

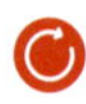 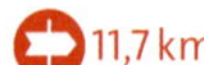 11,7 km  3:20 h 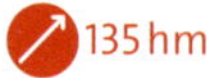 135 hm 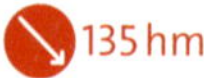 135 hm

START | Wanderparkplatz NEA 31, 352 m. Anfahrt: Parkplatz an der NEA31 Richtung Wüstphül, ca. 1 km nach Markt Nordheim auf der rechten Seite. [GPS: UTM Zone 32 x: 597.187 m y: 5.493.210 m]
CHARAKTER | Breite Wiesen- und Feldwege mit lediglich einem nennenswerten Anstieg zur Ruine Hohenkottenheim. Im Schutzgebiet um die Gipshügel etwas Orientierung von Nöten.

Diese Wanderung führt uns vorbei an den beiden Höhlensystemen der Gipshöhle Höllern. Sie ist Unterschlupf für Fledermäuse und ist wohl die größte begehbare Auslaugungshöhle Süddeutschlands. In unmittelbarer Nähe befinden sich die Gipshügel der Sieben Buckel, die eine Dolinen-Landschaft mit zahlreichen kleinen Höhlen bilden. Das Gebiet bietet einer besonderen Tier- und Pflanzenwelt Schutz.

▶ Wir beginnen unsere Wanderung am **Wanderparkplatz an der NEA 31** 01 zwischen Markt Nordheim und Wüstphül. Wir folgen zunächst MN4 Richtung Aussicht Hohenkottenheim. Die Markierung führt uns auf einem Schotterweg bergan, bald an der

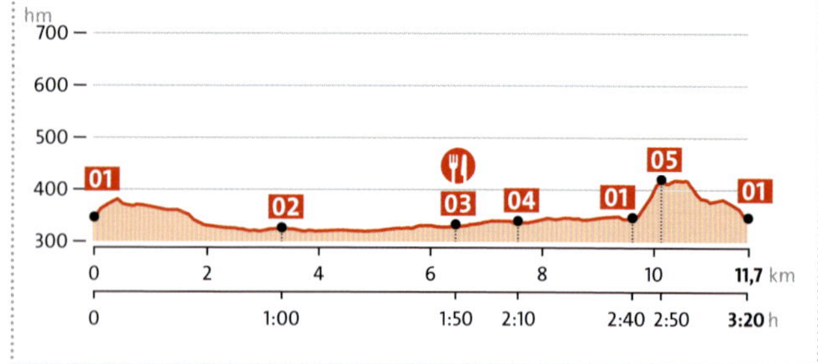

01 Wanderparkplatz NEA 31, 352 m; 02 NSG Sieben Buckel, 329 m; 03 Markt Nordheim, 332 m; 04 Naturerlebnisgelände Markt Nordheim, 337 m; 05 Ruine Hohenkottenheim, 421 m

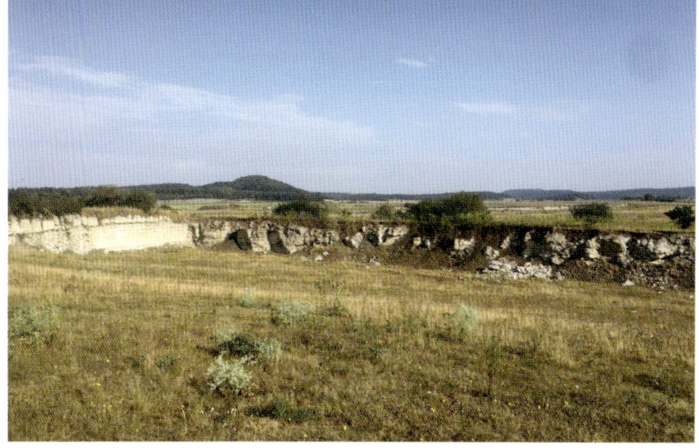

Die Gipshügel im Naturschutzgebiet Sieben Buckel.

Teergabelung links hinab. Wir überqueren die NEA 31 und folgen dem Weg auf der anderen Seite wieder bergauf. MN4 führt uns erst geradeaus, dann in einem Linksknick nach 15 Minuten aus dem Wald heraus an eine Straße. Hier geht es nach rechts, dann gleich wieder links auf einem Wiesenweg nun am Irrbach entlang. Beim Schotterweg laufen wir schräg links hinüber, an der darauffolgenden Infotafel biegen wir rechts ab, weiter auf breitem Weg. Nach einem kurzen Wegstück führt uns ein Grasweg am Ende der Umzäunung nach links in das **Naturschutzgebiet Sieben Buckel** **02**. Wir können nun einige hundert Meter in das Schutzgebiet laufen; Infotafeln veranschaulichen die Entstehung und Bedeutung des Schutzgebietes. Auf Grund von Abbauarbeiten können wir das Gebiet nicht direkt durchqueren. Daher gehen wir, nach-

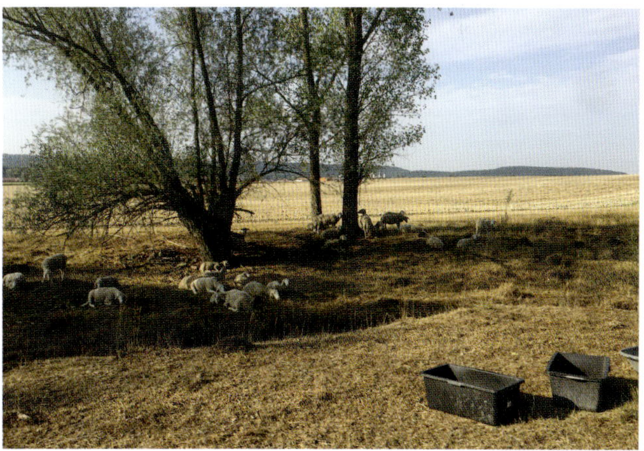

Schafweide beim Naturschutzgebiet Sieben Buckel.

dem wir die Gipshöhlen und die Sieben Buckel genau betrachtet haben, über die Wiese wieder zurück zum Schotterweg. Hier nun weiter nach links, dann wieder links auf einen geteerten Flurweg. Er führt uns direkt zur NEA 33. An der Hauptstraße rechts, nach ca. 150 Metern dann links nach „Seehaus" hinein. An der nächsten Gabelung links, danach wieder links halten durch die Schlosstore von **Schloss Seehaus** hindurch nach **Markt Nordheim** **03** hinein. Ein Fußweg führt uns hinab, am Weiher vorbei. An der Vorfahrtsstraße geradeaus Richtung Wüstphül. Nach einem kurzen Stück halten wir uns rechts und wandern nun auf einem Fußweg am Mühlbach entlang, am Dorfbrunnen vorbei auf dem roten Tropfen. Am Ende des Weges folgen wir der Straße nach rechts, dann zweimal links haltend, führt uns der Weg bald an Wiesen und Feldern vorbei nach guten 500 Metern zu einer Gabelung. Wir folgen nun dem Martin-Luther-Weg nach links, über den Mühlbach ins **Naturerlebnisgelände Markt Nordheim** **04**. Nachdem wir die verschiedenen Stationen des naturnahen Geländes ausprobiert haben, wenden wir uns, wieder am Teerweg,

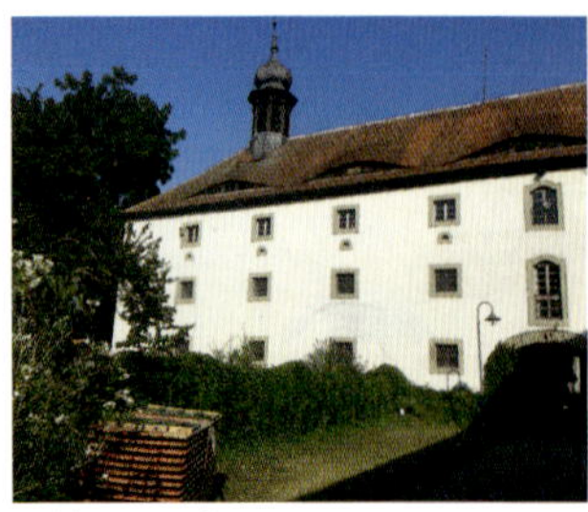

Schloss Seehaus.

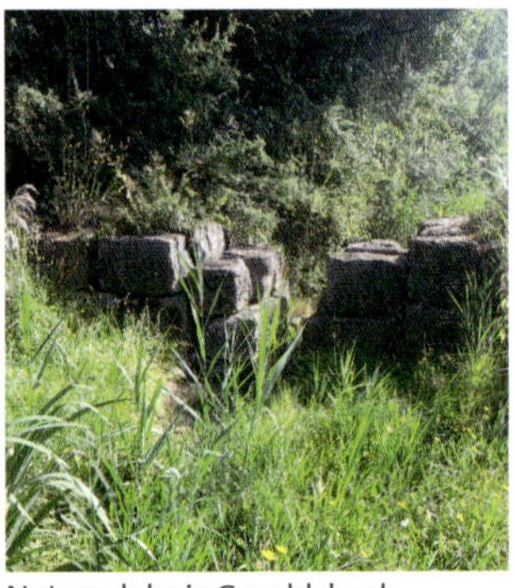

Naturerlebnis Geroldsbach.

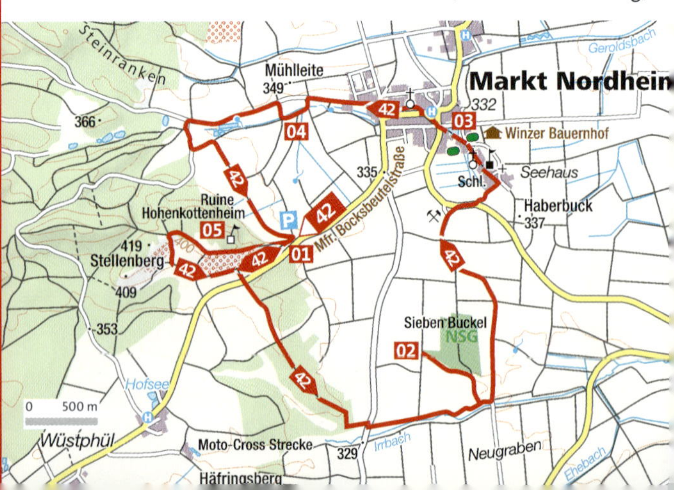

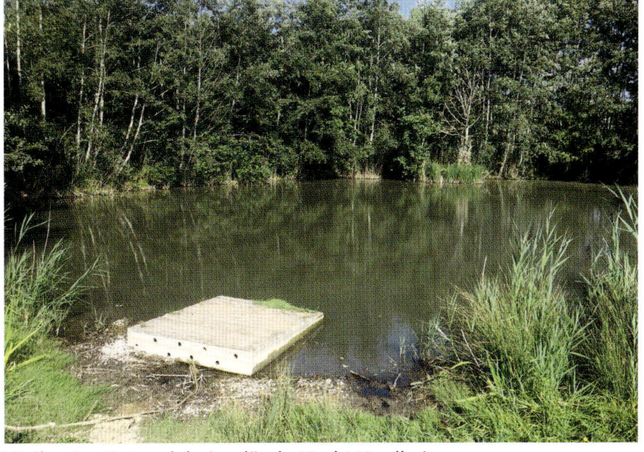
Weiher im Naturerlebnisgelände Markt Nordheim.

nach links. Nach guten 5 Minuten führt uns MN2 nun nach links Richtung Ulsenheim. Der Weg verläuft gleich darauf wieder links, an der Gabelung nochmals nach links. Kurz vor dem **Wanderparkplatz** **01** folgen wir in einem Rechtsknick Richtung Ruine Hohenkottenheim. Durch einen Laubhain geht es hinauf zu den Burgwällen und der **Ruine Hohenkottenheim** **05**. Nach deren Besichtigung geht es auf dem Weg weiter, an einem Aussichtspunkt mit Panoramablick vorbei. Erst auf einem Wiesenweg, dann auf Wald- und Feldweg weiter, an der nächsten Gabelung links hinab. Kurz darauf nochmals links, dann führt uns das Sträßlein auf dem Anfangsweg zurück zum **Wanderparkplatz an der NEA 31** **01**.

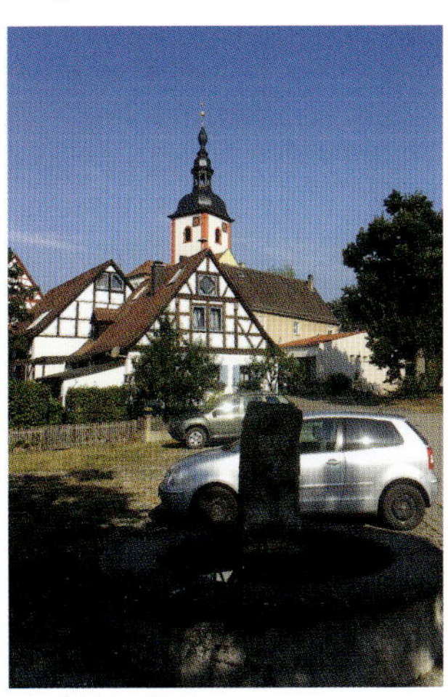
Markt Nordheim.

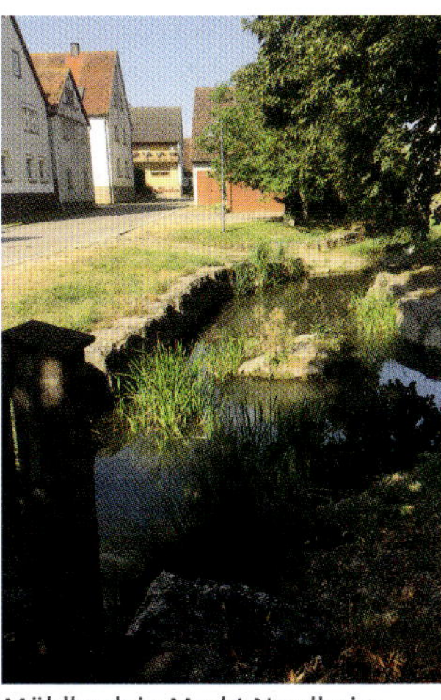
Mühlbach in Markt Nordheim.

43

VON SUGENHEIM NACH ULLSTADT

Zwei Schlösser im Ehegrund

 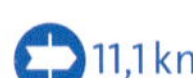 11,1 km  3:15 h 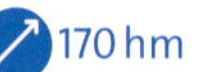 170 hm 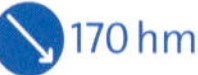 170 hm

START | Sugenheim, 312 m. Anfahrt: Wanderparkplatz an der Hürfelderstraße/Ecke ST2253 am Ortseingang von Sugenheim gegenüber des Sportvereins.
[GPS: UTM Zone 32 x: 604.172 m y: 5.495.902 m]
CHARAKTER | Breite Wald- und Teerwege wechseln sich ab; lediglich der Anstieg auf den Roten Berg ist etwas mühsamer. Im letzten Drittel Orientierung im Wald dringend von Nöten!

Zwei prächtige Schlossanlagen erwarten uns auf dieser Wanderung; das dreiflügelige, ehemalige, innere (alte) Wasserschloss der Marktgemeinde Sugenheim stammt aus dem 14. Jahrhundert – im Gegensatz zu seinem jüngeren Bruder, dem äußeren neuen Schloss, das um 1746 erbaut wurde. Der Weg führt uns durchs Ehebachtal nach Ullstadt; dort erwartet uns mit seiner Schlossanlage bereits das nächste Highlight. Das Ullstädter Schloss wurde nach Plänen von Johann Dientzenhofer im 18. Jahrhundert erbaut. Sehenswert im Schlossgarten das Salettl, ein querrechteckiger Bruchsteinpavillon mit Mansarddach. Naturhistorisch geht es hinter Ullstadt weiter – beim Schilfsandsteinbruch; hier gibt es Ablagerungen, die über 225 Millionen Jahre alt sind. Die fossilen Schachtelhalme finden sich heute noch in Form von verbauten Stall- und Wegfliesen. Der direkt ein Stück weiter des Weges liegende Jüdische Friedhof stammt noch aus dem Jahre 1623.

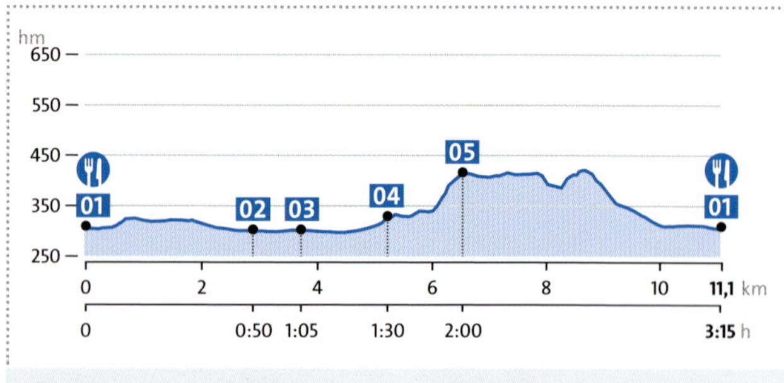

01 Sugenheim, 312 m; 02 Wiesenmühle, 304 m; 03 Schloss Ullstadt, 304 m; 04 ehemaliger Steinbruch, 334 m; 05 Roter Berg, 406 m

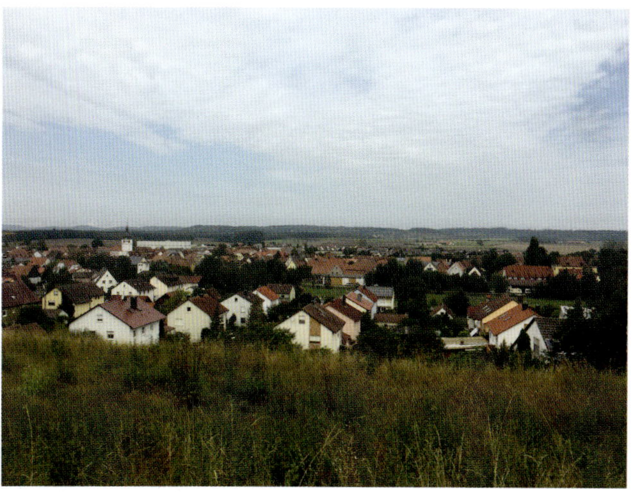

Blick auf Sugenheim.

▶ Vom Wanderparkplatz in **Sugenheim** 01 folgen wir dem roten Dreieck zur ST2253. Hier biegen wir rechts ab. Kurz darauf überqueren wir die ST2256 schräg nach rechts und folgen einem

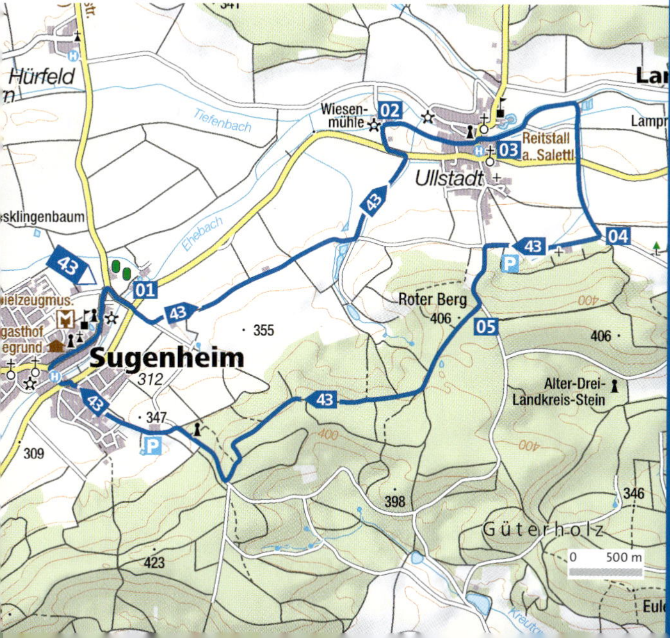

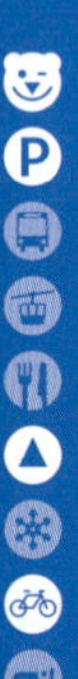

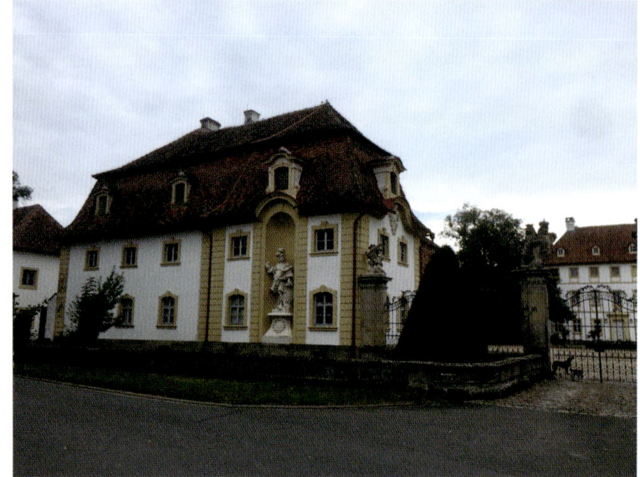

Schloss Ullstadt.

Flurweg. Nach guten 150 Metern folgen wir einem Schotterweg nach links, kurz hinauf, dann einen Wiesenweg entlang. Wir passieren eine Scheune, der Weg geht in Schotter über, wir folgen

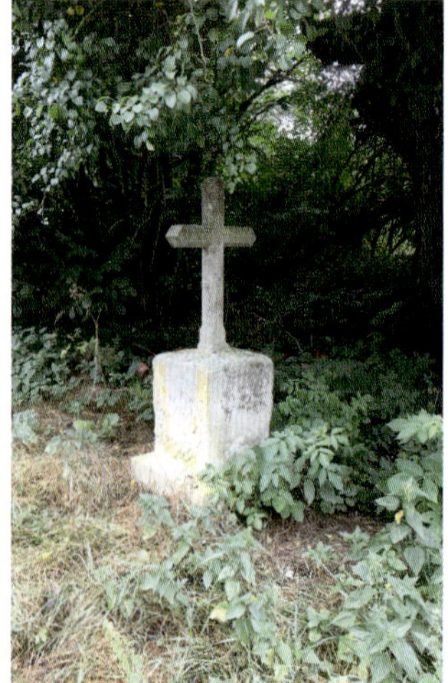

Steinernes Wegkreuz.

weiter geradeaus, weiter auf dem roten Dreieck. Nach insgesamt ca. eineinhalb Kilometern auf diesem Weg erreichen wir einen Flurweg; eine Bank und ein Steinkreuz laden hier zum Rasten ein. Wir folgen der Flur nach links bis zur ST2256. Auch hier wenden wir uns wieder nach links, jetzt weiter mit der Markierung SU5. An der **„Wiesenmühle“** 02 biegen wir rechts ab. Ein Teerweg führt uns rechts um die Kurve auf einen weiteren Flurweg. Auf dem „Wiesenmühlenweg“ wandern wir geradeaus nach Ullstadt hinein. Er mündet in die Hirtenstraße, die uns wiederum an eine Vorfahrtsstraße führt: Hier nun nach links, gleich darauf „Am Bleichwasen“ wieder rechts. Ein kleiner Abstecher kurz darauf führt uns links über die Brücke zum **Schloss Ullstadt** 03. Dann folgen wir wieder unserem ursprünglichen Weg, zu unserer Linken der Ehebach. Nach einem kurzen Stück hal-

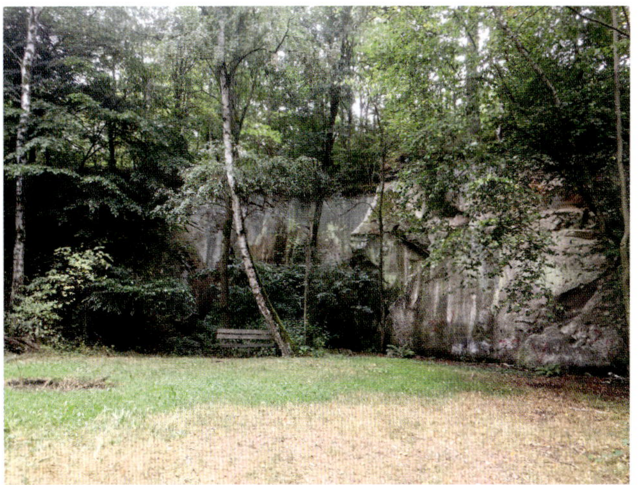

Steinbruch Ullstadt.

ten wir uns links, über einen Wiesenweg weiter, nahe am Bach entlang. Bald treffen wir auf einen befestigten Weg, dem wir nach rechts folgen. Weiter auf SU5 führt er uns wieder an die ST2256. Wir überqueren die Staatsstraße und folgen einem Flurweg aufwärts. Am Waldrand treffen wir auf einen **ehemaligen Steinbruch** 04. Wir folgen dem Weg nach rechts, zu unserer Linken passieren wir den Judenfriedhof. Nach einer knappen viertel Stunde erreichen wir eine große Kreuzung mit einem Parkplatz. Hier nun nach links, auf breitem Weg in den Wald hinauf. Der folgende Anstieg auf den **Roten Berg** 05 wird immer steiler, an der nächsten Gabelung halten wir uns rechts auf SU6. Wenige Minuten später biegen wir nochmals rechts ab. Nach guten 10 Minuten wandern wir in einer Linkskurve weiter geradeaus in den Wald hinein. Der Weg wird nun schmäler, und teilweise ist die Wegspur nur angedeutet. Doch mit etwas Orientierungssinn führen uns die ausgetretenen Pfade und die Beschilderung SU6 immer geradeaus über einen Wald- und Wiesenweg, teils durch hohes Gestrüpp. Nach einigen Minuten folgen wir am Hochstand um eine Linkskurve, nochmal durch hohes Gestrüpp, erreichen wir kurz darauf einen befestigten Waldweg. Hier wenden wir uns nach rechts, am Teerweg nochmals rechts hinab. Beim Waldaustritt folgen wir dem roten Dreieck nach links, kurz darauf halten wir uns wieder rechts, weiter hinab auf SU2. Bald bringt uns die „Bergstraße" bis zur „Deutenheimerstraße". Hier wenden wir uns nach links, die nächste Möglichkeit wieder rechts. Wir überqueren den Ehebach, an der Hauptstraße biegen wir rechts ein. Über sie nun in wenigen Minuten zurück zum Wanderparkplatz in **Sugenheim** 01.

VON HERBOLZHEIM NACH ULSENHEIM

Vom Dorf an der Ehequelle zur Gollachquelle

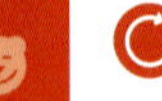  15,7 km  4:30 h 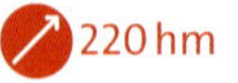 220 hm 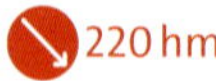 220 hm

START | Herbolzheim, 335 m. Anfahrt: Parkmöglichkeiten an der Kirche oder in der Ortsmitte.
[GPS: UTM Zone 32 x: 597.114 m y: 5.490.567 m]
CHARAKTER | Gut markierte, meist breite Wege. Zwei gediegene Anstiege auf den Kehrenberg und den Betzhügel. Achtsamkeit an der Gollachquelle, hier kann der Weg leicht verfehlt werden.

Herbolzheim, der Ausgangspunkt unserer Wanderung, gehört zu einem von vier Osingdörfern. Der Brauch besagt, dass die ca. 274 ha große Hochfläche Osing unter den Rechtlern verlost wird. Er findet alle 10 Jahre statt, der Ursprung geht wohl bis in die Zeit Karls des Großen zurück. Diese Tradition der Landnutzung ist in Europa einmalig. Die Anteile werden neben Herbolzheim unter Krautostheim, Humprechtsau und Rüdisbronn immer wieder neu verlost. Auf gut markierten Wegen wandern wir durch die schönen Wälder am Bischofsranken und Schimmelsteig, bis wir uns auf dem letzten Drittel der Wanderung an der Gollachquelle erfrischen können.

▶ Wir starten unsere Wanderung in **Herbolzheim** 01. Zu-

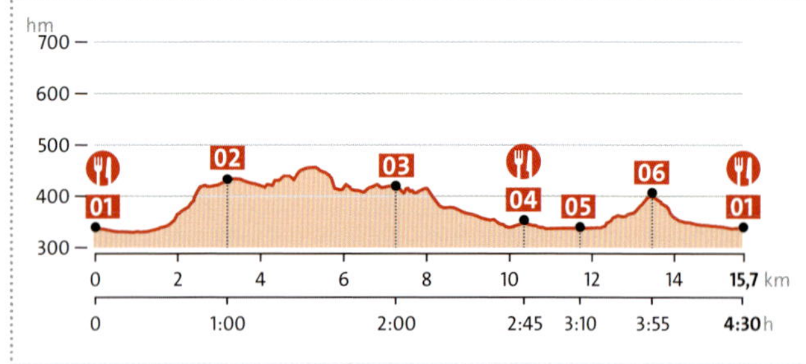

01 Herbolzheim, 335 m; 02 Kehrenberg, 447 m; 03 NSG Rammelsee / Schimmelsteig, 435m; 04 Ulsenheim, 342 m; 05 Gollachquelle, 337 m; 06 Belzhügel, 405 m

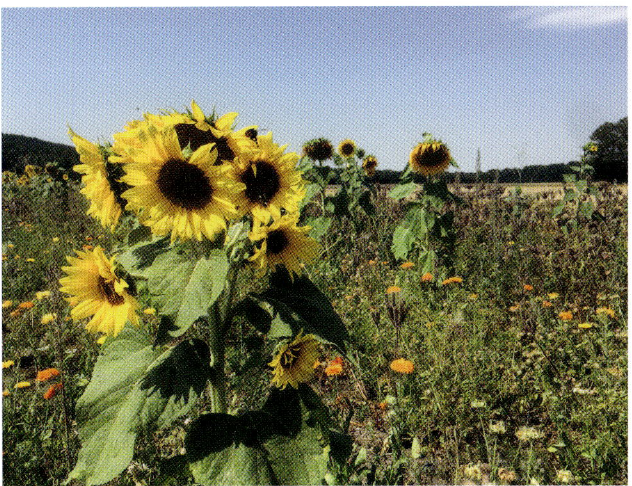

Sonnenblumenfeld bei Herbolzheim.

nächst gehen wir Richtung Kirche auf dem Steigerwald-Panoramaweg. Bei der Infotafel Herbolzheim biegen wir rechts ab und folgen der Markierung MN1 und dem Steigerwald-Panoramaweg Richtung Freizeitsee. Wir folgen den Schildern nach links, die nächste Gelegenheit wieder rechts. Kurz vor dem Ortsausgang biegen wir rechts auf einen Teerweg ab und folgen weiter dem Steigerwald-Panoramaweg und dem Keltenweg Richtung Bad Windsheim. Der Teerweg führt uns bis in einen Wald, dann hinauf über den **Kehrenberg** **02**. An der T-Kreuzung biegen wir rechts ab auf das rote Dreieck und den Steigerwald-Panoramaweg. An der nächsten Gabelung behalten wir den Weg geradeaus auf dem roten Dreieck bei. Wir folgen dem Weg nun eine gute Stunde, bis wir zum **Naturschutzgebiet Rammelsee und Kleiner Schimmelsteig** **03** kommen. Nun führt uns der Weg allmählich bergab, aus dem Wald heraus, bis zur NEA31. Wir folgen ihr nach rechts, gute 25 Minuten hinab bis nach **Ulsenheim** **04**, nun auf dem Zeichen der Weinrebe. Im Ort folgen wir der Hauptstraße und halten uns rechts, bis nach ca. 5 Minuten ein Wegweiser von der Vorfahrtsstraße wegführt

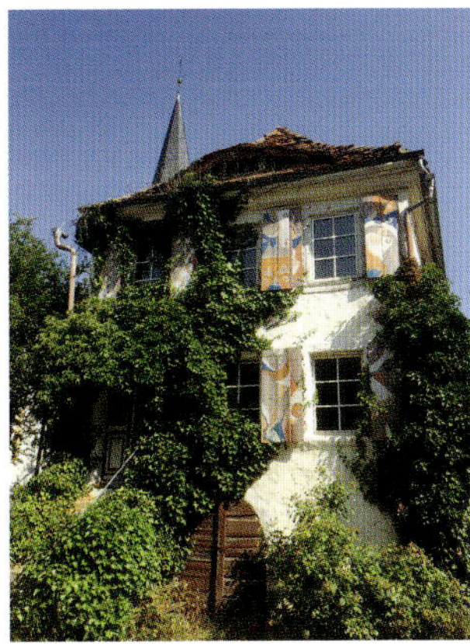

Romantisches Häuschen in Herbolzheim.

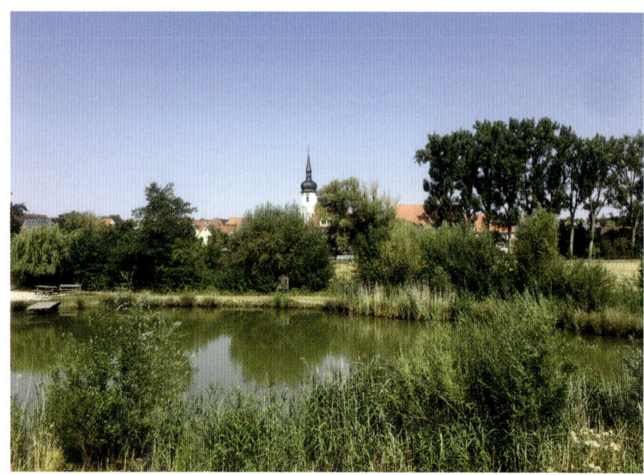

Gänssee.

Richtung Wildberghof. Wir folgen in die Straße, nach einem kurzen Stück gegenüber der Kirche biegen wir rechts ein in „Zur Gollachquelle". Am idyllischen Gänssee vorbei, dann links. Wir folgen dem Teerweg, an der nächsten Gabelung halten wir uns links. Nach wenigen hundert Metern erreichen wir die **Gollachquelle** **05**.

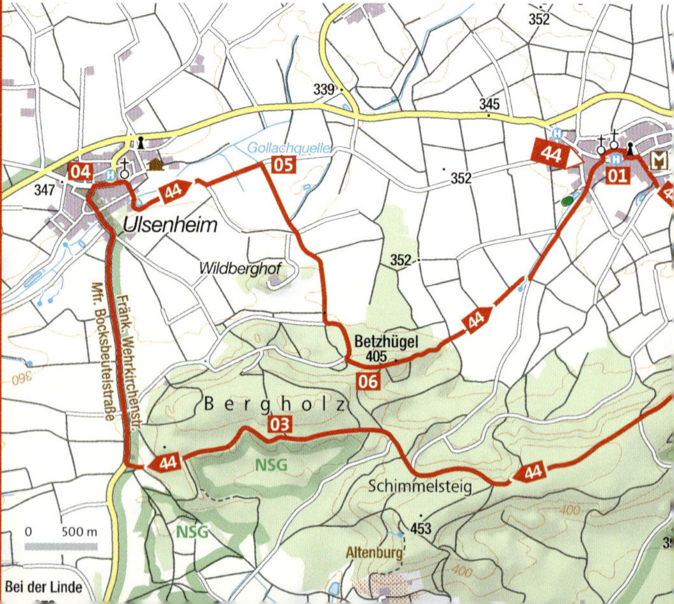

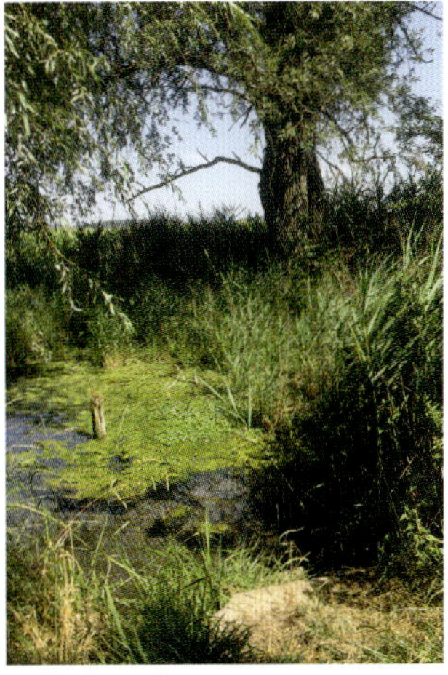
Gollachquelle.

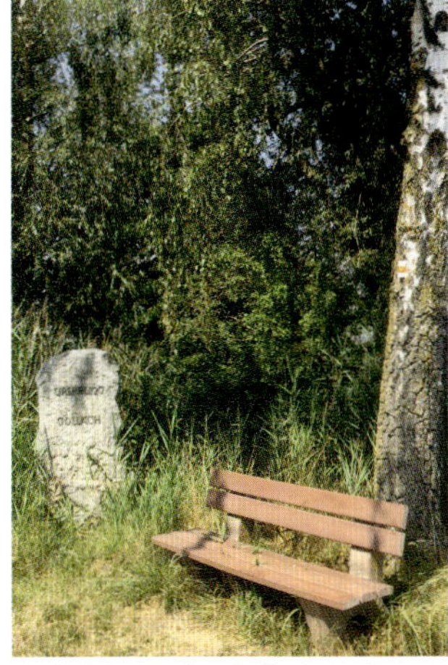
Rastplatz an der Gollachquelle.

Hier biegen wir rechts auf einen Wiesenweg MN2 folgend ein, der uns in 10 Minuten an eine schmale Teerstraße führt. Wir folgen geradeaus weiter, nun aufwärts. Am Waldrand halten wir uns links, an der nächsten Gabelung ebenso links. Bald führt uns der Weg hinauf über den **Belzhügel** **06**. Allmählich führt uns der Weg wieder bergab. Wir folgen ihm nun stetig geradeaus, aus dem Wald heraus. Kurz vor Herbolzheim erreichen wir eine Kreuzung: Hier schlagen wir den mittleren, geteerten Weg ein. Er führt uns an einer Kneippanlage und einem Löschweiher vorbei in den Ort **Herbolzheim** **01** hinein.

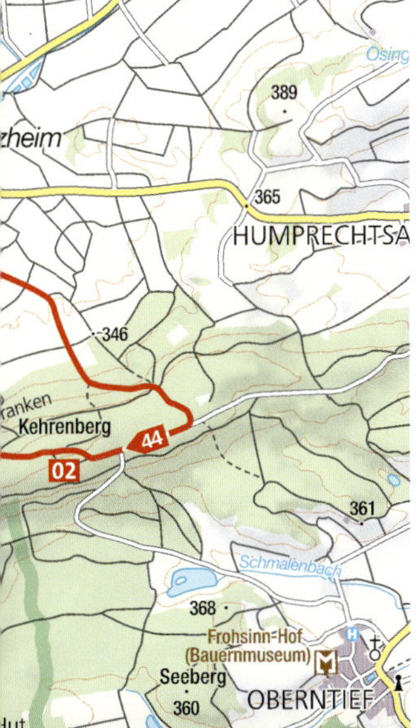

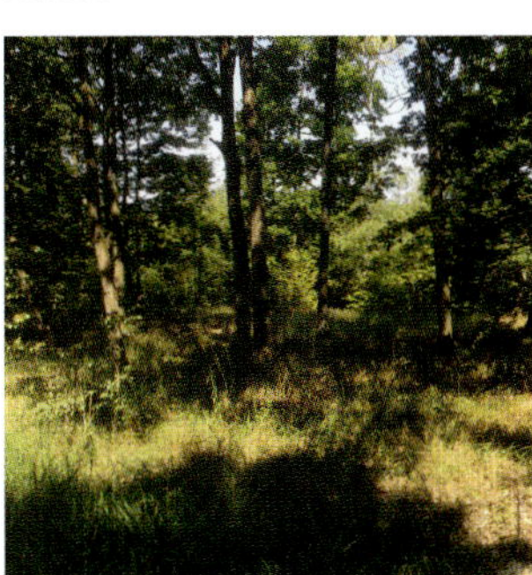
Idyllische Wälder im Ehegrund.

VON IPSHEIM NACH BAD WINDSHEIM

Ausgedehnte Waldwanderung zur Burg Hoheneck und dem beschaulichen Fachwerkdorf Ickelheim

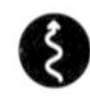  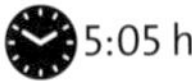 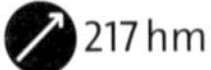 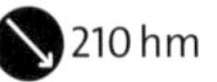

18,1 km · 5:05 h · 217 hm · 210 hm

START | Bahnhof Ipsheim, 205 m. Anfahrt: Parkplatz (P & R) direkt am Bahnhof. [GPS: UTM Zone 32 x: 607.559 m y: 5.487.011 m]
CHARAKTER | Lange Wanderung auf meist breiten, sehr gut ausgeschilderten Wegen.

Mitten in den Wäldern des Naturparks Frankenhöhe thront die Burg Hoheneck. Die aus dem 12. Jahrhundert stammende Burganlage hat eine bewegte Vergangenheit hinter sich: sie wurde im Laufe der Jahrhunderte mehrmals zerstört und wieder aufgebaut. In der Zeit des Nationalsozialismus wurde die Burg zunächst für Tagungen und als Stützpunkt in Anspruch genommen, einige Jahre später baute die Reichstierärztekammer die Burg zu einer Schulungsburg um. In der Mitte des letzten Jahrhunderts erwarb schließlich die Stadt Nürnberg die Burg. Sie diente zunächst als Landschulheim und Jugendherberge, bis sie in den 80er-Jahren zur Jugendbildungsstätte umgewandelt wurde.

▶ Vom **Bahnhof Ipsheim** **01** folgen wir dem roten X zunächst der NEA36 nach rechts, erst die Bahnhofstraße, dann die Hoheneckstraße entlang. Kurz vor Orts-

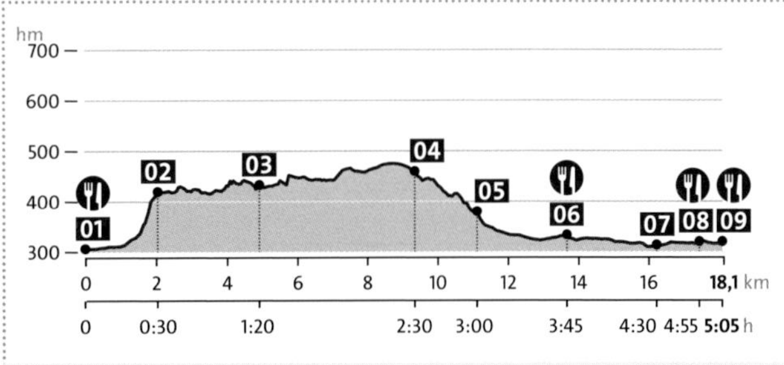

01 Bahnhof Ipsheim, 302 m; **02** Burg Hoheneck, 411 m; **03** Staatsstraße, 436 m; **04** Rasthütte, 461 m; **05** Lichtung, 370 m; **06** Kirche St. Georg Ickelheim, 336 m; **07** Aisch-Flutkanal Bad Windsheim, 310 m; **08** St. Kilian Bad Windsheim, 320 m; **09** Bahnhof Bad Windsheim, 318 m

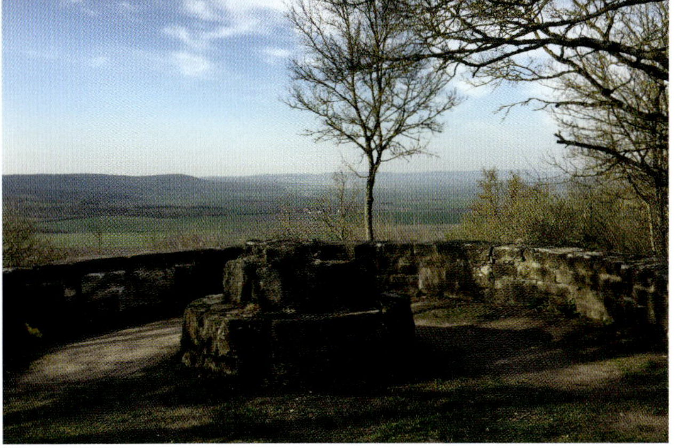

Aussichtsplattform mit herrlichem Blick über den Steigerwald.

ausgang biegen wir rechts in die Eichenstraße ein, halten uns dann gleich links auf die Birkenstraße. Sie führt uns auf einen Feldweg, dem wir an Obstbäumen vorbei folgen, bis er zum Wiesenweg wird. Nachdem wir einen Feldweg überquert haben, geht es hinauf, bald auf einen Pfad. Dieser führt uns nach wenigen Minuten nach rechts, einmal um die **Burg Hoheneck** **02** herum. Wir entfernen uns nun von der Burg auf der Zufahrtsstraße, am Wanderparkplatz biegen wir rechts ein und folgen weiter dem roten X Richtung Weimersheim. Zunächst geht es geradeaus auf einen Feldweg, am Waldrand halten wir uns rechts auf den Sonnenberg. Wir wandern einen Wiesenweg hinab, nach ein paar hundert Metern laufen wir auf einem idyllischen Pfad durch den Laubwald. Am breiten Waldweg mit der Orientierungstafel geht es geradeaus

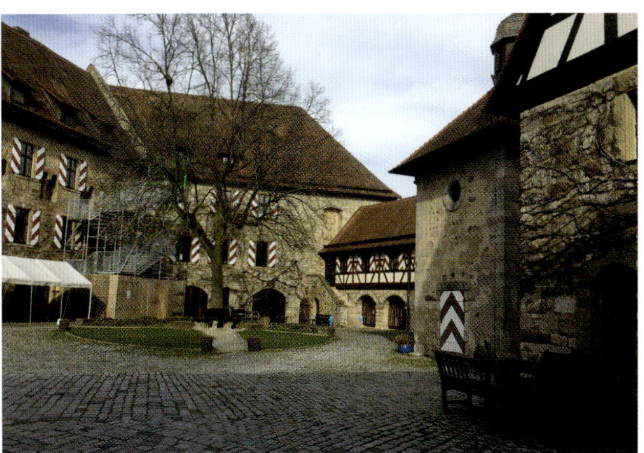

Innenhof Burg Hoheneck.

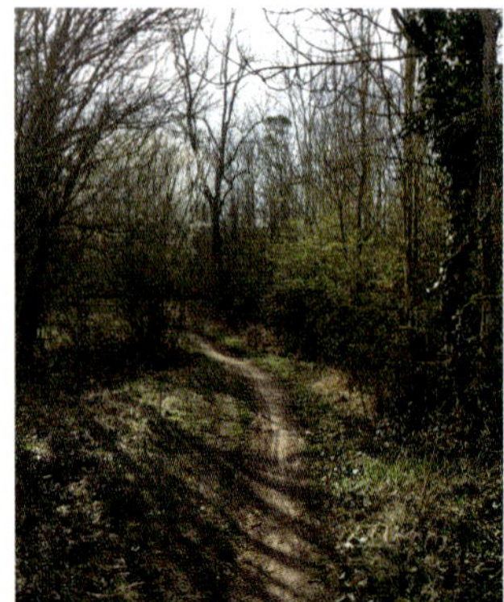

Pfad über den Mäusberg.

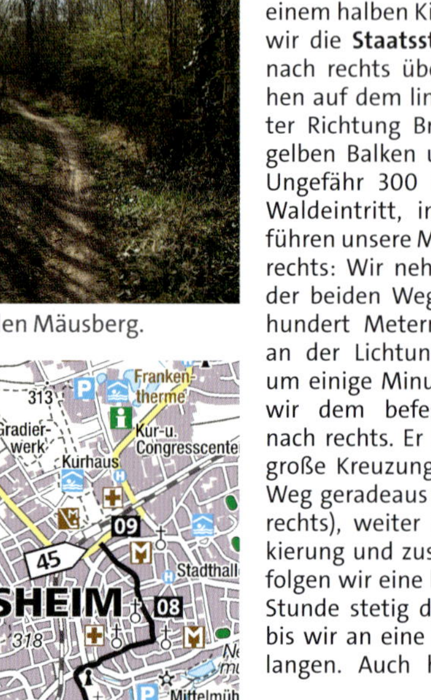

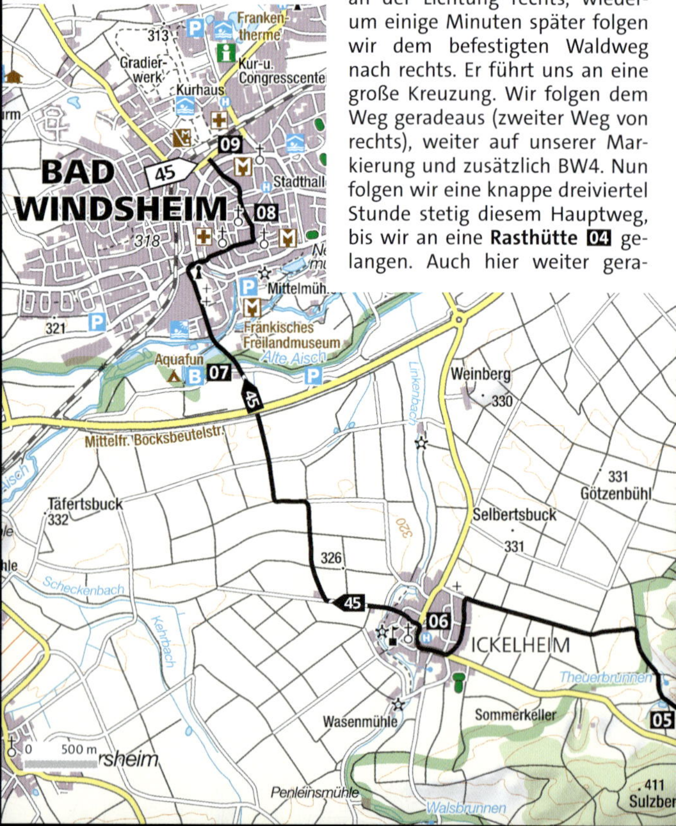

hinüber. Ab hier begleitet uns der rote Flieger und der gelbe Balken. Sie führen uns erst hinauf, nach ca. 10 Minuten an den Waldrand. Hier halten wir uns rechts, nach einem halben Kilometer erreichen wir die **Staatsstraße 03**, die wir nach rechts überqueren. Wir gehen auf dem linken Feldweg weiter Richtung Breitenau auf dem gelben Balken und dem roten X. Ungefähr 300 Meter nach dem Waldeintritt, in der Linkskurve, führen unsere Markierungen nach rechts: Wir nehmen den rechten der beiden Wege. Nach wenigen hundert Metern halten wir uns an der Lichtung rechts, wiederum einige Minuten später folgen wir dem befestigten Waldweg nach rechts. Er führt uns an eine große Kreuzung. Wir folgen dem Weg geradeaus (zweiter Weg von rechts), weiter auf unserer Markierung und zusätzlich BW4. Nun folgen wir eine knappe dreiviertel Stunde stetig diesem Hauptweg, bis wir an eine **Rasthütte 04** gelangen. Auch hier weiter geradeaus. Nach einer guten viertel Stunde nach der Hütte kommen wir aus dem Wald heraus und erreichen eine T-Kreuzung: Hier folgen wir BW4 nach rechts. Nur wenige Minuten später, direkt in der folgenden Linkskurve, biegen wir auf einen Pfad nach links ab, hinab in den Wald. Nach einer viertel Stunde erreichen wir eine **Lichtung 05**, hier geht es weiter geradeaus, auf einem Wiesenweg

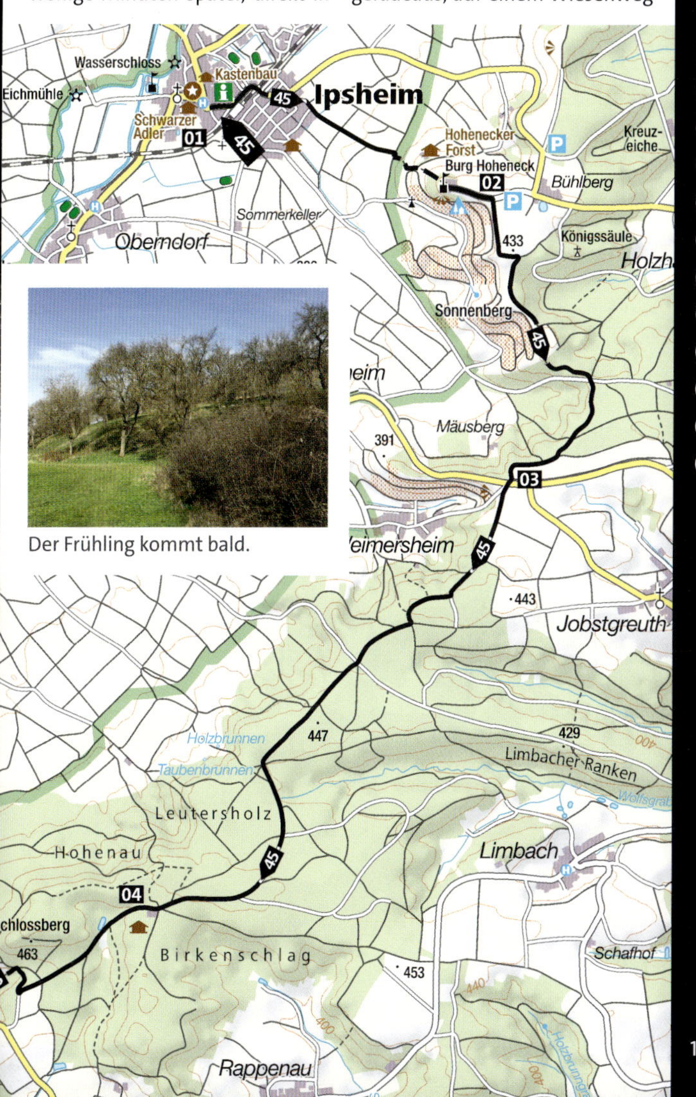

Der Frühling kommt bald.

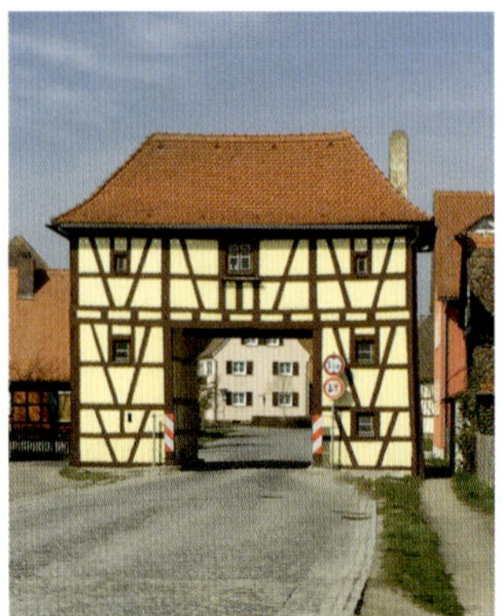
Ickelheim.

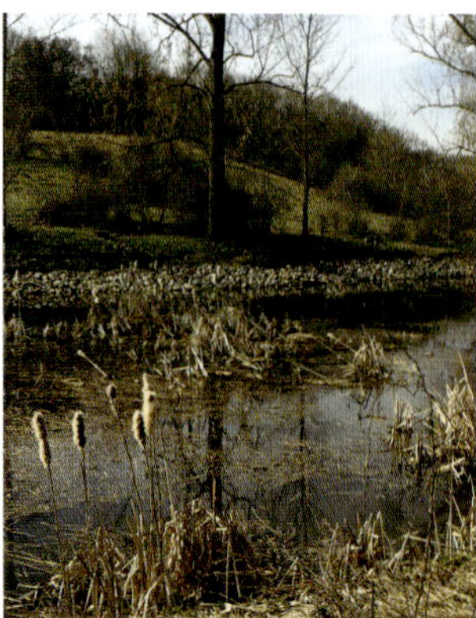
Weiher bei Ickelheim.

nun an einem Hang mit Bienenstöcken entlang bis zum Schotterweg. Gleich an der nächsten Gabelung geht es nach rechts, weiter auf BW4. Nach ca. 10 Minuten führt der Weg um eine Linkskurve, dann kurz bergan und schon sehen wir den Kirchturm von Ickelheim. Schnell führt uns nun ein Flurweg zum Ortsrand von Ickelheim. Am Eichenweg schickt uns BW4 nach links. Wir folgen dieser Straße, bis wir die Staatsstraße erreichen. Wir folgen ihr nach rechts, durchs Stadttor hindurch bis zur **Kirche St. Georg** **06**. Nach der Kirche biegen wir rechts in die Birkleinsgasse ein und folgen bald einem Flurweg geradeaus aus dem Ort hinaus. Nach gut einem halben Kilometer biegen wir rechts auf einen Feldweg ab. Am asphaltierten Weg halten wir uns links, nach ca. 300 Metern geht es wieder rechts. Nun immer geradeaus, am **Aisch-Flut-Kanal** **07** hinüber. Nach 10 Minuten nach dem Friedhof rechts durch den Park bis zur Rothenburger Straße. Dieser folgen wir nach rechts in die Altstadt, bis zu ihrem Ende. Dort biegen wir links in die Herrngasse ein. Am Kornmarkt biegen wir wieder rechts ab und folgen hinauf, bis wir linker Hand den Marktplatz erreichen. Wir überqueren ihn, vorbei an der **Kirche St. Kilian** **08**, dann die Pastoriusstraße hinab, bis wir auf die Johanniterstraße treffen. Ihr folgen wir weiter, sie führt uns direkt zum **Bahnhof Bad Windsheim** **09**. Mit dem Zug geht es zurück zum Startpunkt am **Bahnhof Ipsheim** **01**.

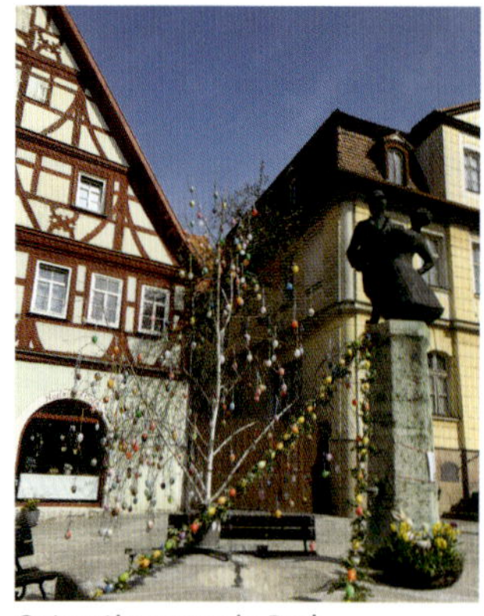
Osterstimmung in Bad Windsheim.

DURCH DIE WÄLDER BEI NEUSTADT AN DER AISCH

Naturerkundung im Strahlbachtal

 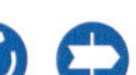 9,8 km 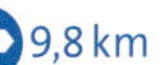  2:45 h  160 hm 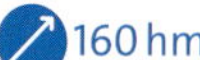  160 hm 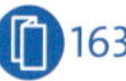 163

START | Parkplatz Galgenweiher, 338 m. Anfahrt: Parkmöglichkeit an den Galgenweihern oder noch etwas weiter an den Streitweihern entlang des Weges. Wir fahren von Unterstrahlbach bei Neustadt an der Aisch auf dem Strahlbacher Weg Richtung Osten bis zu den Galgenweihern bzw. Streitweihern.
[GPS: UTM Zone 32 x: 619.131 m y: 5.491.806 m]
CHARAKTER | Leichte Wanderung auf größtenteils breiten Wald- und Feldwegen. Angenehme Steigungen, gut markierte Wege. Hinweis: Der Bahnhof Neustadt (Aisch) Mitte ist nur ca. 800 m bzw. 10 Minuten Fußweg vom Wegpunkt 05 Lohmühle entfernt.

Zunächst durch den schattigen Birkenschlag folgen wir auf dieser Runde bald den Infotafeln der Strahlbachtour, die über die Flora und Fauna des Strahlbachtales aufklären. Ein kleiner Abstecher in das Örtchen Herrnneuses lohnt sich wegen seiner Barockkirche St. Matthäus aus dem 18. Jahrhundert. Der Abschnitt zwischen Herrnneuses und dem Häckerwald, lange am Waldrand entlang, ist urromantisch und zeigt sich gerade im Herbst in seiner schönsten, rot-gelb-orange leuchtenden Pracht.

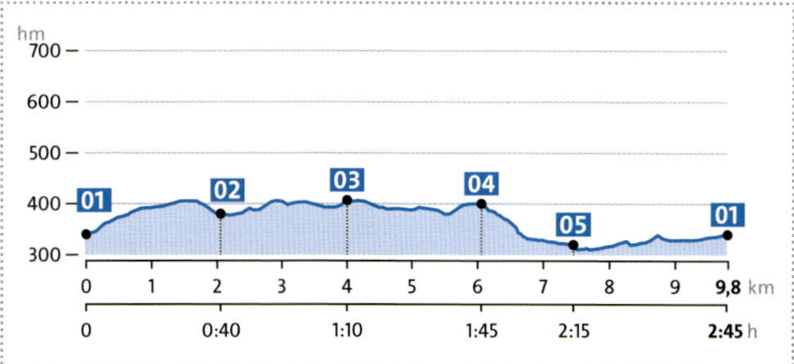

01 Parkplatz Galgenweiher, 338 m; 02 Infotafel Strahlbachtour, 375 m; 03 Infotafel mit Rastbank, 396 m; 04 Häckerwald, 399 m; 05 Lohmühle, 313 m

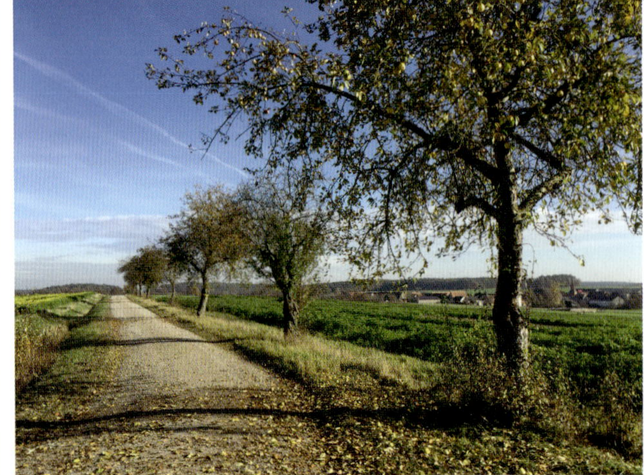

Der Weg Richtung Herrneuses.

▶ Wir starten unsere Wanderung am **Parkplatz Galgenweiher** 01 bei Unterstrahlbach. Zunächst folgen wir N10 und dem blauen Kreuz Richtung Wald. An mehreren Weihern vorbei wenden wir uns schließlich nach 5 Minuten an der Gabelung rechts. An der darauffolgenden Kreuzung schlagen wir den mittleren Weg ein und folgen dem blauen Kreuz hinauf in den Wald. Nach guten 10 Minuten

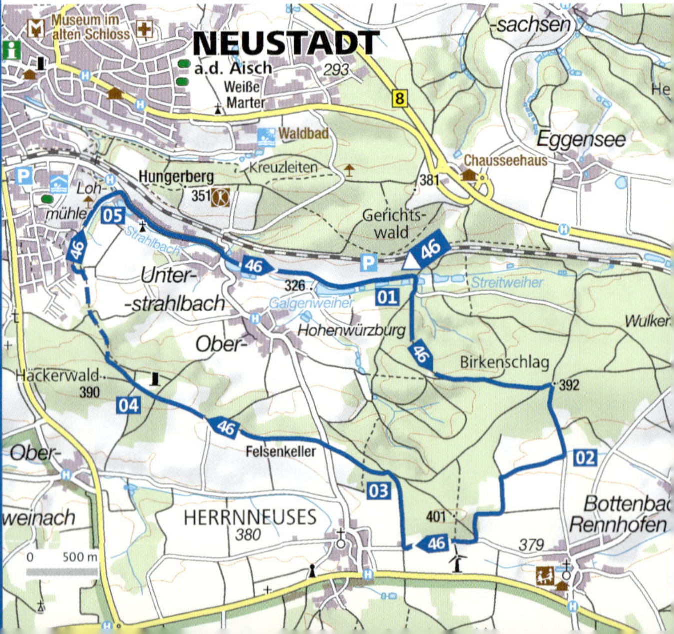

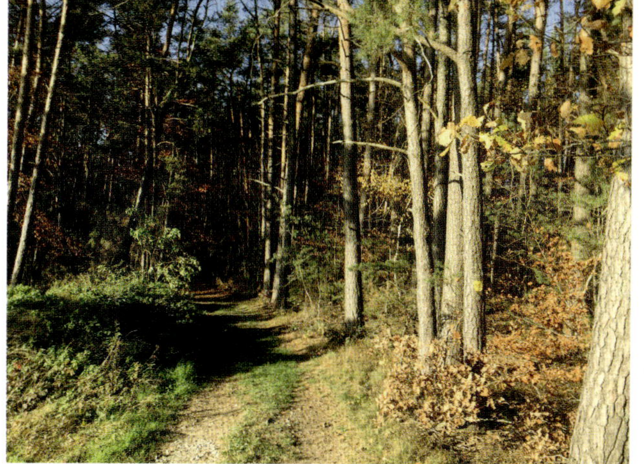

Durch den Häckerwald.

an der T-Kreuzung, dann biegen wir rechts ab und laufen hinab, aus dem Wald heraus. Am **Infoschild Strahlbachtour** 02 biegen wir rechts ein und folgen nun einem Wiesenweg. Er mündet nach 10 Minuten in einen Feldweg, dem wir nach links bergan folgen, weiter auf N10. An der darauffolgenden T-Kreuzung halten wir uns rechts und folgen dem Weg am Waldrand entlang. Schnell führt der Wegverlauf nach links, dann wieder rechts, weiter am Waldrand entlang und schließlich über die Streuobstwiese hinab zum Schotterweg. Diesem folgen wir nun nach rechts, ca. 10 Minuten, bis wir zur gemauerten Scheune gelangen. Hier folgen wir unserer Markierung rechts hinauf auf einen Schotterweg. Er führt uns an einem weiteren **Infoschild mit Rastbank** 03 vorbei und schließlich in den Wald. Im Wald dann halten wir uns an der nächsten Gabelung links. Der Weg führt nun bald am Waldrand entlang. An der Straße biegen wir rechts ab, nach wenigen Metern führt der Weg jedoch links weiter, wieder am Waldrand entlang. An der Kreuzung nach eineinhalb Kilometern halten wir uns rechts, nach wenigen Metern wandern wir gleich wieder links auf einem Pfad in den **Häckerwald** 04. Der Pfad führt gute 15 Minuten durch den Laubwald hinab, dann, am Ortsrand, folgen wir ihm bis zum Schotterweg. Hier schlagen wir nach rechts einen Haken und biegen gleich wieder links ab. N10 und der rote Tropfen führen uns schließlich an die **Lohmühle** 05. An der Straße folgen wir nun dem blauen Kreuz nach rechts. Sie führt uns in guten 20 Minuten zum **Parkplatz Galgenweiher** 01 zurück.

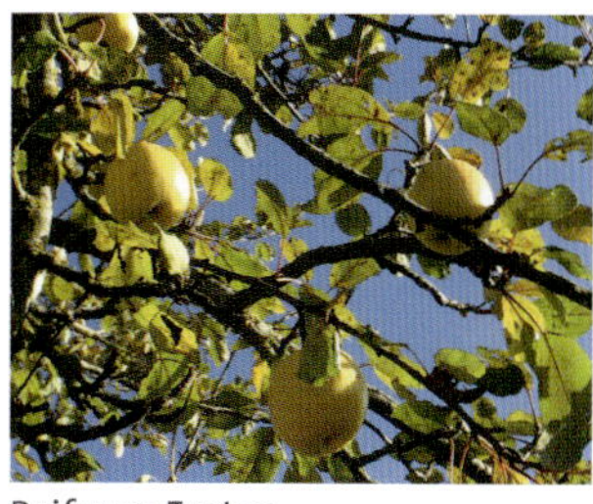

Reif zum Ernten.

VON EMSKIRCHEN NACH ALTSCHAUERBERG

Über die Ruine Schauerberg durchs idyllische Aurachtal

 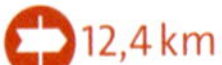 12,4 km 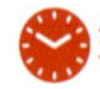 3:40 h  200 hm 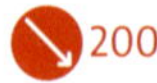 200 hm  163

START | Emskirchen, 328 m. Anfahrt: Parkplatz am Festplatz in der Ansbacher Straße in Emskirchen.
[GPS: UTM Zone 32 x: 623.846 m y: 5.489.780 m]
CHARAKTER | Im Wald um die Ruine herum Pfade, sonst breite Wanderwege. Durchgehend gut beschildert. Hinweis: Der Bahnhof Emskirchen ist nur ca. 1 km bzw. 15 Minuten Fußweg vom Start/Ziel entfernt.

Lediglich ein Mauerrest der Hauptburg und vereinzelte Teile des inneren und äußeren Grabens lassen das Anwesen der Burg Schauerberg erahnen. Die ehemalige, markgräfliche Amtsburg aus dem 14. Jahrhundert liegt versteckt im Buchenwald oberhalb des Örtchens Altschauerberg. Im weiteren Verlauf des Weges wandern wir ein Stück durch den Aurachgrund mit seinen saftigen Wiesen und Fluren, wo man gerade in den Morgenstunden oft Greifvögel beobachten kann.

Wir starten unsere Wanderung am Festplatz in der Ansbacher Straße in **Emskirchen** 01. Ein geteerter Weg führt uns von der Hauptstraße weg in wenigen Minuten über eine Brücke über die Mittlere Aurach. Ab hier folgen wir dem blauen Kreuz Richtung Ruine Schauerberg. Nach nur wenigen Metern erreichen wir eine Gabe-

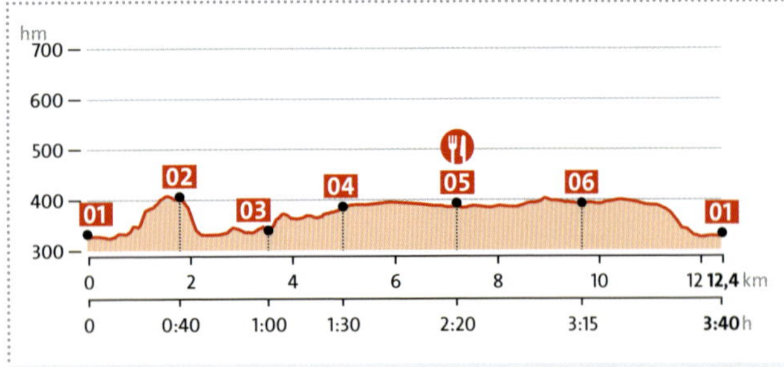

01 Emskirchen, 325 m; 02 Ruine Schauerberg, 406 m; 03 Finkenmühle, 334 m; 04 Neidhardswinden, 386 m; 05 Dürrnbuch, 385 m; 06 Weiher, 393 m

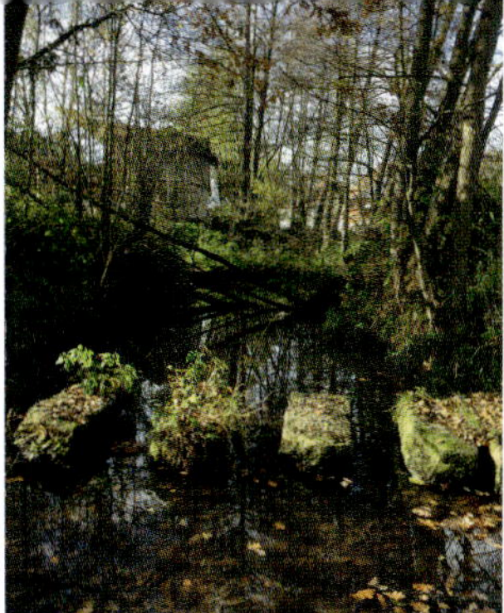

Steinblöcke über die Aurach.

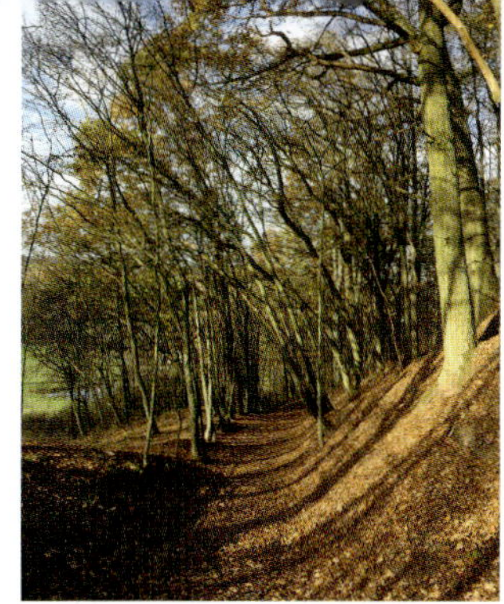

Hinab in den Ort Altschauerberg.

lung, an der wir uns rechts halten. Schnell führt der Feld-, dann Waldweg hinauf, um eine Rechtskurve herum und dann in den Wald. Nach einigen Minuten folgen wir dem blauen Kreuz nach links steil hinauf. An der T-Kreuzung biegen wir rechts ein und laufen gute 300 Meter geradeaus, weiter Richtung Ruine Schauerberg. An der Wegmarkierungstafel folgen wir dem blauen Balken, er leitet uns geradeaus, leicht schräg rechts weiter auf einen Pfad, der auf und ab zur **Ruine Schauerberg** 02 führt. An der Ruine vorbei folgen wir dem blauen Balken nun hinab. Nach einem kurzen Stück führt er uns links über die Wiese hinab und zur Straße. Bei Neuschauerberg überqueren wir die ST2244 geradeaus und folgen dem blauen Balken und E2 nun weiter auf dem Aurachweg, entlang der Mittleren Aurach. Er führt uns bis zur **Finkenmühle** 03, an der wir uns links halten und dem roten Punkt nun weiter Richtung Neidhardswinden folgen. Ein Flurweg führt uns in den Wald, bald schon

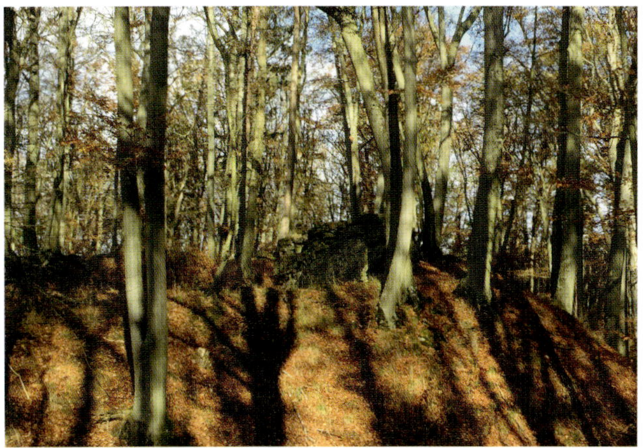

Letzter Rest der Ruine Schauerberg.

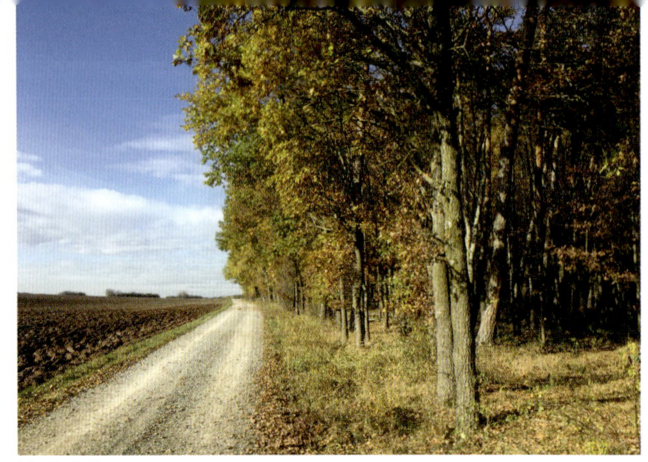

Herbststimmung.

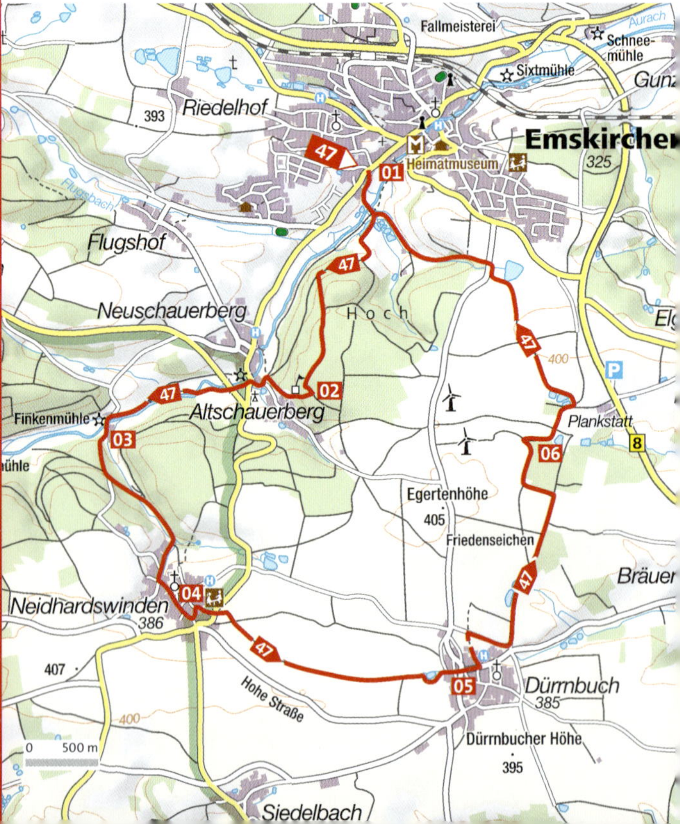

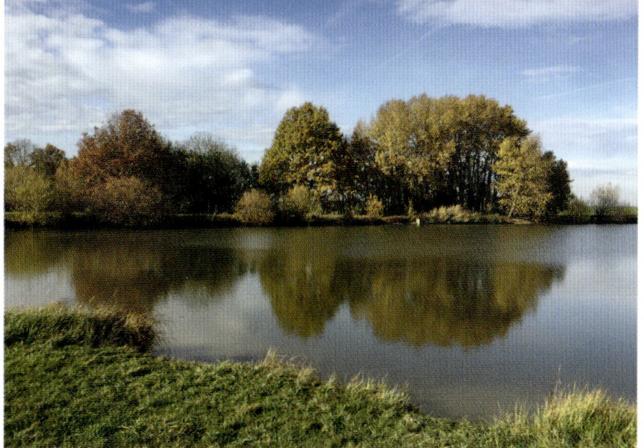

Weiher bei Emskirchen.

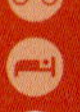

einen Waldweg bergan. Nach guten 5 Minuten erreichen wir eine große Kreuzung, an der wir links abbiegen. Der Waldweg wird bald wieder zum Flurweg. Wir erreichen **Neidhardswinden** 04. Der rote Punkt führt uns schnell nach links zur Kirche, immer weiter hinauf, kurz vor der ST2244, dann nochmals links und kurz darauf wieder rechts zur Hauptstraße. Auf der anderen Straßenseite wenden wir uns nach links, nach ca. 200 Metern biegen wir wieder rechts auf einen Feldweg ein. Ihm und noch immer dem roten Punkt folgen wir nun fast eine halbe Stunde geradeaus an Feldern und Wiesen vorbei. Dann erreichen wir die ersten Häuser mit Stallungen

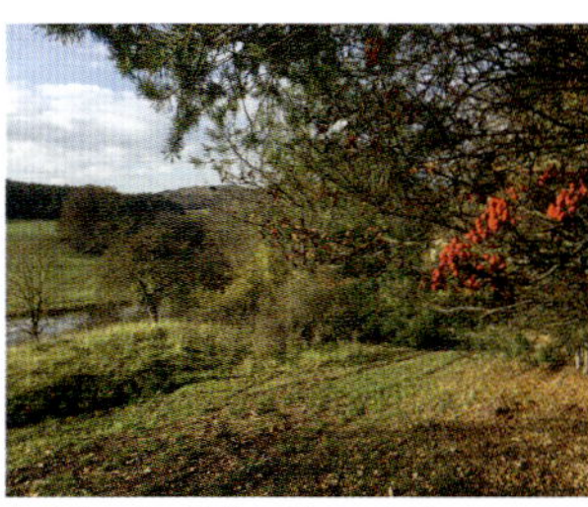

Spätherbstliche Abendstimmung.

von **Dürrnbuch** 05. Der Weg führt uns an die Vorfahrtsstraße: Hier noch ein paar Minuten geradeaus, nun auf E1 Richtung Salzberg. Am „Wirtshaus zum Schattigen Garten“ biegen wir links ein und folgen durchs Wohngebiet bis zu einer T-Kreuzung. Hier wenden wir uns nach rechts, bis zum Ende des Teerweges, dann wieder links. Teils ohne, teils nur spärlich markiert folgen wir nun stetig geradeaus unserem Weg. Nach ca. 20 Minuten führt der Weg um eine Linkskurve, nun immer am Waldrand entlang. An der T-Kreuzung biegen wir wieder rechts ab, weiter am Waldrand entlang. Bald darauf eine Linkskurve, in der folgenden Rechtskurve biegen wir dann nochmals links ab. Der Schotterweg führt nun bis zu einem **Weiher** 06. Hier an der Gabelung nach links. An der darauffolgenden Straße dann rechts einbiegen, nach wenigen Metern wenden wir uns dann wieder nach links. Der Weg führt uns direkt zurück zur Mittleren Aurach, über die Brücke hinüber und zurück zum Auto am Festplatz **Emskirchen** 01.

DURCH DIE WÄLDER BEI BURGBERNHEIM

Zum Altmühlquellgebiet

 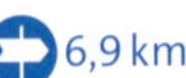 6,9 km 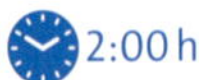 2:00 h 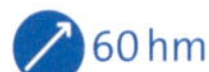 60 hm  60 hm 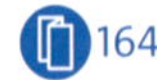 164

START | Wanderparkplatz Burgbernheim-Hornau, 482 m. Anfahrt: Parkplatz befindet sich an der NEA52 ca. 1,5 km nach Burgbernheim Richtung Hornau auf der linken Seite.
[GPS: UTM Zone 32 x: 594.737 m y: 5.476.343 m]
CHARAKTER | Meist breite Wege. Im Burgbernheimer Wald viele Pfade, bei Nässe extrem matschig. Gutes Schuhwerk kann hier weiterhelfen. Hinweise: Der Bahnhof Burgbernheim-Wildbad ist nur ca. 1,5 km bzw. 25 Minuten Fußweg vom Start/Ziel entfernt. Ca. 500 Meter vom Wanderparkplatz entfernt befindet sich der Waldgasthof Wildbad. In Burgbernheim gibt es ein Freibad.

Schon älteste Karten weisen das Gebiet um den Hirschteich bei Burgbernheim als Quellgebiet der Altmühl aus. Gerichtlich wurde jedoch vom Königlich Bayerischen Hydrotechnischen Büro in München der Abflussgraben des Hornauer Weihers ca. 2 km südöstlich des Hirschteichs als Quellursprung bestimmt.

▶ Vom **Wanderparkplatz Burgbernheim-Hornau** 01 führt der Weg zunächst scharf rechts auf dem grünen X Richtung Hirschteich auf einem Waldweg. Gleich an der folgenden Gabelung links erreichen wir in wenigen Minuten den **Hirschteich** 02. Weiter geht der Weg, kurz hinter dem Hirschteich links, weiter auf dem grünen X.

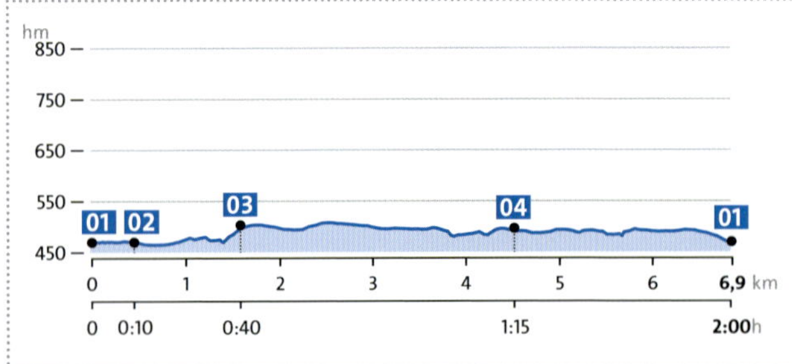

01 Wanderparkplatz Burgbernheim-Hornau, 482 m; 02 Hirschteich, 453 m; 03 Abzweigung Blaues Kreuz, 485; 04 Teufelshäusel, 487 m

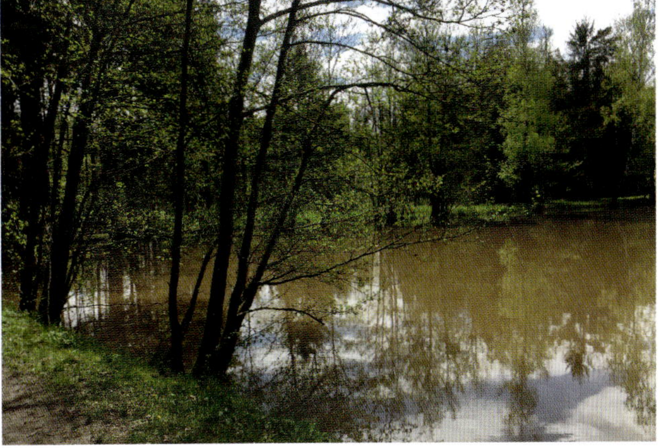

Hirschteich.

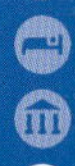

Nach ca. 250 Metern kommen wir wieder an eine Gabelung, auch hier wenden wir uns nach links, diesmal folgen wir dem grünen Balken. Schnell gelangen wir an einen breiten Waldweg, auf den wir nach rechts einbiegen. An der darauffolgenden großen Kreuzung ein paar hundert Meter später biegen wir links ab, zunächst ohne Markierung. Wir folgen dem Weg bergauf bis zu einer Gabelung: Hier treffen wir wieder auf Markierungen und folgen dem blauen X und dem blauen Balken nach rechts. Nach 500 Metern erreichen wir wieder eine Gabelung, hier weiter geradeaus auf unserem Zeichen, an dieser **Abzweigung 03** hat sich auch der Käfer dazugesellt. Schließlich erreichen wir die NEA52. Wir überqueren sie, über den Parkplatz hinüber und weiter auf dem Waldweg Richtung Teufelshäusel, nun auf dem grünen Balken und der Eule. Nun immer geradeaus erreichen wir in

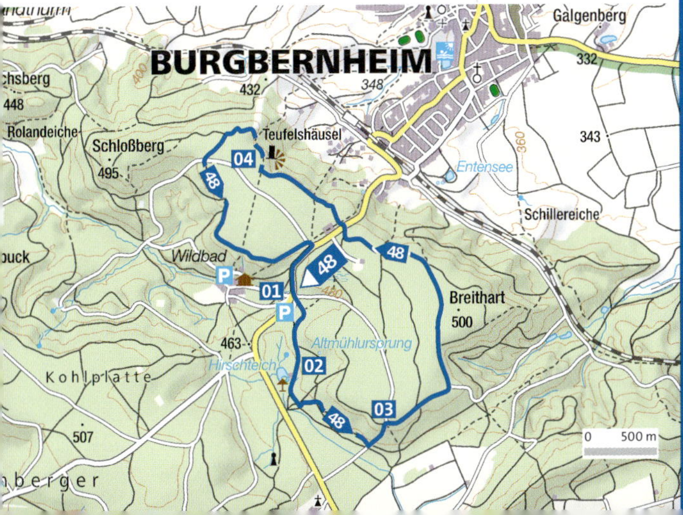

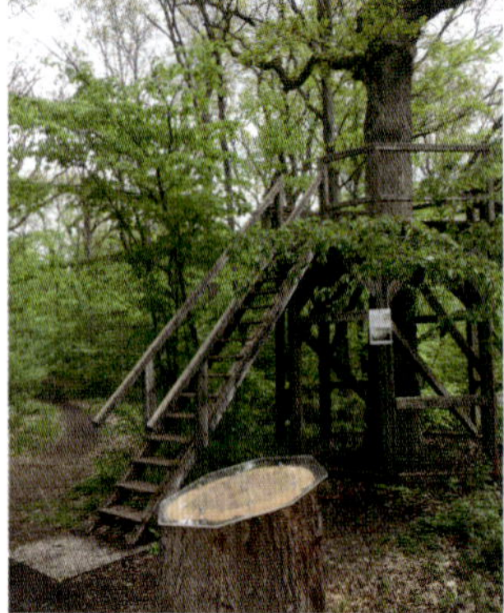
Teufelshäusel.

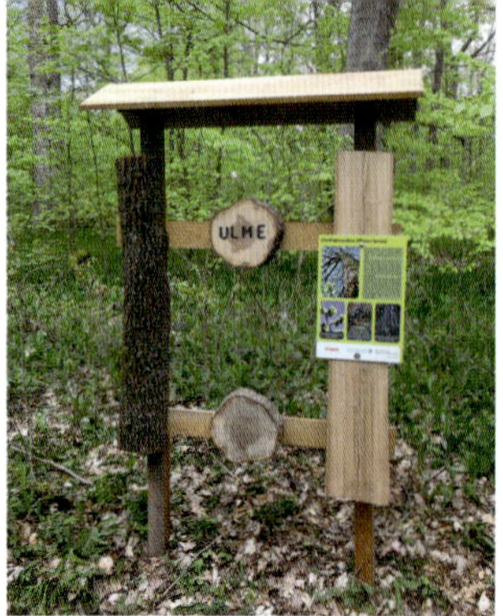

Baumlehrpfad.

einer knappen viertel Stunde das **Teufelshäusel** 04.

TIPP: Gegenüber des Teufelshäusels beginnt der Baumlehrpfad. Schnurgerade vermittelt er mal rechts, mal links Wissenswertes über unsere heimischen Baumarten.

Von der Aussichtskanzel aus gehen wir weiter geradeaus auf dem grünen Balken. Er führt uns bald auf einen Pfad und zu einem Aussichtspunkt mit Bank. Weiter auf dem Pfad gelangen wir wieder auf den breiten Weg. Ihm folgend, verlässt uns bald unser Wegzeichen nach rechts. Wir bleiben nun immer auf diesem Weg, nun richten wir uns nach der Eule und der Elster. Die nächsten beiden Kreuzungen überqueren wir geradeaus Richtung Schlossberg. Insgesamt wandern wir so nun ca. 25 Minuten auf diesem breiten Weg. Schließlich begleitet uns wieder der grüne Balken. Er führt uns nach diesen eineinhalb Kilometern nach rechts auf einem Pfad hinab zur NEA52. Wir folgen ihr nach rechts und erreichen in kurzer Zeit den **Wanderparkplatz Burgbernheim-Hornau** 01.

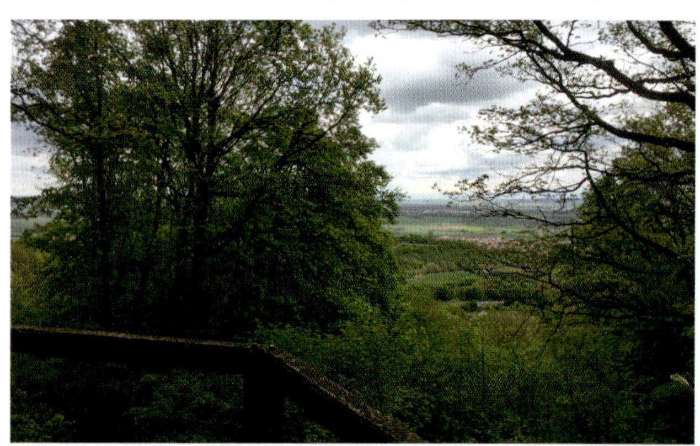
Blick vom Teufelshäusel.

RUND UM VIRNSBERG

Gemütlicher Waldspaziergang und ein imposantes Schloss

  6,9 km 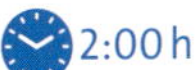 2:00 h  120 hm  120 hm  164

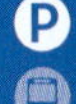
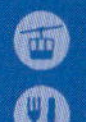
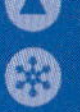

START | Virnsberg, 442 m. Anfahrt: Parkplätze am Gasthof Zum Kreuz oder in der Schloßstraße in Virnsberg.
[GPS: UTM Zone 32 x: 609.433 m y: 5.47.5685 m]
CHARAKTER | Fast nur breite Waldwege, gut markiert, kaum Anstiege.

Virnsberg ist zwar ein kleiner Ort, der aber viel zu bieten hat. Das Pfarrdorf liegt zu Füßen der Petersberg-Virnsberg-Höhen, inmitten von Wäldern und Wiesen. Ein besonderes Merkmal des Bauwerkes ist, dass die Schlossanlage eine Mischung aus Höhenburg und Wasserschloss ist. Ein weiteres Highlight von Virnsberg ist das Heilige Grab mit seinen Abbildungen des Karfreitagsgeschehens. Das kunsthistorisch bedeutende Denkmal erinnert an die Geschichte des Deutschritterordens und an die Virnsberger Komturei. Mit Ausnahme von Feiertagen kann es ganzjährig besichtigt werden.

▶ Wir beginnen unsere Tour am Parkplatz in **Virnsberg** 01. Wir folgen der Schloßstraße Richtung Schloss Virnsberg, gehen an diesem vorbei und folgen der Markierung mit dem blauen und dem roten Balken. Kurz nach Ortsausgang halten wir uns leicht links auf einem Schotterweg sanft abwärts. Gleich darauf führt uns an den Scheunen ein Pfad abwärts. An der Straße biegen wir links ein, nach Kemmath hinein. Nun

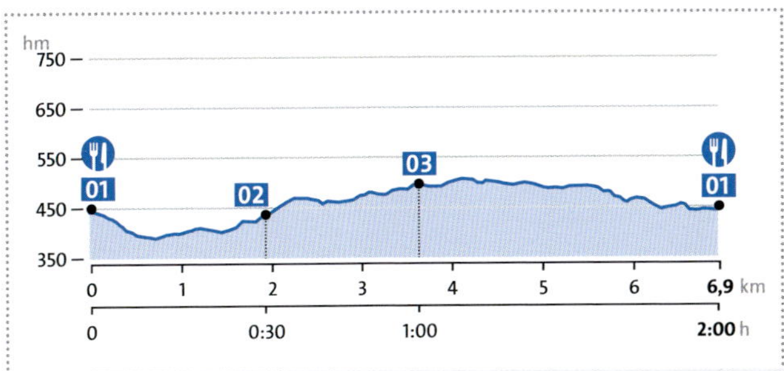

01 Virnsberg, 442 m; 02 Unmarkierte Abzweigung, 414 m;
03 Waldkreuzung, 492 m

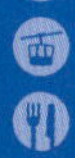
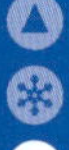

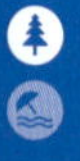

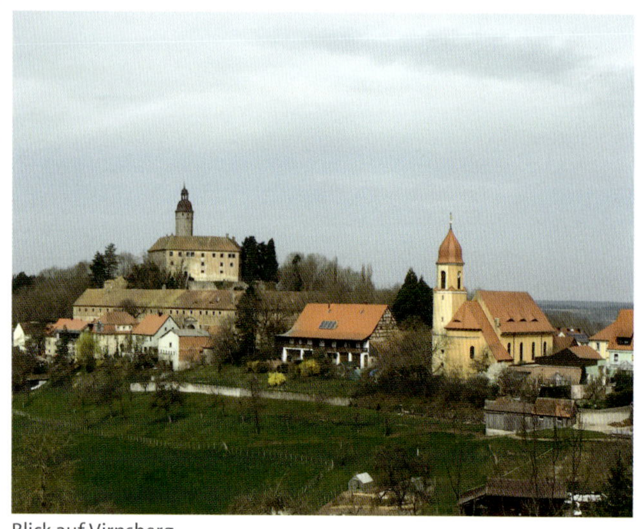

Blick auf Virnsberg.

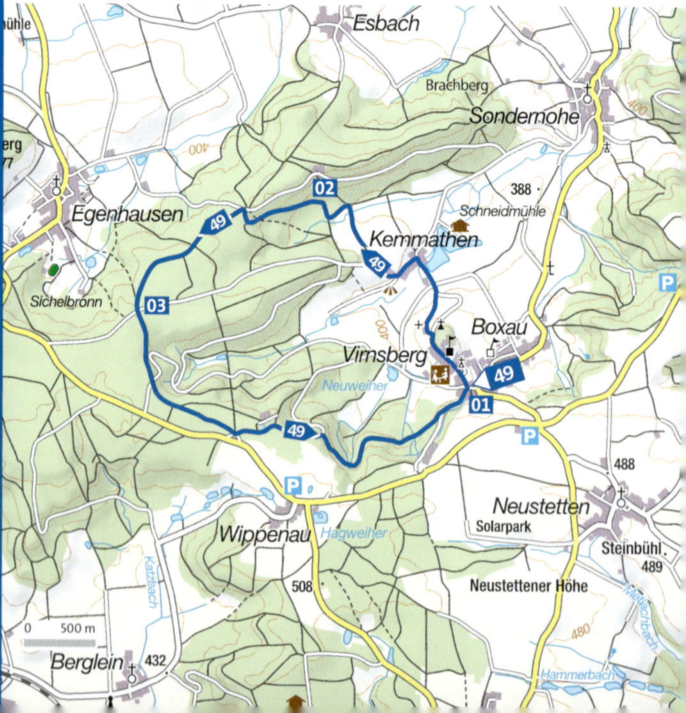

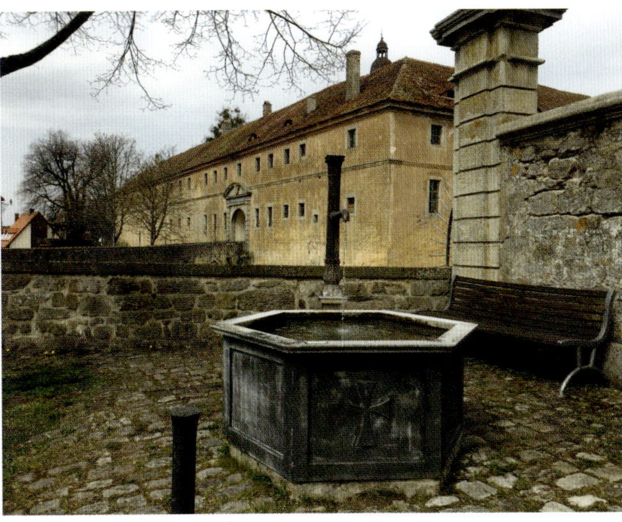

Brunnen am Schloss Virnsberg.

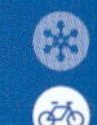
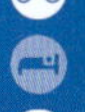

gesellt sich auch das Wegschild Wildschwein zu uns. Wir bleiben auf dem Sträßchen, bis wir eine Flurweggabelung erreichen. Hier halten wir uns rechts, nun weiter auf dem roten Balken und dem Reh. Am „Brachberg" bleiben wir auf dem Hauptweg, der uns um eine Linkskurve führt. Wir folgen dem roten Balken bald durch lichten Wald auf einem Wiesenweg hinauf und erreichen eine Gabelung mit einem Schotterweg, dem wir nach links folgen. Gleich darauf biegen wir wieder links an einer **unmarkierten Abzweigung** **02**. Wir folgen dem Wald- und Forstweg nun knapp 20 Minuten, bis wir wieder an eine **Waldkreuzung** **03** gelangen. Hier beim „Malerwinkel", das zeigt uns ein gelbes Schild an dieser Kreuzung, folgen wir nun dem Wildschwein geradeaus weiter. Es führt uns nun eine gute dreiviertel Stunde immer auf diesem Weg bleibend durch den Wald, bis wir auf den etwas schmäleren Prinzregentenweg stoßen. Er führt uns bald am Waldrand entlang wieder in den Startort hinein. An der Schloßstraße wenden wir uns nach links und wandern zum Parkplatz in **Virnsberg** **01** zurück, wo das Auto geparkt ist.

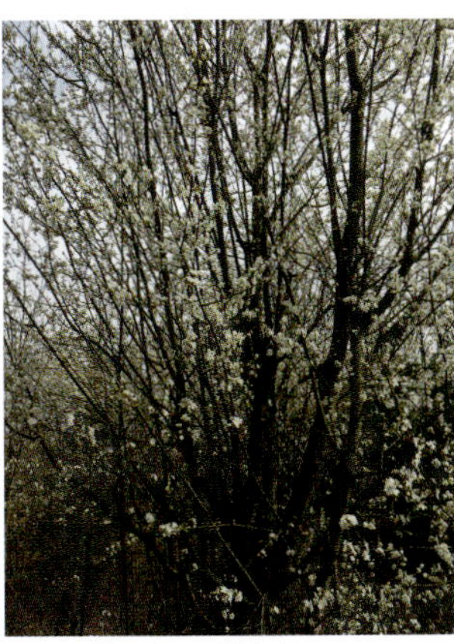

Erste Blüte im Frühjahr.

50

VON RÜGLAND NACH UNTERNBIBERT

Versteckte Pfade und ein romantisches Schloss

  11,1 km  3:20 h  170 hm 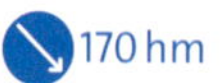 170 hm 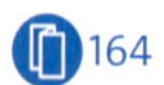 164

START | Schloss Rügland, 394 m. Anfahrt: Parkplätze in der Ansbacher Straße in Rügland. [GPS: UTM Zone 32 x: 615.071 m y: 5.473.173 m]
CHARAKTER | Teils anstrengendes Auf und Ab, oft auf schmalen Waldpfaden. Falls man orientierungsschwach ist, ist man hier mit einer zusätzlichen Karte gut beraten, speziell auf dem ersten und dem letzten Waldstück. Hinweis: Die Öffnungszeiten des Gasthauses Krone in Unternbibert sind z. Z. eingeschränkt. Bitte vor der Wanderung erkundigen, ob geöffnet ist (www.krone-unternbibert.de, Tel. +49 9828 1439).

Schloss Rügland ist eines der wenigen Wasserschlösser in Mittelfranken. Das „Alte Schloss“, noch bestehend aus dem Nordflügel, stammt aus dem frühen 17. Jahrhundert. Das „Neue Schloss“ wurde gute 100 Jahre später von Hannibal Friedrich Freiherr von Crailsheim erbaut. Es beinhaltet den Süd- und Mittelflügel. Von Rügland aus führt uns der Weg bald durch einen herrlichen Wald auf recht versteckten Pfaden, die ein gutes Auge für die Wegzeichen und etwas Orientierung abverlangen.

▶ Wir beginnen unsere Wanderung am **Schloss Rügland** 01 in der „Ansbacher Straße“. Wir gehen zurück zur Kirche, biegen rechts in die „Neustädter Straße“ ein und folgen dem blauen Kreuz und dem roten Tropfen. Nach wenigen Metern führt uns der Weg links hinauf, der „Neustädter Stra-

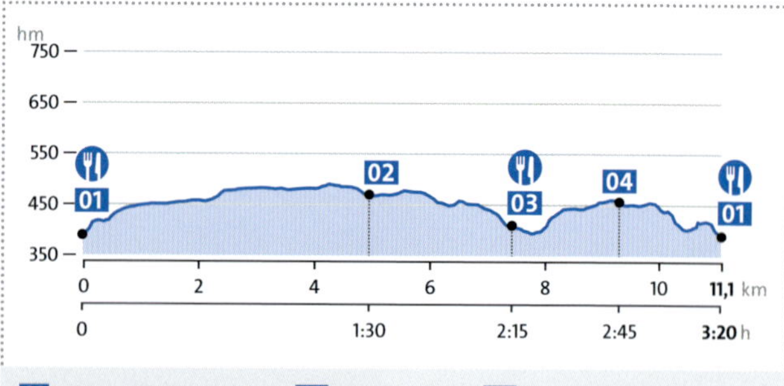

01 Schloss Rügland, 394 m; 02 Weiher, 476 m; 03 Unternbibert, 414; 04 Lichtung, 452 m

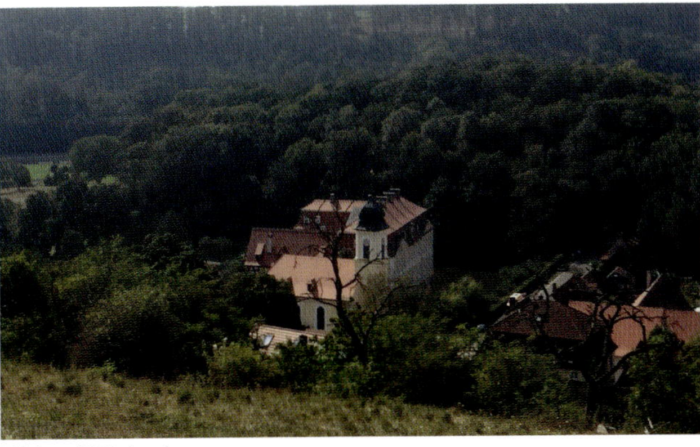

Blick auf Rügland.

ße" weiter folgend. An der „Poststeige" geht es nach links, weiter hinauf, nun dem grünen Kreuz folgend. Nach ca. 5 Minuten führt die Straße aus dem Ort hinaus Richtung Stockheim. Sie geht in einen Flurweg über. Nach wenigen hundert Metern biegen wir links in einen Schotterweg ein, nach einem halben Kilometer dann wieder rechts auf eine schmale Straße. In der gleich darauffolgenden Rechtskurve biegen wir links auf einen Feldweg ab und folgen dem grünen Kreuz geradeaus in den Wald hinein. Achtung nun, der Weg wird mal schmäler, mal breiter. Wir folgen nun stetig dem grünen Kreuz durch den schönen Wald. Nach einer guten halben Stunde gelangen wir an einen breiteren Weg am Waldrand. Wir

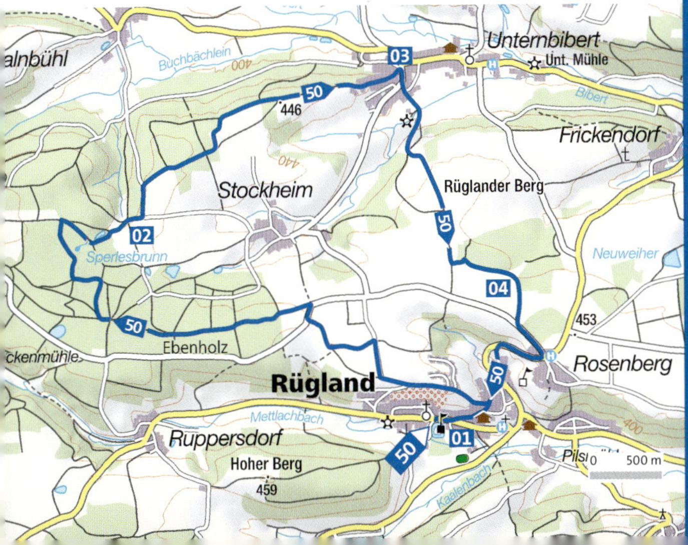

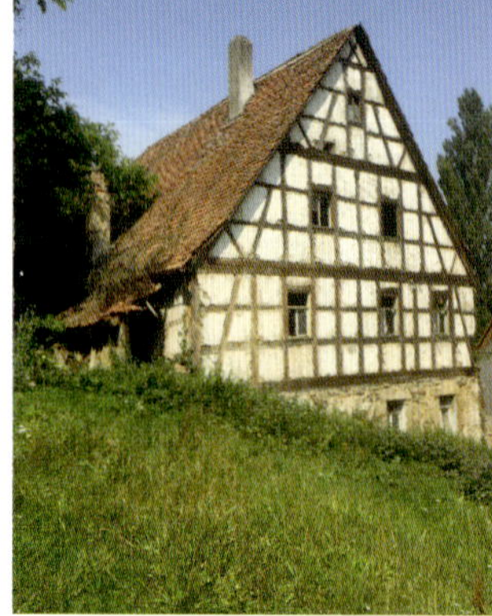

Fachwerk bei Unternbibert.

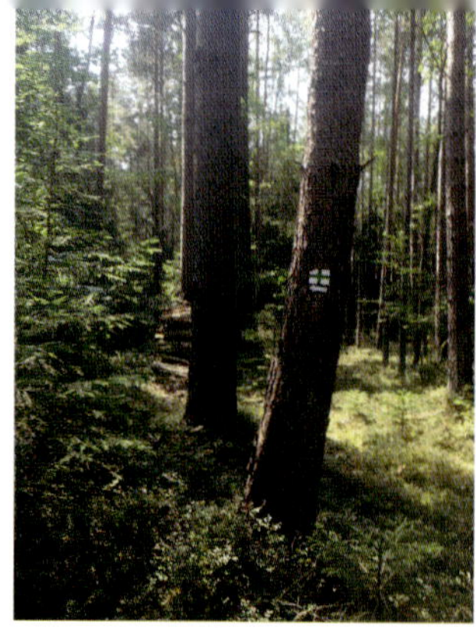

Der Weg ist nicht leicht zu finden.

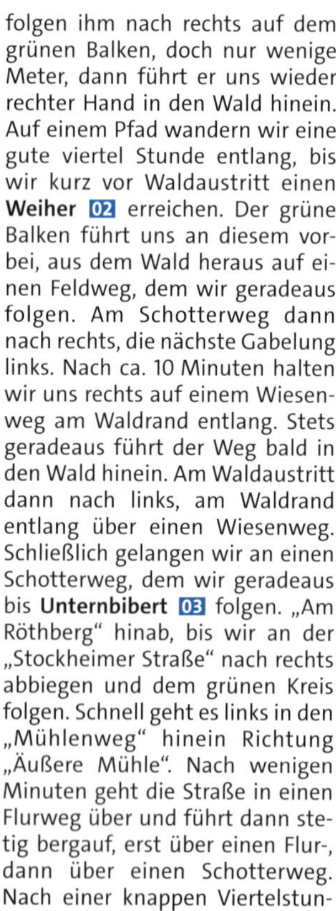

folgen ihm nach rechts auf dem grünen Balken, doch nur wenige Meter, dann führt er uns wieder rechter Hand in den Wald hinein. Auf einem Pfad wandern wir eine gute viertel Stunde entlang, bis wir kurz vor Waldaustritt einen **Weiher** 02 erreichen. Der grüne Balken führt uns an diesem vorbei, aus dem Wald heraus auf einen Feldweg, dem wir geradeaus folgen. Am Schotterweg dann nach rechts, die nächste Gabelung links. Nach ca. 10 Minuten halten wir uns rechts auf einem Wiesenweg am Waldrand entlang. Stets geradeaus führt der Weg bald in den Wald hinein. Am Waldaustritt dann nach links, am Waldrand entlang über einen Wiesenweg. Schließlich gelangen wir an einen Schotterweg, dem wir geradeaus bis **Unternbibert** 03 folgen. „Am Röthberg" hinab, bis wir an der „Stockheimer Straße" nach rechts abbiegen und dem grünen Kreis folgen. Schnell geht es links in den „Mühlenweg" hinein Richtung „Äußere Mühle". Nach wenigen Minuten geht die Straße in einen Flurweg über und führt dann stetig bergauf, erst über einen Flur-, dann über einen Schotterweg. Nach einer knappen Viertelstunde führt uns unser Zeichen nach links auf einen Wiesenweg. Wenige hundert Meter am Waldrand nun entlang, dann erreichen wir eine **Lichtung** 04. Hier wenden wir uns nach rechts und gehen über die Wiese bergauf. Nach ein paar Minuten erreichen wir einen Schotterweg, dem wir geradeaus folgen. Er führt uns an eine Straße, in die wir links einbiegen. Bald darauf erreichen wir die ST2255. Hinüber, und auf der anderen Seite nach rechts gewandt hinab auf dem Fußweg folgen und queren noch einmal in die Neustädter Straße hinein. Nach wenigen Metern wandern wir auf unserem Anfangsweg die letzten 5 Minuten zum **Schloss Rügland** 01 zurück.

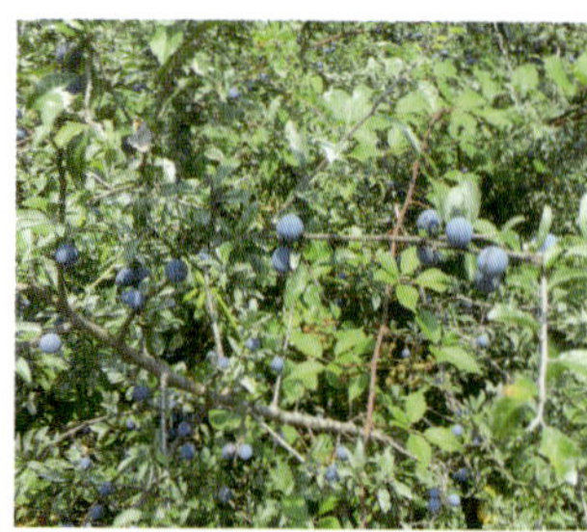

Ein Festmahl für Vögel.

ZUR BURG COLMBERG

Runde zu einer stolzen Burg im oberen Altmühltal

 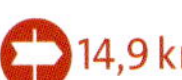 14,9 km 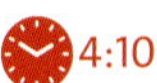 4:10 h  280 hm 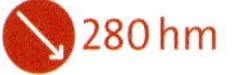 280 hm  164

START | Colmberg, 449 m. Anfahrt: Parkmöglichkeiten in der Ansbacher Straße in Colmberg.
[GPS: UTM Zone 32 x: 602441 m y: 5467719 m]
CHARAKTER | Größtenteils breite Wald- und Feldwege, nach Colmberg ein Stück verkehrsberuhigte Straße. Ein steilerer Abstieg auf dem Rückweg vom Turmhügel, der bei Nässe sehr rutschig werden kann.

Ehrfurcht gebietet diese Tour, denn wir wandern durch einen gut 200 Jahre alten Eichenwald, der zum Mästen der Schweine der Colmberger Bauern diente, und erfahren einiges über die Bedeutung der Hutewälder. Die Burg Colmberg thront auf einer Kuppe in Höhe von 511 Metern hoch über dem gleichnamigen Ort. Sie hat eine lange, erlebnisreiche Geschichte hinter sich, in der sie jedoch nie erobert wurde. Erste Überlieferungen in Form einer Palisadenburg gehen bereits bis ins Jahr 770 zurück. Erste urkundliche Erwähnungen gibt es aus dem 13. Jahrhundert. In der Hand mehrerer Besitzer und Adelsgeschlechter, u. a. die der Hohenloher und der Hohenzollern, geht sie ab 1880 in Privatbesitz über. Seit 1964 in Familienbesitz, wird sie heute als Hotel und Restaurant genutzt.

▶ Wir starten unsere Wanderung in der Ansbacher Straße in **Colmberg** 01. Zunächst geht es die Straße „Am Kirchberg“ hinauf. An der Kirche nun folgen wir dem gelben

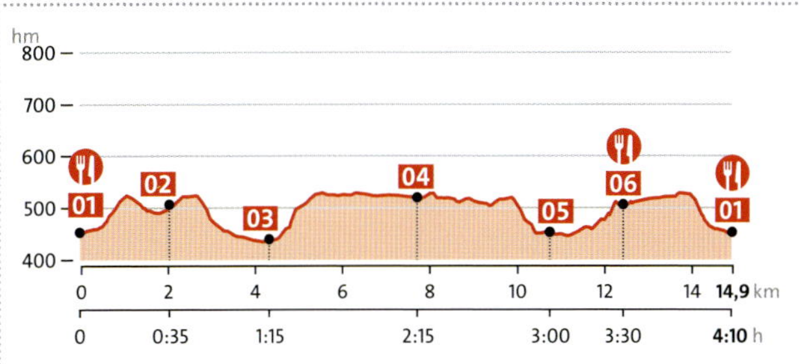

01 Colmberg, 449 m; 02 Infotafel Weißdorn, 500 m; 03 Häslabronn, 435 m; 04 Große Kreuzung, 523 m; 05 Weiher, 457 m; 06 Burg Colmberg, 508 m

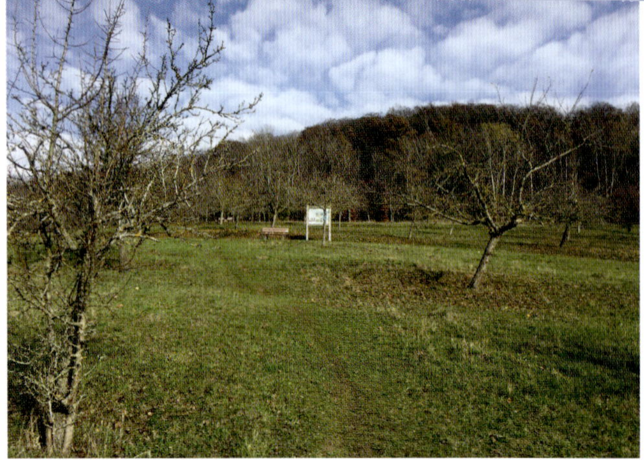

Über die Streuobstwiese.

Zubringer „Europäischer Wasserscheideweg" (EUWSW), an der Kirche vorbei, dann links Richtung Obersulzbach auf der Kirchfelder Straße. An deren Ende folgen wir ihr nach rechts, nach wenigen Metern links, weiter auf dem EUWSW und dem Eichblatt. Es geht durch das Wohngebiet, am Ortsrand, beim letzten Haus auf der linken Seite biegen wir links ab. Über ein paar Trepplein, dann über einen Holzsteg auf eine Streuobstwiese. Geradeaus hinauf nun, an Bänken und Infotafeln vorbei, bis uns ein Pfad in den Wald hinaufführt. Am breiten Waldweg wenden wir uns nach rechts und folgen ihm auf dem EUWSW eine viertel Stunde, bis wir an der nächsten Gabelung links laufen. An der darauffolgenden T-Kreuzung mit der Infotafel über den **Weißdorn** 02 wenden wir uns nach links, den Waldweg hinauf Richtung Häslabronn auf dem Jakobsweg. Nach ca. 300 Metern halten wir uns an der Gabelung rechts, nach weiteren 500 Metern dann geht es rechts hinab Richtung Häslabronn. Nach ein paar hundert Metern geht der Weg in einen Flurweg über, der uns schließlich in einer guten viertel Stunde nach **Häslabronn** 03 hineinführt. Die Markierung des Jakobsweges führt uns in einer langen Linkskurve durch das Dorf. An der letzten Scheune schließlich geht es auf einem Feld- und Waldweg nach rechts, hinauf in den Wald. Nach ein paar hundert Metern führt uns der Weg nach rechts, bald an einem lichten Stück des Waldes entlang.

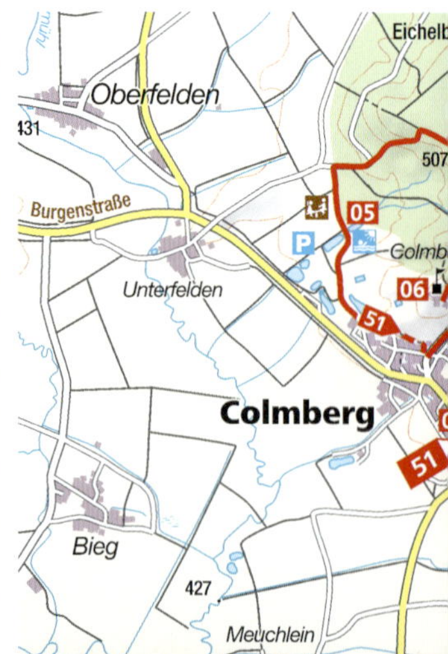

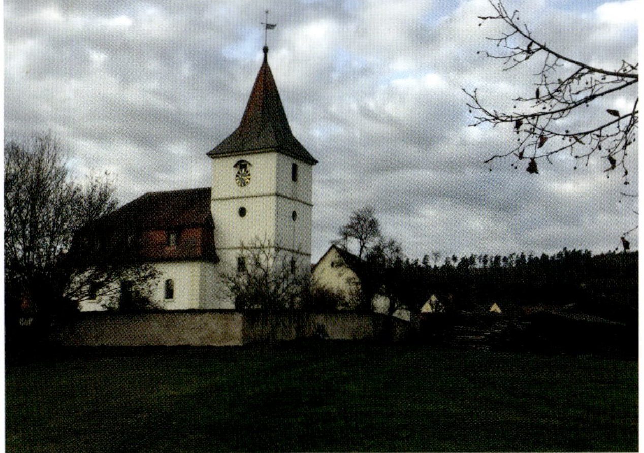

Häslabronn.

Nach ca. 5 Minuten halten wir uns dann wieder links, der Jakobsweg verlässt uns hier, und folgen dem Weg durch den Wald bis zur nächsten Gabelung: Auch hier halten wir uns wieder links, der Weg führt in fast 20 Minuten an eine Kreuzung, an der wir rechts abbiegen. An der nächsten **großen Kreuzung** 04 geht es schräg links hinüber. Wir folgen nun dem Steinpilz. Nach ungefähr 150 Metern führt er uns nach links, nach wenigen Minuten dann wieder – nun gemeinsam mit dem EUWSW – rechts auf einem Wiesenweg durch lichten Wald. Am Waldrand biegen wir rechts ab und laufen bis zur Straße, am Wanderparkplatz vorbei. Wir überqueren die Straße geradeaus und folgen unseren Wanderzeichen am Waldrand entlang. Nach ca. 5 Minuten – am Schilderstempen – halten

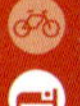

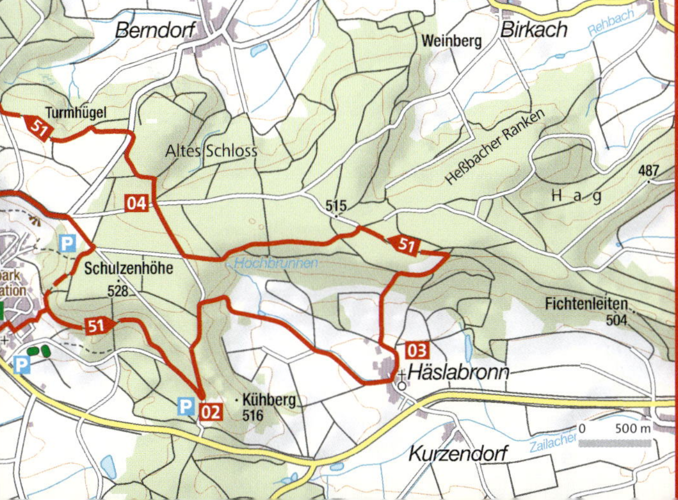

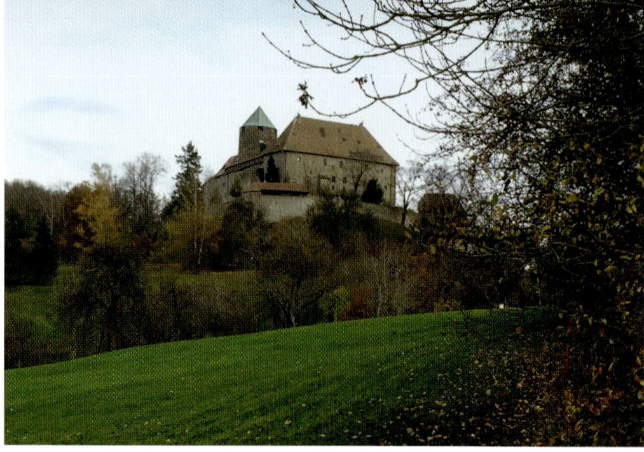

Burg Colmberg.

wir uns rechts, weiter geht es am Waldrand entlang, unseren beiden Markierungen folgend. Nach 10 Minuten gelangen wir an einen breiten Feldweg. Hier wenden wir uns nach rechts, doch nur wenige Meter, dann wieder links, und folgen weiter dem Steinpilz und dem Bergahorn. Nun stetig weiter geradeaus, bis uns der Bergahorn links hinabführt. Steil hinunter nun folgen wir dem Weg, der bald in einen breiteren Waldweg mündet, und schließlich auf eine Straße trifft, in die wir links einbiegen. Wir folgen ihr nun eine gute viertel Stunde an **Weihern** 05 vorbei und am Golfplatz entlang. Beim Golfplatz Parkplatz führt uns unsere Markierung nach links, neben dem Golfplatz hinauf. Bald geht es durch einen Hain, dann auf einem Wiesenweg, die Burg Colmberg nun immer im Blick. An der Straße „Am Schlossberg" links, dann wieder links, die „Burgstraße" hinauf, dem Bergahorn folgend. Der Weg führt an der **Burg Colmberg** 06 direkt vorbei. Wir gehen die Straße nun noch einen guten Kilometer bergan mit herrlichen Blicken auf Colmberg. In der kommenden Linkskurve verlassen wir die Straße nach rechts auf einem breiten Wald- und Feldweg Richtung Colmberg. Wir treffen schnell auf einen Parkplatz, an dem wir nach rechts in den Wald abbiegen wieder auf der EUWSW. Nach einem kurzen Stück halten wir uns wieder rechts auf einen Pfad, der uns mit dem Europäischen Wasserscheideweg steil hinabführt. Am breiten Waldweg biegen wir links ein, nach wenigen Minuten führt unsere Markierung uns rechts hinab zur bekannten Streuobstwiese. Nun wandern wir auf dem Anfangsweg in 10 Minuten zur Ansbacher Straße in **Colmberg** 01 und zum Auto zurück.

Blick auf Colmberg.

VON TAUBERZELL NACH NEUSTETT

Gemütliche Runde an drei Flüsschen entlang

 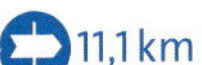 11,1 km 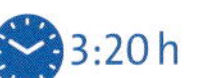 3:20 h  165 hm  165 hm  772

START | Tauberzell, 292 m. Anfahrt: Von der ST2268 hinter der Uhlenmühle und kurz vor Tauberzell links über die Brücke, dort befindet sich ein Wanderparkplatz.
[GPS: UTM Zone 32 x: 581.192 m y: 5.477.721 m]
CHARAKTER | Leichte Wanderung auf breiten Wegen. Bei Hochwasser müssen schon mal die Hosenbeine hochgekrempelt werden, da mehrmals Bäche ohne Brücke überquert werden.

Tauberzell ist ein wahres Kleinod unter den sowieso schon so vielen, hübschen kleinen Orten im Taubertal. Nahe Rothenburg, im tief eingeschnittenen Muschelkalktal, hat der kleine Weinort jahrhundertealte Tradition. Nur 500 Meter flussabwärts findet sich die Grenze zwischen Bayern und Baden-Württemberg. Viele alte Fachwerkhäuschen prägen den Ort. An den saftig grünen Wiesen und üppig wachsenden Bäumen und Sträuchern kann man bereits erkennen, dass man sich durch ein gesundes Bachtal bewegt: Das erste Stück auf dem bekannten Taubertalradweg passieren wir im Frühjahr voll blühende Streuobstwiesen. Doch auch die beiden kleineren Bachtäler des Gickelhauser und des Neustetter Baches zeugen von Idylle und von Kraft strotzender Natur.

▶ Wir starten unsere Wanderung am Parkplatz in **Tauberzell** **01**. Zunächst folgen wir dem geteerten Weglein kurz hinauf bis zum Taubertalradweg. Mit ihm

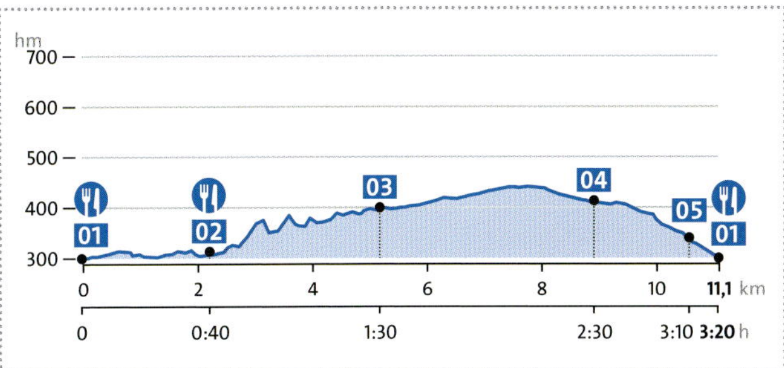

01 Tauberzell, 292 m; **02** Tauberscheckenbach, 304 m; **03** Furt, 376 m; **04** Neustett, 409 m; **05** Streuobstwiesen, 363 m

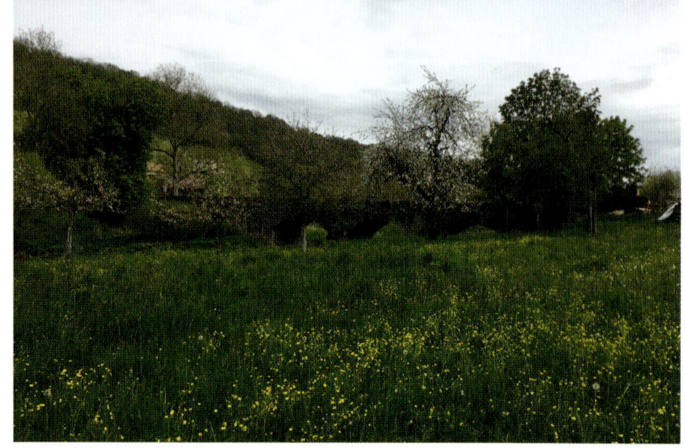

Tauberauen.

geht es nach links, oberhalb der Tauber entlang, bis uns nach ca. 25 Minuten der Weg nach links über eine Brück führt. Nach der Brücke nochmals links, nach wenigen Metern dann rechts in die „Karrenmühle", an der Kirche vorbei bis zur Vorfahrtsstraße. Im Örtchen **Tauberscheckenbach** **02** laufen wir die Hauptstraße nach links hinunter, über die Brücke über den Gickelhäuserbach hinüber, und gleich danach rechts auf einen Teerweg am Bach entlang – ein kleines gelbes Schild weist uns hier den Weg nach Gickelhausen. Nach einiger Zeit wird der Teerweg zum Feldweg.

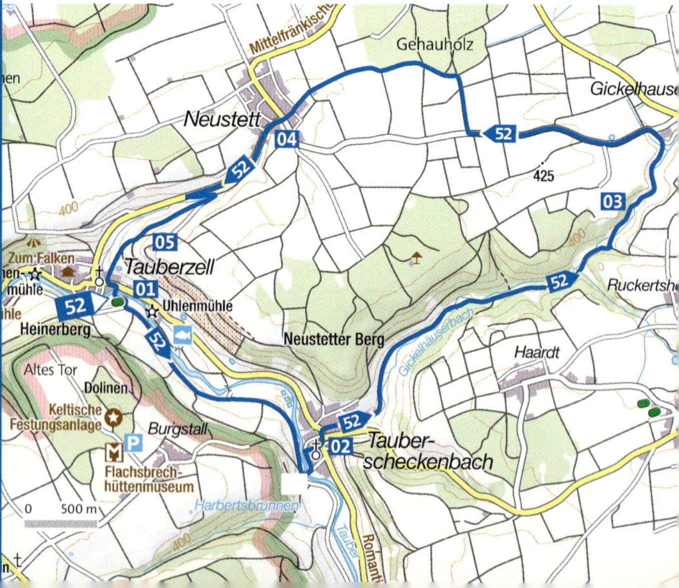

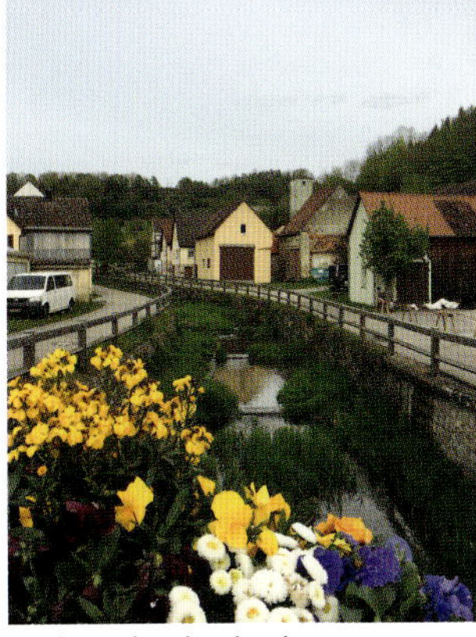

Tauberschenkenbach.

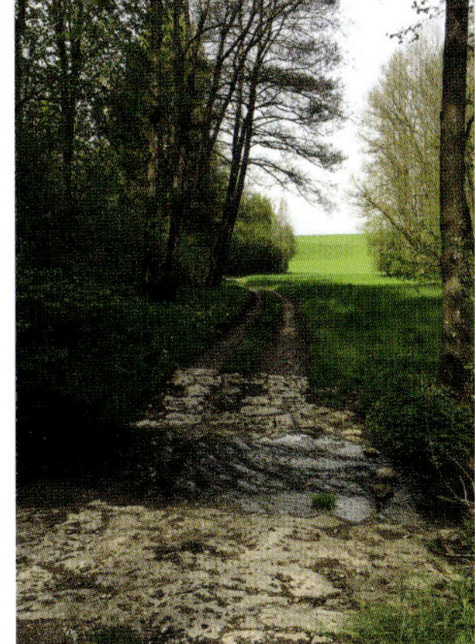

Über den Bach nach Neustett.

Wir folgen ihm nun immer geradeaus durch ein wunderschönes Bachtal. Nach einiger Zeit stößt von rechts ein Weg von Haardt zu uns, wir folgen aber stets geradeaus, bis wir nach insgesamt einer halben Stunde an eine Weggabelung gelangen. Rechts führt der Weg nach Adelshofen. Wir biegen jedoch links ab, weiter Richtung Gickelhausen. Nach ein paar Metern gelangen wir an eine **Furt** 03, die wir problemlos überqueren. Nach wiederum einigen Minuten müssen wir nochmals den Bach queren. Auf breitem Feld- und Waldweg erreichen wir schließlich eine Teerstraße. Rechts führt sie nach Gickelhausen, wir folgen ihr jedoch nach links. Nach guten 20 Minuten entlang der wenig befahrenen Straße weist wieder ein kleines gelbes Schild nach links auf einen Schotterweg Richtung Neustett. Wir folgen ihm für einige Minuten, vor dem Wald biegen wir links ab, kurz über einen Wiesenweg, dann auf einem Waldweg am Waldrand entlang. Allmählich geht Weg in einen asphaltierten Weg über. Wir folgen nun immer geradeaus nach **Neustett** 04 hinein. Über die Kreuzung hinüber folgen wir nun der Straße nach Tauberzell. Eine knappe viertel Stunde geht es hinab nun an der Straße entlang. Dann führt uns in einem scharfen Linksknick ein Schotterweg ab. Wenige Minuten später erreichen wir eine Gabelung, an der wir rechts ein-

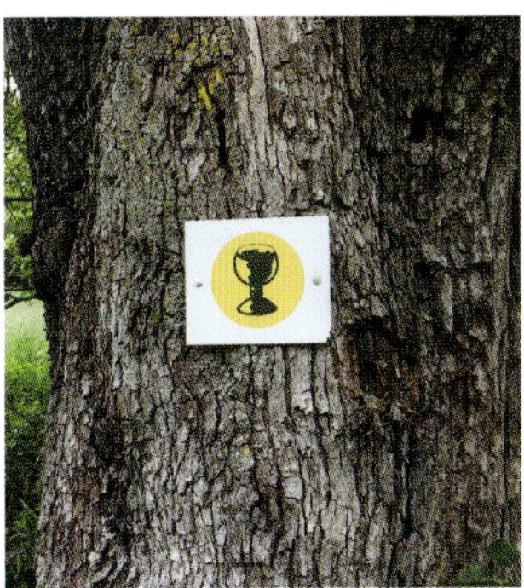

Wanderung auf dem Kelch.

biegen. Nun folgen wir dem Jakobsweg durch die Hänge mit **Streuobstwiesen** 05 hindurch. Am Teersträßlein laufen wir rechts hinab. Wir erreichen **Tauberzell** 01. Im Ort an der Hauptstraße geht es links, und in wenigen Schritten zum Auto zurück.

53

VON ROTHENBURG INS STEINBACHTAL

Vom Stadtgewimmel in die Einsamkeit des Steinbachtales

 12,9 km  3:30 h  140 hm  140 hm 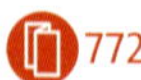 772

START | Parkplatz am Galgentor in Rothenburg, 483 m. Anfahrt: Parkplatz direkt neben dem Galgentor, Straße „Vorm Würzburger Tor" in Rothenburg ob der Tauber.
[GPS: UTM Zone 32 x: 585.970 m y: 5.470.299 m]
CHARAKTER | Bis Beginn des Steinbachtales breite, gut zu gehende Wege. Im Steinbachtal teils schmale Pfade, bei Nässe rutschig. Hinter Steinbach kommt ein sehr steiler, langer Anstieg. Gutes Profil ist hier wichtig, es kann extrem rutschig werden.

Diese schöne Runde führt uns aus dem Gewimmel Rothenburgs, das oft im Frühjahr und Sommer vor Touristen nur so überquillt, zu einem kleinen, idyllischen See. Über den Seegraben wird es schon ruhiger, dann erreichen wir das Naturschutzgebiet Lindleinsee. Die Feuchtwiesen des Großen und Kleinen Lindleinsees weisen eine artenreiche Vegetation auf, von deren Blütenangebot viele Insektenarten das ganze Jahr profitieren. So finden auch Insektenjäger wie Grasfrosch oder Ringelnatter einen günstigen Lebensraum. Wenn man ein Weilchen verweilt, kann man eventuell sogar einen seltenen Greifvogel erspähen.

▶ Wir beginnen unsere Wanderung am **Parkplatz am Galgentor**

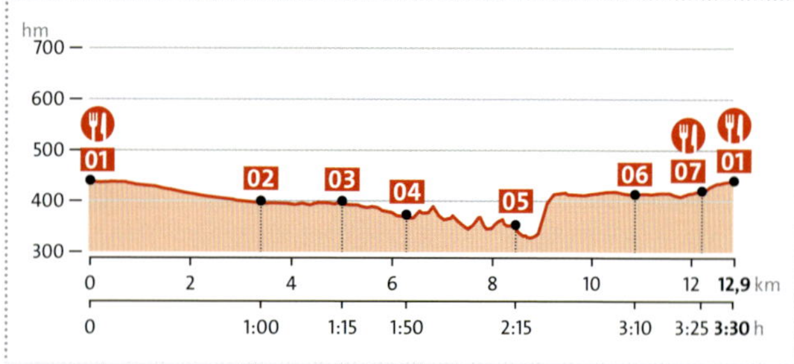

01 Parkplatz am Galgentor, 443 m; **02** NSG Lindleinsee, 396 m; **03** Kleiner Lindleinsee, 391 m; **04** Holzbrücke, 351 m; **05** Steinbach, 328 m; **06** Ortseingang Rothenburg, 417 m; **07** Rothenburg ob der Tauber, 424 m

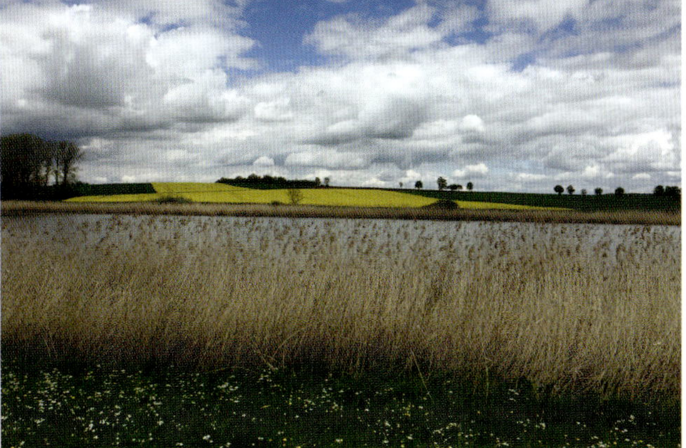

Naturschutzgebiet Lindleinsee.

01 in Rothenburg ob der Tauber. Zunächst folgen wir der Galgengasse nach rechts auf dem Fränkischen Marienweg. Die Straße immer geradeaus entlang, bis wir kurz vor Ortsausgang nach links auf einen Teerweg abbiegen. 10 führt uns nun. An der folgenden Gabelung halten wir uns rechts, nach einer Viertelstunde schickt uns 10 in einer Rechtskurve geradeaus auf einen Wiesenweg. Er führt uns an einen Schotterweg, dem wir nach links folgen. Schließlich erreichen wir das **Naturschutzgebiet Lindleinsee** **02**. Der Weg führt hinter dem See scharf nach rechts, auf einen Pfad am Seeufer entlang. Bald schreiten wir kurz über Schotter, dann führt uns 10 nach links auf einen Pfad, nun zusammen mit dem blauen Kreuz und dem Jakobsweg. Bald wandern wir über einen Wiesenweg am **Kleinen Lindleinsee** **03** vorbei bis zur Straße. Am

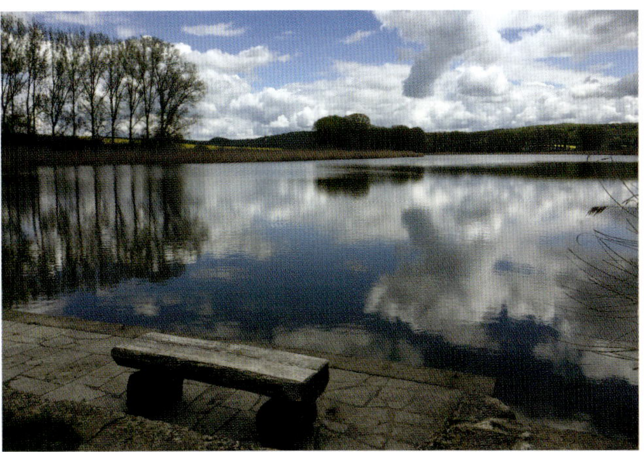

Kleiner Lindleinsee.

53

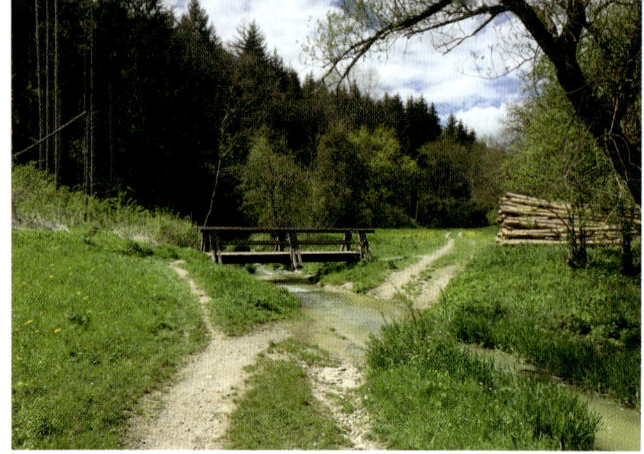

Hinab ins Steinbachtal.

„Chausseehaus 1" (hier gibt es eine Töpferei) biegen wir links ab. Nach ca. 50 Metern geht es wieder rechts auf einen Teerweg. Kurz darauf führt uns ein Pfad rechts hinab, weiter auf unseren Markierungen. Wir folgen dem Weg durch den Talgrund, über eine schmale **Holzbrücke** 04, immer am Steinbach entlang. Nach einer guten dreiviertel Stunde erreichen wir **Steinbach** 05. Kurz vor Ortsausgang biegen wir links ab, über den Steinbach hinüber auf dem blauen Kreuz. An der Vorfahrtsstraße wenden wir uns nach links,

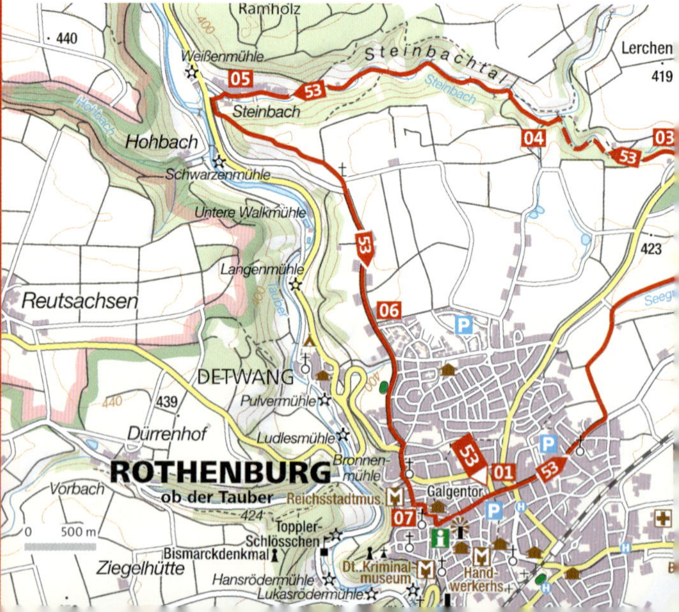

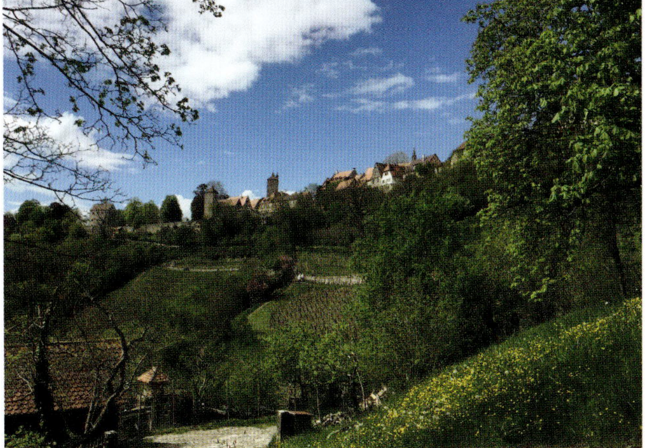

Blick auf Rothenburg.

dann gleich wieder links auf einen Pfad äußerst steil hinauf! Oben treffen wir auf einen breiten Weg. Wir folgen ihm bis zur Straße. Am Steinkreuz weiter geradeaus, folgen wir bald dem „Walnußweg“ und gelangen zum **Ortseingang von Rothenburg 06**. Wir folgen weiter dem „Walnußweg“ bis zum Ende und biegen auf die 9 nach rechts in die „Heckenackerstraße“ ab. Wir folgen der „Mergentheimer Straße“ nach links bis zum Klingentor, durch das wir geradeaus hindurchschreiten. Über ein Holzbrücklein geht es nach **Rothenburg ob der Tauber 07** hinein. Wir folgen der „Klingengasse“ geradeaus, dann in die „Judengasse“ links abbiegen. Nach wenigen Schritten rechts in die „Deutschherrngasse“, Sie führt uns zum Kirchplatz von St. Jacob. Wir überqueren den Kirchplatz und wenden uns an der „Georgengasse“ nach links. Sie wird nach ein paar Minuten zur Galgengasse, der wir nun zurück zum **Parkplatz am Galgentor 01** folgen.

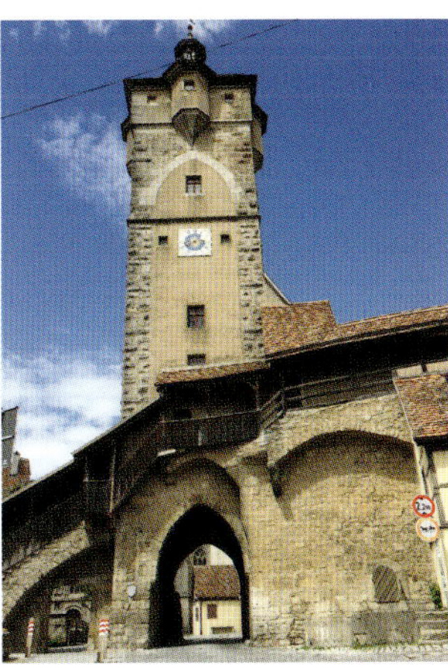

Klingentor in Rothenburg.

54

VON ROTHENBURG INS SCHANDTAUBERTAL

Durch eines der schönsten Bachtäler Mittelfrankens

 13,5 km 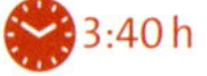 3:40 h 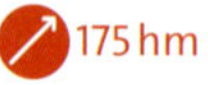 175 hm 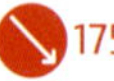 175 hm 772

START | Parkplatz am Sauturm in Rothenburg, 408 m. Anfahrt: Parkplatz beim Sauturm am Taubertalweg (ST1022) in Rothenburg ob der Tauber. [GPS: UTM Zone 32 x: 585.564 m y: 5.469.363 m]
CHARAKTER | Nach Bettenfeld läuft man zumeist über breite Feldwege. Ein schmaler Pfad jedoch am Blinkbach entlang. Der Rückweg oberhalb der Schandtauber führt häufig über Wiesenwege. Der Abstieg in den Talgrund ist steil, der Anstieg aus dem Talgrund heraus extrem steil und bei Nässe extrem rutschig. Unbedingt gutes Schuhwerk mit Profil tragen! Hinweis: In Rothenburg gibt es ein Freibad.

Wildbad ist ein Gemeindeteil Rothenburgs und wurde Mitte des 14. Jahrhunderts von der Stadt erbaut, nachdem auf Grund eines Erdbebens an eben dieser Stelle ein Quellchen zu Tage kam. Der prachtvolle Gebäudekomplex, so wie er uns heute erfreut, wurde Ende des 19. Jahrhunderts von Friedrich Hessing in neunjähriger Bauzeit errichtet. 1903 eröffnet, jedoch schon 14 Jahre später wieder aus Kostengründen geschlossen, wurde es schließlich 1925 versteigert. Während des Zweiten Weltkrieges als Lazarett, in den 50er- bis 70er-Jahren als Ausbildungsstätte der Bayerischen

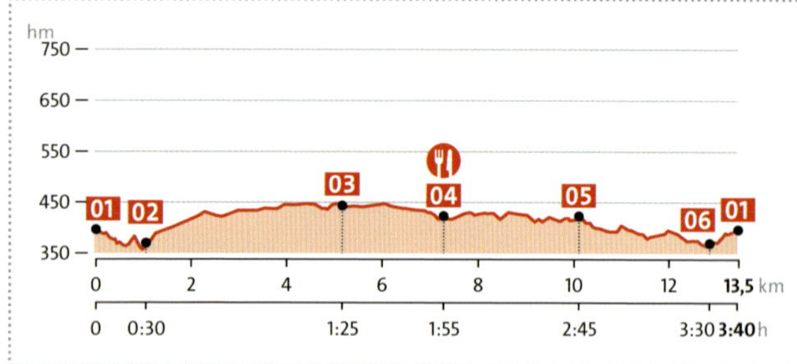

01 Parkplatz am Sauturm, 408 m; 02 Blinkbachtal, 355 m; 03 Steinkreuz, 447 m; 04 Bettenfeld, 431 m; 05 Abzweigung K2, 414 m; 06 Schmelzmühlensteg, 362 m

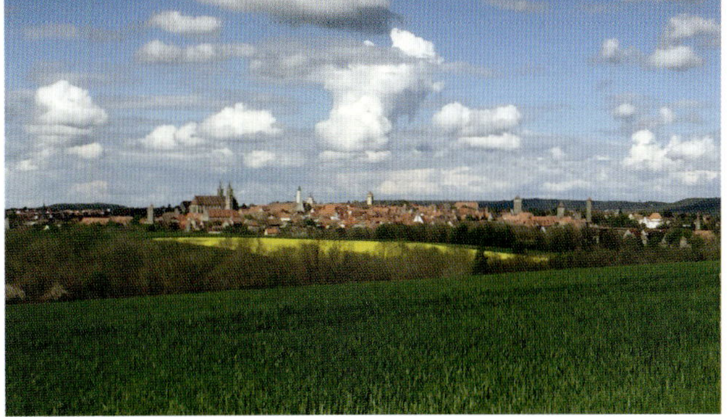

Blick auf Rothenburg ob der Tauber.

Bereitschaftspolizei genutzt, wurde es schließlich Anfang der 80er-Jahre von Rothenburg für 300.000 DM gekauft und zu dem selben Preis dem Diakoniewerk Neuendettelsau überlassen, wird es schließlich zur Tagungsstätte ausgebaut, die es bis heute geblieben ist.

▶ Wir beginnen unsere Wanderung am **Parkplatz am Sauturm** 01. Ein geteerter Weg führt uns hinab zum Wildbad. Wir gelangen an den Taubertalweg und biegen am Kopfsteinpflaster links ein.

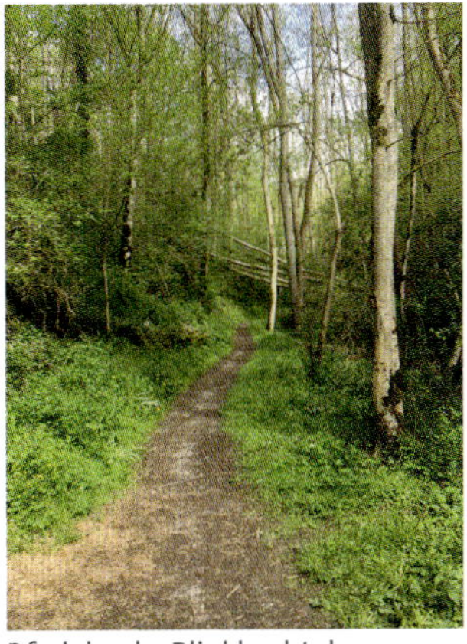

Pfad durchs Blinkbachtal.

Nach ca. 50 Metern führt von der Straße ein Weg nach rechts auf der Markierung 5, 6 (Rundwanderweg Rothenburg ob der Tauber). Weitere 100 Meter später folgen wir einem Pfad nach rechts hinab ins **Blinkbachtal** 02. Eine gute Viertelstunde später führt uns der Weg heraus aus dem Bachtal, am Parkplatz des Klettergartens vorbei. Wir folgen dem Schotterweg um eine Linkskurve bis zur ST1022. Mit W5 überqueren wir die Straße und wandern auf einem Schotterweg hinauf. An der Gabelung führt die Markierung nach rechts, ca. 2 Kilometer, erst über Wiese, dann über Schotter und schließlich auf geteertem Weg bis zu ein paar gemauerten Höfen. Hier biegen wir nach rechts ab; ein Schotterweg führt uns wieder hinauf. Wir erreichen eine Gabelung mit einem **Steinkreuz** 03: Es geht nun nach links, ca. eine viertel Stunde auf diesem Weg an den Feldern entlang. Wir sehen und hören die Landstraße schon, biegen jedoch vorher links ab. Der Weg führt um eine Rechtskurve am Lindenhof vorbei. Wir erreichen die AN6 und folgen ihr geradeaus. Sie führt uns direkt nach **Bettenfeld** 04 hinein. 5 geleitet uns in den Ort hinab, über die his-

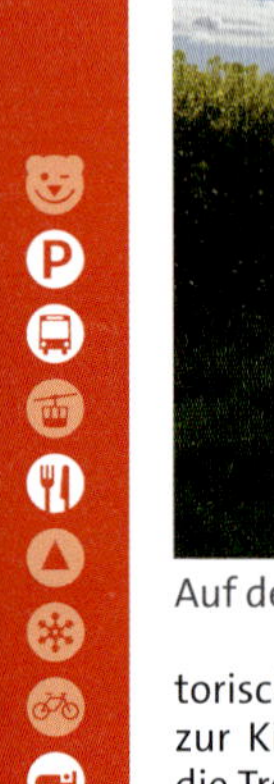

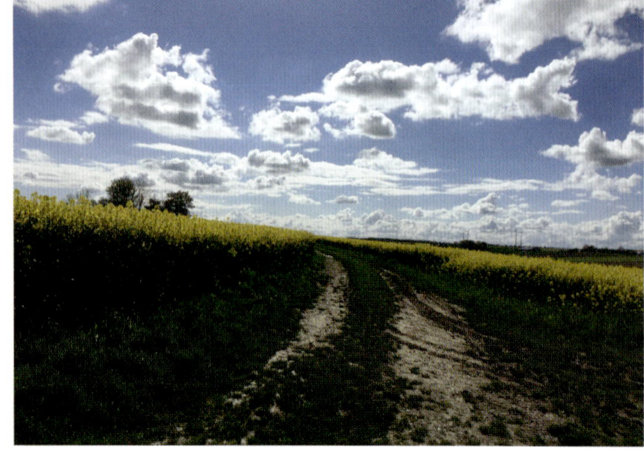

Auf dem Weg nach Bettenfeld.

torische Brücke hinüber und bis zur Kirche. Hier steigen wir links die Treppen empor, dann über das Kopfsteinpflaster 5 hinterher. Der Weg führt uns nach links um die Kirche herum, an der Friedhofsmauer entlang und schließlich ein kurzes Stück über einen Teerweg. Doch gleich nach der letzten Scheune biegen wir links ab auf einen Wiesenweg. Er führt nach einer Rechtskurve oberhalb der Schandtauber entlang. Nun geht es immer geradeaus, mal auf Wiese, mal auf einem Schotterweg. Nach guten zweieinhalb Kilometern macht der Schotterweg eine markante Rechtskurve, 5 läuft geradeaus. Hier nehmen wir die **Abzweigung auf K2** 05 hinab in den Bachgrund. Ein Pfad führt uns nun idyllisch auf der Wiese durchs sattgrüne Tal der Schandtauber. Nach guten 20 Minuten führt er uns schräg rechts hinauf. Achtung, der Weg hier ist extremst steil und auch schon bei ein bisschen Nässe äußerst rutschig! Am Schotterweg geht es dann nach links hinab. An der kurz darauffolgenden Brücke beginnt der Wasserwirtschaftliche Lehrpfad, der uns nun das letzte Stück aus dem Schandtaubertal hinaus begleitet. Direkt neben der Schandtauber entlang erreichen wir in einer halben Stunde eine Straße. Wir überqueren den **Schmelzmühlensteg** 06; er führt uns über die Tauber; auf der anderen Seite geht es nach links auf einem schmalen Weg. Er führt uns direkt an die Straße vom Wildbad. Wir folgen ihr wieder nach rechts hinauf, und in wenigen Minuten zum **Parkplatz am Sauturm** 01 zurück.

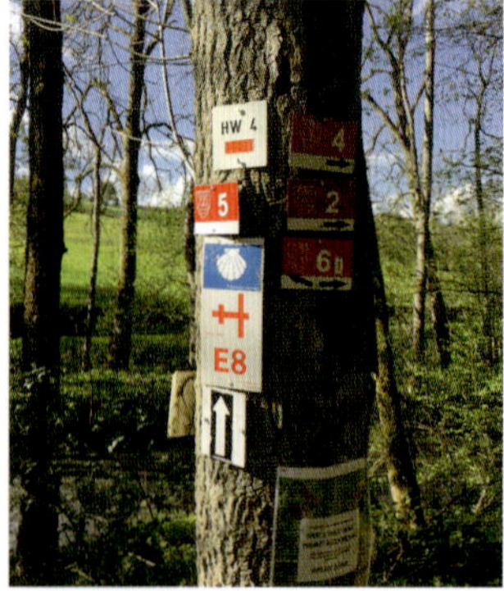

Schildervielfalt im Schandtaubertal.

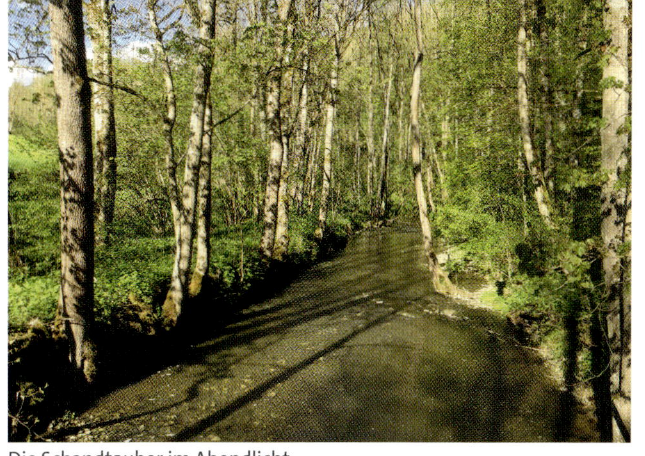

Die Schandtauber im Abendlicht.

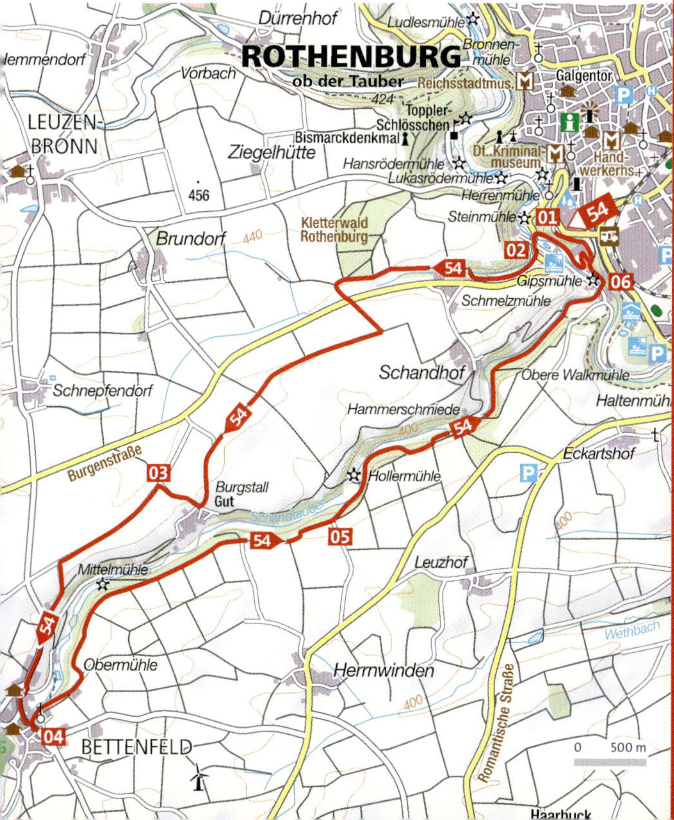

55

ÜBER GASTENFELDEN NACH SCHILLINGSFÜRST

Entlang des Europäischen Wasserscheideweges

  15,3 km  4:15 h  225 hm 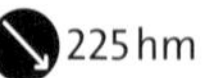 225 hm  164

START | Wanderparkplatz an der AN34, 495 m. Anfahrt: Parkplatz an der AN34 von Altengreuth Richtung Traisdorf, ca. 750 Meter hinter Altengreuth auf der rechten Seite.
[GPS: UTM Zone 32 x: 595.354 m y: 5.461.246 m]
CHARAKTER | Lange Wanderung durch abwechslungsreiche Landschaft. Der Weg ist vor Schillingsfürst und ab dem Brunnenhausmuseum sehr matschig bei Nässe!

Diese Wanderung führt uns vorbei an saftigen Wiesen zunächst bis zum Naturschutzgebiet Kühberg bei Gastenfelden. Das seit 1984 bestehende Naturschutzgebiet ist durch die Lehrbergschichten des Gipskeupers geprägt. An den südlichen Hängen finden sich Halbtrockenrasen, die zu den artenreichsten Lebensräumen Mitteleuropas gehören. Weiter führt uns der Weg durch den Effnerwald. Hier begegnen wir dem Europäischen Wasserscheideweg. Er führt uns über den Seedamm, einem ehemaligen Weiherdamm, über saftige grüne Wiesen und an einem Bächlein entlang bis fast an Neuweiler heran. Dann jedoch weichen wir nach links aus und der Weg führt uns durch einen Wald am Wohnbach auf einem idyllischen Pfad entlang. In Schillingsfürst schließlich stehen

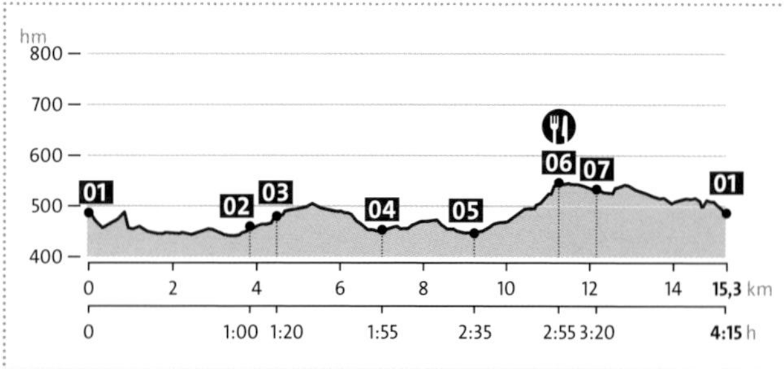

01 Wanderparkplatz an der AN34, 495 m; 02 Gastenfelden, 445 m; 03 NSG Kühberg, 493 m; 04 Seedamm, 449 m; 05 Abzweigung verfallener Hochsitz, 448 m; 06 Schillingsfürst, 493 m; 07 Brunnenhausmuseum, 536 m

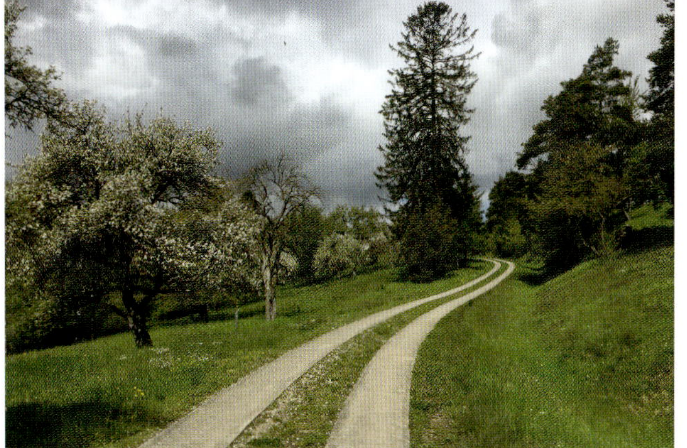
Durchs Naturschutzgebiet Kühberg.

uns eine Vielzahl von Sehenswürdigkeiten wie Barockschloss oder Wasserturm zur Verfügung. Das letzte Viertel des Weges geht es geradewegs durch ein schattiges Waldstück.

▶ Vom **Wanderparkplatz an der AN34** **01** bei Altengreuth biegen wir nun zuerst in die AN34 nach rechts ein und folgen ihr ca. 300 Meter Richtung Traisdorf hinab. Dann führt uns ein Feldweg nach links Richtung Traisdorf auf dem Europäischen Wasserscheideweg. Nach 20 Minuten biegen wir am Teerweg links ein, gleich darauf folgen wir wieder einem Feldweg

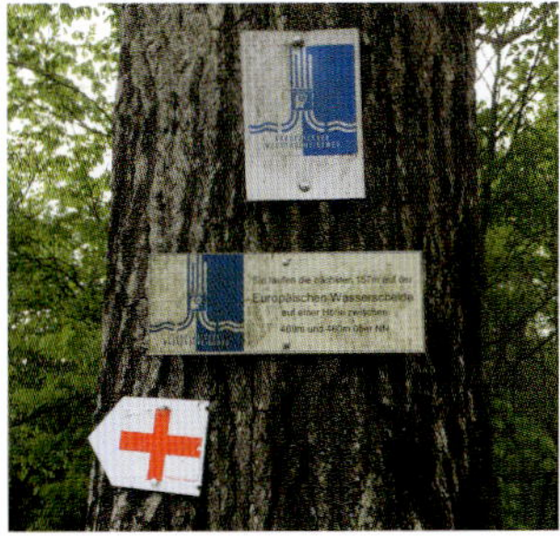
Der Europäische Wasserscheideweg.

nach rechts, ohne Markierung. Er führt uns wieder an einen Teerweg, dem wir nach rechts folgen. Nach guten 300 Metern führt ein gelbes Wanderschild nach links auf einen Schotterweg Richtung Gastenfelden. Bald darauf erreichen wir wieder einen Teerweg. Wir folgen ihm nach links, nach wenigen Metern führt er nach rechts, geradewegs in den Ort hinein. In **Gastenfelden** **02** folgen wir der Hauptstraße. Noch an der Kirche vorbei, biegen wir in der Rechtskurve links in eine Seitenstraße ein, leicht bergan Richtung Sengelhof und Schönbronn. Kurz vor Ortsausgang folgen wir einem geteerten Weg nach links, weiter hinauf. An der darauffolgenden Gabelung folgen wir den Betonplatten geradeaus ins Naturschutzgebiet. Der Weg gewinnt an Höhe. Oben erwartet uns ein Golfplatz. Wir machen einen kurzen Abstecher nach links ins **Naturschutzgebiet Kühberg** **03**, dann folgen wir dem Weg in die andere Richtung am Golfplatz entlang, bald in einen schönen lichten Wald mit vornehmlich jungen Buchen. Kurz nach Waldbeginn führt uns der Europäische

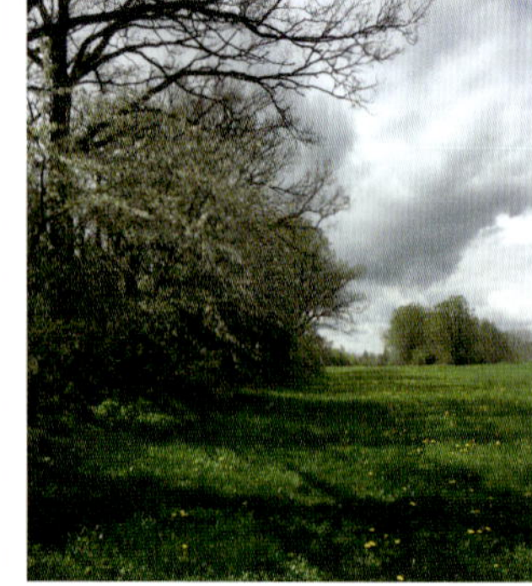

Wiesen beim Seedamm.

Wasserscheideweg nach links auf einen erdigen Waldweg. Am Waldaustritt wenden wir uns nach links, dann geradeaus Richtung Gaishof. Wir folgen dem Weg erst auf Teer, dann auf Schotter bald hinab. Noch vor dem Örtchen Gaishof schickt uns die Markierung nach rechts auf einen Wiesenweg. Wir überqueren den **Seedamm 04**, danach geht es auf einem Pfad weiter. Gleich nach den Bäumen biegen wir links ab, auf einer Wiese an der Baumflur entlang. An den letzten Büschen und Bäumen folgen wir dem Europäischen Wasserscheideweg beherzt schräg nach rechts über die Wiese und gelangen nach ca. 20 Metern an das Ende eines Weges. Wir folgen ihm am Bächlein entlang. Der Weg gewinnt an Festigkeit und führt uns zu einer Straße. Wir folgen ihr nach links, gleich in der nächsten Linkskurve verlassen wir die Straße jedoch wieder nach rechts auf einen Waldweg Richtung Schweikartswinden. Der Europäische Wasserscheideweg führt uns kurz darauf wieder nach rechts. Nun folgen wir dem gut ausgeschilderten Weg für eine knappe viertel Stunde. Dann, am Beginn eines Anstieges, lässt uns unserer Markierung nach rechts abbiegen. Wir folgen dem gut markierten Weg eine viertel Stunde. An seinem Ende, einer T-Kreuzung mit einem **verfallenen Hochstand 05**, biegen wir links ab und wandern nun am Wohnbach entlang. Bald überqueren wir eine Holzbrücke, hinter der Brücke geht es auf einem Pfad hinauf, nach wenigen Minuten dann an einer Gabelung schon wieder nach rechts hinab. Ab hier folgen wir ein Stück der Markierung des Main-Donau-Weges. Der Pfad führt aus dem Wald heraus an einen Betonweg, dem wir nach rechts folgen. An der Straße schließlich wenden wir uns nach rechts, nach **Schillingsfürst 06** hinein. Wenig später folgen wir der „Schafhofsteige" scharf nach links, steil hinauf. Oben können wir einen Abstecher zum Schloss machen oder diverse Museen besuchen. Dann folgen wir in einer Linkskurve auf die „Neue Gasse", die uns nach einigen Minuten an eine Weggabelung bringt. Wir biegen schräg links in den „Brunnenhausweg" ein und folgen ihm geradewegs bis zum **Brunnenhausmuseum 07**. Hier vorbei und weiter auf einem Feldweg in

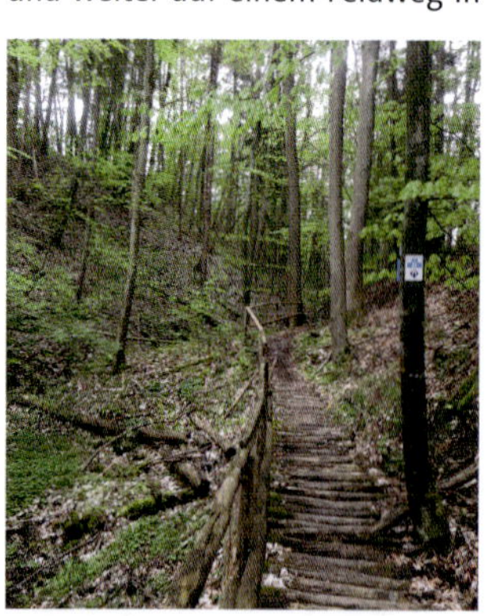

Holzplanken am Europäischen Wasserscheideweg.

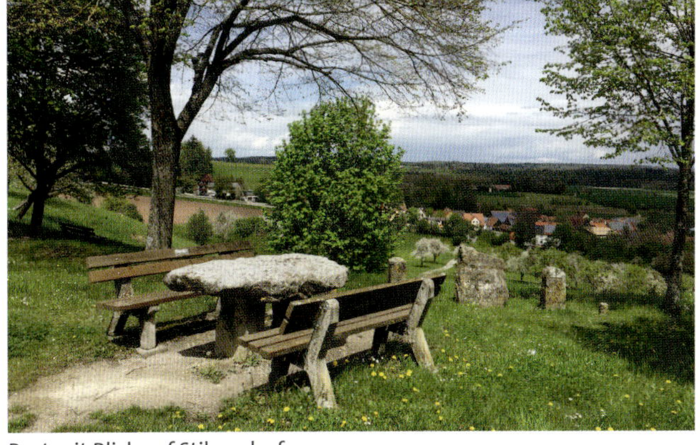

Rast mit Blick auf Stilzendorf.

den Wald. Kurz nach Waldeintritt halten wir uns an der Gabelung rechts. Der Weg führt uns an die ST2246. Ein scharfer Linksknick, und wir wandern nun den Waldweg entlang und folgen dem blauen Balken. Nach 20 Minuten halten wir uns an der Gabelung links, ein paar Hundert Meter später müssen wir uns dann nochmals rechts halten, bis uns der Weg in weiteren 5 Minuten zurück zur AN34 und dem **Wanderparkplatz** **01** bringt.

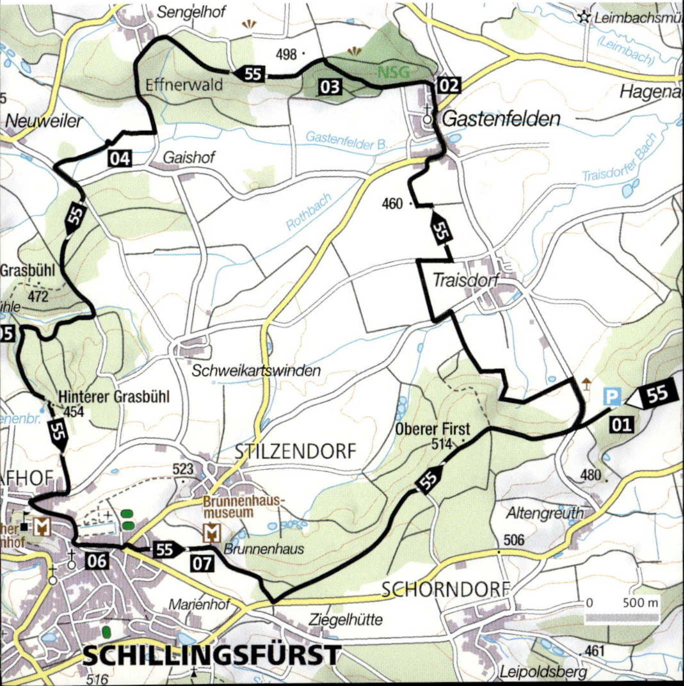

Sehenswürdigkeiten

Baumwipfelpfad Steigerwald (Tour 26)
Der Baumwipfelpfad bei Ebrach bietet Spannung und Abwechslung zum Wandern für die ganze Familie. Der Weg führt meist entlang der Baumkronen und eröffnet somit neue Eindrücke rund um den Lebensraum Wald. Auf über einem Kilometer wird mit wechselnden Perspektiven seine Flora und Fauna in der natürlichen Umgebung näher gebracht. Informationstafeln mit interaktiven Elementen, Quizfragen und Spiele bereiten die unterschiedlichsten Themen ansprechend auf und geben dem Besucher Interessantes und Wissenswertes mit an die Hand. Höhepunkt des Baumwipfelpfades ist der kelchförmige Holzturm. Von der obersten Ebene aus hat man einen herrlichen Ausblick auf den Steigerwald. Zudem gibt es ein begehbares Wildgehege, in dem man Sika-Hirsche, Muffel und ein Wildschaf beobachten kann.
Weitere Informationen:
Baumwipfelpfad Steigerwald
Radstein 2
D-96157 Ebrach
Tel. +49 9553 989-80102
info-baumwipfelpfad@baysf.de
www.baumwipfelpfadsteigerwald.de

Fränkisches Freilandmuseum (Tour 45)
Das Fränkische Freilandmuseum in Bad Windsheim lädt den Besucher zu einer Zeitreise durch mehrere Jahrhunderte fränkischer Alltagsgeschichte ein. Die Gehöfte, Mühlen, Scheunen und Ställe, Brauereien

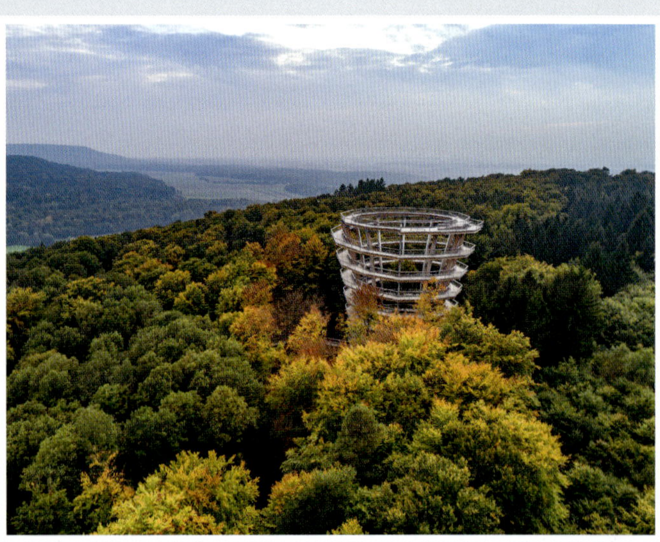

Baumwipfelpfad Steigerwald (Tour 26).

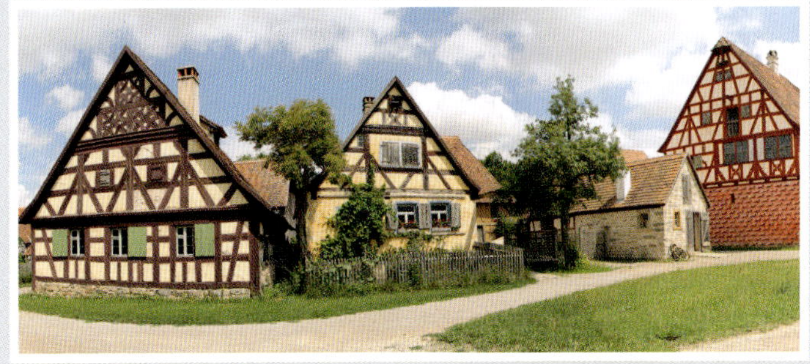

Fränkisches Freilandmuseum Dorfplatz (Tour 45).

und Handwerkshäuser sowie Schul- und Amtshaus erzählen dabei über das Leben und Arbeiten vergangener Zeiten. Die Häuser wurden dabei aus verschiedenen Teilen Frankens an den Museumsschauplatz versetzt. Sechs Dörfer mit insgesamt 130 historischen Häusern werden hier abgebildet. Wechselnde Ausstellungen, Veranstaltungen und Führungen machen den Besuch noch abwechslungsreicher. Öffnungszeiten und Informationen:
Fränkisches Freilandmuseum
Eisweiherweg 1
D-91438 Bad Windsheim
Tel. +49 9841 6680-0
www.freilandmuseum.de

Fürstlicher Falkenhof (Tour 55)
Der Fürstliche Falkenhof auf Schloss Schillingsfürst bietet Spannung pur mit frei fliegenden Greifvögeln und einem Gang durch den Eulengarten. Ein Großteil der europäischen Greifvogelarten zeigt dabei sein Können: Adler, Falken und Geier. Im dazugehörigen Museum erfährt man dann noch allerlei Wissenswertes aus über 4000 Jahren Falknereigeschichte. Wer möchte, kann auch einmal einen Tag als Falkner erleben. Weitere Informationen:
Am Wall 14
D-91583 Schillingsfürst
Tel. +49 9868 201
office@schloss-schillingsfuerst.de
www.falkenhof-schillingsfuerst.de

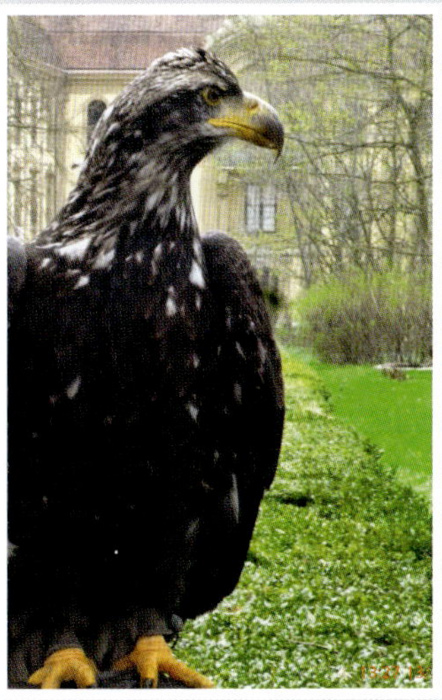

Hauptdarsteller im Fürstlichen Falkenhof (Tour 55).

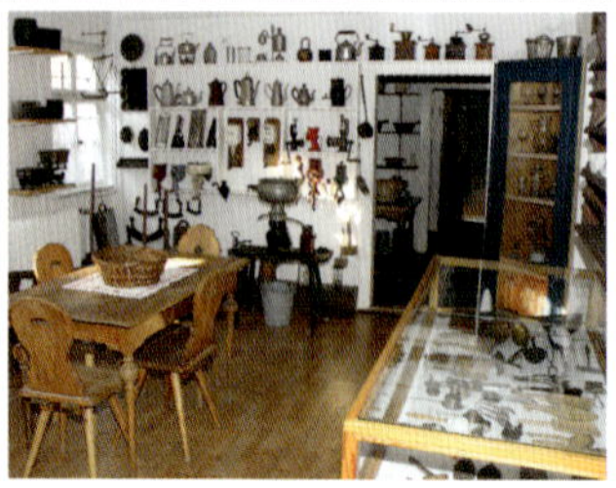
Stube im Heimatmuseum Ebern (Tour 10).

Heimatmuseum Ebern (Tour 10)
Das Heimatmuseum Ebern zeigt in 18 Räumen seine ortsgeschichtliche Sammlung zur Stadt und näherem Umland mit besonderem Bezug auf die Zeit von 1850 bis 1920. Dabei kann man handwerkliches Gerät, auch aus Land- und Forstwirtschaft, Hausrat und die damalige, bäuerliche Einrichtung begutachten und erfährt viel Wissenswertes über das Leben im Baunach- und Weisachtal. Seit 1974 hat das Museum seinen Platz direkt neben dem Wahrzeichen des historischen Stadtkerns, dem Grauturm. Weitere Informationen:
Heimatmuseum Ebern
Marktplatz 42
D-96106 Ebern
Tel. +49 9531 4756
www.heimatmuseum-ebern.de

Kirchenburgmuseum Mönchsondheim (Tour 37)
Das Kirchenburgmuseum Mönchsondheim ist ein Freilichtmuseum, bei dem die Kirchenburg und die dazugehörigen Gebäude des Dorfes noch an ihrem Originalstandort stehen. Das Museum wurde 1981 gegründet und vermittelt dem Besucher vergangene und gegenwärtige Alltagswelt eines Dorfes in Mainfranken. Das Museum bietet die regelmäßige Führung „Zeitreise in die Vergangenheit“ an. Zudem gibt es

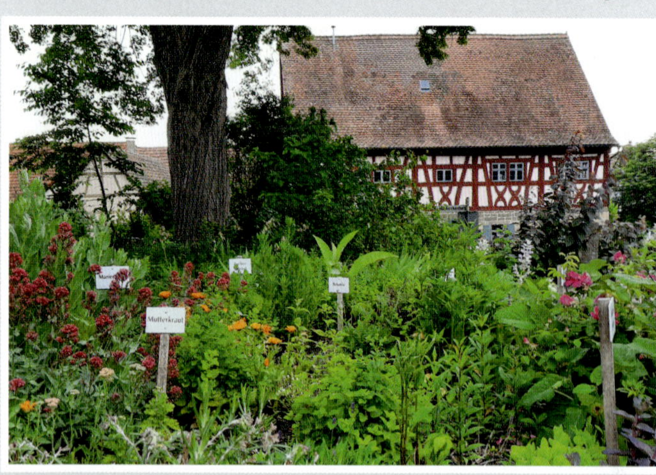

Rathaus im Kirchenburgmuseum (Tour 37).

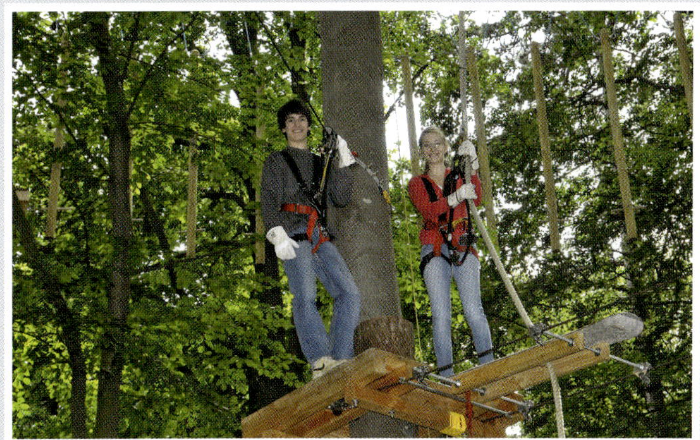

Im Kletterwald Rothenburg (Touren 53 + 54).

laufend wechselnde Veranstaltungen, Themenführungen und Sonderausstellungen.
Weitere Informationen:
Freilandmuseum Kirchenburg
Mönchsondheim
An der Kirchenburg 5
D-97346 Iphofen
Tel. +49 9326 1224
www.kirchenburgmuseum.de

Kletterwald Rothenburg (Touren 53 + 54)
Der Kletterwald Rothenburg bietet Action, Spaß und Spannung für Jung und Alt; den abenteuerlustigen Besucher erwarten über 145 Kletterelemente in 14 spannenden Parcours. Vom schwingenden Tanzseil geht es über wackelige Brücken, sogar mit fliegenden Seilen hat man hier mitten im Wald seinen Spaß. Dabei bewegt man sich auf einer Höhe von einem bis 17 Meter von Baum zu Baum. Es gibt unterschiedliche Parcours mit verschiedenen Schwierigkeitsgraden. Möchte man den ganzen Kletterwald erkunden, sollte man schon 2 bis 3 Stunden einplanen. Weitere Informationen:
Adventure Outdoor Team GmbH
Am Teufelsloch 15
D-91282 Betzenstein
info@kletterwald-rothenburg.com
www.kletterwald-rothenburg.com

Kloster Ebrach – Führungen (Tour 26)
Ein bedeutender Ort für die geistige Entwicklung der Region war die ehemalige Zisterzienserabtei Ebrach. 1127 gründeten und erbauten Mönche das Kloster im Mittleren Ebrachtal. Auf den vorerst romanischen Teil folgte 1200 der frühgotische Bau. Im Laufe der Jahrhunderte wuchs und gedieh es durch Spenden der Stauferkönige. 1803 wurde das Kloster dann säkularisiert. Durch die Anlage werden Führungen angeboten, die die Klosterkirche, das Treppenhaus, den Kaisersaal sowie

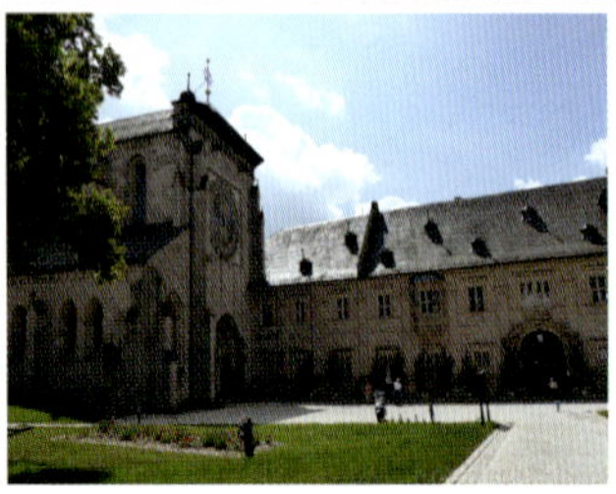

Kloster Ebrach (Tour 26).

das Museum zur Geschichte Ebrachs beinhalten. Weitere Informationen:
Markt Ebrach
Rathausplatz 2
D-96157 Ebrach
Tel. +49 9553 9220-0
www.ebrach.de/kloster

Märchenwald Sambachshof (Touren 04 + 05)
Inmitten des herrlichen Bundorfer Forstes liegt der Märchenwald Sambachshof. Hier können sich Groß und Klein inmitten der herrlichen Natur erholen und austoben. An verschiedenen Stationen gibt es Märchendarstellungen der Gebrüder Grimm. Trampolinanlagen und diverse Fahrgeschäfte wie das Elefantenkarussell oder Spielstationen wie Tischtennis lassen Kinderherzen höher schlagen.

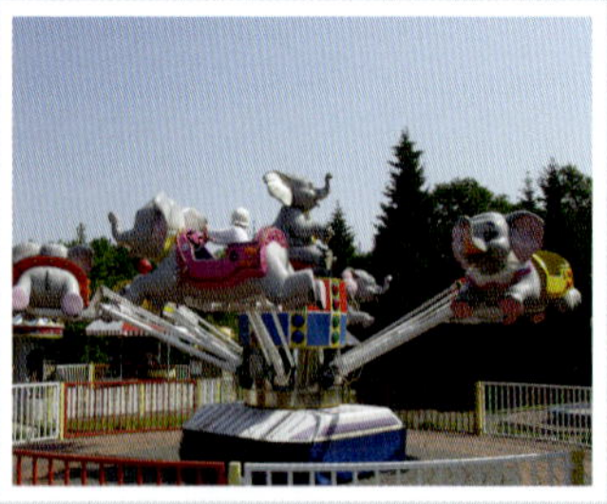

Elefantenkarussell im Märchenwald Sambachshof (Touren 04 + 05).

Weitere Informationen:
Märchenwald Sambachshof
Sambachshof 1
D-97631 Bad Königshofen
Tel. +49 9761 2614
info@maerchenwald-sambachshof.de
www.maerchenwald-sambachshof.de

Schloss Hallburg – Weinbergtouren und Weinverkostung (Tour 29)
Südlich von Volkach hoch über der Mainschleife liegt die Hallburg. Das geschichtsträchtige Schloss liegt eingebettet in eine herrliche Landschaft. Auf gut 35 ha werden hier Wein- und Obstbau betrieben. Auf dem Schloss werden Weinführungen durch die umliegenden Weinhänge angeboten: Dabei erfährt man viel Wissenswertes und Geschichtliches über den Weinbau, das Weingut und das Schloss selbst. Ebenso sind Weinverkostungen in ehrwürdigem Ambiente möglich. Inzwischen gibt es auch virtuelle Weinproben.
Weitere Informationen:
Weingut Schloss Hallburg
D-97332 Volkach
Tel. +49 9381 2415
schlosshallburg@schoenborn.de
https://weingut-schloss-hallburg.de/vinothek/

Steigerwald-Zentrum (Tour 26)
Das Steigerwald-Zentrum befindet sich nahe des idyllischen Winzerdorfes Handthal. Es zeigt sich in moderner, der Landschaft angepassten Architektur und informiert anschaulich über die bautechnischen Einsatzmöglichkeiten verschiedener Holzarten in der heutigen Zeit. An den interaktiven Mitmachstationen

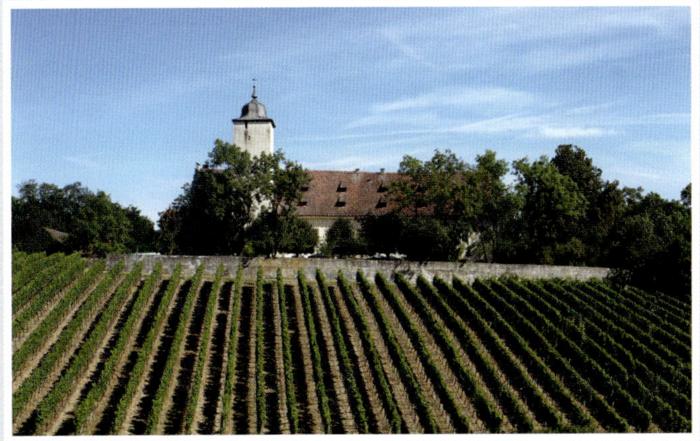

Schloss Hallburg (Tour 29).

erfahren Alt und Jung spielerisch Wissenswertes über den Steigerwald, seine Waldbewirtschaftung und eine nachhaltige Lebensweise. Auf der tollen Sonnenterrasse kann man sein neu erworbenes Wissen nochmals Revue passieren lassen, während man gleichzeitig herrliche Blicke über den Steigerwald genießt.
Weitere Informationen:
Handthal 56
D-97516 Oberschwarzach
Tel . +49 9382 31998-0
info@steigerwald-zentrum.de
www.steigerwald-zentrum.de

Frankentherme Bad Königshofen (Tour 01)
Die Frankentherme Bad Königshofen ist ein Gesundheits- und Erlebnisbad, in dem man mal so richtig die Seele baumeln lassen kann. In Innen- und Außenbecken kann man die heilende Wirkung des Thermalwassers genießen; das Wellness-Center lädt mit allerlei Massagen zum Entspannen, Wohlfühlen und Abschalten ein. Der im Außenbereich befindliche Heilwassersee ist immer ab Mitte April zugänglich. Das naturbelassene, warme Heilwasser der Regiusquelle wird vollbiologisch wiederaufbereitet.
Weitere Informationen:
Kur Betriebs-GmbH Bad Königshofen
Am Kurzentrum 1
D-97631 Bad Königshofen i. Grabfeld
Tel. +49 9761 91200
info@frankentherme.de
www.frankentherme.de

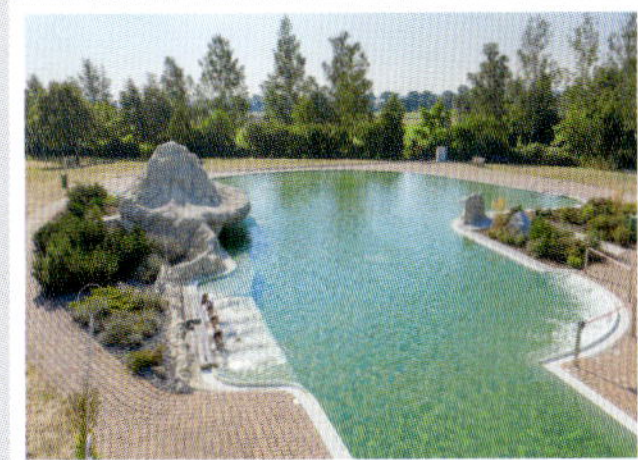

Heilwassersee Therme Bad Königshofen (Tour 01).

ÜBERNACHTUNGSVERZEICHNIS

€ unter 30 €, €€ 30–60 €, €€€ über 60 €
(pro Person/DZ/incl. Frühstück)

Bad Königshofen im Grabfeld .... Plz 97631 Tel. +49 (0) 9761
Hotel Schlundhaus (€€€), Marktplatz 25, 97631, Tel. 1562, www.schlundhaus.de
Landgasthof Zur Linde (€€), Kirchplatz 1, D-97633 Irmelshausen, Tel. +49 (0) 9764 8150, www.gasthaus-barthelmes.de

Bad Windsheim .... Plz 91438, Tel. +49 (0) 9841
Pension Pastoriushaus (€€), An der Heuwaag 1, Tel. 7078, https://pastoriushaus.com/
Flair Hotel zum Storchen (€€€), Weinmarkt 6, Tel. 669890, www.zumstorchen.de
Hotel-Garni Goldener Schwan (€€), Rothenburger Straße 5, Tel. 682530, www.goldener-schwan.de

Burgbernheim .... Plz 91593, Tel. +49 (0) 9843
Gasthof zum Goldenen Hirschen (€€), Windsheimer Straße 2, Tel. 93688-0, https://pension-badwindsheim.de/
Gasthaus zum Grünen Baum (€€), Windsheimer Straße 8, Tel. 1268, www.gruenerbaum-burgbernheim.de/

Castell .... Plz 97355, Tel. +49 (0) 9325
Landgasthof „Zum Storch" (€€), Wüstenfelden 8, Tel. 492, www.storch-castell.de/

Colmberg .... Plz 91598, Tel. +49 (0) 9803
Burg Colmberg (€€€), An der Burgenstraße, Tel. 91920, https://burg-colmberg.de/
Gutshof Colmberg (€€€), Burgstraße 26, Tel. 1209, www.gutshof-colmberg.de
Lober Gasthaus (€€), Am Markt 10, Tel. 246, www.gasthaus-lober.de

Ebern .... Plz 96106, Tel. +49 (0) 9531
Gasthof Frankenstuben (€€), Klein-Nürnberg 20, Tel. 8430, www.gasthof-frankenstuben.de
Landhotel „Zur Alten Kaserne" (€€), Im Frauengrund 3, Tel. 9436829, www.landhotel-ebern.de
Bei Peppo (€€), Sandhof 1, Tel. 5476, www.bei-peppo.de

Ebrach .... Plz 96157, Tel. +49 (0) 9553
Historikhotel Klosterbräu (€€), Marktplatz 4, Tel. 180, www.klosterbraeu.info

Markt Ebrach
Rathausplatz 2, 96157 Ebrach, ☎ (09553) 92200
info@ebrach.de, www.ebrach.de
Kulturelle Highlights in der ehemaligen Klosteranlage – „Ebracher Musiksommer". Idyllische Wanderwege. Fränkischer Genuss in der örtlichen Gastronomie. Naturbad.

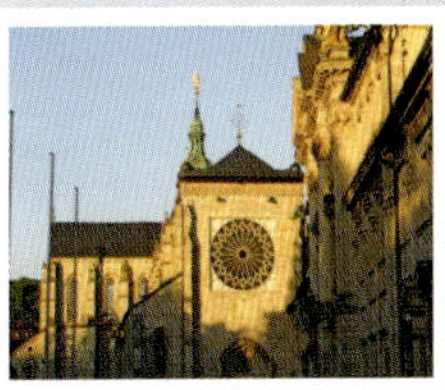

Gasthaus „Schwarzer Adler" (€€), Am Anger 1, Tel. +49 (0) 9556 321, hotel-link.eu
Gästehaus Horst Kaiser (€€), Brucksteigstraße 30, Tel. 1250, www.gaestehaus-kaiser-ebrach.de

Eltmann .... Plz 97483, Tel. +49 (0) 9522
Gasthof Weißes Kreuz (€€), Zinkenstraße 2, Tel. 397, www.weisseskreuz-eltmann.de
Landgasthof Schramm (€€), Frankenstraße 24, Tel. 399, www.schramm-landgasthof.de
Hotel Landgasthof Wallburg (€€€), Wallburgstraße 1, Tel. 6011, https://hotelwallburg.de/

Gerolzhofen .... Plz 97447, Tel +49 (0) 9382
Hotel und Weinstube am Markt (€€€), Marktplatz 5–7, Tel. 3189060, www.hotel-weinstube.de

Haßfurt .... Plz 97437, Tel. +49 (0) 9521
Hotel-Restaurant Mathes (€€€), Industriestraße 57, Tel. 7090, www.hotel-mathes.de
Hotel-Restaurant Walfisch (€€€), Obere Vorstadt 8, Tel. 951251, www.hotel-walfisch-hassfurt.de/
Hotel-Restaurant Goger (€€€), Bamberger Straße 22, Tel. 9250, www.hotel-goger-augsfeld.de

Hofheim in Unterfranken .... Plz 97461, Tel. +49 (0) 9523
Hotel Fränkischer Hof (€€€), Hauptstraße 4, Tel. 502797, www.fraenkischer-hof-hofheim.de
Gästehaus „Krone" (€€), Landgerichtstraße 1, Tel. 7373, www.hassberge-tourismus.de, Stichwort: Gästehaus Krone
Landgasthof „Burgblick" (€€), Manauer Straße 4, Tel. 450, www.landgasthof-burgblick.de

Iphofen .... Plz 97346, Tel. +49 (0) 9323
Romantik Hotel & Weingut Zehntkeller (€€), Bahnhofstraße 12, Tel. 844-0, https://zehntkeller.de/hotel/
Gasthof Goldene Krone (€€), Marktplatz 2, Tel. 87240, www.gasthof-krone-iphofen.de

ÜBERNACHTUNGSVERZEICHNIS

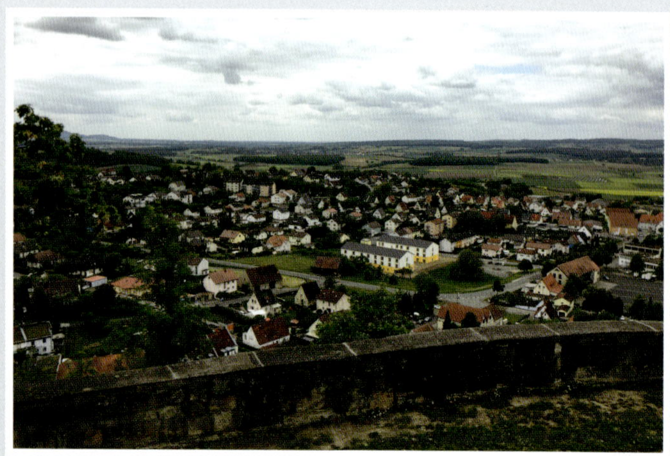

Blick auf Königsberg in Bayern (Tour 13).

Königsberg in Bayern .... Plz 97486, Tel. +49 (0) 9525
Restaurant und Hotel Café Eiring Herrenschenke (€€), Marienstraße 3, Tel. 92200, www.herrenschenke.de/uebernachten
Hotel Goldener Stern (€€), Marktplatz 6, Tel. 92210, www.goldnerstern.com

Münchensteinach .... Plz 91481

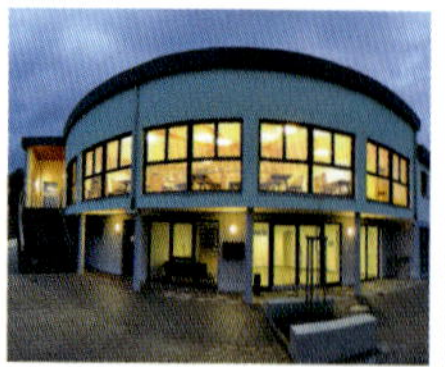

Neustadt an der Aisch .... Plz 91413, Tel. +49 (0) 9161
Kohlenmühle (€€), Bamberger Straße 53, Tel. 66227-0, www.kohlenmuehle.de
Alleehotel (€€€), Alleestraße 14, Tel. 89550, www.allee-hotel.de
Hotel Garni Zur Post (€€), Wilhelmstraße 43, Tel. 2449, www.preiswert-uebernachten.de/neustadt/hotel-garni-zur-post/7935

Oberaurach .... **Plz 96176, Tel. +49 (0) 9535**
Landhaus Oberaurach (€€), Steigerwaldstraße 23, Tel. 92200, http://landhaus-oberaurach.de/
Hotel Lindenhof (€€€), Lindenstraße 7, Tel. 981061, www.lindenhof-steigerwald.de

Pfarrweisach .... **Plz 97631 Tel. +49 (0) 9761**
Zum Goldenen Adler (€€), Lohrer Straße 2, Tel. 269, www.gasthof-eisfelder.de

Rothenburg ob der Tauber .... **Plz 91541, Tel. +49 (0) 9861**
Hotel Reichsküchenmeister (€€), Kirchplatz 8, Tel. 970-0, www.hotel-reichskuechenmeister-rothenburg.de
Glocke Weingut und Hotel (€€€), Plönlein 1, Tel. 958990, www.glocke-rothenburg.de
Hotel Garni Kreuzerhof (€€€), Millergasse 2–6, Tel. 3424, www.kreuzerhof-rothenburg.de
Hotel Gasthof Bezold (€€€), Vorm Würzburger Tor 11, Tel. 94760, www.hotel-bezold.de

Sand am Main .... **Plz 97522, Tel. +49 (0) 9524**
Hotel-Weingut Goger (€€), Hauptstraße 28, Tel. 227, www.hotel-weingut-goger.de

Scheinfeld .... **Plz 91443, Tel. +49 (0) 9162**
Gasthof Krone-Lax (€€), Hauptstraße 17, Tel. 546, www.gasthof-lax.de
Hotel Zur Schrotmühle (€€€), Würzburger Straße 19, Tel. 441 www.booking.com/hotel/de/restaurant-schrotmuhle.de.html

Schillingsfürst ....**Plz 91583, Tel. +49 (0) 9868**
Gasthof Adler (€€), Am Markt 8, Tel. 1411, www.gasthof-adler.info
Hotel „Die Post" (€€), Rothenburger Straße 1, Tel. 9500, www.hotel-diepost.de

Schlüsselfeld .... **Plz 96132, Tel. +49 (0) 9552**

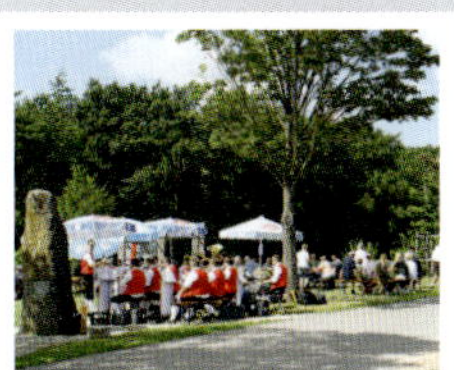

Landgasthof Sternbräu (€€), Braugasse 2, Tel. 310,
https://landgasthof-sternbraeu.de
Hotel Gasthof Herderich (€€), Attelsdorf 11, Tel. 419,
www.gasthof-herderich.de
Hotel-Gasthof „Zum Storch“ (€€), Marktplatz 20, Tel. 9240,
https://hotel-storch.de

Sulzfeld .... Plz 97633, Tel. +49 (0) 9761
Landgasthof zum Hirschen (€€), Dorfplatz 10, Tel. 395077,
www.hirschen-sulzfeld.de

Volkach .... Plz 97332, Tel. +49 (0) 9381
Hotel Weinbar Fahr Away (€€), Hauptstraße 27 + 34, Tel. 7174277,
https://weinbar-fahraway.de/fahr-away/hotel
Romantik Hotel Zur Schwane (€€€), Hauptstraße 12, Tel. 80660,
www.schwane.de
Sonnenhotel Weingut Römmert (€€), Erlachhof 1 a, Tel. 718160,
www.sonnenhotels.de/hotels-resorts/weingut-roemmert/hotel/

Zeil am Main .... Plz 97475, Tel. +49 (0) 9524
Hotel Restaurant Kolb (€€), Krumer Straße 1, Tel. 9011,
www.hotel-kolb-zeil.de

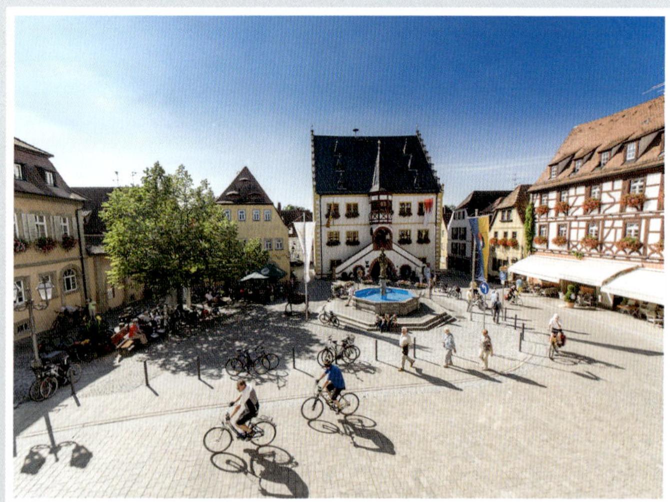

Rathaus Volkach (Tour 29).

TOURISMUSBÜROS

Haßberge Tourismus e.V. im Naturpark
Haßberge
Marktplatz 1
D-97461 Hofheim i. Ufr.
Tel. +49 9523 50337-10
info@hassberge-tourismus.de
www.hassberge-tourismus.de

Steigerwald Tourismus e.V.
Hauptstraße 10–12
D-91443 Scheinfeld
Tel. +49 9162 575499-90
kontakt@steigerwald tourismus.com
www.steigerwaldtourismus.com

Tourismusverband Franken e.V.
Pretzfelder Straße 15
D-90425 Nürnberg
Tel. +49 911 941510
info@frankentourismus.de
www.frankentourismus.de

Tourismusverband Romantisches Franken
Gemeinschaftszentrum Frankenhöhe
Am Kirchberg 4
D-91598 Colmberg
Tel. +49 9803 94141
info@romantisches-franken.de
www.romantisches-franken.de

Touristikgemeinschaft Frankenhöhe
Stadt Schillingsfürst
Anton-Roth-Weg 9
D-91583 Schillingsfürst
Tel. +49 9868 9339700
info@frankenhoehe.de
www.frankenhoehe.de

NATURPARK-INFORMATIONEN

Naturpark Frankenhöhe e.V.
Feuchtwanger Straße 38
D-91522 Ansbach
Tel. +49 9523 8833999

Naturpark-Ranger Büro
Am Kirchberg 4
D-91598 Colmberg
Tel. +49 9803 9326202
info@naturpark-frankenhoehe.de
www. naturpark-frankenhoehe.de

Naturpark Haßberge e.V.
Robert-Koch-Straße 2
D-97461 Hofheim i. Ufr.
info@naturpark-hassberge.de
www.naturpark-hassberge.de

Naturpark Steigerwald e.V.
Hauptstraße 7
D-91443 Scheinfeld
Tel. +49 9161 92-1523
info@steigerwald-naturpark.de
www. steigerwald-naturpark.de

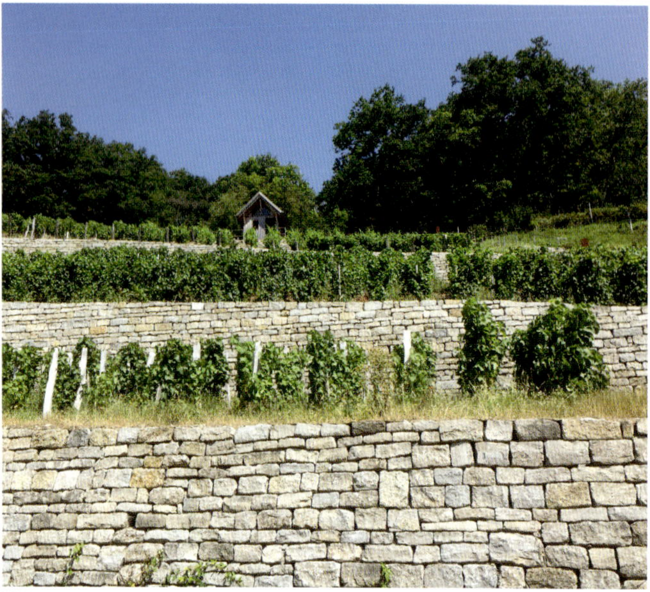

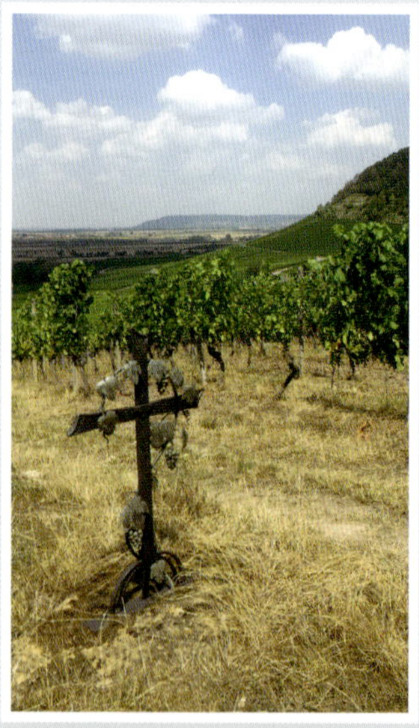

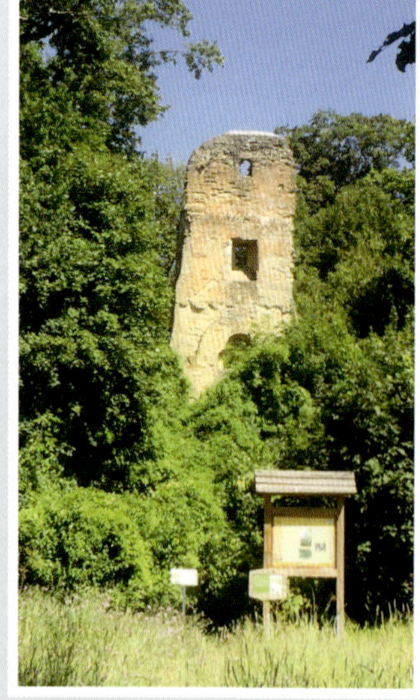

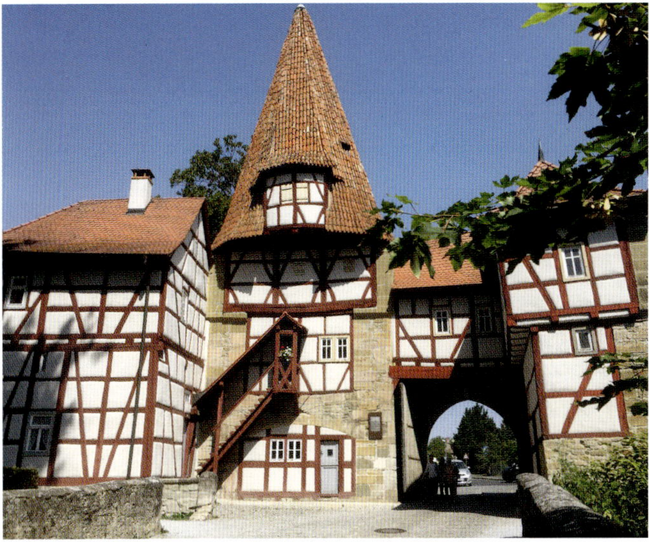

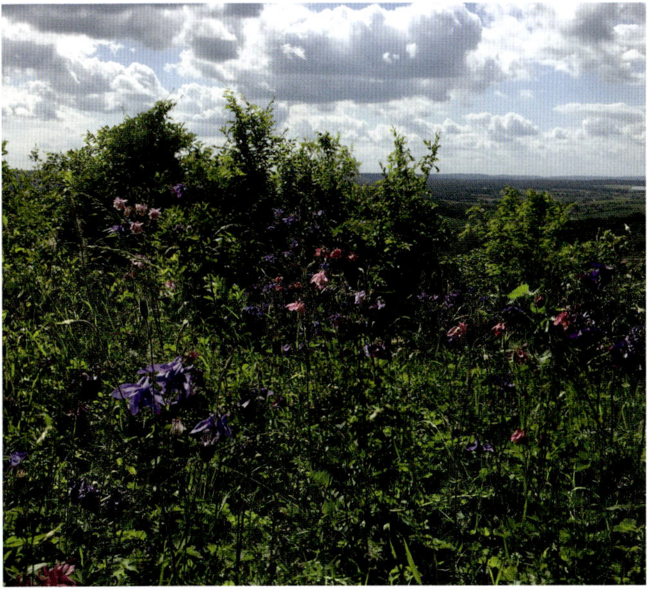

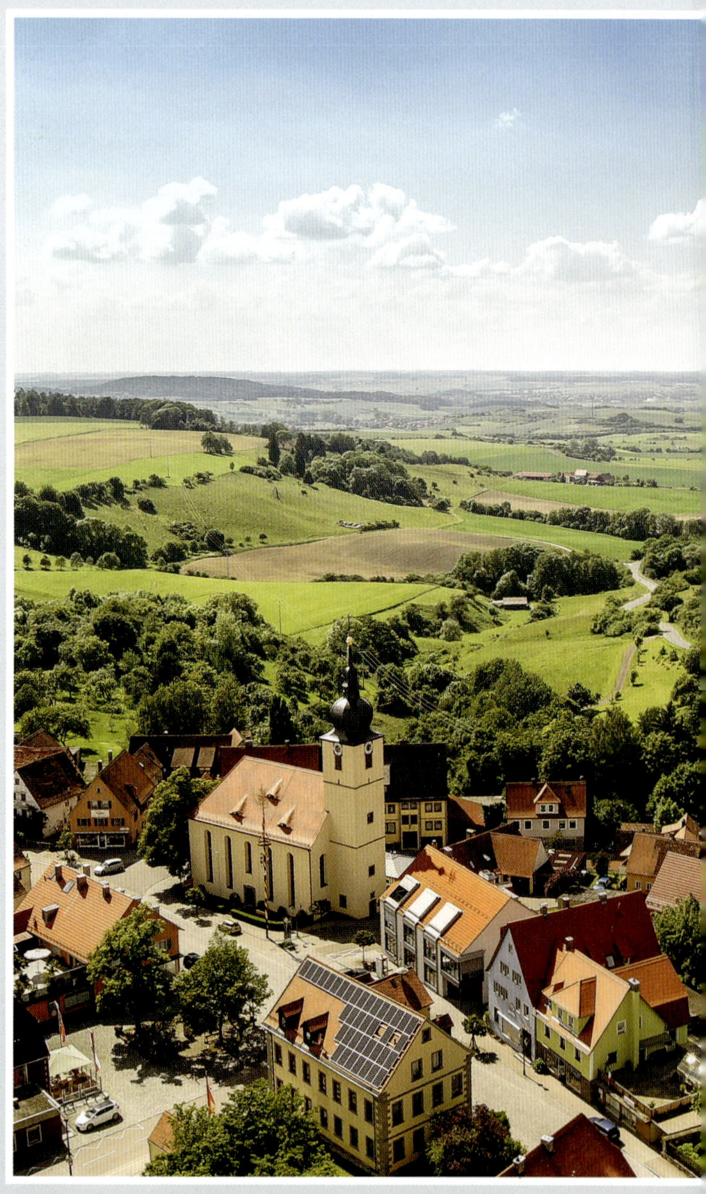

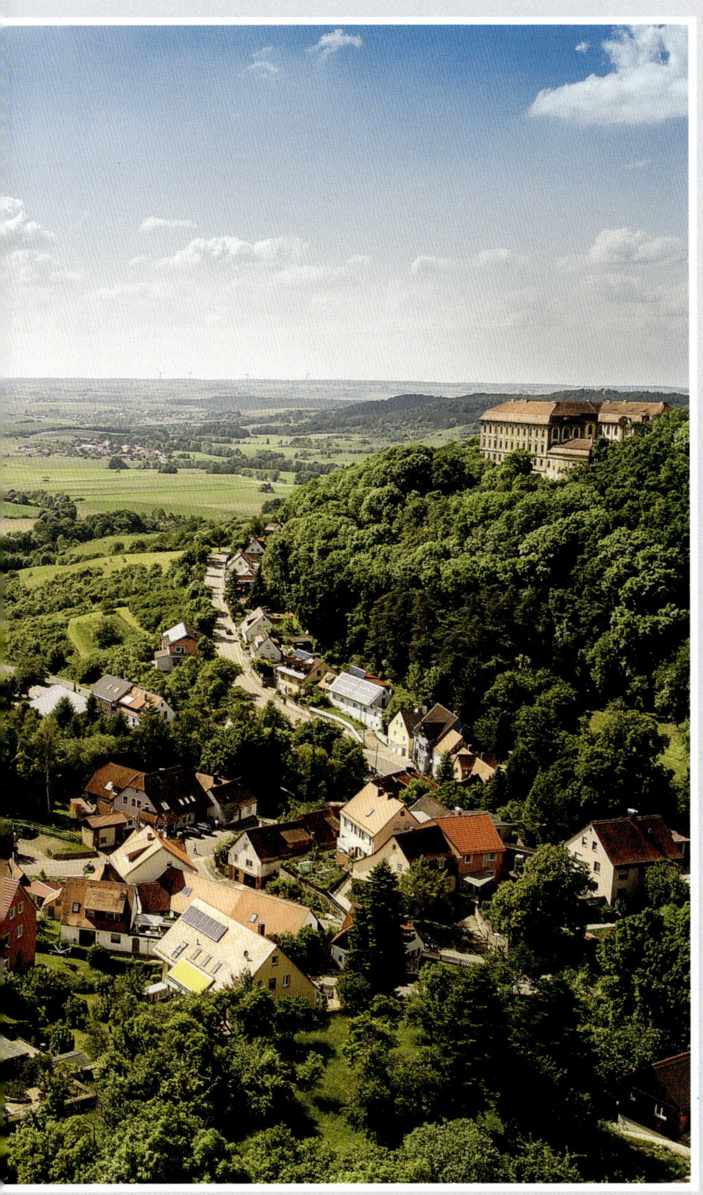

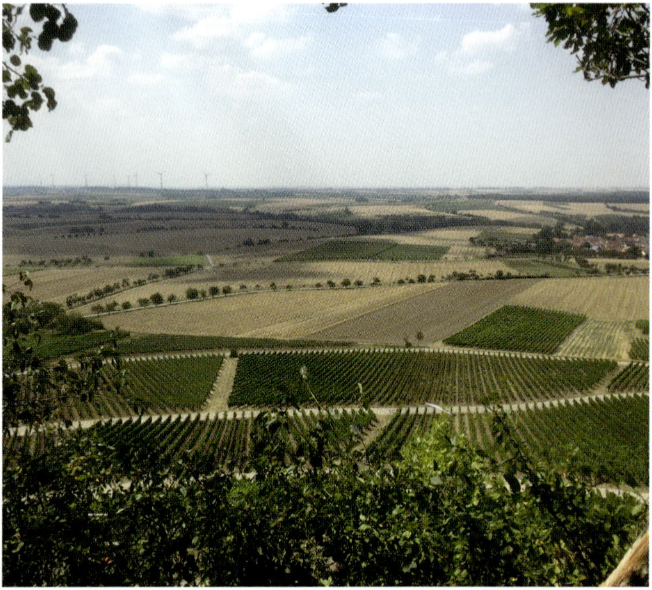

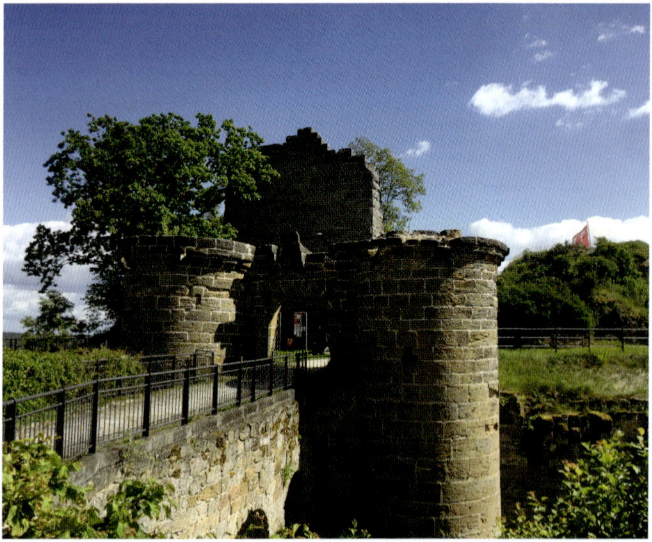

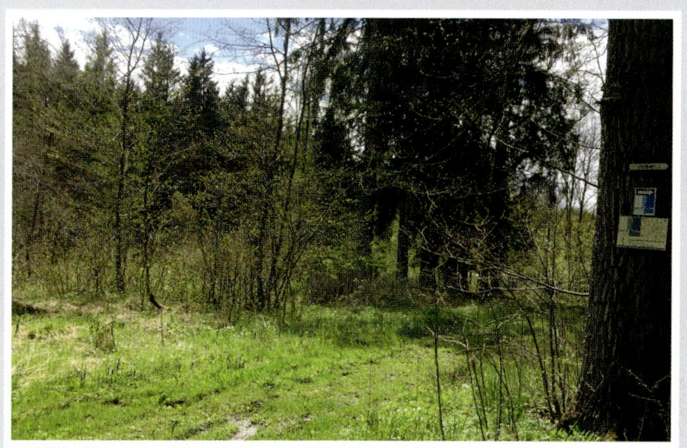

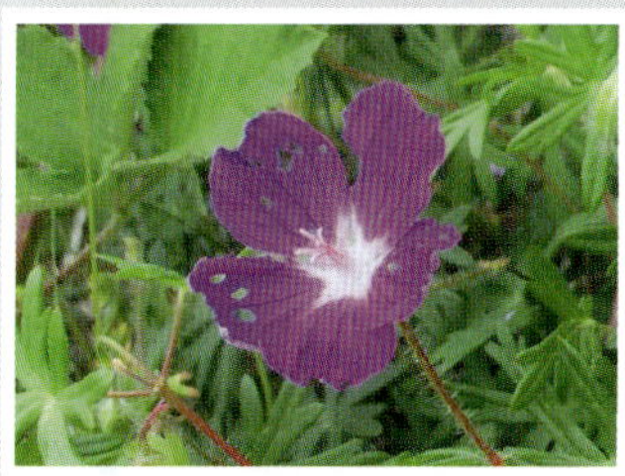

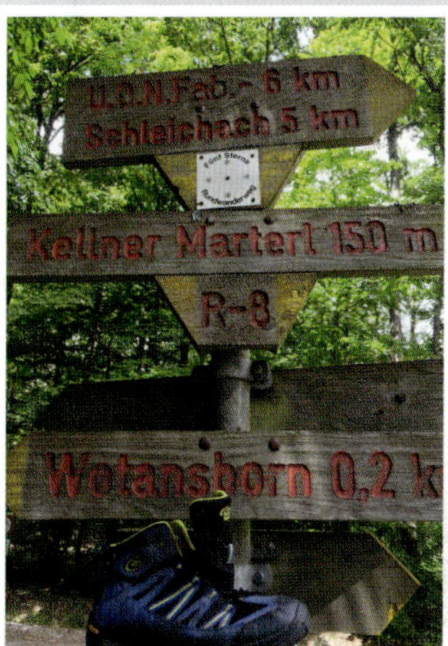
Schleichach 5 km
Kellner Marterl 150 m
R-8
Wotansborn 0,2 k

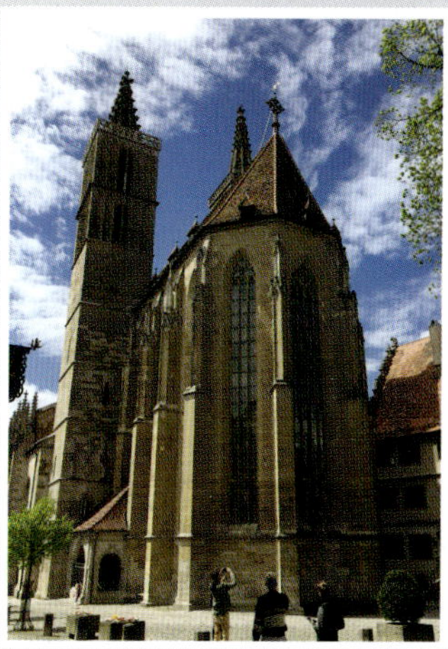

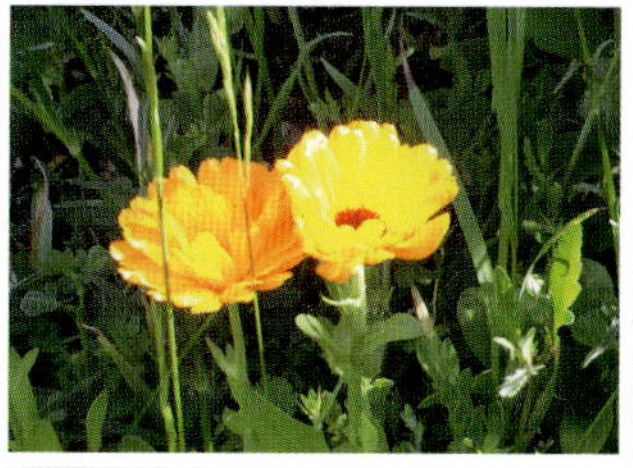

REGISTER

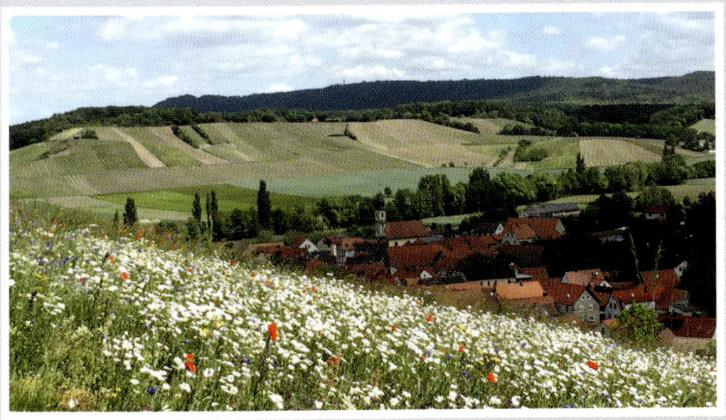

Blick auf Michelau im Steigerwald (Tour 25).

IMPRESSUM

1. Auflage 2022 Verlagsnummer 5380 ISBN 978-3-99121-484-7

Titelbild: Pfade um den Mönchsweiher (© Lisa Aigner)

Texte und Fotos (soweit nicht anders angegeben): Lisa Aigner

Bildnachweise:
S. 3: © René Ruprecht; S. 12: © Markus Stadler; S. 15: © Hans Brech; S. 16: © Stadt Volkach; S. 35: © Alfons Kalke; S. 155 + 156: © Beate Kaiser; S. 220: © Bayerische Staatsforsten AoeR, Martin Hertel; S. 221 oben: © Ute Rauschenbach; S. 221 unten: © Schloss Schillingsfürst; S. 222 oben: © Heimatmuseum Ebern; S. 224 oben: © Markt Ebrach; S. 224 unten: © Märchenwald Sambachshof; S. 225 oben: © Schloss Hallburg; S. 225 unten: Florian Trykowski; S. 230: © Stadt Volkach; S. 232 oben: Historischer Weinberg am Schwanberg (Tour 32); S. 232 unten links: Ruine Speckfeld (Tour 33); S. 232 unten rechts: Weinhänge am Bullenheimer Berg (Tour 39); S. 233 oben: Rödelseer Tor Iphofen (Tour 32); S. 233 unten: Blumenpracht auf der Burg Altenstein im Naturpark Haßberge (Tour 08); S. 234/235: Schillingsfürst (Tour 55) © Touristikgemeinschaft Frankenhöhe; S. 236 oben: Blick vom Kapellberg, (Tour 39); S. 236 unten: Burgruine Altenstein (Tour 08); S. 237 oben: Ins Quellgebiet der Altmühl (Tour 48); S. 237 mitte links: seltener, blutroter Storchschnabel; S. 237 mitte rechts: St. Jakob in Rothenburg (Tour 53 + 54); S. 237 unten links: Schuh vergessen (Tour 23); S. 237 unten rechts: goldgelbe Ringelblume.

Grafische Herstellung: Christine Jacobi
Wanderkartenausschnitte: © KOMPASS-Karten GmbH
Kartengrundlage für Gebietsübersichtskarte S. 10–11, U4:
© MairDumont, D-73751 Ostfildern 4

Alle Angaben und Routenbeschreibungen wurden nach bestem Wissen gemäß unserer derzeitigen Informationslage gemacht. Die Wanderungen wurden sehr sorgfältig ausgewählt und beschrieben, Schwierigkeiten werden im Text kurz angegeben. Es können jedoch Änderungen an Wegen und im aktuellen Naturzustand eintreten. Wanderer und alle Kartenbenützer müssen darauf achten, dass aufgrund ständiger Veränderungen die Wegzustände bezüglich Begehbarkeit sich nicht mit den Angaben in der Karte decken müssen. Bei der großen Fülle des bearbeiteten Materials sind daher vereinzelte Fehler und Unstimmigkeiten nicht vermeidbar. Die Verwendung dieses Führers erfolgt ausschließlich auf eigenes Risiko und auf eigene Gefahr, somit eigenverantwortlich. Eine Haftung für etwaige Unfälle oder Schäden jeder Art wird daher nicht übernommen. Für Berichtigungen und Verbesserungsvorschläge ist die Redaktion stets dankbar. Korrekturhinweise bitte an folgende Anschrift:

KOMPASS-Karten GmbH
Karl-Kapferer-Straße 5, A-6020 Innsbruck
www.kompass.de/service/kontakt

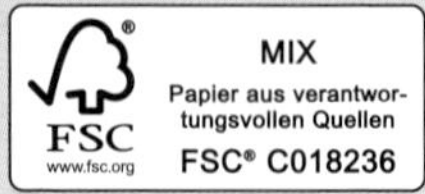